사주명리학과 동양천문학의 만남
개정증보판

사주명리학과 동양천문학의 만남 개정증보판

발행일	2023년 5월 8일		
지은이	이목영		
펴낸이	손형국		
펴낸곳	(주)북랩		
편집인	선일영	편집	정두철, 배진용, 윤용민, 김부경, 김다빈
디자인	이현수, 김민하, 김영주, 안유경	제작	박기성, 황동현, 구성우, 배상진
마케팅	김회란, 박진관		
출판등록	2004. 12. 1(제2012-000051호)		
주소	서울특별시 금천구 가산디지털 1로 168, 우림라이온스밸리 B동 B113~114호, C동 B101호		
홈페이지	www.book.co.kr		
전화번호	(02)2026-5777	팩스	(02)3159-9637

ISBN   979-11-6836-736-4 13150 (종이책)   979-11-6836-737-1 15150 (전자책)

(주)북랩 성공출판의 파트너

북랩 홈페이지와 패밀리 사이트에서 다양한 출판 솔루션을 만나 보세요!

홈페이지 book.co.kr   •   **블로그** blog.naver.com/essaybook   •   **출판문의** book@book.co.kr

작가 연락처 문의 ▸ ask.book.co.kr

작가 연락처는 개인정보이므로 북랩에서 알려드릴 수 없습니다.

개정증보판

사주명리학과
동양천문학의 만남

이목영 지음

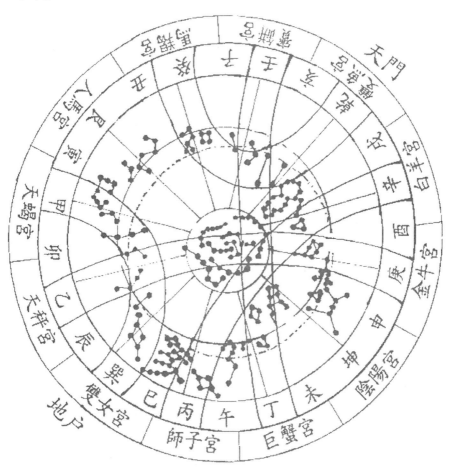

 북랩

개정증보판 머리말

2014년에 출간한 1권 『사주명리학과 동양천문학의 만남』 머리말에서 발표한 바와 같이 그 누구나 이 서책을 10번 이상 읽고 쓰면서 음미하면, 학리가 정립되어 수준급 전문가가 될 수 있다고 하였습니다.

그래서 뒤이어 출간할 2권 『천하통일 사주활용 생활용신 법』은 누구나 쉽고 편안하게 만화책을 보는 듯하게 될 것이라고 하였습니다.

그러므로 누구라도 자기의 사주팔자를 자기가 직접 보고 싶은 사람들은 꼭! 스마트 폰의 '구글 Play 스토어' 또는 '애플 앱 스토어'에서 무료 만세력 앱(저자는 '원광만세력'과 '전문가용 사주포럼 만세력' 2개를 사용 中입니다.)을 설치하고 열어서, 자신과 가족들의 생년·월·일·시를 입력하면 사주팔자四柱八字를 편리하게 볼 수가 있게 될 것입니다.

우리는 지난 2020년부터 2023년 현재까지 지구촌 80억 모든 인류의 목숨을 위협하고 있는 코로나19 바이러스와 사활死活을 건 방역 전투를 하고 있습니다.

그래서 두 번째로 출간할 예정인『천하통일 사주활용 생활용신 법』의 내용 중 250쪽 분량을 발췌해서, 2014년에 첫 번째로 출간한『사주명리학과 동양천문학의 만남』에서 일부분을 制하고, 개정 증보한 원고에다 합숨하여, 두 권이 될 책 내용을 한 권의 책으로 묶어서, 출간할 책 이름을『사주명리학과 동양천문학의 만남 - 개정증보판』이라고 하게 되었습니다.

이 세상에 본래의 나의 것이 있었던가? 알몸으로 와서 잘 놀다가 옷한 벌 입고 저세상으로 돌아가는 것, 이것! 밑져 봐야 본전이 아닐까?
이 서책에서 강술하는 모든 내용의 공덕은 당연히 맑고 깨끗한 영혼이 담긴 성현 및 은사隱士님들과 강호제현 선후배님들의 것입니다.

특히, "천간天干과 지지地支의 생사관계生死關係"는『통역 1권 명리』(김종현 저, 미래정보, 1992.) 필기복사물 일부와『사주추명학 26권』(아베키사쿠阿部熹作 저, 정민현 역譯, 삼원문화사, 1998.)과 40권 전집全輯 中에서 특히 제3·4·5·7·10·21권 그리고『천하통일 사주활용 생활용신 법』은 〈고 옥玉 대사大師님, 1983년 복사물 中 일부 문헌〉을 참고, 인용하였습니다.

혹시나, 참고문헌을 인용하고 편집, 전달하는 과정에서 누累를 끼친 점이 있으면, 옷깃을 여미면서 정중히 머리 숙여 사과謝過드리면서, 모든 공덕과 영광을 존경하는 어르신들께 회향回向합니다.

필자는 21세기에 합당한 신개념의 사주명리학 발전을 위해서 이 서책에서 얻게 되는 소득금 전액은 '정통 사주 명리학' 그리고 '옥 대사님의 神祕 사주학'을 사명감을 가지고 계승, 발전시키고자 노력하는 연구기관이나 학회, 명리학 연구가가 있다면 그곳에 기부할 것임을 천명闡明합니다.

필자는 1권『사주명리학과 동양천문학의 만남』의 '머리말'과 '제13부'에서 발표한 바와 같이 생전에 뵙지 못했던 옥 대사님과 영적인 만남이 꼭! 이루어지기를 36년 동안을 염원해 왔습니다.

"뜻이 있는 곳에 길이 있다" 하더니, 36년간 염원하던 소망이 2019년 가을에 용마산에 계신 옥 대사님의 수제자 최명진 도인道人(옥문玉門관 사주학<검색>)을 만나 뵙게 되었으며, 아울러 부족했던 학술 내용의 가르침까지 내려받는 영광까지 얻었으니 천군만마를 얻은 듯합니다.

또한, 필자와 40년 동안 호형호제하면서 지도 편달해주신 한국역술인협회 윤당 이병록 명예 총재님((태세력: 2023 계묘년~2024 갑진년 4월) 집필·감수: 명인책력名人册曆)과 전국 40만 역우易友 동료 회원님들 그리고 도통가道通家 강휘산(『덕도경德道經』 저자) 님, 원광대 동양학 대학원 동문同門, 최수천 교수님, 또, 천운지기天運地氣 연구가 김부성, 영통인靈通人 최하나, 육효가六爻家 심재호, 타로전문상담사 승재勝財&명신命神 그리고, 금년에 원광디지털대 동양철학과를 졸업한 심동규 군 모두 다 각 분야에서 大家가 되시길 두 손 모아 기원합니다.

끝으로 북랩 출판사 대표님과 이 원고가 서책으로 출간되기까지 헌신적으로 협조해주신 직원들과 직, 간접적으로 도움을 주신 인연 맺은 모든 분들께 두 손 모아 항상 건강하고 행복하시길 감사한 마음. 가슴에 깊이 새겨서 전해드립니다.

2023년
신新 여래정사如來精舍
효봉/운성/윤석 이목영 두 손 모음

초판 머리말

『사주명리학과 동양천문학의 만남』은 고대로부터 전래되어온 사주명리학을 21세기에 걸맞게 과학적인 통계와 분석 및 학리적인 면을 쉽게 서술적으로 전개해 나가려고 노력하였다.

1권에서는 천문학과 명리역학을 과학적인 방법으로 접근시키면서 누구나 쉽게 이 오묘한 사주명리학의 학리學理가 정립될 수 있도록 덕德 높은 스승님들께 오랫동안 가르침을 받은 모든 내용들을 인수분해하고 공통분모를 찾아내어 만법萬法은 귀일歸一한다는 진리에 근원을 두었으며, 모든 논리論理는 필요충분조건이 성립되어야 한다는 원칙을 준수하려고 최선의 노력을 기울였다.

1권에서 학리가 정립되면 2권은 너무나 쉽게 읽어나가게 될 것이다. 남녀노소 누구나 만화를 보듯 하면 된다고나 할까?

그러나 전문가가 되고자 하는 사람들은 10번 이상 읽고 쓰면서 음미하기를 권해본다.

통계청에 의하면 최근 40년간 우리나라에서 태어나는 사람들 중에서 생년, 월, 일, 시가 동일한 사람은 약 70명 정도로 추산된다.

천 년 이상 전래되어오는 사주팔자를 판단하는 방법으로 보면, 일부분의 사람들 중에는 무풍지대로 불행이 무엇인지 평생 모르고 살아가고 있는 사람들도 있는가 하면, 정반대로 일생 동안 행복이 어떤 것인지 생각해보지 못하고 살고 있는 사람들도 있을 수도 있다는 숙명론적인 결론에 이르게 된다.

그러나 가장 중요한 핵심적인 문제는 "똑같은 사주팔자라고 하여도 생활하는 사람의 자세가 자연에 맞게 하늘이 원하는 바른 길로 가고 있는가?" 아니면 "하늘을 거역하는 길로 살아가고 있느냐?"에 따라 행복과 불행이 하늘과 땅만큼 차이가 나게 된다.

어떻게 약 70명의 사주의 네 기둥이 똑같을 수 있을까?

천문학적인 방법으로 분석해보면 태양을 일주—週하는 지구의 공전궤도인 태세 60년 갑자 × 12개월 = 720개월이 되고, 지구의 자전궤도인 일진 60갑자 × 12시진 = 720시진이 된다.

공전과 자전을 곱하면 518,400종류로 나온다.

이 수치에다 남녀 2를 곱하면 103만 6,800종류의 사주팔자가 된다.

이와는 반대로 계산하는 방법으로 산출해보면 우리나라 남북한 인구 7천만 명을 1,036,800종류의 사주로 나누면 약 70명이 생년, 월, 일, 시가 같은 사주의 주인공이 된다.

그러나 이러한 사실을 기본으로 놓고 보면, 즉 운명이란 고정불변되어 있는 것이 아니라는 뜻이 된다.

이러한 것들을 찾아내고 통계 내고 분석하는 것을 신명나게 연구하고 있는 필자는 어제도 그러했듯, 생명이 다하는 날까지 앞으로도 계속 초야草野에서 은거隱居하고 계시는 은사隱士님들을 찾아뵙고 진리의 가르침을 내려받으러 발걸음을 할 것이다.

이 책에서 강술하는 모든 내용들은 맑고 깨끗한 영혼이 담기신 성현 및 은사隱士님들, 그리고 강호제현 선배님들의 것이요 그 은덕이라고 생각되므로 영광을 그러한 모든 분들에게 되돌려 드리고자 한다.

실례로 이 책 내용 중에서 12운성법은 김종현 지음(통역 제1권 명리『미래정보』1992년) 과 13부, 생활용신처방법(고 옥승혁 대사님)의 문헌을 참고·인용하였으며, 그 외에도 내용이 학리적이면서 아름다운 것들은 많은 참고문헌들을 인용하였으니 모든 선배님들께 삼가 엎드려 큰 절을 올린다.

이 세상에서 나의 것이라고 주장할 만한 것이 어디 하나라도 있을까? 내 육신도 부모님의 몸을 빌려서 나온 것일진대 내일 아침에 일어나지 않고 긴 잠(영면)을 자게 되면 나는 이미 저승으로 떠났으니 그 어느 것 하나라도 나의 것이라고 할 것이 어디 있겠는가?

필자는 70년 동안 빌려 썼던 모든 것들을 이제 제자리에 되돌려놓고 떠나겠다는 자세로 40년 이상 연구하면서 기록해놓았던 이 원고를 오늘에서야 처음으로 세상에 내놓게 되었다.

필자와 인연이 되어주신 분들이시여! 저의 천성이 우매하여 부족한 점이 많고도 많으니 부디 많은 가르침을 내려주소서!

 끝으로 지금 이 시간까지 평생을 관세음보살님, 천사님처럼 모든 면에서 늘 따뜻한 모습으로 항상 저자를 신뢰하고 단점까지도 아껴주는 아내 이묘숙 님과 원고를 마무리할 때까지 헌신적으로 모든 과정을 동료로서 협조해준 고매한 인격자 심재호 선생과 덕德 높은 도인 강농헌 선생, 아들 이성무와 딸 이미지, 그리고 북랩출판사 대표님과 편집자 여러분들께 감사함을 가슴 깊이 새겨 전해드린다.

신여래정사에서
효봉/윤석/이목영 두 손을 모음

추천의 글

역리학계에는 강단 역리학계와 강호 역리학술계가 있다.

강단 역리학이 학계에서 논문이라는 형식을 통하여 논의되는 동양학을 일컫는 표현이라고 한다면, 강호의 역리학술은 논문에서 요구하는 내용보다는 수천 년 동안 우리의 일상적인 생활에서 항상 함께해오고 있는 철학원에서 하는 전문적인 일들이라고 보면 될 것 같다.

저자는 강단역리학과 강호 역리학술 양쪽 모두를 필요충분조건이 충족될 수 있도록 반평생을 노력하면서 지내왔다.

나는 저자가 고대 동양천문학과 정통사주명리학을 접목시켜 비교분석하면서 전개해 나아가는 과정에서 학리學理가 정립되도록 논리정연하게 강술해 나아감에 대하여 높이 평가하는 바이다.

즉, 동양학의 고전을 근본으로 하면서 그 모든 것을 최초로 구체적인 통계와 분석을 펼쳐놓고, 그 누구라도 쉽게 읽어 이해할 수 있도록 서술형으로 나열하였기에 자신의 생년월일시만 알면, 쉽게 높은 건물이나 산에 올라가서 모든 것을 한눈에 내려다볼 수 있듯 전체를 시원하게 보이도록 만화책보다 더 쉽게 볼 수 있도록 구성되어 있다는 점이다.

이러한 모든 점들을 미루어볼 때, 저자는 평생토록 황무지와 같은 역리학술계의 거친 밭을 우직한 농부처럼 많은 은사님들의 정법을 가슴속에 받아 지니고 구슬땀을 흘리면서 땅을 일구고 농사를 지은 결과가 이제야 겨우 뒤늦게 작은 결실을 보기 시작되었다고 여겨진다.

인연이 닿는 모든 분들에게 이 지자와 좋은 인연을 맺어보라고 권하는 바이다.

한국불교 태고종 인천교구 종무원 용천사
(전) 인천불교총연합회 회장
해동불교 범음대학교 학장, 철학박사 정 대 은

추천의 글

소납과 저자는 고향에서 어린 시절 장난치고 놀면서 함께 소년기를 재미있게 보냈다. 저자는 개구쟁이 소년으로 운동을 한다든가 함께 놀이를 하게 되면 그 누구도 흉내 낼 수 없는 독보적인 존재였다.

딱지치기, 구슬치기, 구슬에다 엽전 던져 따먹기, 땅따먹기, 연 날리기, 외발 썰매타기. 스케이트 및 대나무로 만든 스키 타기, 바다에 나가 헤엄치기 등 등 항상 그리했다.

재미있게 놀다 보면 바닷물이 너무 많이 들어왔을 때도 종종 있었는데, 개구쟁이 소년 이목영은 마치 특수훈련을 받은 군인처럼 옷을 적시지 않으려고 두 손을 물 위로 높이 들고 두 발로만 헤엄치면서 유유히 뭍으로 나오곤 했다.

그러나 학교에서는 항상 선생님께 숙제를 못해서 꾸지람을 듣거나, 겨울에는 손에 동상으로 얼어 터져서 벌을 서기도 했던 모습들이 지금도 눈앞에 선하다.

저자는 1960년대 초부터는 거동이 불편하신 아버님의 병환을 치료하는 방법을 위해서 전국 방방곡곡의 유명한 병원과 한의원 및 소문난 도인들을 찾아다니는 과정에서 은연중에 동양의학 및 철학사상에 심취하기 시작하더니 그 모든 것들을 학구적으로 연구하고 분석하기 시작했다.

그러한 그가 현재에 이르러서는 전 세계의 모든 사람들이 자신의 생년, 월, 일, 시만 알면 각자 스스로 잠재능력을 개발하여 성공하고 행복한 삶을 살아갈 수 있도록 하는 저자의 영혼이 결집된 저서를 세상에 내놓게 된 것도 그답게 괴짜 인생으로 살아온 개척자다운 향기를 원고 내용에서 구구절절 맡아볼 수 있다.

그가 평생 동안 혼신을 다해 써놓은 이 보석처럼 소중한 것을 지구촌에서 함께 살아가고 있는 사람들을 위해 가정마다 한 권씩 소장하면 인생의 나침반이 되고, 행복의 지침서가 될 것이라고 생각되어 일독을 권하는 바이다.

(전) 대한 불교 조계종 인천광역시 사암 연합회 회장
(전) 인천광역시 불교 총연합회 회장
대한 불교 조계종 만월산 능해정사 주지 이 도 해 합장

스마트폰으로 내 사주팔자
내가 직접 보는 방법

────────── ┊ ──────────

    설치가 완료된 '무료 만세력 앱'에 〈2022년 양력 5월 11일 오후 2시 출생, 남자. 이름: 이 새나라〉를 입력해 보세요.

    그러면 사주四柱 팔자八字가 뜹니다. 이때, 右(오른쪽)에서 왼쪽으로 순서대로 보면, 〈년주年柱 임인壬寅〉. 〈월주月柱 을사乙巳〉. 〈일주日柱 갑자甲子〉. 〈시주時柱 신미辛未〉라는 8글자를 보게 될 것입니다.

    이 8글자 중 언제나 세 번째 자리에 있는 〈일주갑자日柱甲子〉를 일원日元 또는 일주日主 및 일주日柱 또는 일간(日干: 출생일 천간을 줄인 말)이라고 학술용어로 통칭하고 있습니다.

    일원日元이라고 하는 것은 이 사주의 주인공 '이 새나라'가 출생한 날(日)인 갑자甲子의 천간 글자 갑甲을 뜻하는 것으로서, 4주 8자를 대표하는 곳입니다.

    4주 8자 中 나머지 7글자는 환경적 요인들과 특히, 평생 필연적으로 연관되는 사람들과의 사연이며, 출생일 갑甲에서 지지地支 자子는 배우자를 포함한 미래의 운명적 특성의 정보를 저장해 놓은 비밀창고와 같은 의미를 암시하고 있습니다.

그러므로 이 사주의 주인공 '이 새나라'의 일생을 이끌고 갈 비장의 암호는 ☞ 갑목甲木이므로, 그 특성을 보려면('4부 천간과 지지 생사관계'를 읽어보세요.)

첫 번째, 1) 천간 갑목론甲木論을 읽고, 다음으로는 갑목일甲木日에 출생한 사람이 2) 지지地支에서는 자수子水를 만났을 때를 읽으면, 본인과 배우자 사이에서 일생 동안 드라마로 연출되는 사연을 자연현상에 비유해서 설명한 내용이니, 천천히 음미하면서 읽어 보면, 미래에 성공하고 행복하게 살 수 있는 좋은 방법을 찾게 될 것입니다.

두 번째, 갑목甲木일에 출생한 사람이 생년生年인, 임인년壬寅年에서 1) 천간에서 (갑甲·을乙·병丙·정丁·무戊·기己·경庚·신辛·임壬·계癸 10글자 中) 임壬 자를 만났을 때와 2) 생년의 지지에서 (자子·축丑·인寅·묘卯·진辰·사巳·오午·미未·신申·유酉·술戌·해亥 12글자 中) 인寅 자를 만났을 때를 읽으면 조상님. 그리고 부모님과의 관계를 자연 현상계에 대입해서 표현한 것이니, 몇 번이고, 음미하면서 읽고, 또, 읽어 보시길 바랍니다.

세 번째, 갑목일甲木日에 출생한 사람의 생월生月이 을사乙巳이므로 1) 천간에서는 글자 을목乙木과 2) 지지地支에서는 (자·축·인·묘·진·사·오·미·신·유·술·해 12글자 中) 사巳 자를 만났을 때를 읽으면, 부모 형제간의 관계 및 사회 구성원과의 관계를 자연현상에 비추어 설명해 놓았습니다.

네 번째, 갑목일甲木日에 출생한 사람의 생시生時기둥이 신미辛未이므로, 1) 천간에서는 신금辛金과 2) 지지에서는 미토未土를 찾아 읽게 되면, 사주팔자를 모두 풀어 보게 된 것입니다. 그러므로, 3) 10년 대운이나, 매년, 12달, 오늘의 운세도 본문을 읽고 참고하고 유추해서 볼 수 있는 것입니다.

사서삼경四書三經 중 하나인 <주역周易>은 우주 자연현상을 유추해서 지혜롭게 대처하는 법을 군자君子들이 필독하는 서책입니다. 이 경서經書와 함께 사주추명학은 고대古代로부터 하늘의 천문天文현상을 유추해서 사람의 운명을 추론하고 연구하는 학문으로서 2022년 현재에도 각 대학원에서 연구 논문과 명리학 연구가들이 집필한 서적들이 적지 않게 발표되고 있습니다.

인간은 소우주小宇宙이므로, 위에서 설명한 내용들은 우주 자연계의 현상을 평풍 안에 그림으로 펼쳐놓은 것으로 생각하면 될 것입니다.

또, 아주 중요한 것으로는 목차 12부 "생활용신통병론"에서는 도표圖表로 일목요연하면서도, 만화책처럼 쉽게 볼 수 있도록 특별히 편집해 놓은 통변설명이 4종류가 있으니, 아래 내용들을 음미하면서 숙독하시길 바랍니다.

주목注目 1. 사주팔자를 수직적으로 보는 방법은 [<10천간 中. 어느 날> 갑甲일이나('이 새나라'는 갑일에 출생하였음), 을乙일에 출생한 사람이 1) 년주年柱나 월주月柱에 <임인壬寅이나, 계묘癸卯가 있으면>의 통변 설명을 읽고, 그다음으로 2) 또, 년주年柱나 월주月柱에 〈갑오甲午나, 을 사乙巳가 있으면〉의 내용을 읽어 보면, 직업·재물·배우자를 포함해서 미래에 대한 모든 운명적인 설계도가 약 70~90%가 선명하게 나타나게 될 것입니다. 3) 출생시出生時의 기둥. 즉, 시주時柱에 〈신미辛未〉가 있으면. 은퇴 후~사망할 때까지 운이며, 자손, 후손 종업원. 부하, 수하手下사람, 처첩 등을 의미하는 것인데, 아직 65세 이전이라면, 경험해보지 못한 미래에 대한 통변이므로 흐릿한 영상과 같은 내용이라고 이해하면 될 것입니다.

주목注目 2. 사주팔자를 수평적으로 보는 방법으로는 {〈10천간(갑·을·병·정·무·기·경·신·임·계) 中 어느 날〉(갑甲일이나('이 새나라'는 갑일에 출생하였음), 을乙일)}에 출생한 사람이 1) 생년生年 천간天干에서 어떤 한 글자(임壬이나, 계癸)가 있으면. 2) 또, 생월의 천간에서 어떤 한 글자(갑甲이나, 을乙)이 있으면. 을 천천히 읽게 되면, 타고난 사주팔자에서 '생활용신 사주활용법'으로 누구나 행복하게 살아갈 수 있도록 성공의 지름길과 그 방법을 설명하면서 일상생활 속에서 직접 쉽게 활용할 수 있도록 편집하였습니다.

이해하기 쉽지 않은 사람은 책의 본문 내용을 도표 보기와 함께 쉽게 서술했으니, 천천히 음미하면서 읽어 보시면 편하게 해결될 것입니다.

목 차

3장 병화론丙火論 - 출생일出生日 천간이 丙火일 때　　158

6장 기토론己土論 - 출생일出生日 천간이 己土일 때 182

10장 계수론癸水論 - 출생일出生日 천간이 癸水일 때   214

1부

역리학의 기원과 천문학과의 관계

1장 역리학

1절. 역리易理학의 기원과 하도, 낙서

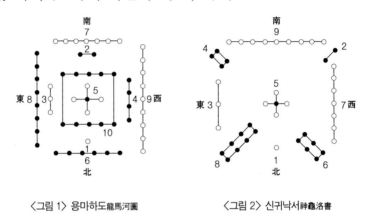

〈그림 1〉 용마하도龍馬河圖   〈그림 2〉 신귀낙서神龜洛書

　지금으로부터 5, 6천 년 전에는 인간들을 가르치는 위대한 영적靈的 스승들이 많이 있었는데, 그들의 수명은 수백 세에 달했으며, 그 스승들은 하늘과 땅을 오르내리며 자연과 하나가 되어 조화로운 삶을 산 신인神人들이었다.

　그 신인들 가운데 천지자연의 움직임을 자연수의 상수象數 원리로 체계화하여 인류문명의 새벽을 열어준 영적 스승이 있었으니 그분이 5,500년 전 동방 배달시대의 태호 복희씨이다. 태호 복희太昊伏羲씨는 일찍이 천하天河에서 나온 용마龍馬의 등에 그려진 무늬에서 하늘과 땅의 생명 율동의 상을 깨닫고 이것을 그림으로 그렸다. 그것이 하도河圖이다. 〈그림 1〉

　이 하도는 하늘의 계시로 자연 속에 숨겨진 질서인 상象을 읽고, 이를 천지의 기본수인 1에서 10까지 수數자로 체계화되어 있음을 깨닫고, 이를 수數의 상상象으로 그려서 전해주므로 인류역사에 이바지하였다.

이러한 하도와 음양의 짝을 이루는 것인 또 하나의 계시문서가 낙서洛書이다. 〈그림 2〉

이 낙서는 4,200여 년 전에 하夏나라의 우임금이 9년의 홍수를 다스리던 중 낙서에서 나온 커다란 거북神龜 등에 드리워진 여러 개의 점상點象 같은 것에서 천지자연의 변화의 기氣를 깨닫고 그림으로 그려낸 것이다.

이 하도와 낙서는 지구촌세계에서 살고 있는 우리 일반적인 사람의 눈이나 감각으로는 알 수 없는 우리 지구인들보다도 몇 만 년 더 발달해서 진화되어 외계에서 살고 있을 수도 있다고 가정해볼 수 있는 외계인을 포함한 모든 생명체들의 모든 것을 풀어 볼 수 있는 우주 변화의 암호문 해독판이다. (개벽 실제상황. 105p. 2005년 12월 22일. 초판 1쇄. 증산도 경전. 지은이. 안경전을 참고하였음.)

그 후 하도, 낙서의 상수 원리는 이후 문왕文王, 주공周公, 공자孔子를 거쳐 음양 팔괘八卦를 구성 원리로 주역周易으로 체계화되어 대대로 전해져오고 있다.

또한, 천문학적인 관점에서 본다면 역원曆元을 정하려면 수천만 년을 적분추산積分推算하게 된다.

그 시점이 지금으로부터 약 5, 6천 년 전에 북극성을 중심으로 하여 북두칠성의 자루 끝부분의 별인 요광성瑤光星, (도교에서는 '파군절명의 별'이라고 부름)이 자방子方으로 일월日月과 오성五星, (수성, 금성, 화성, 목성, 토성)이 일렬로 서 있는 시점이 됐을 때인 갑자甲子년, 갑자甲子월, 갑자甲子일, 갑자시甲子時로서, 이때를 상원上元이라 하고, 이 시점을 역원曆元으로 시작하여 지금 이 시각까지 전래되어오고 있는 것이다.

그렇다면 오늘날의 방식대로 사주팔자를 보려면 4갑자의 사주팔자는 60년, 아니 수천 년이 되어도 나올 수 없는 것이다.

이 문제에 대한 필자의 의문이 화두話頭로 계속된 지 약 30년 이상 되었다. 그렇다면? 사주팔자를 풀어보는 모든 명리학은 근본적으로 문제가 있는 것 아닌가?

그래서 이 화두가 끝내 풀리지 않자 최근 회갑이 다 된 필자가 원광대학교 동양학대학원에서 고대천문학을 중점적으로 공부하면서 고뇌하고 연구한 결과 30년 이상 고민했던 그 의문이 서서히 얼음이 녹듯이 풀리기 시작하여 약 30년 이상을 정리해오던 이 원고를 논리정연하게 다시 정리해서 지금에서야 세상에 펴놓게 되었다.

왜? 근원적으로 틀려왔던가는 이 책을 읽어 나가보면 해결될 것이다.

또한, 염제 신농씨께서도 의약을 개발하고 농사짓는 방법을 펴실 때에 모두 팔괘로 지도하였다고 하는데, 지금도 염제께서 직접 책을 썼다는 『본초학』이 전래되고 있으므로 동양의학은 역리학과 함께 출발하였다고 사료된다.

2절. 황제내경

『황제내경黃帝內徑』은 소문, 영추, 운기 편으로 분류된다. 소문은 자연과 인간과의 조화를 기초로 한 생리, 병의 원인, 양생養生 등의 의학에 관하여 개론적 원리로 이루어져 있다.

영추는 영묘한 인체를 진단하여 치료하는 침구鍼灸법으로 임상적인 의학론을 전개한 것이다.

운기運氣 편은 천운天運과 지기地氣인 우주 천체에서 방사하는 강력한 에너지가 인체에 미치는 천체기상과 그 현상을 연구하고 발전시켜 농사를 짓고, 질병을 미리 예방하며, 인류가 살아가는 모든 분야에서 지혜롭게 대처하는 데 꼭 필요한 하늘이 내려주신 글로서 인류문명에 기여해오고 있다.

그래서 지금도 이 『황제내경』을 떠난 동양의학이란 존재할 수 없으며, 이 신서神書는 대자연에 순응하며 자연과 더불어 사는 인생관을 기저로 하는 의학서임과 동시에 문답형식의 방법을 대입하여 인간과 우주 전체인 자연과의 관계를 상세하면서도 현묘玄妙하게 그 이치를 밝혀주고 있다.

인간이란 우주의 축소판이므로 이 운기運氣학을 5운運6기氣학이라고도 하는바, 출생한 년, 월, 일, 시를 알면 사주四柱를 당연히 풀어볼 수 있지만, 이 출생出生 사주四柱를 알면 입태入胎 사주四柱인 5운6기도 필요충분조건이 성립되는 과정에서 풀어볼 수 있게끔 되어 있으므로 입태 당시인 천기天氣인 5운과 지기地氣인 6기를 판단할 수 있어 질병을 예방하고 치료하는 데 공헌해왔던 것이다.

3절. 역경易經

삼경三經 가운데 하나로서 첫째가는 고대 중국의 철학서다. 상고시대上古時代에 태호 복희씨가 그린 괘卦에 대해 주나라 문왕이 총설하여 괘사卦辭하고 주공이 이것을 육효六爻에 대하여 상설하여 효사爻辭하셨다.

공자께서는 여기에다 우주자연의 심오한 원리를 대입시켜 십익十翼을 한 것이 이 『역경』의 내용이다.

이 책의 이름이 주周나라 때 지어졌다고 하여 주역周易이라고 부르기는 하나 실은 춘추전국시대春秋戰國時代 이전부터 진秦·한漢 사이에 완성된 것으로 보고 있다. 이러한 시대적 배경은 힘의 대결과 인간의 가치관의 혼동과 변화가 많았던 시대時代였으므로 인간적인 존재가치와 도덕성을 바로 세우기 위한 성현聖賢들의 역작力作으로서 지도자들의 지침서指針書였다고 생각된다.

일반적으로 역리易理학은 곧 주역周易으로 많이 알려져 있다. 심오하고도 실천철학적인 이 책이 오늘날 육효점占을 치는 것으로 잘못 인식되어 옛 성현聖賢들께 송구한 마음, 그지없는 바이지만, 역리易理학과는 모두가 연관되어 있다.

역리학은 주역의 이치를 근간으로 하여(학구적인 많은 사람들 중에는 주역을 보고 판단하고, 보는 관점이 천양지차로 다양하다. 예를 들면 왕필의 주역 사상을 기본으로 하여 각양각색의 연구발표가 있는가 하면, 오늘날은 서구유럽 등 선진국에서 과학자들이 수학적으로 연구하여 발표하고 있는 현실도 직시[直視]할 필요가 있다) 우주의 천운天運과 지기地氣, 그리고 인체를 소우주小宇宙로 관찰하고 진단하는 오운 육기학과 모든 사람들의 운명을 보는 사주四柱명리命理학(중국에서는 명상가[明相家]라 하여 사주팔자와 관상, 즉 관형찰색을 보는 사람이 최고의 명상가요, 학자로 각광받고 있음), 관상觀相학, 기문둔갑, 손빈의 육임신과 금구결, 대육임, 소육임, 자미두수, 육효, 매화역수, 관상, 수상手相학, 풍수지리風水地理학 등 너무나 다양하다.

이 학문은 5천 년 이상 우리 선조들과 함께 생활해오면서 검증된 것들로서 학문이나 종교를 앞선 실증된 학문과 같은 것이라고 생각하면 편할 것 같다.

최근에 국경 없는 삶을 살면서 인터넷으로 모든 사람들의 운명을 상담하면서 세계적으로 통계치를 갖고 있는 음령오행音靈五行, 즉 음과 물리학적인 성명姓名학 등이 뜨고 있는가 하면, 육효六爻도 한 분야를 담당하고 있는데, 최근에는 이것을 수학적으로 풀어 진리를 규명하려는 학자學者들도 많이 있어서 그 고매한 영혼을 갖고 있는 분들께 머리 숙여 경의를 표하는 바이다.

4절. 사주四柱 명리학사命理學史

앞에서 간략하게 언급한 바 있으나 다시 살펴본다면, 명리命理학은 면면히 맥을 이어오다가 기원전 1222년경 내사內使 벼슬을 하던 천문학자 숙복 선생이 처음으로 년年을 기준으로 하여 인간의 운명을 판단하기 이르렀다.

그 후 동주東周사람인 낙珞록자 선생(낙록자란 구슬 모양의 '옥[玉]으로 락락[珞珞] 같은 돌'의 뜻을 취한 것으로 사람 이름은 아니며, 『낙록자』라는 책에서 록명[琭命]이란 명칭이 스스로 나온 것이며, 그 법은 오로지 사람이 출생한 년, 월, 일, 시에서 산출한 팔자로서 길흉화복을 넓게 헤아렸다)이 년, 월을 기준으로 하여 운명을 판단하는 학설을 창안했다.

그 이후 당唐나라 사람이었던 이허중은 자字가 상용常容이다. 위魏나라 이충李沖의 8세손으로 아버지 운과 어머니 진陣씨 사이에서 태어난 여섯 아들 가운데 막내로 태어났다. 그는 진사에 급제하여 당나라 헌종 때 전중시어사展中侍御史라는 벼슬을 지냈다. 그는 학문을 좋아해 통하지 않는 것이 없었다. 그래서 음양오행서五行書에 심취되어 사람이 처음 태어난 생년, 생월, 생일을 간지로 배속시키고 그것에서 흐르는 에너지인 천운과 지기地氣와 상생, 상극의 파장이 왕성하고 쇠퇴함을 판단하여 인간들의 수명의 장단, 운의 이롭고 불리함, 부귀빈천 등을 추론하였다. 그러므로 이허중은 사주명리학의 시조始祖로서 이 학문의 발달사에 차지하는 비중은 그 어느 것보다 크다. 그러하기 때문에 이것이 오늘날까지의 사주명리학四柱命理學의 기본 틀이 되었다.

그러나 이허중의 사주명리학은 현대의 사주명리학과는 전체적인 틀은 같으나, 그 내용에서는 큰 차이를 보여준다.

즉, 사주팔자의 글자 가운데 년주年柱 두 글자를 중심으로 하고 일주와 월주를 보조 자료로 하여 생극과 쇠왕을 살피고 여기에다 각종 신살神煞, 약 200개 이상이나 되는데, 예를 들면 역마살, 도화살, 삼재살, 장성살 등을 대입하여 길흉화복吉凶禍福을 예단하였으나 현재보다는 적중률이 좀 떨어지는 편이었다(단순한 사회구조에서는 적중률이 높았을 것이다). 그런 연유 때문인지 그 당시에는 학문學問화되지 못하고 구전口傳으로만 전해져감으로써 믿음성이 희박했다.

그 후 한동안 맥이 끊어지는가 했을 때, 송宋나라 때로 추정되는 서거역 자평子平이란 사람이 처음으로 사주학에 일대 혁명을 일으키며 현대까지 통용되고 있는 사주학을 완성시킨다.

이허중李虛中의 연주 중심에서 보는 적중률이 낮은 점(인구가 더 많아졌겠고 좀 다양한 생활환경이 됐기 때문이 아닐까?)을 보완하고 오랜 임상실험을 통해 적중률이 탁월한 일주중심日主中心의 명리학을 서문화書文化하여 『연해자평淵海子平』이란 책이 세상에 나오게 됨은 동양 역대의 사주명리학의 역사를 앞뒤로 선을 긋는 획기적인 계기가 되었다.

즉, 명리命理학이 생긴 이래 최대의 쾌거였다. 그 후 명나라 때에는 장신봉이 『명리정종命理正宗』을 저술했고, 만육오가 『삼명통회三命通會』를 저술했다.

청나라 초기에는 여춘대가 『궁통보감窮通寶鑑』을 저술했다.

명사明史 예문지에는 『삼명담적천수』라고 실려 있는데, 바로 이것이 명나라 개국공신 유백온이 지은 『적천수滴天髓』의 원본이다.

청나라 초엽에 진소암이 『적천수』 원본을 주해한 『적천수집요』를 저술했다. 진소암은 강희 5년(1666년)에 사망했으나, 그의 저술연대는 그보다 앞선 것이다.

청나라 초엽에 심효첨이 『자평진전子平眞詮』을 저술했는데, 건륭 41년인 1747년에 호공보가 이것을 발행했다.

심효첨은 건륭 4년 기미년에 진사에 급제한 사람이었다.

임철초는 건륭 38년 서기 1773년 4월 18일 진시辰時에 출생해서 그 당시 73세 되는 나이에 『적천수천미闡微』를 저술했다.

최근에 이르러 1933년 원수산이 『적천수천미』를 발행했는데, 진소암의 주석도 함께 넣었다.

1935년에는 서락오가 『적천수 징의徵義』를 발행했는데, 『적천수천미』에서 진소암의 주석註釋 부분을 삭제한 것이다.

그 후에 서락오는 다시 『적천수 보주』와 『자평수언子平粹言』을 저술했고 원수산이 『명리탐원命理探原』과 『명보命譜』를 펴내었다.

이상이 대표적인 사주명리학 고전의 발행순서이다.

현대에 와서 위천리의 『명학강의命學講義』와 『팔자제요八字提要』는 뜻이 깊은 것들이다.

우리나라의 박재완 선생은 위천리의 『명학강의』를 번역하여 『명리요강命理要綱』의 이론체계를 세웠고, 위천리의 『팔자제요』를 번역하고 거기에다 일지론을 첨가하여 『명리사전』을 세상에 펴 내놓았다.

그 외에도 우리나라에서 역학을 연구하고 공부하려는 후학들을 위해 학리적으로 책을 펴낸 기라성같이 수많은 유명인사들이 많이 있는데, 이 분들을 뒤 참고문헌에 실었다. 그 외에도 은하계별처럼 수많은 분들이 강단에서 강의하거나, 강호에서 은거하면서 후학들을 가르치고 있는 고매한 분들께 정중히 큰절을 올린다.

2장 음양陰陽오행설五行說과 음양의 의의意義 및 그 작용作用

1절. 음양陰陽의 의의

음양이라는 개념은 본래 '음지'와 '양지'에서 나온 말이다. 음지는 '그늘진 곳'을 말하며, 양지는 '햇빛이 비치는 곳'을 말한다. 그러나 점차 이 명칭은 상징적이고 철학적인 의미로 확대되어 최초의 의미를 넘어서 추상적인 개념으로 발전하였다.

추상적인 의미에서의 음양은 상대적인 개념을 갖는다. 우리가 사용하는 대부분의 언어는 상당 부분이 이로움과 해로움, 이득과 손실, 삶과 죽음, 존속과 멸망, 좋음과 나쁨, 나아감과 물러남, 가고 옴, 움직임과 고요함, 길고 짧음, 착함과 악함, 옳고 그름, 위와 아래, 왼쪽과 오른쪽, 동쪽과 서쪽, 남쪽과 북쪽, 밝음과 어둠, 번영과 쇠퇴, 부드러움과 강함, 안과 밖, 겉과 속, 넓음과 좁음, 순행과 역행, 시간과 공간, 부귀와 빈천, 화禍와 복福, 행복과 불행, 부유함과 가난함, 정正과 반反, 권리와 의무, 정신과 물질, 생리현상과 심리현상, 밤과 낮, 땅 위와 땅속, 물과 불, 하늘과 땅, 남자와 여자, 적극적인 성격과 소극적인 성격, 태양과 태음, 강强과 약弱, 많은 것과 적은 것, 대大와 소小, 여름과 겨울, 봄과 가을, 높음과 낮음, 맑음과 흐림, +와 -, 목木과 금金, 수水와 화火, 오전과 오후, 군君과 신臣, 아버지와 어머니, 민주주의와 공산주의, 열다와 닫다, 좋아함과 싫어함, 천당과 지옥, 진취적과 보수적, 울음과 웃음, 슬픔과 기쁨, 주는 것과 받는 것, 찬성과 반대, 악마와 천사 등 상대적인 개념으로 이루어져 있다.

음陰·양陽이라는 일체 모든 사물의 상대적 개념을 역학易學에서는 "일음일양一陰一陽"이라고 한다. 명리학命理學에서의 음양陰陽은 이와 같은 의미이다. 다음으로 가보자.

2절. 음양의 작용

명리학命理學에서 음양의 조화가 잘 갖추어진 명조를 좋은 명조라고 본다. 음과 양은 서로 대립된 개념이 아니라 보완적인 관계를 지닌 개념이다. 과학자들은 음과 양을 나누어 별개의 사물로 생각하는 경향이 있다. 그러나 실제로 음과 양은 명확하게 둘로 나누어지는 것이 아니다.

"양쪽 끝을 잡고 가운데를 사용하는 것"에서 '가운데'는 정해져 있는 중간이 아니라 양쪽 끝에 따라 언제나 변화하는 '중간'이다. 즉 절대적인 중간이 아니라 상대적인 의미의 중간中間인 것이다(조금만 고민하면 쉬울 것 같다).

명리학은 이러한 중간 사상에 기반을 두고 있다. 그러므로 명리에서 용신用神은 바로 이러한 고정되어 있지 않은 것으로, 항상 변화하고 있다는 제법무아諸法無我요, 제행무상諸行無常의 사상과 유사한 것으로 음양과 오행의 균형과 조화를 균등하게 하는 시계의 추錘 와 같다고 볼 수 있다.

3절. 사주팔자四柱八字의 균형과 조화는 용신이 그 역할을 담당한다

『적천수』에는 중화中和가 잘된 것을 '순順'이라 말하고 중화가 이루어지지 않은 것을 '패悖'라고 한다. 사주팔자를 볼 때 순順과 패悖의 관계를 잘 살피는 것이 가장 중요하다. 그러므로 명조를 순順하게 하고 패悖를 보완하는 열쇠가 바로 용신用神이다.

즉, 음양은 명확하게 둘로 나누어질 수 없는 개념이다. 이 음양의 의미를 가장 잘 표현한 것이 바로 태극太極 사상思想이다.

태극은 우주의 본체本體로 알려져 있으며, 그림으로 형상화한 태극太極의 그림은 태아胎兒가 어머니의 배 속에서 형성되는 형상화한 것이라고 한다. 즉 태아의 성장과정을 형상화한 것이다.

즉, 태극의 특징은 변화와 회전의 의미가 있는 것이다.

그러므로 음陰의 기氣가 극성極盛해지면 그 가운데 양陽의 기氣가 새롭게 시작된다. 이러한 과정이 찰나적으로 반복되어 나타나는 현상이 태극의 가장 두드러진 특징이다.

음양의 변화는 태극에서 보듯이 변화와 회전을 통하여 자연계의 만물을 탄생시키게 된다. 인간 역시 자연으로부터 탄생한 존재이므로 음양의 변화가 잘 이루어져야 삶을 유지할 수 있게 된다. 우주는 이러한 음양의 균형과 조화가 파괴되면 존재할 수 없게 된다.

우주와 자연계에는 모두 음양의 성쇠盛衰 변화에 의하여 형성되고 성장하고 쇠퇴衰退하는 것을 증험하고 있는 것이다.

그러므로 모든 사물은 서로 상반相反되면서도 일정한 조건 아래서는 서로 비슷하며 잘 어울린다.

상반되는 것도 서로 같은 점이 있다. 또 같은 중에 다르고 ,다른 중에 같으며, 항구적인 중에 변화가 있고, 변화 속에 항구적 법칙이 있다. 이로움 속에 해로움이 있고, 해로움 속에 이로움이 있다. 길吉함 속에 흉凶함이 있고, 흉凶함 속에 길吉함이 있다.

결론적으로 말하면, 양陽 속에 음陰이 있고 음陰 속에 양陽이 있다. 그러므로 음양陰陽은 동시에 존재한다.

4절 오행의 의의와 그 작용

1. 오행의 의의意義

고대古代의 오행설五行說을 주장한 사람들을 '음양오행가陰陽五行家'라고 한다. 그들은 자연계의 관찰을 통하여 우주만물 대부분을 크게 다섯 가지의 유형類型으로 분류될 수 있다고 보았다.

그들이 분류한 방식을 살펴보면 다음과 같다.

예컨대 방위로는 동, 서, 남, 북, 중앙, 색깔로는 청색, 백색, 적색, 검은색, 노란색, 5장 6부로는 간肝, 폐肺, 심心, 신腎, 비脾, 담膽, 대장大腸, 소장小腸, 방광膀胱, 위장胃腸, 음조音調로는 ㄱ ㅋ, ㅅ ㅈ ㅊ, ㄴ ㄷ ㄹ ㅌ, ㅁ ㅂ ㅍ, ㅇ ㅎ, 감각으로는 성냄, 근심, 기쁨, 두려움, 생각, 도덕으로는 인, 의, 예, 지, 신 등이다.

음양오행가들은 금金, 목木, 수水, 화火, 토土라는 상징적 언어를 통하여 위의 다양한 사물들을 각각의 오행五行에 배당配當하였다.

금金은 단순히 금속만을 지칭하지 않는다. 즉 물질적인 금속을 지칭하는 것이 아니라 금속이 지니고 있는 그 물질의 속성을 기반으로 하여 그와 유사한 사물을 금金에 배당하였던 것이다.

그러므로 금金의 속성은 칼로 베고, 감추고, 수렴하며, 응집하는 힘을 지니고 있다. 그래서 금의 속성을 지닌 사람은 집중력이 있으며, 조직을 장악하려는 기질을 가지고 있을 뿐만 아니라 조직 내의 결속력을 바탕으로 한 의리義理를 중시하는 경향이 많다.

목木은 단순히 금金과 마찬가지로 단순히 초목草木만을 지칭하는 것이 아니다. 목木은 열매를 맺고, 위로 성장하며, 햇빛을 받아 원활한 광합성 작용을 하여 열매를 맺는 특징이 있다. 그래서 나무 주변에는 많은 동물들이 모이게 된다. 이러한 목木의 속성에 따라 목木의 기질氣質을 지닌 사람은 자존심이 강하고, 사람을 주변에 많이 모으는 능력을 지닌다.

수水는 아래로 소리 없이 흐르는 성향을 지니고 있다. 그리고 땅이나 나무에 스며드는 성질을 지니고 있다. 그래서 수水의 기질을 지니고 있는 사람은 겸손하며, 사람들과 잘 화합한다. 자기를 내세우기보다는 자기를 버릴 줄 안다. 그래서 수水의 기질을 지닌 사람은 도덕군자道德君子가 많으며, 여자의 경우에 수水가 강한 사람은 이런 성향 때문에 정조관념이 약해지는 경우가 많다.

화火는 밝고 빛나며 위로 상승하는 성향이 있으며, 확산하려는 성향이 많다. 그러므로 화火의 속성을 지닌 사람은 사람들에게 자신의 영향력을 강하게 행사하려 하며, 타인의 관심에 대하여 민감하다. 그리고 언제나 비추려는 성질 때문에 모든 일에 관여하려 하며 조직의 우두머리가 되려는 성향이 많다.

반면 사주四柱에 화火가 보이지 않는 사람은 정반대로 행동하며, 특히 금金·수水가 많고, 목木·화火가 전혀 보이지 않으면 음침하며, 매사에 소극적이며, 의심이 많다. 그런 이유로 자신을 드러내지 못하고 배후에서 일하기를 좋아한다.

화火가 강한 사람은 명분과 예의禮義를 중요시하는 데 반反하여 화火가 약하거나 없는 사람은 예의와 명분名分을 중하게 여기지 않으며, 질서와 순서를 무시하는 경향이 있다. 그래서 화火가 없거나 약한 사람은 학업學業을 계속하는 것에 대해 특별한 의미를 두지 않으며, 월반越班하거나 검정고시 등 독학으로 보통사람을 뛰어넘기도 한다. 또 결혼할 때에도 동거를 먼저 하거나 이혼한 남자와 결혼하는 것에 대해 타인을 별로 의식하지 않는 성향도 있다.

토土는 만물을 기르는 성향이 있다. 땅은 심은 대로 거두기 때문에 신의信義가 있다. 그래서 토土의 기질을 타고난 사람은 신의를 매우 중요시여긴다. 그러므로 종교 지도자적인 성향이 강하고, 중립적인 입장을 취하며, 조직생활에서는 총무總務직을 맡는다.

음양오행가들은 자연의 사물을 다섯 가지 유형으로 분류하여 사물의 상호관계를 파악하려 했다.

오행은 구체적인 특정 사물을 지칭하는 것이 아니다. 오행은 특별한 공통된 속성을 지닌 사물을 대표적인 명사名辭를 통해 표현한 것에 지나지 않는다. 그래서 오행은 유사한 속성을 지닌 사물들 간의 상호관계를 파악하는 데 대단히 유용한 개념이 되었던 것이다. 이 다섯 가지의 대표명사가 바로 금, 목, 수, 화, 토이다.

즉, 금金은 실제로 금속만을 가리키지 않고, 목木은 실제로 목재木材만을 가리키지 않으며, 수水는 실제로 흐르는 물만을 가리키지 않으며, 화火는 실제로 화염火焰인 불꽃만을 가리키지 않으며, 토土는 실제로 흙만을 가리키지 않는다. 금, 목, 수, 화, 토 이 다섯 가지 대표 명사는 마치 수학이나 기하학에서 늘 사용하는 기호와 같은 A, B, C, D, E라고 생각하면 편할 것이다.

그런데 고대古代인들은 왜 사물을 다섯 가지로만 분류했을까?

그 이유는 학자들 사이에 의견 일치를 보지 못하고 있다. 몇 가지 대표적인 주장을 살펴보면 다음과 같다.

1) 오행五行의 5는 고대인들이 숫자를 셀 때, 다섯 손가락으로 셈을 했기 때문이다.

2) 오행의 5는 지구와 4개의 행성行星인 수성水星, 화성火星, 목성木星, 금성金星인데 고대인들은 지구地球를 토土와 연결시키고 금성은 금金에, 목성은 목木에, 수성은 수水에, 화성은 화火에 배당한 것이다. 즉, 태양계의 이 행성들은 서로 간에 엄청난 에너지를 주고받으며,

우리가 살고 있는 이 지구地球에 막대한 영향을 미친다고 생각했으며, 특히 육안으로도 관측할 수 있는 기준이 되는 별로 보았기 때문이다.

3) 마지막으로 세 번째 가설假設은 태극太極과 사상四象을 결합하여 5가 되었다는 생각인데, 이 주장은 신빙성이 약하다. 태극은 오행보다 비교적 이른 시기에 성립한 개념이지만 사상四象은 오행五行이 성립한 이후에 나타난 개념이기 때문이다.

2. 오행의 작용

금, 목, 수, 화, 토 5행 상호간에는 서로 독립된 것이 아니라 상생相生 또는 상극相剋관계를 형성한다. 앞에서 언급한 바와 같이 5행의 '행行'은 변화와 발전과정을 의미한다. 이 변화와 발전의 의미는 지구의 자전自轉과 공전公轉 현상에서 나온 것이다. 지구의 자전으로 낮과 밤이 생기고, 그 낮과 밤을 통하여 고대인들은 음양의 변화를 생각했다. 그리고 지구의 공전을 통하여 발생되는 계절현상을 고대인들은 음양과 오행의 변화로 보았다. 자전 없는 공전이 있을 수 없고, 공전 없는 자전이 불가능하듯이 음양의 변화 없는 계절의 변화는 가능하지 않다.

음양과 오행은 지구의 자전과 공전현상을 통하여 형성된 개념이라는 것을 알 수 있다. 그래서 오행의 상생은 봄, 여름, 가을, 겨울의 순환循環을 의미한다. 봄에는 초목草木이 비로소 생기生氣를 얻어 성성盛하므로 목木에 배당하였고, 여름에는 화火의 기운氣運이 성하므로 화火에 배당하였으며, 가을은 수렴收斂하는 특성으로 농작물을 추수하여 거둬들이는 계절이므로 금金에 배당했으며, 겨울은 기후가 한랭寒冷하므로 차가운 성질을 지닌 수水에 배속시켰던 것이다.

지구의 공전법칙에 따라 계절의 순차적인 변화와 발전 과정을 오행과 연결시켰기 때문에 오행五行 상생相生의 의미는 1차적으로 계절의 변화와 발전 과정으로 이해해야 한다.

그러므로 목생화木生火, 화생토火生土, 토생금土生金, 금생수金生水, 수생목水生木의 상생相生관계는 단순히 목木이 타서 불을 생성하는 것이 아니며, 화火가 토土를 생성生成하는 것도 아니다. 또한 토土가 금金을 생성하는 것도 아니며, 금金이 수水를 단순하게 생성하는 것도 아니다. 이러한 관념은 오행대의五行大義에 나타나 있는 관념이다.

즉, 오행상생 관계를 단순한 의미로 보는 것은 문제가 많다. 다시 말해서 오행상생의 의미는 지구가 주기적週期的·반복적으로 공전한다는 자연계의 순환 법칙에서 파생된 것으로 이해해야 한다.

그러므로 상극相剋 개념 역시 단순히 금金이 목木을 극剋하고, 화火가 금金을 극剋하며, 수水가 화火를 극剋하고, 토土가 수水를 극剋하는 것이 아니다.

가을에는 당연히 봄의 기운이 아주 약할 수밖에 없는 자연계의 현상 때문에 가을인 금金이 봄인 목木을 극剋한다고 표현한 것이다. 나머지 다른 오행의 상극관계도 이와 같이 이해해야 한다. 이것이 바로 상생相生·상극相剋의 개념이 파생된 배경이다.

명리학命理學에서의 상생은 성장시키고, 조장하며, 표출하고, 드러내는 것을 말한다. 즉, 발전단계를 의미한다.

이와는 반대로 상극은 억제하고, 자제하며, 감추고, 숨기는 것을 의미한다. 이것은 쇠퇴衰退를 의미한다.

그러므로 상생과 상극이 적절히 배합되어야 자연계의 사물이 발전하고, 변화하는 것처럼 명리학에서도 사주팔자四柱八字를 판독하고 해석할 때, 이러한 상생과 상극이 적절하게 이루어져 있는지를 잘 살피는 것이 중요하다. 상생相生하는 것만 있거나 상극하는 것만 있으면 변화하고 발전할 수 없다.

자연계의 질서가 상생상극에 의해 안정된 발전을 하게 될 때 자연계는 풍요로워지는 것처럼 사주명리四柱命理에서도 상생相生-상극相剋이 잘 조화된 명조가 일반적으로 격格이 높은 것이라고 본다.

그러므로 상생은 무조건 좋은 것이고, 상극은 무조건 나쁜 것이라고 보아서는 안 된다. 명리학命理學은 이러한 상생-상극관계를 통하여 개인의 운명이 안정된 곡선으로 진행하고 있는지를 파악하는 것이 가장 중요하다고 본다.

3장 역易이란?

역易이란 곧 "도道라고도 하며, 우주를 관장하고, 다스리는 주체主體가 된다."라고 요약한다고 해도 크게 어긋나지 않을 것 같다.

그래서 음양오행의 의의意義와 작용을 먼저 언급한 것이다.

경經에 "역지연후易知然後에 의론醫論"이란 격언과 음양陰陽은 "생살지본生殺之本"이라 했으니, 더 무엇을 덧붙여 본래의 성현들의 말씀을 더럽힐손가?

즉 위 문장에서 역易, 도道, 음陰, 양陽, 의醫, 생生, 살殺, 본본 등이 모두 역易이라는 한 글자에 귀속되는 것만 보아도 당연할 것 같다.

역易은 간략하게 불역不易, 변역變易, 간역簡易으로 구분한다.

역易을 세 종류로 분류해보면 다음과 같다.

1절. 불역不易

우주에는 불변不變의 원칙이 있다는 설設이다. 이 불변의 원칙은 주기적으로 진전되는 상황인바 1년은 한서절寒暑節로 2대二大 원칙原則은 세세년년歲歲年年 동안 고정화되었음과 같고 절기節氣로는 봄, 여름, 가을, 겨울의 4계절의 연년이 다름이 없고, 남자는 태어나서 죽을 때까지 남자이며, 물은 위에서 밑으로 흐르며, 태양太陽열은 만물의 활력체가 되며, 호흡동작은 태어나서 죽을 때까지 일률적이듯 불변성을 뜻함이 불역법칙이며, 우주 간에는 고정불변의 원칙이 항구적恒久的으로 보존保存된다는 원리原理이다.

2절. 변역變易

만유萬有는 변화되어가고 있다는 가변可變의 원칙原則이 있다. 씨앗이 봄에 싹이 터 여름에 무성하게 자라나고, 가을에는 열매를 맺고, 겨울에는 거둬들여 저장하는 식물계의 성장 상황은 변화의 법칙이다. 번영과 진화되어 형태가 달라져 나가는 법칙을 뜻한다. 벼의 씨앗이 움이 트고 성장하고 결실結實하여 거둬들이는 것은 불역不易의 법칙이요, 진화된 상황은 변역變易의 법칙이다. 물은 아래로 흐르는 것이 불역의 원칙이나, 흐르는 물도 열熱을 가하면 수증기로 기화氣化하여 상승하고 증발하여 흩어진다. 그러므로 물의 본성本性인 밑으로 흐르는 것은 불역이요, 수증기로 날아 흩어지는 것은 변역이 되는 것이다. 불역이 주체라면 변역은 객체客體가 되는 것이다. 만유는 고정된 법칙이 있으며, 고정된 법칙은 진화하고 변화되는 법칙 또한 동반同伴하게 되는 것이다. 그리하여 불역과 변역의 사명使命은 개별個別성을 갖고 있으나, 또한 같은 종류로 돌아가게 되는 것이다.

3절. 간역簡易

모든 우주 만상은 불역과 변역의 이원성二元性이 진화·전개되고 있는 가운데 복잡하고 다양한 성질을 내포하고 있지만, 우주 현상계는 간편하게 볼 수도 있다. 가령 물속에 물고기 종류가 생존하고 있는 사실에 대해 학리적인 해설을 논論할라 치면, 명쾌하게 한마디로 말하기가 쉽지 않다. 그러나 수중水中에 어류魚類가 생존하고 있는 상황을 직접 눈으로 보고 느낄 때 간편하게 보이는 현상을 간역의 법칙이라 한다.

불역 가운데 변역이 있고, 불역과 변역 가운데 간역이 있음이니 이러한 원리를 모두 포용하고 있는 법칙이 역易이 된다.

열熱에도 봄, 여름인 음, 양이 있고 한寒에도 가을, 겨울인 음, 양이 있는 것이니 불역과 변역 그리고 간역 등의 삼원三元의 법칙이 역易의 법칙이라고 했다. 이 삼원三元의 법칙이 파생되어 진화되고, 전개되어 무한성의 법칙이 이루어지는 다양성 또한 역易의 법칙이 되는 것이다.

그러므로 우주본체의 일원一元법칙은 무한無限한 법칙으로 변통變通 유행流行하는 것이 역도易道 사상思想인 것이다. 좀 딱딱하기는 하지만 몇 가지 실례를 들어 설명해보기로 하자.

주역周易에서 태극太極이 생양의生兩儀한다고 하였다. 생양의란 음성陰性과 양성陽性을 뜻하니 불역不易인 태극에서 음과 양으로 나누어져 나온 것을 변역이 된 것이라 하고, 양의兩儀가 다시 생生 사상四象이라 하였는데, 음陰·양陽인 양의兩儀는 사상四象으로 나누어져서 음적陰的인 몸에도 또다시 음양으로 분류되고, 양적陽的인 몸에서도 다시 음과 양으로 나누어지는데, 예를 들면 사람은 태극이요, 남녀男女는 양의가 되며 다시 남성은 음양으로 조성造成되며, 여성女性도 음양으로 조성된다. 이러한 현상이 사상四象인 것이니, 곧 사상은 간역이 되는 것이다

또, 1년은 태극이요, 불역이며, 더울 때와 추울 때로 나누면 양의이며, 음과 양이요, 변역이 되고 봄, 여름, 가을, 겨울은 사상四象이며 간역이 되는 것이다.

봄, 여름은 양陽이요, 가을, 겨울은 음陰이며, 봄, 여름은 따뜻하고 뜨거우며, 가을, 겨울은 서늘하고 추운 것이다. 봄은 양陽 중 음陰이요, 여름은 양陽 중 양陽이 되고, 가을은 음陰 중 양陽이 되고, 겨울은 음陰 중 음陰이 된다.

역易은 일원一元적인 태극太極의 원칙인 불역으로부터 이원二元적인 음양陰陽인 변역으로 전개된 것이 다시 음중양, 음중음, 양중음, 양중양인 사상四象으로 발전된다.

사람은 여성이라는 모체母體에서 출산出產된다. 모체는 음이요, 아버지는 양이다. 어머니와 아버지인 음양의 교합에서 '나'라는 몸이 태어난

다. 이러한 몸이 음양의 종합체인 것이다. 나는 태극이면서 '나' 또한 음양을 교합하여 자식을 얻게 된다. 자식은 '나'인 양陽과 아내인 음陰으로 조성된다.

만유萬有는 음양의 합성으로 이루어진다. 이러한 의미에서 양陽도 태극이요, 음陰도 태극이 된다. 양성태극은 양성 자체만으로는 진화가 불가능하다. 음성陰性태극도 역시 같다. 그러므로 역易은 양의 태극과 음의 태극을 동시에 포용한 상태에서 항구적으로 유전遺傳되는 것이다.

4장 역易이란 글자의 뜻과 자원字源

1절. 일월설日月說

일日 자字 밑에 물勿 자字를 가하여 이룬 글자가 역易 자字다. 일日은 태양의 광명을 뜻하고, 물勿 자字는 월月의 변형된 글자라고 한다. 그러므로 역易은 일日·월月의 합의문자合意文字로 일월은 태양과 달을 뜻하며, 낮과 밤을 뜻한다.

고로 태양과 달의 운행으로 음양의 왕래往來를 뜻하는 것이다.

2절. 석척설蜥蜴說

일日 자字 밑에 물勿 자字는 도마뱀의 비늘을 뜻한다. 도마뱀은 햇빛을 받으면 하루 동안 12번 색깔이 변한다는 학설이다. 고로 태양광명은 우주만상을 변화시키는 본체가 된다는 것이다.

3절. 기상설旗像說

고대古代에는 통신通信신호로서 높은 산에 망루를 세워 깃발의 색깔로 적敵의 동태 및 천재지변天災地變의 상황을 신호로 전달했는데, 태양이 비치는 낮에만 보이는바, 기상旗像이 바로 역자의 자원이라는 설이다.

이 3가지 설設의 실증적 방법으로는 각기 다른 것 같으나 내용의 골자는 태양은 모든 변화의 모체라는 데 공통된 뜻이 있으며, 일월日月인 음양설陰陽說의 기본으로 보는 자원字源적 해석이 지배적 관념으로 되어 있다.

4절. 이지二至 이분론二分論

음양의 법칙이 1년을 기준으로 하여 지구가 태양계를 자전과 공전을 하면서 전개된 4계절의 순환을 이지二至 이분二分이란 법칙으로『황극경세서皇極經世書』에 밝히고 있음이니 이지二至란 동지冬至와 하지夏至를 말함이요, 이분二分이란 춘분春分과 추분秋分을 말함이다.

태양이 지구의 남회귀南回歸선상에 있을 때인 음력 11월, 동짓달인 자월子月중中에서 일一양陽이 생기기 시작하여 지구는 보통사람의 걸음걸이로 하루에 4백6십 리, 240보씩 태양의 적도를 향해 공전과 자전운동을 하면서 상승上昇하기 시작한다.(고 권백철 선생의 운기론 1974년)

동지冬至날에 양기陽氣 하나가 생긴다는 설說을 '일양시생一陽始生'이라고 경經에 전하고 있다.

또한 지구가 자전과 공전을 하는 과정에서 지구의 남회귀선에서부터 지구의 북회귀北回歸선까지를 옛 선조들은 "땅 끝에서 하늘 끝까지"라는 표현으로 사용하였는데 그 거리가 '8만 4천 리'라고 하였다. 즉 지구가 자전과 공전을 하는 상태에서 태양과의 인력引力과 추력推力의 한계점을 "땅 끝에서 하늘 끝"이라고 말한 것이라 생각된다.

그러므로 동지冬至부터 양기陽氣의 상승운동은 전개되어 향후 5일간을 1후候라 하고, 15일간을 3후候라 하면서 3후를 일기一氣라고 한다.

또, 3기氣인 45일간을 1절節이라고 하며, 2절인 90일간을 일시一時라고 표현하였다.

동지로부터 90일이 된 거리는 4만 2천 리가 된 것이며, 이때를 '춘분春分'이라 하고 낮과 밤의 길이가 같아진다.

『주역周易』에서는 지천태괘地天泰卦라 하였고, 음력으로는 2월인 묘월卯月중에 해당하고, 모든 만물이 따뜻한 봄바람으로 인하여 움이 트고, 싹이 트며, 약동하고 번영으로 진전되는 때가 된다.

이 시기를 목성木性이 가장 건실해지는 때라고 하였다. 또 인체人體로서는 간담肝膽의 기능이 왕성旺盛해지는 시기요, 체내體內의 영양소는 간담에 집중되며 신경神經순환계를 주관하게 된다.

자연계에서는 초목草木이 무성하기 시작하여 춘색春色을 자랑하게 된다. 이때의 색소色素는 청색靑色이 되는데, 초목이 왕성하므로 토土를 압박하듯 체내體內에서도 비위脾胃장을 간담肝膽이 무력화시키므로 봄철에 밥맛이 없는 것은 이와 같은 자연계의 영향을 받는 계절성 질환이라고 보며, 일반적으로는 "봄을 탄다"는 말로 전해져오고 있다.

봄철은 기온이 따뜻해지기 시작하는데 뜨거운 열熱의 시원始原이요 사상四象학으로는 소양절少陽節이 된다.

춘분이 되는 시점부터 낮 시간이 점점 더 길어지기 시작한다.

태양과 지구가 항구적으로 공전과 자전을 하는 가운데 춘분부터 90일이 진행되면 하지夏至가 되는데, 동짓날부터 180일 동안 양기陽氣가 상승된 기간이 되며, 거리로는 8만 4천 리가 된다.

이때는 지구와 태양이 가장 가까운 거리에 있게 되므로 태양열이 가장 많이 직사直射하게 된다.

『주역』에서는 "건위천괘乾爲天卦"라 하여 이때 지구상의 만물은 태양에서 방출되는 양기陽氣 에너지를 가장 많이 받게 되므로 대지大地의 생명체가 번영을 이루게 된다. 인체人體에서는 심장心臟의 기능이 왕성旺盛해지고, 활동이 민활해지고, 혈액의 순환이 원활하게 되며, 신체의 조직세포의 활동이 왕성하여지므로 기공氣孔은 확대되고 신진대사가 순조롭게 된다.

그런 한편 반작용反作用도 일어남이니 태양의 강한 열이 너무 지나쳐서 지표면地表面의 수분水分을 말려버린다. 그러므로 초목에 공급되어야 할 수분이 고갈枯渴되니 대지大地는 갈증渴症을 나타내어 거북 등처럼 갈라지게 된다.

인체에서도 같은 현상이 나타나는데 눈, 코, 귀, 입의 7구멍과 하체에 있는 2구멍을 통하여 수분의 발산이 너무 많아져 수분의 극심한 결핍이 온다. 심장은 지나치게 열이 가중되고, 신장腎臟의 수분이 심하게 고갈되는 악순환이 야기됨도 하지夏至절의 염상炎上 현상 때문이다.

불기운이란 위로 날아오르며, 밀고 나아가는 작용과 회전하는 힘이 있으므로 폭발하고 확산시키는 작용력으로 음기陰氣를 유도시키는 작용이 된다.

인체 내에서의 음이란 혈액 및 모든 체액이 되는데, 화火는 이들의 순환을 주관하고 있다. 그러므로 여름철에는 초목들이 무성해지며, 인체에 미치는 영향도 비슷하므로, 여름철에 출생한 사람은 역시 성장발육이 빠르게 되므로 조숙早熟해지는 것이다. 하지夏至의 열熱을 '순양純陽'이라 하며, 사상四象학으로는 태양太陽이라고 한다.

지구는 양기로 최고점까지 충만하게 되고 태양과 가장 가까운 거리인 지구의 북회귀北回歸선인 정점에 도달한 순간이 바로 하지夏至에 도달한 것이 된다.

그러나 태양과 지구는 잠시도 쉴 사이 없이 그 순간에도 자전과 공전을 하면서 태양의 적도를 향하여 하강下降하기 시작하여 일一음陰이 생기기 시작하는데, 이런 현상을 음양서陰陽書에서는 "양극陽極, 즉則 음陰"이라 하였고, 열熱이 극에 도달한, 즉 한寒이 되기 시작한다고 하였는데, 열熱양陽이 극치를 이룬 순간 한寒냉冷으로 전환된다는 뜻이 된다.

이렇게 하강下降운동을 1일 460리 240보씩 지속적으로 하여 90일이 되면, 추분秋分인 서늘한 가을을 맞이하게 된다. 추분은 양성凉性의 기후로 만물을 견실堅實하게 하므로 딱딱하고 여물게 결실結實하게 한다. 천지간天地間에는 음성과 양성陽性이 반반半半씩 되고, 이때의 거리는 4만 2천 리를 하지로부터 하강했으므로 서늘한 양기凉氣가 형성된다.

이를『주역周易』에서는 "천지비괘天地否卦"라 하면서 상공上쏬의 반半은 양기陽氣요, 그 나머지 반은 음기陰氣라 하였는데, 이러한 상황은 만물이 소통됨이 불가능하고, 발전의 시기가 아니므로 번영, 무성, 성장, 순환이 다소 정체되는 시기라고 표현하였다.

이때를 소음少陰절인 금왕지절金旺之節이라 하며 만물은 봄, 여름에 부드럽고, 유연하지만, 추분인 가을에는 단단하여진다는 뜻에서 금金이라 표현했던 것이다. 이 시기에 모든 곡식과 과실이 단단하게 여물기 때문에 추수하고 거둬들인다. 인체에서는 폐肺와 대장大腸의 기능이 강력해지면서 신진대사가 촉진되어 옛 성현들이 말하기를 "하늘은 높고, 말이 살찐다." 하였듯이 소화력이 왕성해지는 계절이기 때문이다. 소화력이 왕성해지는 까닭은 간단하다.

금金이란 목성木性을 제어하는 특성이 있으므로 간담肝膽인 목이 토土인 비위脾胃장을 공격하지 못하도록 하기 때문이다. 그러므로 입맛이 저절로 생겨나니 살이 찌게 되는 것이다.

또한 동양의학적으로는 중풍中風이 발생하는 시기이니 순환계의 경성硬性화로 인하여 신체에 마비가 오게 된다. 특히 배꼽 아래인 하체下體로 한랭한 기운이 강해지므로 체온을 따뜻하게 유지해야 한다.

이 시기에는 사람의 마음도 서늘해지며, 서글픈 생각이 지배하게 되는 것도 모두가 계절의 청량淸凉한 정서 때문이다.

추분秋分 시점에서도 지구는 쉼 없이 자전과 공전을 하면서 1일 460리 240보씩 하강하여 90일이 되면 동지冬至가 되는데, 지구의 남회귀南回歸점에 태양이 있기 때문에 북반구 가까이에서 생활하는 우리는 태양이 북회귀선에 있을 때와는 정반대로 아주 먼 거리에 위치하게 된다. 그러므로 하지로부터 8만 4천 리를 달려온 것이 된다.(고 권백철 선생의 운기론 1974년)

이 시기에는 천지간天地間에 한랭한 음기陰記로 가득 차게 된다. 그러므로 이때를 '허虛'라고도 한다. 음기가 천지간에 가득 차 있다는 것이요, 양기는 텅 비어 있다는 뜻이 되겠다.

『주역』에서는 "곤위지괘坤爲地卦"라 했다.

이때를 사상四象학에서는 '태음太陰'이라고 하며, 순음純音 또는 정음이라 하여 여성의 심벌로 표현하기도 한다.

초목의 자양분은 봄, 여름에는 가지와 잎으로 발산되던 운동 작용이 이제 가을, 겨울에는 열매를 맺고 난 후에 뿌리로 돌아가게 된다. 이 시기를 수水가 왕성한 계절이라 한다.

자연계에서는 번영, 활동, 순환, 추진, 성장 등의 운동이 거의 멈추게 되고, 다만 보존을 위한 응결상태를 이루고 있다. 그러나 영원히 없어져 버리는 것이 아니라 은밀한 순환이며, 은밀하게 성장과 발전이 진행될 뿐이지 여름에 비하여 소극적인 운동인 것이다. 이와 같이 인체에서도 함께 혈액순환은 은밀하게 진행되어 심장의 박동은 저하되고 신장과 방광계의 혈액 공급은 한랭寒冷해지며, 지극히 완만하게 활동이 이루어지는데, 차가운 바람과 한랭한 음식물은 삼가고, 남녀 간의 성性생활은 지나치지 않아야 할 때이다.

음력陰曆 11월 동지冬至인 자월子月에서 하나의 양, 즉 1양陽이 생기기 시작하여 12월인 축월丑月은 2양, 정월인 인월寅月은 3양, 2월인 묘월卯月은 4양, 3월인 진월辰月은 5양이 되며, 음력 4월인 사월巳月은 6양이 되는데, 동지점부터 6양 끝까지가 180일이 되며, 1일 460리 240보씩 달려온 거리가 8만 4천 리가 되는데 이때가 바로 하지夏至가 된다.

물론 3양인 봄, 춘분에 도달한 거리는 앞에서도 언급하기를 4만 2천리가 된다고 하였다. 3양이므로 밤과 낮의 시간의 길이가 같고, 따뜻한 계절이므로 씨앗을 뿌리며 모든 것을 시작할 때이다.

지구地球는 잠시도 쉬지 않고 자전과 공전을 하면서 태양의 주위를 돌아가는데 태양과 가장 가까운 거리인 하지점인 6양 끝을 지나서 5월인 오월午月에 1음이 생기기 시작하여 6월인 미월未月에 2음, 7월인 신월申月에 3음, 8월인 유월酉月에 4음, 9월인 戌月에 5음, 10월인 해월亥月에 6음이 된다.

즉, 11월에서 1양이 시작되어 4월 끝까지 가면 6양이 되고, 5월에서 1음이 시작되어 10월 끝에 도달하면 6음의 극에 이르게 되는 것이다.

물론 3음인 가을, 추분秋分에 도달한 거리는 4만 2천 리가 되며, 3음이므로 밤과 낮의 시간이 같으며, 서늘한 계절로서 서리가 내리기 시작하므로 오곡을 거둬들이기 시작할 때이다.

이렇듯 지구는 항구적으로 태양의 주위를 돌면서 자신의 사명을 아무런 불평불만 없이 자전과 공전을 하는 과정에서 봄, 여름, 가을, 겨울인 4계절을 맞이하게 되는 것이다.

옛 선조들은 동짓날부터 새로운 해를 본다고 하였으며, 이때부터 해의 길이가 노루꼬리만큼 길어지기 시작한다고 하였다.

동지는 대체로 양력 12월 21일부터 23일 사이에 오는데, 가끔은 24일 새벽에 동지가 들어올 때도 있다.

그러므로 서구 유럽 등에서는 동지를 맞이하여 새로운 해를 보기 때문에 예수 그리스도가 탄생하신 날을 12월 25일로 정하고 바로 전날인 24일 저녁시간부터 전야제 행사를 시작하여 다음날인 25일까지 밤을 새고 파티를 하면서 어두운 세상을 밝게 비추는 구세주를 경축한다.

이 동지를 기준하여 새해의 달력도 나누어주며, 크리스마스카드를 주고받는 가운데 크리스마스를 맞이하여 축하함과 함께 새해인사를 하는 전통이 생긴 것이라고 사료된다.

그러므로 8만 4천 리라는 숫자는 부처님 말씀에도 인용되는데, 8만 4천 법문, 합천 해인사에 소장되어 있는 팔만대장경八萬大藏經이 그 예에 해당하고, 8만 4천이라는 숫자는 약 9만이 되는데, 이 9라는 숫자를 인용한 것들을 살펴보면, "앞길이 9만 리 같다". "임금님이 계신 구중궁궐九重宮闕", 구곡간장九曲肝腸, 강원도 정선 땅의 구절리, "9천을 떠돌아다니는 혼백", 구사일생九死一生, 무주구천동, 인천광역시에 시청 청사가 있는 곳인 구월九月동, 셈할 때 누구나 사용하는 구구단, 구만리 장천, 이사할 때 택일하는 손 없는 날 9일, 결혼할 때 불길하게 생각하는 나이 29살, 늙은 사람의 9살은 위험하다는 통념 등은 모두 동지에서 하지夏至까지의 8만 4천 리에서 파생되어 나온 말이다.

불교에서 사용하는 염주는 108개인데, 이 또한 땅을 상징하는 수평적인 숫자 12와 수직적인 하늘을 상징하는 9만 리의 9를 곱하면 108이 되므로 속세에서 사는 인간들의 번뇌가 108가지가 있다고 하였고, 108의 숫자를 모두 합산하면 9로 돌아가는 이치理致 또한 신묘神妙하기만 하다.

일설에 의하면 황하유역을 중심으로 정착한 유목민의 제사장이 복희씨라고 하는데, 동이東夷족 또는 청구인이라고도 하는데, 언어학적言語學的으로는 알타이어 계통의 종족으로서 산수山水와 기후가 좋은 강 유역에 이르러 과실과 초목, 어류 및 짐승들을 사냥하면서 생활하였을 것이고, 또한 이들은 식용食用이 될 수 있는 자연계의 모든 것들을 분별하기가 무척 어려웠을 것이다.

제사장이며 지도자인 복희씨는 그들 중에서 가장 지혜가 많고 두뇌가 명석했을 것이다. 그래서 그는 항상 자나 깨나 부족들을 천재지변으로부터 보호하고, 안정된 생활을 유지시키면서 번영된 미래를 건설하고자 늘 걱정하고, 여러 방면으로 연구하고 노력했을 것이다.

그러던 어느 날 이런 모든 고뇌를 해결하고자 천신天神에게 정성을 다하여 100일 동안 제사를 올렸던 바, 지극한 마음으로 정성을 드리면 하늘이 감동하는지라. 황하라는 강변에서 큰 용마龍馬가 솟아오르면서 등에 점點같으면서도 문양紋樣 같은 형상을 보는 순간, 우주宇宙만상萬象의 이치理致를 깨닫고 천하를 다스릴 지혜를 얻게 되었다고 한다.

용마의 꼬리 부분 하단에 1개의 점과 6개의 점이 있었고, 머리 부분에 2점과 7점이 있었으며, 좌측에는 3점과 8점이 있었고, 우측에 4점과 9점, 그리고 중앙 가운데에 5개의 점과 10개의 점이 있었다.

1, 3, 5, 7, 9는 양陽인 기수라 하고, 2, 4, 6, 8, 10은 음陰인 우수라 하는데, 양은 하늘의 수로서 합이 25요, 음은 땅의 수로서 합이 30이며, 이 둘을 합하면 55가 되는데, 이 하늘의 수와 땅의 수가 합하고, 변하여 무궁무진한 조화력이 생긴다고 했으며 이 수의 묘妙함은 귀신과 같다고 하였다.

5절. 천지창조天地創造와 오행五行 생성生成 과정過程

음양서陰陽書에 의하면 하늘과 땅이 아직 구분됨이 없음을 이름하여 혼돈混沌이라 하였고, 역시 하늘과 땅의 구분이 없었던 때를 배운胚暈이라 했으며, 해, 달, 별 등 하늘의 모든 별무리 등이 없었고, 음양陰陽과 춥고 더운 것이 없었으며, 바람, 비, 서리, 눈 등이 없었으며, 일체의 모든 것들이 혼돈되어 어둡기만 했으며, 초목과 산천이 없었으며, 모든 날짐승, 들짐승, 산짐승 및 물고기, 벌레들도 없었고, 사람도 없으며, 그저 어두움만 있었을 뿐이라 하였다.

이때에 하나의 기운이 생기기 시작하여 태太역易으로 수기水氣가 생기고, 잠시 뒤에 태초太初로 화기火氣가 생겼으며, 이어서 태시太始로 목기木氣가 생겼으며, 곧이어 태소太素로 금기金氣가 생기고, 이어서 태극太極으로서 토기土氣가 생겼다.

그러므로 수의 기는 1이요, 화의 기는 2며, 목의 기는 3이고, 금의 기는 4가 되며, 토의 기는 다섯 번째였던 것이다.

우주만상이 분별되기 시작하여 이기二氣가 나타나 가볍고 맑고 밝은 것은 하늘이 되고, 무겁고 흐리며 어두운 것은 땅이 되면서 대자연계의 우주가 전개되었다고 전하고 있는데, 이러한 상황 설명도 아주 아득하고 아득했던 시점에서 우주가 전개되는 과정에서 변동기를 맞이하여 태역太易에서 수水가 생기기 시작한 것이 제1차적인 우주 대단위 변동기라고 볼 수 있다.

1. 제1차 변동기

우주 간에 맨 처음에 수水의 성분이 겨우 나타났다는 진리인데, 이때의 수水는 모든 우주만물 중에 시원始原이 수水라는 것이며, 탈레스는 "우주의 시원이 수水"라고 말하였으며, "노자老子는 천일天一 생수生水"라 하였으니 모든 진리는 하나로 통일된다고 보는 것이다.

그러므로 만법萬法은 하나로 통하니 우리 인간은 소우주小宇宙이므로 우리네 사람에게 이 이치를 대입하여 비교해보면 "나는 어디서 온 것이며, 누구이며, 어디로 갈 것인가?" 하는 이치를 깨달으면 도를 통한다고 하였던 바, 우리는 아버지의 양기陽氣와 어머니의 음기陰氣가 교합되어 하나의 생명체인 '나'가 태어난 것이다. 아버지의 정과 어머니의 혈은 모두가 물이다. 이 물인 난자와 정자가 '나'라고 하는 생명이 태어나게 함은 우주창조의 제일 첫 번째로 생성되는 수水와 똑같은 것이 된다.

또한 우리 인류의 4대 문명의 발생지가 물가 근처였다는 점도 같은 이치이다. 또 동방東方의 의서醫書에 '태식법胎息法'이라는 것이 있는데, 인간이 태중胎中에서 생육生育되는 과정을 분석하여 밝힌 바에 의하면, 1개월 되는 태중의 태아를 "태극이 동하여 월경月經이 나오지 않는다." 하였다.

불교의 보적경에 이르기를 "사람의 태중에 처음 7일은 우유와 같고, 14일에는 엉킨 것과 같다."고 하였으니 복희씨 선천도의 상수에서 북방 수北方水 1점에 해당하는 것이다.

2. 제2차 변동기

제2차 변동기로는 화火의 나타남인데, 이때를 '태초'라 한다고 하였다. 동방의학서에서는 음이 극極에 달하면 양이 되고, 양이 극에 달하면 음이 된다고 하였다.

음은 수水이며, 차고 냉한 것인데 이러한 물이 극성極盛을 이루면 양인 화火가 생겨 나온다는 법칙이다.

물이 떨어지는 힘을 이용하여 전력電力을 얻는다는 평범한 과학상식은 누구나 알고 있는 바이며, 깊은 바다 속에 끈을 매어 빈 병을 집어넣으면 병이 부서져 산산조각이 난다.

그 이유는 물의 압력 때문이다. 태역에 수水가 나와서 우주 간의 길고 긴 세월 동안에 물이 쌓이고 쌓여서 그 결과 압력壓力이 생김은 당연하다. 역力이란 열熱이며, 열은 화火가 된다.

우주 간에 태역의 한랭한 수의 기운이 쌓이고, 쌓인 결과 음극, 즉 양의 현상으로 화火가 나오니 화는 열熱이 된다고 하였다.

그러므로 이때에 한열寒熱이 교감되고, 차가운 물은 따뜻한 물로 교체交替되니 태중胎中의 태아는 2개월째가 되고, 족소양足少陽 맥脈이 생긴다고 하였으며 화火가 생기고, 복희씨 선천도에서는 남방의 2점으로 화火에 해당한다.

태역의 생1수水를 정精이라 하고. 태초의 생2화火를 기氣라 한다. 이때에는 수화水火가 이미 교감하고, 차고 따뜻함이 서로 감응하여 우주창조는 진전해 나가서 제3차적 우주의 변동기는 목木이 생성되니 목木이란 초목의 대명사이며, 모든 현상을 나타냄과 함께 모든 생명체를 뜻하기도 한다.

앞에서 언급한 우주창조의 수화水火는 사람에게 있어서 수水는 5장 6부인 신장과 방광 및 생식계 전반과 혈액과 모든 호르몬계 전반에 해당하며, 화火는 심장과 소장이며, 명문과 삼초三焦요, 맥脈이며, 기氣인 에너지가 되고, 온도가 되며, 혀가 된다.

3. 제3차 변동기

목木은 5장 6부로는 간장과 담낭이 되고, 모든 신경계를 담당하며, 팔다리이며, 모든 모발毛髮이며, 눈이 된다. 이때가 태중에서는 3개월째가 된다.

태식법에는 태중 2개월 된 태아는 아직 입태가 된 줄 모르다가 100일이 된 3개월 만에는 남녀의 성별이 분명하게 구분되면서 임신을 한 사실을 처음으로 알게 된다는 말이 있는 것과 같이 태시太始의 목木이란 어떤 물체가 형태를 나타내주는 것으로, 이러한 상태가 형形인 것이니 수와 화는 수분에 열이 가해지는 화기火氣로서 남男은 화요, 여女는 수로 남녀가 합하니 하나의 생명체인 목이 생겨났다는 것으로 비유된다.

태시의 목은 복희씨 선천도에서 동쪽 3점에 해당된다.

우주창조 과정에서 목은 동물, 식물계를 총망라하여 생명체 모두를 대상으로 한 것이다.

4. 제4차 변동기

이때를 '태소太素'라 하고 목인 부드러운 연성軟性에서 금金인 굳고 딱딱한 경성硬性인 질質로 변하는 데, 태중의 태아가 혈맥이 형성되고, 형상과 육부六腑가 이루어지며, 태아가 움직인다. 복희씨 선천도 서쪽의 4점을 가리킨다.

5. 제5차 변동기

토는 태극太極이라 하고, 토는 체體가 되는데, 선천도에서는 가운데인 중앙 5점을 가리킨다.

태중에서 태아는 5개월째로 화火의 양陽과 수水의 음陰이 근골筋骨과 팔, 다리와 모든 털의 종류가 생긴다고 하였으며, 정기精氣 형질形質을 보호하는 자연 법칙은 토土라는 체體로서 살을 입히고 두툼하게 보호하는 작용으로 마치 철골까지 이룩된 건축물을 콘크리트로 두툼하게 벽을 발라서 완공된 건물의 외부의 모습과 같다고 보겠다.

오행五行 배속표

오행 (五行)	목(木)	화(火)	토(土)	금(金)	수(水)
천간 (天干)	갑을 (甲乙)	병정 (丙丁)	무기 (戊己)	경신 (庚申)	임계 (壬癸)
지지 (地支)	인묘 (寅卯)	오사 (午巳)	진술(辰戌) 축미(丑未)	신유(申酉)	자해(子亥)
계절	봄(春)	여름(夏)	3, 6, 9, 12월	가을(秋)	겨울(冬)
하루	새벽	오전~오후 1시까지	축, 진, 미, 술. 시	오후	밤
방위	동쪽(東)	남쪽(南)	가운데(中央)	서쪽(西)	북쪽(北)
색(色)	푸름(靑)	붉음(赤)	노랑(黃)	하양(白)	검음(黑)
5장(五臟)	간(肝)	심(心)	비(脾)	폐(肺)	신(腎)
6부(六腑)	담(膽)	소장(小腸)	위(胃)	대장(大腸)	방광(膀胱)
생성수 (生成數)	3.8	7.2	5.10	9.4	1.6
맛(味)	신맛(酸)	쓴맛(苦)	단맛(甘)	매운맛(辛)	짠맛(鹹)
5관(五官)	눈(目)	혀(舌)	입(口)	코(鼻)	귀(耳)
6기(六氣)	바람(風)	화서(火暑)	습(濕)	건조(燥)	추위(寒)
5상(五常)	인자(仁)	예절(禮)	믿음(信)	의리(義)	지혜(智)
5지(五志)	성냄(怒)	기쁨(喜)	생각(思)	슬픔(憂悲)	놀람(驚)
5취(五臭)	누린내(臊)	탄내(焦)	향내(香)	비린내(腥)	썩은내(腐)
5액(五液)	눈물(淚)	땀(汗)	군침(涎)	콧물(涕)	가래(唾)
5주(五主)	힘줄(筋)	맥박(脈)	살(肌肉)	피부털 (皮毛)	뼈(骨)
작용(作用)	신경 분비	순환	소화	호흡	생식 배설
5능(五能)	태어남(生)	자람(長)	변함(化)	거둠(收)	저장함(藏)
5사(五舍)	혼(魂)	신(神)	의지(意智)	백(魄)	정(精)
5물(五物)	초화(草花)	우족(羽族)	복족(腹足)	곤충(昆蟲)	어족(魚族)

우주창조 과정이나 태아가 태중에서 성장하는 과정이 복희씨 선천
도에서 1점인 수는 정精, 2점인 화는 기氣, 3점인 목은 형形, 4점인 금은
질質, 5점인 토는 체體로 전개되는 과정과 같은데, 처음으로 생기는 과정
이라 하여 1, 2, 3, 4, 5를 생수生數라 하고, 그 뒤에 완성되는 과정의 6,
7, 8, 9, 10을 성수成數라고 한다. 즉, 5는 토로서 흙이 되는데, 이 흙인
땅이 있어야 땅 위로 물인 수水가 흐르며 존재할 수 있으며, 흙이 없다
면 허공에서 흐를 수 없는 법이기 때문이다. 그렇기 때문에 5를 기본으
로 중앙에 두고 있으며, 생수生數 1+5=6이 되므로 6은 물인 수水로서 완
성된 수數가 되어 생수와 성수를 함께 말할 때 1과 6은 수水라고 한다. 5
라고 이름 하는 5의 숫자는 중앙에 토土로서, 당연히 근본적으로 땅 위
에 있어야 하기 때문이다. 그러므로 화火의 생수와 성수는 2와 7이 된다.
당연하게도 불은 땅 위에 있어야 사람들이 이용할 수 있으며, 허공에 있
다면 사용할 수 없기 때문이다(2+5=7). 역시 목의 생수와 성수는 3과 8
이 된다. 나무는 땅이 있어야 크게 자랄 수 있기 때문이다(3+5=8). 금金
은 생수와 성수가 4와 9가 된다. 광물질인 쇠붙이는 땅에 있어야 이용할
수 있기 때문이다. 토土의 생수와 성수는 5와 10이 된다.

땅이란 기본이 되는 흙 위에 있어야 두터워지고, 만물을 자라게 하며,
만물을 창조하고 생육하며 심고 가꿀 수 있으며, 모든 만물이 의지하고
믿으며 편안케 하므로 선천도의 중앙은 토로서, 5와 10이 되는 까닭이다.

다시 소우주인 사람에게 비교하여 설명해보면 다음과 같다.

인간이 태중에서 5개월 이상 되면 임신중절이나 낙태를 죄악시하는
이유는 이미 생명으로서 살생하는 것이라고 생각하기 때문이다.

태중에서 6개월이 되면 신장, 방광의 기능이 완성되며, 7개월이 되면

심장과 소장의 기능이 마무리되고, 8개월이 되면 간장과 담낭의 기능이 완성되며, 9개월이 되면 폐장과 대장의 기능이 마무리되며, 10개월이 되면 비장과 위장의 기능을 완벽하게 마무리하여 독립된 존재로서 살아갈 수 있도록 인간세상으로 출생하게 하니 참으로 신묘하고도 신묘한 진리이다.

6절. 오행의 배속과 그 응용 및 법칙

1. 오행의 배속

복희씨는 용마의 등에 나타난 상수象數를 보는 순간 직관直觀으로 우주만상이 이치를 깨닫고 천하天下를 다스릴 지혜를 얻게 되는데, 그 과정을 추측해보면 용마龍馬 등에 1과 6의 상수를 보고 방위로는 북위에 해당하며, 계절로는 겨울이며, 하루로는 밤에 속한다. 색깔로는 검은색이며, 맛으로는 짠맛이고, 오장五臟으로는 신장腎臟, 육부六腑로는 방광膀胱, 오주五主, 뼈骨이며, 오행五行으로는 수水가 되며, 천간天干은 임壬, 계수癸水요, 지지地支로는 해亥, 자수子水, 6기六氣로는 한寒이며, 5상五常으로는 지혜 지智요, 5관五官으로는 귀 이耳에 속하고, 냄새로는 썩은 냄새 부腐요, 오지五志로는 놀라고 무서워하며, 오액五液으로는 가래에 속한다고 직관하였다.

즉, 이러한 이치를 하늘의 계시로 찰나적으로 받아들였다고 보인다. 다시 복희씨의 입장이 되어 그 당시 환경을 추측해보면 다음과 같다.

오행의 성정(性情)

木
- ⊕ 甲 - 큰나무, 재목, 大材木, 死木
- ⊖ 乙 - 초목, 柔木(여린나무), 넝쿨나무

火
- ⊕ 丙 - 태양, 용광로 불, 큰 불
- ⊖ 丁 - 촛불, 형광등, 별빛, 반딧불

土
- ⊕ 戊 - 山, 큰 제방
- ⊖ 己 - 논, 밭, 화단이나 화분의 흙, 습토

金
- ⊕ 庚 - 큰 쇳덩어리, 강철, 큰 칼
- ⊖ 辛 - 금, 은, 보석, 바늘, 침, 작은 칼

水
- ⊕ 壬 - 바닷물(海水), 호수(湖水)
- ⊖ 癸 - 이슬비, 개울물, 도랑물

그때의 지도자로서는 수년간의 흉년이 거듭되고 많은 사람이 기아와 질병 등으로 죽어가는 것을 보고 그냥 지나치고 방관만 할 수 없었을 것이고, 많은 사람을 구원하고 편안하게 살아갈 수 있는 방법을 여러모로 생각하였을 것이다.

지도자인 본인 자신이 죽음을 당하는 일이 있게 되더라도 많은 부족을 살리고, 평안한 생활을 유지하기 위해서는 자신의 몸을 희생해서라도 수많은 사람을 살려보겠다는 굳은 마음이 있었을 것이다.

그래서 가장 높은 산이 하늘과 가깝다고 생각한 결과, 그 높은 산에 제단을 설치하고, 깨끗하게 몸과 마음을 하나가 되게 한 후, 정성을 다하여 100일 동안 죽음을 각오한 자세로 기도한 결과, 지성이면 하늘이 감응하는 법이니 몸과 마음을 다 바친 정성이 잘 차린 공양보다 하늘을 감동케 하는 것이 경우요, 경우가 곧 법이요, 진리이니 평소에 몸소 많은 사람에게 생활 속에서 모범을 보인 것이다. 생명, 즉 목숨을 건 정성이 모든 것을 초월한다는 이치로서, 지도자가 죽을 각오로 정성껏 기도하는데, 그를 존경하고 신뢰하는 백성들의 모습 또한 얼마나 경건하게 행동하였는가를 보지 않고도 알 수 있는 것 아니겠는가?

여기서 100일이란 숫자는 10일만 되어도 모든 것이 창조되고 이루어진다고 앞에서 10에 대하여 언급했는데, 열十을 10번 하니 완벽한 창조이므로 옛 성현들과 우리의 조상들은 100이란 수는 가장 많은 숫자로 쓰는 철학적 사상이 깃든 의미가 있으며, 지금도 "100일 정성을 드린다." '100일 탈상'이나 "100번 죽어도 하고야 만다."는 등의 말을 사용하고 있는 것이다. 그러므로 복희씨는 지혜롭기가 신神과 같다는 사람이니 당연히 100일 동안 정성을 드리면서 단식이나 금식을 했을 것이요, 참선하는 기도법에 통달한 사람이었을 것이고, 많은 사람들이 그를 하늘처럼 받들어 모셨을 것이니 이 지도자를 살리기 위해서도 그 수많은 사람들은 일심으로 함께 기도했고, 정성을 다했으므로 100일째 되는 날, 수년 동안 가뭄과 흉년으로 거북 등처럼 갈라져 있던 지역인 강가에 비가 오기 시작하여 물이 순식간에 고이기 시작하자, 용마가 나타나 하늘이 감응을 했으니 이를 황하黃河에서 용마의 상수를 보았다 하여 복희씨의 용마龍馬 선천先天 하도河圖라고 하는 것이다. 여러분도 이런 식으로 정성을 드린다면 하늘이 감응하는 것이라고 자신 있게 권하는 바이다.

여기서 지도자란 어떻게 처신하고, 어떤 생각과 어떤 관념을 가져야 할 것인가를 분명히 제시하고 있는 것이니 지도자는 모름지기 복희씨와 같아야 할 것이라고 사료된다.

여하튼 이러한 상태에서 복희씨는 남쪽을 보는 순간, 그 숫자는 2와

7이며, 계절로는 여름이 되고, 하루로는 한낮이 되며, 색깔로는 붉은색이요, 맛으로는 쓴맛이고, 5장五臟으로는 심장心臟, 6부六腑로는 소장小腸이며, 5주五主로는 맥박이요, 오행五行으로는 화火며, 천간으로는 병丙정화丁火며, 지지地支로는 사巳, 오화午火가 되며, 6기六氣로는 불과 더위 서暑가 되고, 5상五常으로는 예절을 관장하며, 5관五官으로는 혀에 속하고, 냄새로는 탄내 초焦가 되며, 5지五志로는 기쁨 희喜요, 오액五液으로는 땀인 한汗이라고 통달했으니 오늘날 과학과 의학이 최첨단을 자랑하고 있으나, 이와 같은 경지에 미치지 못하고 있는 것이다.

다시 동쪽인 3·8의 점点인 상수를 보는 순간 계절로는 봄이요, 하루로 보면 새벽부터 오전 9시 바로 전까지요, 색깔로는 청색인 초록색이며, 맛으로는 신맛이요, 5장五臟으로는 간肝이며, 6부六腑로는 담膽이고, 5주五主로는 힘줄 근筋이요, 오행五行으로는 목木이며, 천간으로는 갑甲·을乙이며, 지지地支로는 인묘寅卯이고, 6기六氣로는 바람 풍風이요, 오상五常으로는 인자함의 인仁이요, 5관五官으로는 눈 목目이며, 냄새로는 누린내 조臊요, 5지五志로는 성냄 노怒며, 오액五液으로는 눈물 루淚가 되는 것을 직관했으니 이 법에 통달하면 귀신이 곡한다는 말이 실감 난다.

이번에는 서쪽인 4·9점의 상수를 보면 계절은 가을이요, 하루로 보면 오후 3시부터 9시 1분 전까지요, 색깔로는 흰색이며, 맛으로는 매운맛 신辛이요, 5장으로는 폐장, 6부로는 대장이며, 5주五主로는 피부와 털이요, 오행五行으로는 금金이며, 천간으로는 경庚·신辛이고, 지지로는 신申·유酉가 되며, 6기六氣로는 마름 조燥요, 5상五常으로는 의리를 중시하는 의義요, 5관五官으로는 코 비鼻이며, 냄새로는 비린내 성腥이요, 5지五志로는 근심인 우憂·비悲이며, 5액五液으로는 콧물 체涕가 된다.

이번에는 북쪽인 1과 6의 점인 상수를 보는 순간, 오행五行으로는 수요, 천간으로 임壬·계癸, 지지地支로는 해亥요, 계절로는 겨울이고, 하루로는 밤으로 해가 돋트기 전이며, 색으로는 검정이요, 맛으로는 짠맛이고, 오장五臟으로는 콩팥(신장)이요, 육부六腑로는 방광이며, 뼈를 주관하고, 육기六氣로는 한냉이며, 오상으로는 지智, 오관으로는 귀, 냄새로는 썩은 내, 5액으로는 가래, 5지志로는 공포를 나타내며, 작용으로는 생식 배설을 뜻한다.

마지막으로 중앙의 5와 10의 점点 상수象數를 보니, 봄과 여름을 이어주는 3월 진토辰土, 여름에서 가을을 이어주는 6월 미토未土, 가을에서 겨울을 이어주는 9월 술토戌土, 겨울에서 봄으로 이어주는 12월 축토丑土가 되니 이를 사유四維라 하고, 하루로는 밤에서 새벽으로 이어주는 축시丑時인 01시부터 03시까지, 새벽에서 오전으로 이어주는 07시부터 09시인 진시辰時, 또 한낮에서 오후로 이어주는 오후 1시부터 3시까지인 미시未時, 오후에서 밤으로 이어주는 오후 7시부터 오후 9시까지인 술시戌時가 여기에 해당된다.

색깔로는 노란색이고, 맛으로는 단맛이며, 오장육부五臟六腑로는 비脾·위胃가 되고, 5주五主로는 살인 기육肌肉이 되며, 오행五行으로는 토土요, 천간으로는 무戊·기己·토土며, 지지로는 진辰·미未·술戌·축丑이며, 6기六氣로는 습濕하며, 5상五常으로는 믿음을 주관으로 신信이요, 5관五官으로는 입 구口이며, 냄새로는 향香이고, 5지五志로는 생각 사思요, 5액五液으로는 군침 연涎이 된다.

오늘날도 점点을 친다는 말이 일상적인 용어로 쓰이는 것과 운수가 좋다느니, 불길하다느니 하는 말들이 모두 용마 등에 있었던 점点의 숫자,

즉 상수문화象數文化가 전래되고 있는 것이요, 옛 갑골문자도 이런 현상의 기초를 두어 한문漢文으로 발전, 현대의 글자로 변화·발전되어온 것이다.

2. 오행 배속표配屬表 응용(73쪽 도표 참조)

이 배속표를 잘 응용하기만 한다면 신통神通에 가깝게 되는데 역리학에 입문한 사람들이 이 정도만 이치를 알고 응용한다면 어려울 것이 없을 것이라 생각된다.

현재 이 방면의 학문을 연구하는 사람들 중에는 기초가 부실하고 응용범위가 좁아서 판단을 그르치는 예가 가끔 있는데, 지금까지 필자가 쓴 글을 천천히 읽어온 분들은 쉽게 이해하였을 것이다

이것을 폭넓게 이해하고 응용한다면, 인연이 닿은 많은 사람들을 올바른 길로 인도하게 될 것이니 자신감을 가지시라. 혹 읽어나가는 과정에서 좀 난해한 글귀가 있을 것이며 답답하게 느껴지는 부분도 있겠으나 사주명리학四柱命理學은 이치理致학문이므로 이치적으로 풀어야지 글자로 판단해서는 결코 옳은 판단을 할 수 없는 것이다.

아무리 말솜씨가 좋고 글 씀이 아름답다 할지라도 그것은 말장난이요, 글로 희롱하는 것이지 결코 이치理致와는 먼 것이다.

선각자들이 남겨주신 옛 문장을 어쩔 수 없이 인용하여 옮기고 전할 때는 누구나 답답하기는 마찬가지다. 그러나 그런 대목에선 그냥 넘어가고 다음 문장을 읽는 가운데 문제가 풀리는 경우가 허다하니 글을 쓴 사람의 마음과 일치하려고 노력한다면 그것이 5천 년 전의 글이든 2천 년 전의 글이든 쉽게 풀려나가는 법이다.

마음의 파장을 사랑의 주파수로 맞추고, 기도하는 마음으로 천천히

읽어나가면 쉽게 터득하여 정상급의 명리학자가 될 것이라 생각된다.

글 속의 글을 읽고, 글 뒤에 숨어 있는 글쓴이의 사랑하는 마음을 읽기만 한다면 일만 가지의 법은 하나로 통하니 신통神通에 가깝게 이를 것이다.

글자를 글자로 보기보다는 글자 하나하나를 살아 움직이는 생명으로 본다면 글로 남기신 옛 성현들과 시공을 초월하여 만나게 되는 때가 있을 것이니 지금부터 옛 선각자들을 만나뵐 수 있는 연습을 시작하시라.

3. 오행의 변화와 응용

오행은 목木, 화火, 토土, 금金, 수水인데, 오행은 분열의 법칙에 의하여 다시 각각 음양으로 나누어져 (+)木과 (-)木, (+)火와 (-)火, (+)土와 (-)土 그리고 또 金은 (+)金과 (-)金, (+)水와 (-)水로 5가 10으로 변화한다.

이것은 다시 보이는 것과 보이지 않는 것, 죽은 것과 산 것, 작은 것과 큰 것, 하늘과 땅, 위와 아래, 안과 밖, 동쪽과 서쪽, 긴 것과 짧은 것 등 어느 것과 견주어도 무방하며, 또한 여러 방면으로 응용하여 적용시킬 수 있다.

즉, 나무로 비유하여 본다면 나무 중에도 양지의 나무와 음지의 나무가 있는가 하면 큰 나무와 작은 나무가 있고, 보이는 나무와 보이지 않는 나무가 있으며, 하늘의 나무와 땅의 나무가 있고, 강한 나무와 약한 나무가 있는 것과 같다.

또, 불에 있어서도 보이는 불과 보이지 않는 불이 있고, 강렬한 불과 약한 불이 있으며, 하늘의 불과 땅의 불이 있고, 타는 불과 꺼진 불이 있으며, 양화陽火가 있으면, 음화陰火가 있듯이 모든 오행五行에 똑같이 적용되고 있는 것이다.

여기에서 보이지 않는다는 것은 형이상학적形而上學的인 것으로서 화기火氣, 즉 따뜻하고 덥다고 느껴서 아는 것이지 볼 수는 없으며, 또 춥다는 것도 느껴서 아는 것이지 볼 수는 없으므로 보이지 않는다고 표현하는 것이다.

우리가 木, 火, 土, 金, 水 하면 그 자체로 완전한 것 같으나, 木이라 함은 다른 오행五行 중에서 목기木氣가 많기에 木이라 표현하는 것이고, 土라 함은 토기土氣를 가장 많이 갖고 있기에 土라 하는 것이다.

다시 말하여 흙 속에는 물도 있고 철분도 있으며 화기火氣, 목기木氣도 있으나, 그중 토기土氣가 가장 많다는 것을 뜻한다.

또, 토기土氣는 수기水氣가 있어야 생명을 유지하고 화기火氣가 있어야 성장하며 금기金氣가 있어야 단단하여 결실을 맺고 토기土氣가 있어야 뿌리를 내릴 수 있듯이, 木 하면 木에도 다른 오행五行이 다 들어가 있는 것이다.

또, 똑같은 水라 할지라도 상대에 따라 작용이 달라지고 있으니, 土에는 뭉쳐지는 힘을 주고, 木에게는 성장시키는 원인이 되는 원소가 되며, 火에는 증발하고, 金에는 응고되며, 水가 水를 만나도 여름에는 흐르지만 겨울에는 꽁꽁 얼어버린다.

예를 들어 자기 자신인 본인을 기준으로 할 때, 사람은 똑같으나 부모에게는 자손이 되고 처妻에게는 남편이 되며, 자손에게는 부모가 되고, 형제에게는 형제가 되며, 친구들에게는 친구가 되는 것과 같은 것이다.

불법佛法에서도 똑같은 예를 들 수 있다. 부처님을 생각하고 염불하고 기도하면 부처님이 나타나시며, 관세음보살을 계속 생각하고 염불하며 기도하면 관세음보살님이 나타나시고, 지장보살을 계속 생각하고 용맹정진 기도하면 지장보살님이 나타나시는 것과 한 가지로, 모든 부처님과 보살님이 모두 한 분이시지만, 사람들이 자신의 마음과 근기에 따라 나타나주시는 것과 같은 이치인 것이다.

또한, 십이지지十二地支도 목, 화, 토, 금, 수인 오행도 음양으로 분류된다. 목에는 인묘 목木이요, 화에는 사오 화火이며, 토에는 진술축미 토土요, 금에는 신유 금金이며, 수에는 해자 수水가 된다.

이 12지지는 자子, 축丑, 인寅, 묘卯, 진辰, 사巳, 오午, 미未, 신申, 유酉, 술戌, 해亥로 순환하고 있는데, 자子로부터 시작되는 것은 하루의 시작이 자시子時인 영시부터이고, 1년의 시작은 동지를 맞이한 순간부터 시작된다.

이때 새로운 해를 만나기 시작하므로 동지점부터 낮陽이 길어진다. 이렇게 오행五行이 변화하여 천간天干과 지지地支가 성립되는 이유와 그 뿌리를 잘 알았으나, 어째서 더 이상 변하지 않느냐 하는 의심이 생길 것이다.

그 이유인즉, 일기一氣인 공허空虛에서 양陽과 음陰인 양의兩儀로 변화하고, 음陰과 양陽에서 다시 오행五行으로 변화하며, 오행五行은 또 천간天干과 지지地支로, 천간天干에서 또 음陰과 양陽, 지지地支에서도 다시 음陰과 양陽으로 다섯 번 변화하여 끝나는 것은 사계절에 중성자 하나를 가하여 다섯이 되며, 여섯 번째는 다시 원위치가 된다.

또, 수리數理에 있어서도 1에서 5까지는 생수生數이고 6에서 10까지는 성수成數이므로 여섯 번째는 원위치가 되어 다섯 번 이상의 변화는 필요하지 않기 때문이다.

이처럼 오행五行에서뿐만 아니라 모든 사물의 변화가 다섯 번의 과정으로 이루어지는 법이다.

4. 오행의 상생과 상극의 법칙

5행을 다른 5행과 대비하여 생生과 극剋을 논론論하게 되는데, 생生을 상생相生, 극剋을 상극相剋이라 한다.

상생相生은 계절의 순환 작용임과 동시에 부모와 자손의 관계가 된다. 따라서 천륜이라 할 수 있고 상극에는 유정지극有情之剋과 무정지극無情之剋이 있는데, 유정지극은 필요한 극이고, 무정지극은 필요치 않은 극이 되므로 상생 중에도 길흉吉凶이 있고 상극 중에도 길흉이 있는 법이다.

그러므로 일반적인 논법의 판단은 금물이다. 보편적으로 상생은 길이요, 상극은 흉凶이라 하나 길吉 중에도 흉이 있고 흉 중에도 길吉이 있음이 자연의 이치이듯이 상생과 상극도 그러한 측면에서 이해하면 빠르게 이해되리라 생각한다.

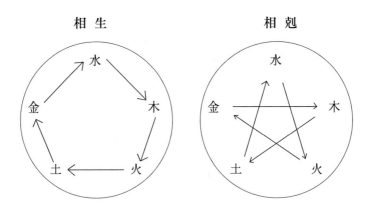

천간 지지의 음양표

오행	木		火		土		金		水	
음양	⊕	⊖	⊕	⊖	⊕	⊖	⊕	⊖	⊕	⊖
天干	甲	乙	丙	丁	戊	己	庚	辛	壬	癸
지지	寅	卯	午	巳	辰戌	丑未	申	酉	子	亥

모든 만물이 생성하는 원리가 처음에는 생生하고 다음에는 극剋을 만나 완성되는 것과 같이, 인간도 이 세상에 태어나 결혼을 함으로써 완전히 성숙된 인간이 되는데 이러한 가운데 유정有情과 무정無情이 엇갈리기 마련이니, 가령 잘 태어난 가운데 배우자도 잘 만나는가 하면, 잘 태어났으나 배우자를 잘못 만나는 경우, 또 잘못 태어났으나 배우자를 잘 만나는가 하면, 또 잘못 태어났으면서도 배우자까지 잘못 만나는 것이 인간사인 것이다.

이와 같이 상생과 상극은 모두 명리학命理學은 물론 모든 이치를 터득하는 데 가장 중요한 위치를 차지하고 있으니 깊이 있는 성찰이 필요하다.

앞으로 공부하고 연구하는 모든 문제가 이 상생相生과 상극相剋의 작용에 기본을 두고 있을 뿐만 아니라 모든 만물이 오행五行의 생극生剋 작용에 의하여 생겨나고 움직이고 소멸하고 있음을 다시 한 번 절실하게 느끼게 될 것이니 역학易學 연구의 진가는 여기에서 결정된다고 하여도 과언이 아니다.

5. 상생相生의 설명

상생은 '서로 생生하다, 서로 돕다'는 뜻도 되지만 '낳다, 주다, 나가다,

희생하다, 발생하다, 도와주다'라는 뜻으로 넓게 통하고 있기도 하므로 꼭 생자生字에 집착하면 크고 많은 연구와 깨달음에 지장을 주게 될지도 모르니 주의하기 바란다.

여하간 역리학이란 음양5행의 목木·화火·토土·금金·수水로서 여러 가지 상황을 풀어내는 학문으로 이들의 관계를 쉽게 예를 들어 보자면 나무는 불을 생해준다.

나무를 태워 불을 얻는다는 것이 일반적인 통념이다. 불을 생해주는 것이 바로 목木이 되는 것이다. 다시 말해서 나무가 어머니라면 불은 어머니인 목이 낳는 자식이 되는 것이다. 생生은 '낳다'라는 뜻이고, 낳는다는 말은 서로 도와준다는 뜻으로 볼 수도 있다.

즉 나무는 불을 도와준다는 의미이며, 이것은 베풀어준다는 뜻도 된다. 건강하게 태어나도록 베풀어주거나, 내가 어려울 때 윗사람이 도움을 주거나, 내가 이웃사람이 어려울 때 도와준다는 뜻도 되는 것이다.

나무는 불에 타고 나면 곧 재가 되고, 그 재는 다시 흙이 된다. 농부들이 가을에 곡식이나 과일 열매들을 수확하고 난 후, 그 껍질이나 줄기 등을 말렸다가 밭에 깔아놓고 불을 지르면 불이 타서 재가 되고, 이것은 곧 거름이 된다. 결국은 흙에 거름을 주니 흙이 기름지게 되는 것이다. 결과적으로 화火가 토土를 생生해주는 일반적인 이치이다.

또, 지금도 지구 곳곳에는 살아 있는 화산火山의 폭발이 계속되고 있는데, 앞에서 우주생성 창조과정에서 1·6 수水의 빙하시기에서 제2단계인 2·7화火인 시기에 지구는 하나의 커다란 불덩어리였으며. 이것이 식어서 결국 땅이 된 후에 모든 생물들이 존재하기 시작하였을 것이라고 언급한 바 있다.

화산이 폭발하면 또다시 식어 산(무토-戊土)이나 땅(기토-己土)이 되니 이것 역시 화생토火生土 현상으로 설명된다.

다음으로 토생금土生金의 설명으로서 산이나 땅에서 광물성인 금金을 캐내는 것은 토생금土生金의 상생관계가 된다. 즉 흙인 토土가 어머니라면 금金은 자식이 된다.

다음으로는 금생수金生水의 설명으로 물이 흐르는 곳인 강가나 바닷가, 시냇가, 샘터 등은 모두 큰 바위인 광물질이 있어 물인 수水를 생生하여 활성화하고 있음을 알 수 있다. 이것이 금생수金生水의 원리가 된다. 또 다른 실례로서 맥반석이란 돌이 있는데 바닷물을 수족관에 담아 붕어, 가물치, 메기 등의 담수어를 넣으면 곧 죽어 버리지만, 여기에 이 맥반석이란 돌을 넣으면 잘 산다. 즉 금생수金生水를 잘하고 있다는 것이다.

그래서 일본 사람들은 우리나라보다 물이 안 좋아서 밥을 할 때 이 맥반석을 넣고 밥을 하며, 해놓은 밥을 오래두어도 상하지 않기 때문에 생활화하였다.

우리의 옛 선조들께서는 잔치를 할 때면 당연히 각종 부침도 하고 여름에는 콩을 삶아 맷돌에 갈아 콩국수도 하고, 빈대떡도 만들었는데, 이 맷돌의 성분이 바로 맥반석과 같은 종류였고 냉장고가 없던 그 시대에 오래두어도 음식이 상하지 않았으며, 신선도를 그대로 유지했던 것이다.

신과 같은 지혜를 모든 생활에 적용시켰던 우리의 조상님들은 간장, 된장, 고추장, 오이지 등을 담그는 데도 광물성인 아주 매끄럽고 잘 생긴 큰 돌을 맨 위에 지질러놓는 지혜 등은 신과 다름이 없었다고 생각된다.

그래서 오늘날에도 맥반석을 이용한 목욕탕, 찜질방 등과 맥반석 오징어구이, 맥반석 떡구이, 맥반석 밤구이 등을 쉽게 볼 수 있고, 일상적으로 생활화되어 있는 것이 모두가 금생수金生水의 원리인 것이다.

다음으로 수水는 목木인 나무를 생한다. 나무는 물을 먹지 않고는 살수가 없다. 즉 수생목水生木의 원리가 되는 것이다.

여기에서 보면 목木이 부모와 같다면 부모가 자식을 낳고, 그 자식이 자기의 자신의 자식을 낳고, 그 자식은 또 자기의 자식을 낳고, 낳고 해서 오늘날 우리가 존재하고 있는 것이다.

내가 남을 도와주면 그 남이 또 다른 남을 도와주고, 또 다른 남이 또 다른 남을 도와 주다보면 결국 그 도움은 나에게 다시 돌아오게 되는 것이 상생의 일반적인 법칙이 된다.

또, 상생相生관계를 사계절의 순환작용에 비추어본다면 목생화木生火는 봄木이 여름火을 生하고, 화생토火生土는 여름火이 장하長夏, (긴 장마철로서 습도가 높아 빨래가 잘 마르지 않아서 음력 5, 6월에는 이사도 못했다)를 生生하며, 토생금土生金은 장하長夏-土가 가을金을 生生하며, 금생수金生水는 가을金이 겨울水을 生生하고, 수생목水生木은 겨울水이 봄木을 生生하고 있음을 말하고 있으며, 또 그 관계가 시작도 끝도 없이 서로 상생하고 있음을 말하여주고 있는 것이다.

그리고 하루로는 새벽木 다음에 낮火이 오고, 낮火 다음에 한낮土을 거쳐 석양金이 오고, 석양金 다음에는 밤水이 오며, 밤水 다음에는 새벽이 오는 것과 같으니 상생相生은 꼭 계절에만 국한되지 않고, 앞에서 언급한 자연에서 나무는 불을 생하며, 불은 흙을 생하고, 흙은 금을 생하며, 금은 물을 생하고 응고케 하고, 물은 나무를 생하여 주고 있음과 같으며 이 현상은 항상 끊임없이 계속되어 영구불변하는 것이다.

또는, 상생相生이라고 하는 것은 목木은 화火를 생하나 화火는 목木을 보호하고, 화火는 토土를 생하나 토土는 화火를 보호하며, 토土는 금金을 생하나 금金은 토土를 보호하고, 금金은 수水를 생하나 수水는 금金을 보호하며, 수水는 목木을 생하나 목木은 수水를 보호하고 있음도 서로 생한다 하여 상생相生이라 한다.

비유컨대 부모는 자손을 낳고 자손은 부모에 의하여 성장하나, 자손이 다 크고 부모가 늙으면 자손이 부모를 봉양하여야 되는 것과 같다.

상생상극법으로 보면 목생화木生火는 화극금火剋金하므로 금金이 목木을 극하지 못하게 하니 화火가 목木을 보호하는 결과라 하겠다.

또, 여름火에는 나무가 성장하고 땅土속에서 지열을 얻을 수 있으며, 토土는 화생토火生土하여 화火의 기운을 흩어지지 않게 오래도록 보존하고(온돌방과 같은 원리), 수水는 금金의 강도를 조절하여 금金의 수명을 연장하며, 목木은 수水를 흡수하여 서서히 방출함으로써 수水의 범람을 막아주는 역할을 하고 있는 것도 상생相生의 법칙이라 하겠다.

그러므로 목생화木生火라 할지라도 내면적으로는 화생목火生木도 있을 수 있다는 이론이 성립되며, 따라서 자신을 희생함이 바로 자기를 위한 길이라는 것을 알게 되는 것이다.

다음 목木은 화火를 생하고 없어지며, 화火는 토土를, 토土는 금金을, 금金은 수水를, 수水는 목木을 생하고 없어지는데, 이는 봄이 여름을 생하고 물러서는 것, 즉 여름에는 한여름에, 한여름은 가을에, 가을은 겨울에, 겨울은 봄에 존재할 수 없는 것과 같은 것이다.

또, 모세포母細胞는 자세포仔細胞를 발생하고, 산화하며, 또 그 자세포가 커서 모세포가 되고 다시 자세포를 생하고 산화되어버리는 것이 오행五行의 상생법칙相生法則에 속하는 것이다.

6. 상극相剋의 설명

상극이라 함은 '극剋하다'라는 뜻도 되지만, '이기다, 치다, 다스리다, 관리하다, 소유하다, 밀어내다, 타개하다, 정복하다, 개척하다' 등으로도 활용되고 있다.

나무로 실제 예를 들어보면 나무는 공중에서는 뿌리를 내리고 살 수 없다. 흙속에 뿌리를 내려야만 흙속에 있는 수분과 여러 가지 영양분을 빨아먹고 살 수 있다. 이를 위해 나무는 흙속으로 파고든다. 즉, 나무의 뿌리는 흙을 자극하는 것이다. 이처럼 어느 한쪽이 다른 쪽을 자극하여 이기는 것을 '극剋한다'라고 한다. 그러나 좀 더 깊이 생각해보면 한쪽이 다른 한쪽을 극한다는 것도 일방적으로 해치는 것만이 아니다.

나무는 자신의 생존을 위하여 흙속에 뿌리는 내리고 흙속에 있는 영양분과 수분을 섭취한 후 가을이 되면 열매를 맺는다. 그리고 낙엽을 다시 돌려주어 흙이 영양분을 섭취할 수 있도록 해준다. 나무는 흙에서 받은 만큼 되돌려주는 것이다. 흙이 살아야 나무도 살고, 흙이 죽으면 나무도 죽게 된다.

부부지간도 그렇다. 나무가 남편이라면 아내는 흙에 비유할 수 있다. 부부는 서로 관리하고 그러기 위해서는 규제하고 서로 싫은 소리도 하게 된다. 결국 서로가 잘되기 위해서 그렇게 하는 것이다. 아내가 차려준 밥상을 맛있게 먹은 다음 남편은 밖에 나가서 일을 한다. 그래서 밖에서 생활비를 벌어온다. 아내가 남편에게 봉사하는 것은 결국 일방적 희생이 아니라, 어떤 결실을 돌려받기 위한 행동인 것이다.

그러나 남편이 매일 술만 먹고 와서 살림이나 때려 부수고 식구들이나 때리고 욕설만 한다면 그것은 공존 공생하는 것이 아니라 상대를 죽이는 것과 같은 것이다.

또, 다음 토土는 수水를 극하는데 물은 자연스럽게 위에서 아래로 흐르게 되어 있다. 그런데 그 물줄기를 흙으로 막는다. 흙으로 댐을 만들어 물을 가두는 것이다. 그러한 물을 우리는 여러 가지로 유익하게 사용한다.

오행五行 중에서 가장 단단한 쇠붙이를 불로 녹여서 우리가 그것을 연장이나 그릇으로 이용한다. 나무가 자라면 쇠로 만든 톱이나 도끼로 또는 낫으로 나무를 잘라 다듬어서 그것을 유용하게 사용하는 것이다. 이것을 역학적으로 보면 금金이 목木을 극하는 현상이다.

목木은 토土를 극하지만 토土는 수水를 극하고, 또 목木은 화火를 도와주지만 수水에게서 생을 받게 된다. 다시 말해서 내가 부모에게 도움을 받은 만큼 또 다른 남에게 베풀어야 한다.

목木이 토土를 극하여 토土가 균열됨을 예방하고 땅이 숨을 쉬게 한다.

토土는 수水를 막아 다목적으로 이용하게 한다. 수水는 강렬한 화기火氣를 극剋하여 만물의 고갈을 면하게 하여준다. 화火는 금金을 극剋하여 좋은 그릇이 되게 하고, 금金은 목木을 자르고 깎아 좋은 재목이 되게 한다.

또 나무의 가지를 잘라 나무를 예쁘고 견고하게 하는 힘을 주고 있으므로 생生을 받고 난 후에는 반드시 극剋을 받아야 하나의 물건이 된다는 것이 모두 이러한 이치이다.

또 언제나 상대적이기 때문에 겉으로는 극이 되면서 속으로는 상통하고 있으니, 흙은 나무가 뿌리를 내릴 수 있게 하고, 물은 흙에 습기를 주어 뭉쳐지게 하며, 불은 차가움을 제거하여 따뜻하게 하고, 구리선은 전기를 전달하여주며, 나무는 쇠기구의 자루가 되어 사용할 수 있게 하여주어 극이면서도 서로가 가장 필요로 하고 떨어질 수 없는 관계가 되고 있는 것이다.

이와 같이 서로가 상대적이면서도 내적內的으로는 없어서는 안 되는 것으로서 목木은 토土를 만나 뿌리를 내리고, 토土는 목木에 의하여 흩어지고 무너짐을 보호받으며, 토土는 수水를 막아 다목적으로 이용하고, 수水는 토土를 만남으로써 제멋대로 방류되지 않으며, 수水와 화火는 겉으로는 극剋이 되나, 속으로는 전기와 물이 되어 잘 통하고, 수水와 금金은 전류의 흐름과 동선의 관계로 잘 어울리며, 금金과 목木은 금기金氣가 있어야 견고한 것처럼 항상 외면적으로는 반대이나, 속으로는 서로가 없어서는 안 된다.

남녀관계가 이와 같아서 부부가 되고, 또 남자는 여자를 보호하는 차원에서 다스리고, 여자는 남자의 보호를 받음으로 자손을 낳고 기르며 더욱 행복하여지는 것이다.

다시 한 번 더 소리 내어 달달달 외워보자. 목생화木生火, 화생토火生土, 토생금土生金, 금생수金生水, 수생목水生木, 다시 목극토木剋土, 토극수土剋水, 수극화水剋火, 화극금火剋金, 금극목金剋木.

다시 목극토木剋土, 토극수土剋水는 상극의 법칙으로서 상생은 시계방향으로 돌아가고, 상극은 오행五行 하나를 건너뛰어서 별모양으로 암기하고 이해하면 쉽게 터득하게 된다.

7. 상생과 상극의 복합작용

언제나 생生 다음에는 극剋이 오고, 극剋 다음에는 다시 생生이 오고 있으므로 생生은 극剋을 낳고, 극剋은 생生을 낳게 되는데, 이것은 길吉한 다음에는 흉凶함이 오고, 흉凶한 다음에는 길吉함이 오는 이치와 같으며, 또 생生과 극剋은 가깝고도 멀며, 때에 따라서는 공존하면서 균형을 유지하고 있는 것이다. 목木, 화火, 토土, 금金, 수水가 오행五行의 순서인데, 목木은 화火를 생生하나 토土를 극剋하고, 금金으로부터는 극剋을 받으며, 화火는 토土를 생生하나 금金을 극剋하고 수水로부터 극剋을 받으며, 목木에는 생生을 받고 있으니, 생生 다음에는 극剋, 극剋 다음에는 생生이 온다는 것을 알아서 생生이라고 좋아할 것 없고, 극剋이라 하여 실망한 것은 전혀 없는 것이다.

가정으로 살펴보면 봄木인 여자가 가을金인 남자를 만나 여름火인 자손을 얻어 살아가고 있는 가정은 봄, 여름, 가을로 계절이 잘 순환하고 있는 것과 같이 화목할 수 있으나, 만약 자손火이 없다면 여름이 없으므로 우선 순환되지 못하여 막히게 되고, 또 사이가 비어 있어 이가 빠진 것처럼 허전하고, 부부가 싸운다 하여도 중화할 수 있는 매개체인 자손이 없으므로 결국은 상극으로 치달아 이별이라는 종착역에 도달하게 된다.

그래서 자손 없는 부부의 이혼율이 높을 수밖에 없고, 그래서 남자든 여자든 한 인간으로서의 구실을 못한 것이 크나큰 흠이 되는 것이니 불행이 따르기 마련인 것이다.

항상 목木은 화火를 생함으로써 화극금火剋金하여 금극목金剋木 당하는 것을 피하게 되고, 화火는 토土를 생하여 토극수土剋水함으로써 수극화水剋火를 막을 수 있게 된다.

금金은 수水를 생생하여 수극화水剋火로 하여금 화극금火剋金을 면하고, 수水는 목木을 생생한 덕분에 토극수土剋水를 예방할 수 있다. 이와 같이 우리의 실생활도 마찬가지이다.

자신의 의무를 다하고 착한 일을 많이 할 때, 복이 오고 좋은 일이 많을 것이라고 모두가 귀가 따갑도록 들어왔다. 바로 그 이치가 상극의 법칙에서 나온 것이다. 음양과 오행, 그리고 상생과 상극의 법칙을 적용하는 명리학이 그것을 증명하고 있으니 바로 목木이 화火를 생生함은 목木으로서 임무를 다함과 동시에 목木은 화火에 좋은 일을 하여 덕을 쌓고 희생함으로써 화火가 극금剋金하여 목木은 금金으로부터 구출되므로 목木으로서의 값을 더욱 더할 수 있는 것이다.

이것이 곧 희생이 복이 되고, 좋은 일을 생하고 있음이다. 이것이 바로 천리天理요 자연의 섭리가 아니고 무엇이겠는가? 따라서 각자의 본분을 다할 때 비로소 복을 받을 수 있고 개인의 행복은 바로 국익에 직결된다는 것을 유념하여, 상호 간에 상생相生할 수 있는 기본적인 자세가 되어 있어야 하겠다.

한 걸음 더 나아가 살펴본다면 목화木火가 공존하면 목木은 금金을 두려워하지 않으니 화火가 극금剋金함으로써 금극목金剋木하지 못하기 때문이다.

토土 역시 토극수土剋水함으로써 수극화水剋火하지 못하게 된다.

금金 또한 금극목金剋木함으로써 목극토木剋土하지 못한다.

화火 역시 화극금火剋金하지 목하는 것과 같이 화토火土가 공존하면 수목水木이 겁나지 않고, 목화木火가 공존하면 금수金水가 두렵지 않으며, 금수金水가 공존하면 화토火土가 무섭지 않게 된다.

수목水木이 공존할 때는 토금土金을 두려워하지 않으니 서로가 상생하고 협조하면 지상낙원이요, 서로 제각각으로 이기적인 생활은 곧 지옥이 된다는 것이 아니겠는가?

2부

태양계 위성들과 24절기 12월건月建, 하루 24시간

1장 태양계의 행성들

지금까지 알려진 행성들의 분포는 태양을 중심으로 8개의 행성, 즉 태양에서 가장 가까운 수성에서 시작하여 금성, 지구, 화성, 목성, 토성, 천왕성, 해왕성이 차례로 시계 반대 방향으로 돌고 있다.

2장 행성들의 궤도 기울기

행성들은 모두 지구의 공전 면과 똑같은 면에서 공전하는 것처럼 보이기 쉽지만, 사실은 각각 그 궤도면이 약간씩 서로 다르다. 지구가 태양의 주위를 공전하는 궤도를 '황도'라 하고, 그 궤도면을 '황도면黃道面'이라고 부르는데 우리가 태양을 볼 때는 마치 태양이 28수, 별들의 사이를 옮겨가는 것 같이 보이기 때문에 황도를 태양이 지나가는 길이라고 생각해도 무방한 것이다.

이 태양의 겉보기 위치는 춘분과 추분에는 천구의 적도赤道상에 있지만, 하지에는 적도 위 +23.5°, 그리고 동지에는 적도 아래 -23.5°에 있게 된다.

지구의 공전궤도면(황도면)을 기준으로 보면 다른 8개 행성들의 궤도면이 지구의 궤도면과는 약간씩 다르게 기울고 있다. 이 기울기를 '행성의 궤도 기울기'라고 하며, 수성의 기울기가 가장 크다.

각 행성들의 궤도 기울기 각도는 수성이 7.0°, 금성은 3.4°, 지구는 0.0°, 화성은 1.9°, 목성은 1.3°, 토성은 2.5°, 천왕성은 0.8°, 해왕성은 1.8°가 된다.

1. 행성의 자전

행성의 자전을 알려면, 먼저 그 행성의 자전축이 그 행성의 공전궤도면과 이루는 각도를 조사한다. 그리고 행성의 북극은 곧 그 행성의 자전축이 된다. 지구의 북극 방향은 태양을 향한 궤도면과 66.5°의 각을 이루고 있다. 태양을 향한 방향은 각 행성들의 공전궤도면과 일치하는 방향이 된다. 그리고 자전축과 90° 직각을 이루는 적도와 궤도면과의 기울기 각을 보면 지구와 비슷하거나 작은 행성들이 많은데, 유독 금성과 천왕성만이 대단히 큰 값을 가지고 있다.

행성들의 자전운동을 말할 때는 공전운동과 마찬가지로 그 자전운동을 하는 방향에 따라 순행과 역행으로 구별된다. 행성의 북극에서 내려다볼 때, 그 행성의 자전방향이 시계바늘의 반대방향이면 순행, 시계가 도는 방향과 같으면 역행이라고 한다.

모든 행성들의 자전운동이 순행인데, 유독 금성만이 역행인 자전운동을 하고 있다.

행성	수성	금성	지구	화성	목성	토성	천왕성	해왕성
기울기	7.0°	3.4°	0.0°	1.9°	1.3°	2.5°	0.8°	1.8°

3장 행성들의 자전운동과 궤도 및 기울기 도표

행성	수성	금성	지구	화성	목성	토성	천왕성	해왕성
자전주기 (지구시간)	58.6일	243일	23시 56분	24시 37분	09시 50분	10시 14분	10시 49분	16시
적도와 궤도면과 사이의 각도	7.0°	179°	23.5°	24°	3.1°	26.7°	98°	29°

지구의 자전축이 궤도면과는 66.5° 기울어져 있다고 하는 것은 지구의 적도가 궤도면으로부터 23.5° 기울어져 있다는 뜻이 되는데, 이로 인하여 지구는 춘하추동의 4계절 변화를 갖게 된다.

지구와 비슷한 기울기를 갖는 행성들도 계절변화를 갖게 될 것인데, 화성, 토성, 해왕성이 여기에 속한다.

수성과 목성은 기울기가 너무 작아서 계절의 변화가 뚜렷하지 않을 것이다. 금성도 북극 방향이 다른 행성들과 반대 방향일 뿐 실제 기울기는 1° 정도에 불과하므로 계절의 변화는 거의 없다. 그런데 천왕성의 경우는 좀 특별한 데가 있다. 자전축이 공전궤도면과 거의 같기 때문에 다른 행성들처럼 적도가 가장 더운 곳이 아니라 북극과 남극이 한 번 회전할 때마다 각각 한 번씩 더운 곳이 된다.

위 도표에서 보인 각 행성들의 자전속도는 여러 가지로 각각 다르다.

가장 느린 속도로 자전하는 행성은 금성인데, 금성의 자전주기가 지구의 날수로 243일인데, 공전주기인 225일보다 많으므로 금성의 하루는

1년보다 더 길다.

다른 행성들 중에서는 목성형 행성들의 자전속도가 대단히 빠르며, 지구의 시간으로는 불과 9시간 50분에 불과하다.

4장 지구와 태양계太陽系 위성들과의 관계

우리가 살고 있는 지구와 태양계 위성들과의 관계를 살펴보기로 하자.

지구는 태양계의 일원이다. 그림에서 보듯 태양 바로 옆에 위성으로 수성水星이 있는데, 어찌하여 수성水星이 바로 옆에 있어야 할까?

옛 선조들은 태양은 너무 뜨겁기 때문에 그 상대적인 수성水星이 수극화水剋火하므로 태양太陽의 열기熱氣를 조절하고 있는 것이라 생각했던 것 같다. 수성水星이 태양의 주위를 한 번 회전하여 돌아오는 시간은 88일이며, 수성水星의 오른쪽 옆에 있는 금성金星은 태양의 주위를 한 번 회전하는 시간이 225일인데, 금성金星은 수성水星을 생생生生하고 있다.

즉, 금생수金生水하고 있으며 금성金星 옆의 지구는 365일로 토土인 지구는 토생금土生金하여 금성金星을 생생生生하고 있으며, 화성火星은 657일로 지구인 토土를 화생토火生土하고 있다.

목성木星은 4,307일(약 12년)이 되는데, 목성木星은 화성火星을 목생화木生火하고 있으며, 토성土星은 태양의 주위를 1회전하는 데 10,767일(약 29년)이 된다.

천왕성은 30,660일(84년), 해왕성은 60,590일(약 166년)이 된다고 한다.

이 태양계의 위성들이 태양의 주위를 돌면서 지구에게 엄청난 영향력을 미치게 된다는 것을 과학자들뿐만 아니라 대다수의 사람들은 상식적으로 모두 다 알고 있는 사실이다.

우리 인생은 일반적으로 60갑자甲子인 회갑回甲 정도 사는 것을 크게 경축하고 축하해주던 그 옛날에는 천왕성, 해왕성 등의 위성들은 우리 인간이 일생을 사는 동안에는 그 미치는 영향이 크지 않다고(태양의 주위를 1회전하는 것이 84년 이상 되는 별들이므로) 생각했고, 그래서 지구에서 사는 우리들 인생에게는 직접적인 영향을 주는 수성水星, 금성金星 그리고 화성火星, 목성木星, 토성土星인 5행성五行星과 태양太陽, 그리고 우리가 사는 지구의 위성인 달로서 7성七星으로 하여 지금 우리가 사용하고 있는 달력을 칠요七曜^{주)}, 즉 일주일로 하여 일日, 월月, 화火, 수水, 목木, 금金, 토土요일을 전 세계의 모든 나라가 사용하고 있는 것이다.

앞에서도 언급한 바와 같이 일주일一週日을 배치한 요일의 순서도 일日은 양이요, 월月은 음이며, 화火는 양이고, 수水는 음이며, 목木은 양이고, 금金은 음인데, 반공일이라는 토요일은 토土이므로 음과 양을 중화하고 중계하며, 적절하게 조절하는 약방의 감초 같은 역할을 하게끔 하였던 것이다.

그러므로 우리 인간이 살고 있는 지구는 7개의 행성들 중 중간에 위치하고 있으며, 왼쪽에 태양, 수성, 금성이 있고, 오른쪽으로는 화성, 목성, 토성土星이 배열되어 있는 것이다.

주 칠요(七曜)=1주일을 7로 나눈 요일을 말함.

　즉, 일. 월. 화. 수. 목. 금. 토. 일곱 요일.

이러한 상황에서 지구에서 사는 사람이 잉태孕胎하고, 출생할 당시에 7개의 행성行星들이 어떤 위치에 있었으며, 그로 인하여 어떤 별들의 에너지를 많이 받았는가를 연구하기 시작한 것이 동양에서는 입태 사주인 오운五運육기六氣학이요, 출생出生 년, 월, 일, 시를 풀어보는 것이 출생出生 사주四柱인 사주명리학인 것이다.

또한 유목생활을 하던 아라비아 사람들은 하늘의 별들의 위치를 분석하는 점성학이 발전하여온 것이다.

동서양을 막론하고 하늘의 별자리를 연구하고, 별들의 상호관계를 분석한 것은 같은 차원이었다고 사료된다.

그러므로 사주명리학은 별자리의 위치와 그 별들의 상호관계를 기본으로 하여 우주의 질서와 일정한 변화를 천문학적으로 분석하는 진리의 학문인 것이다.

그래서 천간天干인 갑甲, 을乙, 병丙, 정丁, 무戊, 기己, 경庚, 신辛, 임壬, 계癸와 지지地支인 자子, 축丑, 인寅, 묘卯, 진辰, 사巳, 오午, 미未, 신申, 유酉, 술戌, 해亥는 수학에서 기호로 사용하는 A, B, C, D, E……와 같은 것이다. 이 말은 즉, 천간의 글자와 지지의 글자들이 배열된 그 속에 숨어 있는 하늘의 참뜻을 옛 선조들께서는 지혜로운 안목으로 별자리들의 배열된 위치와 그 별들의 상호관계를 분석하고 판단하였을 것이라고 사료된다는 뜻이다.

5장 하루 24시간, 12시진時辰

지구의 공전과 자전주기의 현상의 변화는 사주팔자를 해석하는 데 큰 영향을 미친다고 볼 수 있다. 지구가 태양의 주위를 1회전하는 기간은 대략 365일이다. 이 기간을 1년—年으로 하였다. 또 앞에서도 언급한 바와 같이 지금으로부터 약 5, 6천 년 전에 옛 나라를 세운 갑자년甲子年, 갑자월甲子月, 갑자일甲子日, 갑자시甲子時부터 천간과 지지를 60갑자의 순서에 따라 단 하루도 쉼 없이 계속해서 지금까지 써 내려오고 있다.

또, 1년—年인 지구의 공전궤도를 12등분하여 월月로 정하였는데, 농경생활을 하는 대부분의 나라에서는 입춘이 되는 날부터 농사를 준비를 하기 때문에 하夏나라에서부터 사용해오고 있는 이 달력법에 의거하여 음력 1월을 그해의 첫 달로 정하고, 지지地支를 인월寅月로 시작하여 지지를 순차적으로 12개월月에 배당하여 월月의 간지干支를 설정하였던 것이다.

마찬가지로 일日은 지구가 1회전하는 자전自轉주기를 하루로 하고, 매일의 간지로 사용하고 있으며, 시時는 하루의 길이를 12등분하여 간지干支로 사용해오고 있는 것이다.

그러나 현대 천문학의 의하면 우리가 알고 있는 년월일시年月日時는 지구의 공전주기와 자전의 시간 길이가 일정하지 않다고 밝히고 있다.

즉, 공전주기는 정확하게 365일이 아니며, 지구의 자전운동을 하는 길이도 매년 조금씩 느려진다고 한다. 또한 1년—年 동안 지구의 자전이 정확하게 24시간을 한 주기週期로 회전하지 않는다.

이러한 관점에서 본다면 매년 년, 월, 일, 시의 시간적 오차를 참작하여 좀 더 분석적인 방법으로 사주팔자를 해석하는 고차원적인 연구가 요망된다.

그러므로 년, 월, 일, 시의 오차 문제를 좀 더 깊이 있게 살펴보기로 하자.

6장 하루 24시간의 길고 짧음

지구는 조금도 쉼 없이 자전운동을 하고 있다. 지구가 한 번 자전하는 것이 바로 하루의 시간時間이다.

하루의 길이는 보통 24시간이다. 그렇지만 하루 24시간은 1년—年에 약 365일 '평균 태양시'에 불과하다. 왜냐하면 지구는 타원궤도를 따라 태양의 주위를 공전公轉하기 때문이다.

오늘날 현대 천문학에 의하면, 지구가 스스로 자전하는 데 정확하게 24시간이 되는 날은 1년 중에 오로지 양력 4월 15일, 6월 14일, 9월 1일, 12월 24일(크리스마스이브)인 4일밖에 없다고 한다.

그 외에 다른 날은 24시간보다 많거나 24시간보다 적다는 것이다.

시차時差가 가장 큰 날은 양력 11월 2일로 16분 21초가 많고, 2월 11일은 14분 24초가 적다.

현실적으로 이러한 시간의 차이를 고려한 시계는 없다. 다만 우리는 평균적인 시간만을 알 수 있을 뿐이다. 만약에 사주팔자四柱八字 (8만 4천 리의 숫자를 앞뒤로 바꾼 숫자인데, 큰 의미가 있는 것 같다)를 보다 더 현대

감각에 알맞게 더 분석한 뒤에 해석하고 판단하려면 깊은 성찰과 연구가 있어야 할 것 같다.

필자의 약 40년 동안의 경험에 의하면, 23시時에 출생한 사람도 자시子時이고, 0시에 태어난 사람도 자시이며, 01시 1분 전에 출생해도 자시子時로 하여 2시간대를 똑같은 사주팔자로 상담하여본 결과 120분 사이에 출생한 사람이 많기도 하거니와 성격과 직업도 사람마다 다른 점을 많이 볼 수 있었다.

그래서 필자는 현실에 알맞은, 출생한 시간 2시간인 120분을 3등분하여 상담에 임하고 있다.

즉, 전래되어온 사주의 일반적인 60갑자(甲子)년 곱하기 12개월=720이라는 숫자는 지구의 공전주기이다. 여기에다 60갑자일 곱하기 12시진=720은 지구의 자전주기가 된다. 공전 720곱하기 자전720=518,400. 이것이 당송(唐宋)때부터 오늘 날 까지 내려온 사주팔자의 종류가 되는데 이것을 근간으로 하여 공부하고 연구하며 역리사들이 상담하고 있다. 너무나도 한의학보다 더 분석적인데도 사회로 부터 적절한 대접을 받지 못하고 있음이 개탄스럽다.

또, 그 숫자에다 다시 남녀인 2를 곱하면 세밀하게 분류해놓은 것이 될 것 같다.

그러나 최근에 어느 학자는 컴퓨터 프로그램을 제작하는 데 60갑자년 60갑자월 60갑자일 60갑자시를 곱하면 1,296만 종류의 사주팔자 된다고 하였다. 여기에다 남녀 2를 곱하면 아예 천문학적인 숫자가 된다.

앞에서 설명한 바와 같이 옛 선조들의 사주四柱명리학은 천문학天文學에 근간을 두고 있는 것이다.

아주 오래지 않았던 이조 세종조世宗朝에 승지承旨를 지낸 이순지가 『보천가』를 편역하여 오늘날 천문대와 비슷한(격이 다르지만) 관상감에 등용될 때에는 과거시험에 반드시 『천문류초天文類抄』와 『보천가步天歌』, 그리고 『성경星鏡』 등을 달달달 외우고, 실기시험으로는 천문을 보는 능력으로 합격시켜 등용되었다고 한다.

지금 현재도 사람은 태어나고 있는데, 그 출생시出生時를 구분하지 못하게 되면, 즉 자시子時와 축시丑時 경계선에 출생한 사람은 어떻게 보고 판단할 것인가? 이것이 오늘날 필자를 포함하여 명리학을 연구하는 모든 학자들이 고뇌하면서 세밀하게 분석한 후 해결해야 할 몫이다.

7장 표준시와 출생한 지역과의 관계

우리가 사용하는 시계는 영국의 그리니치 천문대를 기준으로 한다. 그래서 그 지역의 표준시를 사용하는데, 대한민국과 일본은 동경 135를 기준으로 하여 함께 사용하고 있다.

이것은 본래 우리의 것이 아니기 때문에 우리는 모든 생활에 있어서 리듬이 약 30분의 오차만큼 안정하지 못한 것 같다. 쉽게 말하면, 일신의 안전을 위해 "좋은 것이 좋은 것 아니냐?" 하는 심리를 조성하는 것 같다. 어찌 되었거나 출생시出生時가 있다면 그 시時에서 약 30분을 빼서 출생시를 설정하면 된다. 이러한 구체적인 심리 문제는 군중심리학을 연구하는 학자들의 연구과제이기도 할 것 같다. (여하튼 뒤에 또 천문학과 연관시킨 자세한 내용을 거론할 기회가 있을 것 같다.)

그러므로 태어난 나라와 각 지방地方의 장소가 참으로 중요하게 되고, 이것은 다시 풍수지질학과 연관된다.

8장 1년과 24절기節氣

천문학에 의하면 지구가 태양의 주위를 1회전하는 데 필요한 시간은 365일 5시간 48분 46초(365. 242216)라고 한다.

그러나 지구의 자전과 지구의 자전축自轉軸은 지구의 공전궤도면公轉軌道面과 수직이 아니고, 지구의 수직선과 약 23.5°의 경사를 이루고 있다는 것이다.

이것은 각 지역의 밤낮의 길이와 기후 변화에 매우 중요한 요인이 된다고 한다. 태양의 빛과 열熱에 의해 정면으로 비추는 곳은 비교적 열을 많이 받아 기온이 높아진다. 태양이 정면으로 적도赤道를 비출 때, 북반구에 있는 우리는 그것을 춘분春分과 추분秋分이라 한다. 또 태양이 정면으로 북회귀선北回歸線을 비출 때 그것을 하지夏至라고 하며, 태양이 정면으로 남쪽 회귀선回歸線을 비출 때 그것을 동지冬至라고 한다.

그래서 춘하추동 사계절은 서로 다른 기후를 형성하는 것이다. 서양에서는 3월부터 시작하여 4, 5월까지를 봄으로 하고, 6, 7, 8월을 여름, 9, 10, 11월을 가을, 12, 1, 2월을 겨울로 삼는다. 천문학에서는 춘분점에서 하지점까지를 봄으로 삼고, 하지점에서 추분점까지를 여름으로, 추분점에서 동지점까지를 가을로, 동지점에서 춘분점까지를 겨울로 삼는다.

그러나 지구의 공전궤도는 둥근 원이 아니다. 따라서 각 계절 중에서 지구가 운행하는 공전 속도는 시기마다 다르다. 그러므로 각 계절마다의 일수日數는 차이가 난다.

명리학에서는 윤달과 관계없이 입춘立春을 봄의 시작으로, 입하立夏를 여름, 입추立秋를 가을, 입동立冬을 겨울의 시작으로 본다.

동시에 음력은 정월正月, 이월二月, 삼월三月은 봄으로, 사월四月, 오월五月, 유六月월을 여름으로, 칠월七月, 팔월八月, 구월九月을 가을로, 십월十月, 십일월, 십이월을 겨울로 삼았다.

그러나 윤달이 있는 해에는 입춘立春, 입하立夏, 입추立秋, 입동立冬 등이 음력 일월, 사월, 칠월, 시十월 등과 일치하지 않는다. 어떤 때는 한 달 전에 있을 때도 있다.

우리 선조先祖들은 농사를 짓는 데 편리하도록 1년을 12개의 월로 나누는 것 외에도 매달마다 절節과 기氣를 설정하였다.

12개의 달에는 12개의 절節과 12개의 기氣가 있는데, 이 절과 기를 합해서 24절기라 한다.

이것은 지구가 태양을 공전하는 관계에 근거하여 나눈 것으로, 달이 지구의 위성으로서 지구의 주위를 도는 것과는 관계가 없다.

사주학四柱學에서 '월'을 대표하는 것은 절기節氣 중에서 절節을 사용한다. 이 '절'이라는 것은 태양력으로 매달 초 4일에서 9일 안에 온다.

24절기節氣의 명칭은 다음과 같다.

정월正月은 입춘, 우수, 2월은 경칩, 춘분, 3월은 청명, 곡우, 4월은 입하, 소만, 5월은 망종, 하지, 6월은 소서, 대서, 7월은 입추, 처서, 8월은 백로 추분, 9월은 한로, 상강, 10월은 입동, 소설, 11월은 대설, 동지, 12월은 소한, 대한이다. 사주명리학에서 절기는 계절이 전환되는 시기이므로 대단히 중요하다. 절기에 따라 12개월의 월건月建이 정해지고, 그 월건月建은 사주팔자四柱八字를 판단하고 해석하는 데 중요한 관건이 된다.

그러므로 절기가 시작되는 시점을 분명하게 파악하고 있어야 한다.

9장 1년의 12월건月建

사주팔자를 판단하는 데는 본래 순수한 태양력에 근거하고, 태음력과는 큰 관계는 없다. 현재 우리가 사용하는 달력은 원래 태음太陰 태양太陽을 혼합한 달력으로 매월 삭朔인 초하루와 망望인 15일을 고려하기 때문에 윤달이 필요하게 된다.

윤달은 태양력과 태음력의 날 수 차이를 보정하기 위해 5년에 2회 삽입한 것에 불과 하다.

그러므로 윤달이 있는 해마다 음력이 한 달 더 공짜로 있다는 생각은 일반적인 통념 일 뿐 천문학적으로는 근거가 없는 것이다.

현재 음력 1월을 그해의 첫 시작으로 보는 것은 음력과는 관계가 없고, 다만 절기와 관계가 있을 뿐이다.

즉, 1월은 입춘을, 1월로 월건月建이 정해지는 것이다. 중국의 역대歷代 역법曆法에서는 월건이 시대마다 달랐다. 하夏나라 시대에는 인월寅月을 정월正月로 하였는데, 이것을 건인력建寅曆이라 한다. 상商나라 시대에는 축월丑月을 정월로 하여 건축력建丑曆이라 하였으며, 주周나라 시대에는 자월子月을 정월로 하여 건자력建子曆이라 하였고, 진秦나라 시대에는 해월亥月을 정월로 하여 건해력建亥曆이라 하였다.

그러다가 한漢무제 때에 북극성北極星을 중심으로 모든 별자리들의 위치를 분석하여 인월寅月을 정월로 하였는데, 이것을 지금까지 2천 년 동안 사용해오고 있는 것이다.

천문학에 의하면 시대의 흐름에 따라 북극성北極星이 이동하기 때문에 건월建月이 달라진다는 것이다.

<u>10장</u> 1년의 시작은 자월子月일까, 인월寅月일까?

21세기인 현 시점에서 사주를 볼 때, 1년의 시작은 자월子月과 인월寅月 중 어느 것이 합리적인 것일까?

하도 낙서에서 자세하게 설명한 바와 같이 천문학에서는 역원의 시작이 지금으로부터 5, 6천 년 전을 적분 추산하면 그 당시 북극성을 중심으로 하여 태양과 달, 그리고 목, 화, 토, 금, 수성. 칠요七曜가 북방北方인 자방子方에 일렬로 있을 때를 '상원'이라 하여 역曆의 처음으로 하여 갑자년, 갑자월, 갑자일, 갑자시로 하였다고 하였던 바, 최근 중국의 오준민[주]은

주 중국 명리신론의 저자.
■주석을 달지 않은 모든 내용의 것들은 책 뒤 참고문헌을 보시기 바랍니다.

황제의 개국이 갑자甲子년, 갑자甲子월, 갑자甲子일, 갑자甲子시로부터 시작하였기 때문에 1년의 시작은 동지점이 자월子月이므로 자월子月을 시작으로 보아야 한다고 주장하고 있다.

『주역周易』에서는 앞에서도 언급한 바와 같이 동지에서 1양(+)이 비로소 생기기 시작한다고 하였다. 그래서 모든 시점을 갑자甲子에 맞추고 있다.

또한, 기문둔갑이나 육임六壬학은 오로지 고古천문학을 기본으로 하고 있는데, 모든 시점을 자子로부터 시작한다.

필자는 36년 이상을 불철주야不撤晝夜 사주명리학을 연구研究·분석分析해오면서 어떠한 사람의 출생出生 년, 월, 일, 시가 있다면 그 한 사람의 사주팔자四柱八字를 풀어놓고서 그 사람과 연관된 사람들인 친가親家 및 처가妻家와 시가媤家의 모든 사람들과 위로는 조상 6대를 볼 수 있도록 연구했으며, 아래로는 후손 6대를 볼 수 있는 통변通辯법을 터득하고자 고명한 학자學者와 많은 도인道人들 문하門下에서 깊이 있는 진리의 가르침을 받아 지녔다. 또한 수많은 세월 동안 나 자신과의 뼈를 깎는 수행을 하면서 지내온 결과, 63세가 된 지금에서야 쥐꼬리만큼 조금 터득한 천지자연의 이치理致인 이 역리학 서적을 후학들이 공부하고, 연구하려고 하는 모든 사람들에게 다소나마 길잡이가 되며, 도움이 되고자 세상에 내놓으려 하는 것이다.

필자는 평소 진리라는 것은 모두 간단하고, 쉽고, 편안해야 한다고 생각했다. 너무 복잡하고, 어려우며, 불편하면 억지가 된다. 모든 학문이 다 그런 것은 아니지만, 너무 복잡하고, 어렵고, 난해하면 학문이란 이름을 악용하고 있는 것이라고 사료된다. '진리=학문'이라는 필요충분조건이 성립될 때만 그렇다고 하는 것이다. 물론, '학문=진리'일 때도 역시 그러하다. 이러한 성립 요건 때문에 필자는 정신적으로 방황하면서도 곰처럼 연구하기를 36년 이상을 뼈를 깎는 고통을 겪었다.

그동안 고명한 학자들과 토론도 했고, 곰처럼 같은 부류의 집단(예를 들면 학교의 교직자 및 학생들, 종합병원의 각과 입원환자들, 종교계의 신도 및 종교지도자, 교도소 종사자 및 재판 중인 사람들, 요식업협회를 비롯한 각계의 협회 회원들, 화류계 단체 여성들, 간호사협회와 간병인협회 회원들, 인력개발 종사자들, 그 외에도 통계치를 얻으려고 연감 및 매스컴과 언론에서 발췌한 유명인사들의 통계치. 여하튼 통계치를 얻을 수만 있다면 최대한 노력을 하였음)이 있으면 그 사람들과 상담하고, 통계치를 얻어냈으며, 학교 및 기업체 그리고 단체그룹 강의講義를 해오면서 연구하고 분석하여 통계를 내놓았던 것과 최근에 이르러 태을太乙, 기문奇問, 육임六壬을 다시 기초基礎부터 공부하고 연구하는 동안에 주역周易, 기문둔갑, 육임六壬, 신과神課, 금구金口, 결訣 등이 모두 천문학을 기본으로 하고 있다는 사실을 알게 되었다.

중국의 오준민 선생 같은 고명학자들이 주장하는 바는 동지가 지나서 태어난 사람의 사주팔자를 분석하고 판단할 때에는 동지를 기준점으로 하여 자월子月을 1년의 첫 달로 하여 새해로 설정해서 보아야 한다고 주장하고 있다.

그러므로 동지(매년 양력 12월 21일에서 23일)부터 입춘(양력 2월 4일)이 되기 전에 출생한 사람들(약 45일간)의 사주팔자와 택일, 궁합, 작명 등은 좀 더 학문적인 근거에 의해 하늘에 제사를 지내듯 경건한 자세로 분석하고 판단해야 한다고 주장하고 있다.

그러나 기존의 수많은 고명학자들의 견해는 역원의 시작은 동지를 기점으로 하지만, 농경사회를 살아온 민족들에게는 봄의 시작인 입춘부터 1년의 농사를 계획하고 시작하기 때문에 사람들의 운세를 보는 것도 역시 입춘을 1년의 시작으로 해야만 한다는 주장이 지배적이다.

3부

오행과 10천간, 12지지

<u>1장</u> 오행과 천간天干, 지지地支

오행은 목木, 화火, 토土, 금金, 수水이다. 이 5행을 다시 음양陰陽으로 나누어보면 10가지가 된다[여기서 양陽은 +로, 음陰은 -로 표기하여 본다].

그래서 목木은 다시 +목과 -목으로 나누어지고, 화火도 +화와 -화로, 토土도 역시 +토와 -토로, 금金도 +금과 -금으로, 수水도 +수와 -수로 분류된다.

천간에 사용하는 목은 +목을 갑甲, -목을 을乙로 나누고, 화는 +화를 병丙, - 화를 정丁으로, 토는 +토를 무戊, -토를 기己로, 금은 +금을 경庚, -금을 신辛, 수는 +수를 임壬, -수를 계癸로 나눈다.

그러므로 10천간天干은 갑甲, 을乙, 병丙, 정丁, 무戊, 기己, 경庚, 신辛, 임壬, 계癸로 10가지이다. 천간은 양陽인 하늘을 의미하고, 12지지地支는 음陰인 땅을 의미한다. 지지地支에 사용하는 목木은 +목을 인寅, -목을 묘卯로 나누고, +화火는 오午, -화는 사巳로, 토土는 +토는 진辰·술戌, -토土는 축丑·미未로, 금金은 +금을 신申, -금을 유酉로 나누고, 수水는 +수를 자子, -수를 해亥로 나눈다.

그러므로 12지지地支는 자子, 축丑, 인寅, 묘卯, 진辰, 사巳, 오午, 미未, 신申, 유酉, 술戌, 해亥로 12개이다.

명리학에서는 천간 10글자와 지지 12글자를 조합하여 모든 사물의 이치를 밝히고 있다.

특히 시간의 개념을 정하는 데 있어서 이것보다 더 정확한 것은 없다. 즉 년, 월, 일, 시의 개념이 바로 이 공식을 토대로 만들어지는 것이다.

앞에서도 언급한 바와 같이 지구가 태양의 주위를 한 번 공전하는 것을 1년이라 하고, 이것을 12로 나눈 것들 하나씩을 월月이라 하고, 지구의 자전기간, 즉 지구가 스스로 한 번 회전하는 낮과 밤을 합쳐서 일日이라 하며, 이 하루를 다시 12로 나누어서 두 시간을 하나로 묶어서 한 시각으로 사용하고 있는 것이다.

그러므로 모든 년, 월, 일, 시는 천간과 지지를 사용하여 나타낼 수 있는 것이다. 이렇게 사용하는 달력을 간지력干支曆이라고 한다. 물론 태양력이나 태음력도 모든 시각에 숫자를 부여하지만 역법曆法에 있어서는 단연코 간지력이 과학적이다.

간지력干支曆의 시원始原은 북극성을 기준으로 태양계의 행성들이 북방인 자子 방위에 모두 구슬을 꿰놓은 것처럼 일렬로 위치하고 있을 때 모든 별들과 지구와의 각도를 보고 갑자년, 갑자월, 갑자일, 갑자시로부터 시작하여 시간의 흐름에 따라 을축乙丑, 병인丙寅, 정묘丁卯…… 등의 순서로 진행되었다고 한다.

동양에서 사는 사람들은 자신이 무슨 띠인지 모르는 사람은 거의 없을 것이다. 또한 우리는 사주팔자四柱八字란 말에 익숙해 있다.

그렇다면 사주팔자란 무엇일까?

앞에서 우리는 천간과 지지를 공부하였다. 천간은 위에만 쓰는 글자이고 지지는 천간 밑에만 쓰는 글자임도 알았다.

갑자甲子를 예로 들면 갑甲은 천간이므로 위에만 쓰고, 자子는 지지이므로 천간天干글자 밑에만 쓴다.

천간과 지지는 두 글자가 하나의 기둥을 이루고 있다. 그래서 갑자甲子년이라고 했을 때는 년年의 기둥이라 하고, 갑자甲子월은 태어난 달의 기둥이라 한다. 그러므로 갑자일은 태어난 날의 기둥, 갑자시는 태어난 시의 기둥[사주四柱는 년, 월, 일, 시의 네 기둥이란 뜻]이라고 한다.

이처럼 태어난 시각을 부호로 나타낸 것이 바로 사주四柱이다. 그리고 사주는 네 개의 천간天干 글자와 네 개의 지지地支 글자로 이루어지므로 모두 합하여 8글자로 이루어지게 된다.

그러므로 네 기둥을 사주四柱, 여덟 글자를 팔자八字라고 하므로 사주팔자四柱八字가 되는 것이다.

우리의 선조들은 사람의 나이가 61세가 되면 회갑回甲이라 하여 태어난 날에 큰 잔치를 벌였다.

간지력干支曆으로 볼 때, 60년 만에 태어난 해가 다시 돌아왔다는 것을 뜻한다.

옛날에는 살아서 회갑을 맞이하는 사람이 많지 않기 때문에 큰 의미를 부여했지만, 오늘날은 의학적인 혜택과 충분한 영양을 섭취할 수 있기 때문에 평균수명이 높아진 까닭에 61세는 젊다고들 생각한다. 그래서 칠순잔치나 팔순잔치 때나 되어야 이웃친지들을 초대한다.

2장 천간과 지지의 성립成立과 배합配合

천간과 지지는 지금으로부터 약 5천 년 이전以前부터 사용하기 시작했다.

천간은 갑, 을, 병, 정, 무, 기, 경, 신, 임, 계의 10개의 간干으로 구성되어 있다.

여기서 간干은 방패를 상형象形화한 글자로서 '막다'라는 의미를 지니고 있다.

따라서 천간天干은 '하늘의 방패'라는 의미로서 '자연의 재해를 막는다'는 의미로 이해할 수 있다. 고대인들은 예측할 수 없는 자연의 변화에 대하여 경외와 두려움을 지니고 있었다. 그래서 그들은 자연의 질서를 나름대로 관찰하거나 주술적인 방법을 통하여 하늘과 자연을 파악하고, 그 질서를 따르며 거역하지 않으려고 하였다. 그러한 관찰과 주술적인 예측을 통하여, 특정 공동체의 삶의 방식을 통하여 자연 질서에 효과적으로 대처해 나갔다.

천간은 처음에는 날짜를 세는 단위로 사용되기도 했고, 주술적인 수단으로 활용되기도 했다.

또, 천간의 간干은 '간幹'이라고도 한다. 간幹은 '줄기' 또는 '근본'이라는 의미를 갖고 있다. 즉, 천간은 '하늘의 줄기' 또는 '하늘의 근본'이라는 뜻이 된다.

그래서 십간十干은 '하늘의 근본적인 줄기'라는 의미를 함축하고 있다. 그러므로 천간은 하늘의 자연적인 근본 질서를 파악할 수 있는 실마리를 우리에게 제공하고 있다고 말할 수 있을 것이다.

지지地支는 '땅의 가지'라는 의미로 '줄기에서 분지分枝하여 갈라져 나온 것'을 뜻한다.

그러므로 지지는 '하늘의 근본 줄기인 천간에서 파생된 것'을 나타내는 명칭이라 말할 수 있다.

그래서 천간이 날짜를 기록하는 데 사용된 데 반하여 12지지地支는 매월每月을 표시하는 데 사용되었다. 즉 1년을 12개월로 파악했다는 증거이다. 그러므로 1년을 12개월로 보았다는 것은 달의 공전주기와 관계가 있다. 즉, 태음력과 관계가 있다.

남방 민족의 농경문화에서는 농사를 지을 때 태음력을 사용했다. 오늘날 연구 성과에 의하면, 천간은 날짜뿐만 아니라 매월每月을 표시하기도 하였다고 한다. 그 증거가 중국의 북방 민족에 속하는 이彝부족이 사용했다는 '10월 태양력'인데 이 월력月曆은 1년을 10개월로 보고 매월의 명칭을 10개의 천간天干으로 표시했다.

그런데 이 10월력은 태양의 공전주기와 관계가 있다고 한다. 즉, 태양력太陽曆과 관계가 있다고 하겠다.

이처럼 천간과 지지는 각각 서로 다른 문화적 배경 속에서 사용되다가 어느 시기엔가 결합되었다. 간지干支의 결합이 어느 시기에 결합되었는지는 분명하지 않은데, 다음 몇 가지 설이 있다.

1절. 하·은·주시대時代 결합설

　고대 중국인들은 천간과 지지를 모두 사용했을 것이라고 보는 설이
다. 하夏·은殷·주周시대에 이미 매每해의 시작을 각각 인월寅月, 축월丑月,
자월子月로 삼았다는 기록이 있다. 이것으로 보아 천간과 지지는 주周문
화의 월령月令 전통에서 함께 사용했을 가능성이 있다는 것이다.

2절. 춘추 전국시대戰國時代의 결합설

　춘추전국시대에 각 나라 간의 활발한 교류에 의해 천간과 지지는 자
연스럽게 통합되었을 것이라고 보기도 한다는 것이다.

3절. 만리장성을 쌓았을 때의 결합설

　진시황秦始皇이 천하를 통일하고 북쪽의 이彝민족의 남하南下를 막기
위해 새운 만리장성의 축조시기에 이루어졌을 것이라고 보는 설이다. 만
리장성의 축조는 춘추전국시대春秋戰國時代에 중국인을 통합하려는 정
치적인 의도를 지니고 있었다.

　진秦나라는 통일제국의 건설을 위해 서로 이질적인 문화권에서 살던
중국인을 하나로 통합할 필요가 있었을 것이다. 이러한 시대적 상황으
로 각각 다른 월력月曆을 사용하고 있던 민족 간의 교류가 일어났고, 정
치적으로는 월령月令의 통합과정이 일어났을 것이라는 설이다. 그러나
이 세 가지 설 가운데 어느 것이 역사적 사실에 부합되는지 분명하게 정

하기는 어렵다.

그러나 이彝족이 사용했던 10월 태양력과 12개의 지지地支로 달을 표시한 태음력太陰曆이 결합하여 오늘날의 간지干支가 성립된 것은 분명한 것 같다.

태양력인 10월력을 주로 사용한 민족은 중국의 북방 유목 민족에게는 유용할 수 있었을 것이다.

반면 12월 태음력은 농사를 주로 지었던 남방 민족에게 유용했을 가능성이 크다.

이처럼 각각 다른 문화적 전통 가운데 형성된 월력月曆은 민족의 교류와 통합과정을 거쳐 새로운 달력을 탄생시킨 것이라 볼 수 있다.

그러므로 천간天干과 지지地支는 이러한 역사적 배경을 통하여 결합됐을 것이라는 견해가 지배적이다.

3장 육십六十갑자甲子와 명리학

사주四柱 명리학은 천간과 지지가 결합된 60갑자甲子를 중심으로 개인의 운명을 예측한다.

천간의 갑甲, 을乙, 병丙, 정丁, 무戊, 기己, 경庚, 신辛, 임壬, 계癸는 태양의 주기를 중심으로 성립한 것이므로 낮에 땅에서 일어나는 현상으로 하늘의 일을 설명한 것이며, 지지地支인 자子, 축丑, 인寅, 묘卯, 진辰, 사巳, 오午, 미未, 신申, 유酉, 술戌, 해亥는 달의 주기를 중심으로 성립한 것이므로 밤하늘의 별자리를 통해 땅의 일을 설명한 것이다.

태양은 낮에 관측되므로 낮에는 지상地上에서 일어나는 현상을 볼 수 있다.

그러므로 사주명리학에서는 천간은 현실의 세계, 즉 드러난 의식의 세계를 반영한다.

이러한 이치에 입각하여 천간에 관官이라는 별이 나타나 있으면, 현실적인 세계에서 두드러진 업종에 종사한다고 본다.

반면에 지지地支에 숨어 있는 관官이라는 별은 현실을 떠난 종교적 지도자나 현실적으로 인기가 없는 업종인 철학이나 종교 등과 유사한 것, 즉 동양사상東洋思想을 기본으로 한 모든 학문을 전달하고 가르치는 일을 좋아하는 사람이라고 추명하고 유추한다. 이와 마찬가지로 다른 별들도 이렇게 추명하는데, 예를 들어 재물에 관한 별 일 때에도 이치는 똑같다. 그러므로 천간에 재財의 별이 투출한 사람은 사회적으로 드러난 부富를 추구하며, 현실적으로 그 누가 보아도 반듯하고 똑똑하며 현명한 아내가 있지만, 지지地支에만 재財의 별이 있는 사람은 세상 사람들에게 별로 알려지지 않는 부富를 추구하거나 그러한 재물을 지니고 있는 사람이다.

역시 아내는 가정적인 아내를 둔 사람이며, 현실적으로는 부족한 아내이거나 어리석고 우매하여 숨기고 싶은 아내이거나, 숨겨둔 애인이라고 유추한다. 다른 육신六神의 관계도 이와 같이 추론한다.

4장 60갑자는 하늘의 별을 보고 정한 것이다

60갑자의 배합은 일반적으로 양간은 양陽의 지지地支와 결합하며, 음간은 음陰의 지지와 결합한다고 해서 지지地支를 천간의 음양과 동일하게 보아서는 결코 안 된다.

천간은 앞에서 언급한 바와 같이 태양의 주기를 중심으로 하여 성립한 것이므로 천간의 음양은 양陽인 천간 중에서도 양陽과 음陰, 많고 적음으로 구분한 것이며, 지지地支는 밤의 달과 별들을 통해 하늘을 관측한 것이므로 지지地支의 음양陰陽은 음陰인 지지地支 중에서 음양陰陽, 즉 적음과 많음을 의미한다.

천간은 양의 세계로 크게 분류되고, 그 분류된 가운데 대소大小의 차이를 둔 것이 바로 천간의 음양이다.

마찬가지로 지지는 크게 음의 세계를 반영하지만, 그 음陰 중에서 대소大小 차이를 둔 것이 지지地支의 음양陰陽이다.

갑자甲子의 경우 갑甲은 양陽인 천간天干 중에서 큰 양陽의 목木을 표현하며, 자子는 음陰인 지지地支 중에서 큰 음陰의 수水를 나타낸다.

그러므로 천간과 지지의 배합은 단순하게 천간의 양은 지지의 양과 천간의 음은 지지의 음과 결합하는 것이 아니라, 양陽인 천간天干 중 큰 양陽과 음陰인 지지地支 중 큰 음陰과 결합하게 되며, 양陽인 천간天干 중 작은 양陽과 음陰인 지지地支 중 작은 음陰과 결합한다.

다시 말하면, 큰 것은 큰 것과 작은 것은 작은 것과 결합한다는 뜻이다. 그러므로 음양이 만나더라도 서로 격格에 어울리게 만나는 것이다.

명리학에서는 이러한 원리를 기본으로 하여 인간 상호간에 관계가 형성되는 것이라고 본다.

인간관계에서 서로의 만남은 임의적이 아닌 서로 격格의 크기에 따라 어울리고 만나는 것이다.

이러한 법칙에 따라 천간과 지지는 모두 60가지로 조합된다. 60이라는 숫자는 생명의 근원인 수水의 완성된 숫자 6에다 10천간을 곱한 것이라고 사료되며, 또한 천지인天地人을 나타내는 3에다 10천간을 곱하고, 다시 음양陰陽을 나타내는 2를 곱한 숫자라고 필자는 생각한다.

이러한 이치理致로 오운五運육기학六氣學에서는 1년인 12개월을 육기六氣로 나누는데, 2달, 60일이 언제나 첫 달은 양陽으로 나타내고, 둘째 달은 음陰으로 표기하는 것이라고 사료된다. 60갑자의 배합은 다음과 같다.

5장 육십六十갑자甲子

갑자甲子 을축乙丑 병인丙寅 정묘丁卯 무진戊辰 기사己巳 경오庚午 신미辛未 임신壬申 계유癸酉

갑술甲戌 을해乙亥 병자丙子 정축丁丑 무인戊寅 기묘己卯 경진庚辰 신사辛巳 임오壬午 계미癸未

갑신甲申 을유乙酉 병술丙戌 정해丁亥 무자戊子 기축己丑 경인庚寅

60甲子

天干/地支									
天干 地支	甲 子	乙 丑	丙 寅	丁 卯	戊 辰	己 巳	庚 午	辛 未	壬 申	癸 酉
天干 地支	甲 戌	乙 亥	丙 子	丁 丑	戊 寅	己 卯	庚 辰	辛 巳	壬 午	癸 未
天干 地支	甲 申	乙 酉	丙 戌	丁 亥	戊 子	己 丑	庚 寅	辛 卯	壬 辰	癸 巳
天干 地支	甲 牛	乙 未	丙 申	丁 酉	戊 戌	己 亥	庚 子	辛 丑	壬 寅	癸 卯
天干 地支	甲 辰	乙 巳	丙 牛	丁 未	戊 申	己 酉	庚 戌	辛 亥	壬 子	癸 丑
天干 地支	甲 寅	乙 卯	丙 辰	丁 巳	戊 牛	己 未	庚 申	辛 酉	壬 戌	癸 亥

신묘辛卯 임진壬辰 계사癸巳

갑오甲午 을미乙未 병신丙申 정유丁酉 무술戊戌 기해己亥 경자庚子 신축辛丑 임인壬寅 계묘癸卯

갑진甲辰 을사乙巳 병오丙午 정미丁未 무신戊申 기유己酉 경술庚戌 신해辛亥 임자壬子 계축癸丑

갑인甲寅 을묘乙卯 병진丙辰 정사丁巳 무오戊午 기미己未 경신庚申 신유辛酉 임술壬戌 계해癸亥

이상과 같은 60갑자는 갑자甲子부터 마지막 계해癸亥까지를 끝으로 지속적으로 순환하고 있다.

이것을 매년 적용하면, 갑자甲子년, 을축乙丑년, 병인丙寅년, ……신유辛酉년, 임술壬戌년, 계해癸亥년이 되고,

이것을 매월 적용하면, 갑자甲子월, 을축乙丑월, 병인丙寅월, ……신유辛酉월, 임술壬戌월, 계해癸亥월이 되며,

일日은 갑자甲子일, 을축乙丑일, 병인丙寅일, …… 신유辛酉일, 임술壬戌일, 계해癸亥일이 되고,

시時는 갑자甲子시, 을축乙丑시, 병인丙寅시, ……, 신유辛酉시, 임술壬戌시, 계해癸亥시가 된다.

이처럼 60갑자甲子는 한 바퀴 돌아서 다시 시작되며 끊임없이 지속적으로 순환 반복된다.

이렇게 순환 반복된 것이 약 5, 6천 년 전부터 시작되었으며, 그 시작된 시기時期가 갑자甲子년, 갑자甲子월, 갑자甲子일, 갑자甲子시라고 앞에서 언급한 바 있다. 그래서 수천 년 동안 역서曆書에 기록된 년월일시年月日時의 간지干支는 모두가 이 시일時日의 간지干支를 표준으로 하여 순서에 따라 한 주기가 돌면 다시 시작하여 지속적으로 운용하면서 지금 오늘 이 시각時刻까지 계속해서 유용하게 사용해오고 있는 것이다.

그러므로 우리의 선조들은 역시 신神과 같은 분들이었다는 것이 증명되는 것이다. 우리는 그분들의 DNA를 이어 받았으니 말이다. 그렇다면 역법曆法은 어떻게 만들어진 것일까?

6장 역법의 원리와 우리나라 표준시標準時

인간의 생활을 합리적으로 통제하기 위한 가장 기본적인 법률이 역曆이라고 말할 수 있다. 즉 인간의 생활을 주로 시간적인 면에서 다루는 것이 역歷과 역曆이다. 역歷은 주로 과거의 사실을 다루지만, 역曆은 미래까지도 다루는 것이 다른 점이다.

역歷은 주로 역사歷史를 말하고, 역曆은 과거에서부터 미래까지의 날짜를 표시하는 달력을 말한다. 시간이나 날짜의 경과는 천체天體운동에서 가장 잘 나타나 있다.

원래 역曆 또는 역법曆法은 '캘린더'라는 라틴어에서 온 말이며 '선포'한다는 뜻이다. 매월 달이 바뀜을 선포한다는 뜻이었다. 역曆은 인간과 밀접한 관계에 있는 자연계의 주기에 따라 만들어지게 된다. 역曆에서 쓸 수 있는 가장 적당한 주기는 지구地球의 자전自轉주기와 공전주기公轉週期 및 달의 지구에 대한 공전주기公轉週期이다.

지구의 자전주기에 근거해서 1 태양일太陽日을 만들고, 지구의 공전주기는 1 태양년太陽年을 이루며, 달의 공전주기로 1 태음월太陰月이 정하여진다.

태양년太陽年을 기준으로 하여 만든 역법曆法이 태양력太陽曆이다. 이 태양력 법법은 춘, 하, 추, 동의 4계절의 변화와 일치되지만, 달의 삭망朔望과는 전혀 관계가 없다.

또, 태음월太陰月을 기준으로 하는 역법曆法이 순수한 태음력太陰曆이다. 이 태음력은 달의 삭망과는 일치되지만, 계절의 변화는 전반적인 면에서 고려하지 않았으며, 단순히 12개의 삭망월을 1년이라고 하였다. 이슬람력, 즉 회회력回回曆이 바로 순수한 태음력太陰曆에 해당한다.

현재 우리나라에서 사용하고 있는 음력陰曆은 태음, 태양력이라 하여 달의 삭망에 충실하게 따르면서 가끔 윤달을 넣는데, 60년 동안에 한 달을 22번 넣어 태양력의 날의 수數와 맞추어서 계절에 맞춘 역법曆法이다.

옛날부터 많은 나라가 이 태음, 태양력을 써왔으며, 현재도 한국, 중국, 인도, 일본 등의 국가에서 민간에서는 많이 사용하고 있다.

7장 태양의 길이는 세실歲實

옛날에는 태양의 길이를 '세실歲實'이라고 하였는데, 세실은 역력曆을 만드는 데 가장 중요한 기준이 되는 값이었다.

세실은 태양이 춘분점을 떠나 황도黃道상에서 동東쪽으로 운행하여 천구天球를 일주一週한 뒤에 다시 춘분점까지 돌아오는 기간 동안의 시간時間이다.

이것을 회귀년回歸年이라고도 하며, 봄, 여름, 가을, 겨울인 4계절의 변화와 일치되는 주기이다. 이런 의미에서 1 태양년太陽年을 사계四季의 년年이라고도 부른다.

고대의 중국에서는 세실의 값을 계산하고 정할 때, 동지冬至점을 역법曆法 계산의 기점으로 삼아 동지점을 관측하기 위해 땅에 수직으로 막대를 세워놓고, 그 그림자의 길이를 측정하는 방법인 규표[圭表: 해의 그림자를 재는 기기[機器]에 의존해서 동지冬至가 천체력天體曆의 기점이 되었다.

그러나 서양에서는 혼천의渾天儀[주][고대의 천문天文사상으로서 서울 대학교에서 종교학과에서 종교천문학을 전공한 김일권 교수 및 이 분야의 권위 있는 천문학 박사들의 논문 및 저서를 참고할 것]를 사용하여 춘분春分과 추분秋分을 원기元期로 했다.

사주四柱를 풀어볼 때 사용하는 역曆은 윤달이 있는 태음태양력을 사용한다. 윤달을 정하는 결정적인 판단은 태음력과 태양력의 날수의 차이를 보완하기 위함이라고 앞에서 언급한 바 있다.

우리나라에서 공식적으로 사용하고 있는 태음력은 서기 1895년 음력 9월 9일에 내린 고종황제의 조칙에 의해 그해의 음력 11월 17일을 양력으로 1896년 1월 1일로 하여 이 해를 건양建陽 원년元年이라고 연호年號를 바꾸었다.

이때부터 우리는 태양력을 일반적으로 사용하기 시작하였던 것이다. 지구가 태양을 한 번 도는 데 필요한 시간은 365일 5시간 48분 46초가 된다고 하였다.

우宇는 공간, 즉 장소를 뜻하고, 주宙는 시간을 뜻한다. 우리 인간은 광대한 공간축空間軸과 유구한 시간의 축이 만나는 지점에서 살고 있다. 그래서 지구의 자전주기를 1일, 공전의 주기를 1년이라 하고, 달의 삭망朔望주기를 음력 한 달이라고 정했다.

주 | 古代 동양 천문사상으로서 책 뒤에 참고문헌 중 김일권 교수 박사논문을 참고하세요.(천체의 운행과 그 위치를 측정하는 고대 관측 기구)

그러나 태양력에서의 한 달이라는 것은 천체운동의 주기와는 아무런 관계가 없고, 편의상 1년을 12로 균등하게 나누어 구분하여 놓았을 뿐이다.

즉, 1년, 1월, 1일이라는 시간의 단위는 서로 독립적으로 정해놓은 것이다. 이러한 것들이 학리적으로 정립되어야만 21세기에 걸맞은 과학적이고도 분석적인 사주명리학으로 발전해나갈 것이다.

역법曆法에서 문제가 되는 것은 천체天體의 기간과 인위적으로 만든 시간 단위가 매일每日 똑같지가 않다는 점이다. 다시 말하면, 지구가 태양의 주위를 도는 시간은 항상 일정하지 않다는 뜻이다. 그렇지만 이것을 매일 일정한 시간으로 간주하고, 계산하여 역曆을 만든다.

여기서 인위적으로 만든 역曆과 천체의 시간상에는 오차가 생길 수밖에 없다. 이러한 이유로 고대古代부터 여러 가지 역법曆法이 고안되고, 수정하고 보완하면서 오늘날에 이르고 있다.

앞에서 언급한 바와 같이, 고대의 중국에서는 세수歲首가 최하 서너 번 이상 바뀐 일이 있었다.

필자는 북극성의 위치가 변할 때마다 세수歲首가 변하게 되어 있다고 앞에서도 여러 번 언급한 바 있었다. 천문학에서 볼 때는 1년, 1월, 1일은 서로 각기 다른 독립적인 개념이다.

이러한 과학적인 사실들을 기본으로 하여 사주명리학을 연구하고 분석하는 혁신적인 학자들이 많이 출현하기를 기대해본다.

약 4,000년 전인 하夏나라 때에는 인월寅月을 세수로 하여 현재와 같이 동지를 음력 11월에 들게 한다. 이와 같이 11월 동지를 역법에서는 천정동지天正冬至라고 부른다.

은殷나라 때에는 축월丑月을 세수로 하고, 이것을 은정殷正이라 하여, 동지는 12월에 들게 된다. 이러한 동지를 지정地正동지라고 부른다.

또, 주周나라 초初에는 하정夏正을 쓰다가, 후기後期에는 자월子月을 세수로 하였는데, 이것을 주정周正이라고 한다. 이 주정에서의 동지冬至는 정월正月에 있게 되어 이것을 인정동지人正冬至라고 부른다.

역사적으로 볼 때, 1일의 기점은 시대에 따라 달랐는데, 중국에서는 은殷나라 시대에는 새벽이 1일의 시작이었고, 고대古代 이집트에서는 일출日出이 1일의 시작이었다.

또, 페르시아력曆을 사용하던 지역地域에서도 일출日出이 하루의 시작이었으며, 유대력曆을 사용하던 곳에서는 해가 질 무렵인 별이 보이기 시작할 때가 하루의 시작이었다.

현재는 전 세계 모든 나라가 야반夜半 0시時를 1일의 기점으로 하고 있는데, 그 이유는 인간人間활동이 가장 미미微微한 시각時刻을 택하기 위함이다.

태양일太陽日의 길이가 일정하지 않고 항상 변하는 이유는 태양은 항상 스스로 다니는 황도黃道주1)상을 운행[동양에서는 28수宿주2)의 별자리라고 하며, 서양천문학에서는 황도黃道 12궁이라고 하는데 똑같은 곳을 이름만 달리하고 있음]하고 있으며, 지구의 적도赤道상은 운행하지 않기 때문이며, 태양이 황도상의 운행이 균일均一하지 않기 때문이다.

주1　황도대(黃道帶)라고도 한다. 태양이 공전하는 궤도로서 하늘인 천구(天球)상의 적도 부근을 말한다.

주2　태양이 지나는 공전궤도상의 수많은 별들을 고대 동양 천문에서는 28개 부류로 나누었다. 참고문헌 중 천문류초 를 참고할 것

옛날에는 각각의 나라, 각각의 지방마다 독자獨子적으로 시간을 사용했으나, 서기 1884년에 국제적으로 경도 15°마다 1시간의 차이로 동서東西에 따라 가감하여 세계를 24개의 국제시간 구역으로 나누기로 합의하였다.

지구의 경도經度 기준은 영국의 런던을 지나는 자오선子午線이다. 즉, 영국의 그리니치 천문대天文臺의 제1호, 자오의子午儀라는 망원경의 십자十字선을 통과하는 자오선이 지구의 경도 0°로 되어 있다. 이 각은 그리니치 자오면子午面의 동쪽과 서쪽으로 각각 180°까지 측정하고, 동쪽으로는 동경東經, 서쪽으로는 서경西經이라고 말하며 구별한다.

그러므로 지구상에 같은 경도에 있는 곳은 같은 시각이 되고, 경도가 다르면 시간도 달라진다.

시차時差는 경도 15도마다 1시간이 된다.

그러므로 한국의 표준시標準時는 그리니치 천문대의 표준시보다 9시간이 빠르다.

현재 한국에서는 동경 135°의 경선經線을 표준 자오선으로 하고 있으므로 서울의 경도인 127°와는 8 의 차이가 난다.

따라서 우리는 실제의 평균태양시平均太陽時보다 약 32분 빠른 생활을 하고 있다.

우리나라는 서쪽 끝으로 영해領海인 서해 바다에서부터 동해東海 바다에 있는 독도를 포함하여 동쪽 끝인 우리의 영해領海까지 대략 동경東經 125°에서 130°사이에 위치하고 있다.

4부

10천간天干과 12지지地支의 생사生死관계

1장 갑목론甲木論
- 출생일出生日 천간이 甲木일 때

甲木은 천간의 시작으로 머리가 되며 계절로는 봄에 해당할 뿐만 아니라, 만물을 생육하는 주체가 되고 있으므로 항상 시작을 잘하고, 우두머리의 성격으로서 남에게 구속받는 것을 싫어한다.

때로는 자신을 지나치게 노출시켜서 타인으로부터 공격의 대상이 되는 경우가 많이 있게 된다. (큰 나무니까. 그러나 나무는 나무의 생김새만을 지칭하는 것이 아니라 우주공간에서 에너지로서 오행 중에 하나인 목의 기운氣運을 뜻하는 것이다.)

일반적으로(형상으로만 표현한 것이 아니다.)는 우뢰, 용, 온난溫暖, 목기木氣로서 甲木은 대체로 따듯하다. 만약 비가 온다면 우뢰를 동반하게 된다.

신장이 크고 얼굴의 형태는 대체적으로 전자형田字形과 목자형目字形이 많은 편이다.

甲木은 五行의 입장에서 동량지목棟樑之木, 양목陽木, 강목剛木, 뿌리가 없는 나무, 죽은 나무로도 적용되고 있다. 왜냐하면 甲木은 다 자란 나무로서 그냥 놓아두면 고목枯木이 되겠기에 경금庚金을 이용하여 잘라 놓은 현상이기 때문이다. 따라서 그 뜻이 대단히 크고 강하기 때문에 본인의 몫을 다 한다고 볼 수 있으나, 때로는 만나는 상대(천간天干은 10개의 별)에 따라서 즉, 형편에 따라서 변화할 수도 있는 것이다.

즉, 甲木이 허약하면, 乙木만큼도 힘(力)이 없게 된다. 인연 시절인 그

때 그 시절, 그 입장에 따라서는 기둥이나 대들보는 고사하고 풀이나, 나무뿌리만도 못할 때가 있을 뿐만 아니라 또, 그 강강强强하기가(왜? 강할까. 얼음이 꽁꽁 어는 겨울에도 봄을 맞이하려는 강인强忍한 힘이 있으니 쇠처럼 강한 것이다.) 너무 지나치면 부러지기가 쉬운 것이다.

木의 주위에 金이 많으면 삭감削減되고 절목折木이 되기 때문에 생명을 보존하기 어려우며 또한, 火가 많으면 모두 불에 타 버려서 재(灰)기 되고, 土가 많으면 암석과 같아 뿌리를 내릴 수가 없고, 水가 많으면 썩거나 물에 뜨고, 木이 많으면 옆에 있는 큰 나무 때문에 태양의 빛과 에너지를 받고 살아가기 힘드니 어찌 일반적인 논리만으로 길흉을 결정할 수가 있겠는가?

또, 四柱에 金과 木이 마주하면 인의仁義가 없고 두통, 근육통이 오게 되며 水木이 응결되면 풍질風疾이 오게 되고 저능低能하며 인색하게 된다.

木火로 상통하게 되면 세상을 밝게 밝혀 주며, 인정이 많고 강자에게는 강하고 약자에게는 약하며 박사博士가 많은데, 이것도 과하게 되면 정신에 이상이 있는 사람이 된다.

또, 木과 土가 마주하면 학교 공부는 뒤떨어지나, 재물을 모으는 데는 일가견이 있다.

천간에 木이 많으면 박력이 있고 배짱이 두둑하며 손이 커서 적은 것에는 양이 차지 않으나, 지나치면 간경화, 담석증, 또는 간암으로 고생하게 된다.

단, 이 말은 甲木에게만 국한된 것이 아니며, 무엇이든 지나치게 많으면 해가 된다는 사실을 꼭 유념하여 주시기 바란다.

1) 甲木일생이 甲木을 만나면

신약身弱할 때는 방조幫助 함으로서 의지처가 되기 때문에 더할 나위 없이 좋으나, 신강身强에는 한신閑神으로서 방해자가 되고 극재剋財(처와 재물을 파손함)하며, 군중심리로 쓸모가 없는 火를 生하여 水의 피를 말리게 되니, 비록 술친구는 될 수 있으나 진정한 친구는 될 수 없는 것이다.

그러나 한편으로는 경금庚金대운이나 경庚년운의 충극冲剋을 나의 형제가 나와 함께 받으니 오히려, 나의 방패 역할을 하며 구원자가 되는 좋은 역할을 하기도 한다.

2) 甲木일생이 乙木을 만나면

경금庚金칠살七殺 칠충七冲을 乙庚으로 합하게 되니, 여자 형제로 미인계의 역할로서 甲木을 보호하게 된다. 재다신약財多身弱에는 재財를 다스리는 데는 없어 서는 안될 귀성貴星이 되는 것은 분명하나, 신강身强에는 비겁比劫으로 탈재奪財, 극재剋財, 분재分財, 쟁재爭財하고, 女命은 탈부지명奪夫之命으로 남편을 빼앗기게 되는 것이다.

3) 甲木일생이 丙火를 만나면

木生火로 목화통명木火通明이라 온 세상을 밝고 따듯하게 비춰주며, 나무에 꽃이 만개하여 만발滿發하고 있는 형상이다. 아직도 그 위용을 뽐낼 수 있고, 또 庚金 七殺을 丙火가 火剋金으로 제압하여 甲木을 보호하고, 또 재財를 生하여 火生土 수성壽星으로서의 몫을 단단히 하므로 甲木의 희생함이 갱생更生으로 변화하게 된다.

때로는 甲木이 없어진다 하여도 丙火로 존재하여 그 생명은 영구하나, 甲木이 약하면 도적맞는 도기盜氣요, 木이 재(灰)로 되어 사라지기 때문에 존망을 가늠할 수 없게 되어 종래는 본인의 지나친 희생으로 말미암아 자기 실속이 없다 하겠다.

4) 甲木일생이 丁火를 만나면

상관傷官으로서 도기盜氣되어 甲이 좋아하는 壬水를 합거合去하며, 정관正官인 辛金을 상하게 하므로 위법행위를 조장하고, 또, 편재偏財를 生하여(丁火가 生 戊土) 쓸데없는 욕심을 낳게 함으로써, 항시 불씨를 안고 있는 것과 같이 위험이 따르고 있다. 그러나, 木이 왕旺하면 누기淚氣되어 더욱 吉하게 작용한다.

5) 甲木일생이 戊土를 만나면

土로서 승리한다고는 할 수 있으나, 과다함은 불가하고 우로수雨露水인 癸水를 戊癸로 합거合去하여 甲木의 부패를 예방하는 것까지는 좋다. 그러나, 壬水를 土剋水로 막아 원류가 두절되므로 희비가 엇갈리고, 또 木은 土를 떠나서 살 수 없으니, 외면의 승리는 내면으로서는 패배와 같다. 그러므로 승자도 패자도 없는 것이다.

甲木이 旺하면 많은 土라 하여도 충분히 제압하고 다스리나, 약하면 土生金 金剋木으로 재생살財生殺이 되고 土剋水로서 괴인壞印이 되니, 바로 여자인 재성財星을 잘못 만나면 병신이 되고, 완전히 고립됨이 모두 이러한 이치로서 성립되는 것이다.

6) 甲木일생이 己土를 만나면

甲己로 변절되어 木이 아니라 土로 작용되고, 己土 정재正財는 편관偏官인 庚金을 생하여 명예를 얻게 하며, 때로는 甲木 한신을 합거하며, 비록 己土 처妻는 희생된다 하여도 부군夫君인 남편을 위한 애틋한 뜻이 가상타 아니할 수 없을 것이다.

7) 甲木일생이 庚金을 만나면

잘리고 다듬어져 동량지재棟樑之材로 위용을 자랑하고, 乙木 비겁比劫을 합거하며, 甲木이 한신일 때는 충거沖去하며, 甲木이 필요한 壬水를 생하여 甲木을 生하게 하고, 나무가 봄에 자라서 金 가을을 만나 결실을 맺으며, 또한, 견고하여지고 비록 金剋木으로 잘라진다고는 하나 다시 필요한 재목으로 쓰이게 되는 것이니, 이것이 바로 시작이 끝이요, 끝이 시작이며, 시작도 끝도 없는 무극의 이치인 것이다.

그러나 甲木이 약한 곳에 庚金이 많으면 상충相沖으로 패목敗木되고 칠살七殺보다 무서운 관귀官鬼가 되어 나무는 고사하고 많은 열매에 의하여 나뭇가지가 찢어지게 된다. 고로, 당대當代를 넘기기 어려우니 이렇게 되면 아무리 甲木이라고 해도 약한 乙木만도 못하게 되는 것이다.

8) 甲木일생이 辛金을 만나면

乙木인 비겁을 乙辛으로 충거沖去하여 財를 보호하고 丙火를 丙辛合去하여 木이 불에 타버릴 염려를 예방하며, 金生水하여 인수印綬를 생하므로 부모를 생각하게 하고, 공부를 하게 되며, 정관正官으로서 임무를 완수한다.

甲木이 약한 곳에 辛金도 많으면 종래는 흠이 되고 마는 것이니, 辛金처럼 연금軟金이라고 가볍게 보아서는 아니 되는 것이다.

원래 역易이란 글자(해日과 달月의 합성어)가 의미를 부여하듯, 모든 세상사가 모두 시간과 장소에 따른 환경에 의하여 행복과 불행이 좌우되는 것이므로 우리 모두는 이러한 이치를 이해하고, 깨닫도록 노력해야만 될 것이다.

9) 甲木일생이 壬水를 만나면

한없이 기쁘다. 도기처盜氣處인 丁火를 합거하고 나를 生하여 주니 수입원으로서 균형을 이루게 하고 丙火를 충거하여 木이 불에 타버릴 염려를 예방하여 주고 庚金 칠살七殺이 甲庚으로 충극冲剋하는 것을 金生水 水生木으로 탐생貪生 망충忘冲케 하여 살인상생殺印相生하게 되니 나를 生하는 근원이 된다.

그러나 壬水가 과다過多하면 丁壬合化하여 木이 되는데, 木인 비겁比劫이 生合하여 극재剋財를 하게 되니 불리하게 된다.

또 丙火 식신食神을 丙壬 冲으로 타도하여 도식倒食이 되게 하니 지출이 없는 수입으로 종래는 포만飽滿되어 그 형상이 사람이 먹기는 계속 음식을 많이 먹으나, 대변을 보지 못하여 변비증세가 되는 것과 같으므로 수입만 있고 지출하지 않으면, 자만自慢하게 되는 것과 같으며, 庚金辛金인 정·편관正·偏官은 물에 잠기게 되어 버리고 나무뿌리는 썩어 패망敗亡하게 되는 것과 같다.

10) 甲木일생이 癸水를 만나면

뿌리가 없는 甲木나무가 물인 우로수雨露水를 만나면, 필경 나무가 썩게 되므로 싫어하나, 戊土로 戊癸로 합거合居하여 욕심을 버리게 하고, 상관 丁火를 丁癸로 충沖하므로 지나친 재주와 방종, 위법행위를 제거하여 정도正道를 걷게 하는 것까지는 좋으나, 정인正印 癸水도 태과太過하면 甲木을 썩게 하고 물에 뜨게 할 수도 있는 것이다.

음지의 나무에다 水剋火함으로써 열매가 없는 나무로 변절시키니 각기 만나는 五行의 많고 적음에 따라 이해가 엇갈리기도 하고, 잘 나 보이거나 못 나 보이기도 할 때가 많다.

그러므로 사주팔자의 전체를 우주 현상으로 살펴서 논할 것이요, 공식적인 글자로만 보아서는 판단을 그르치게 될 것이다.

자! 자연현상을 대입하여 읽어 보니 이해가 가기는 하되, 알 것 같기도 하고, 모르는 부분도 있으리라 생각된다.

그러나 五行이라는 것은 시간과 장소에 따라서 항시 변화한다는 뜻으로 움직여 다닌다는 행자行字를 사용하는 것이니, 오성五星과 일월日月 및 모든 천체 현상은 항시 변화하는 것이니, 그 자체가 陰陽 五行이요, 陰陽+五星=七星이요, 이것을 年 月 日 時로 표현하게 되면 사주 4기둥이 되고, 日主와 나머지 7자를 합하면 8字가 되는 것이다.

앞장에서 언급한 바 있듯이 동서양을 막론하고 사용하고 있는 지금의 달력은 7日로 일주일을 표현하고 있다.

日, 月, 火, 水, 木, 金, 土요일이 바로 칠요七曜라고 표현한 것이다.(칠성이란 일반적으로 표현할 때는 북두칠성을 말하는 것이지만, 오성五星과 일월日月을 함께 표현하기도 한다.)

그러므로 사주에서 日干을 日主라고 표현하며 日主인 주인공과 나머지 7개 별들과의 운행관계를 고찰하고 판단하는 것이 사주팔자를 풀어 본다느니, 뽑아 본다느니, 또는 감정한다는 그런 표현을 사용하고 있는 것이다.

그러므로 옛 우리의 조상님들의 칠성七星을 숭배하는 사상이 북두질성北斗七星과 태양계의 5星과 日 月이 인간과 모든 만물들에 미치는 영향이 절대적이라고 판단하였기 때문에 이러한 관념이 이치의 근원이 되지 않았나? 사료 된다.

그래서 우리 인간의 수명을 관장하는 칠성님七星任을 모신 칠성각七星閣들이 현재에도 잘 보존되어 있으며, 우리 민족은 하늘이 선택한 자손들이요, 장손으로서 하늘과 항상 친숙하게 무언無言의 대화를 계속해 오면서 하늘의 별들을 연구하는 첨성대가 바로 오늘날의 기상청 일부분의 축소된 모습이 아닐까?.

그러므로 사주 명리학은 우주 자연의 현상을 판독하는 학문으로서, 천문학天文學에다 그 근원을 두고 있는 것이다.

1권에서 제시한 五行에 소속된 조견표早見表를 달, 달, 달, 외운 사람은 지금까지 필자가 강술해온 모든 것들이 손바닥에 꼭 쥐어준 것처럼 느끼고 있을 것이다.

예를 들어 어떤 사람의 四柱에 木이 왕성旺盛하게 있다고 한다면 조견표에 목성木性을 생각하고 판단하면 거의 80% 이상 판독한 것이나 다름이 없는 것이다.

그러나 사람에 따라 표현하는 방법의 차이가 있기 때문에 '60%냐?' '70%냐?' '80%냐?' 또는 '99%냐?'가 되는 차이만 있는 것이다.

그 이유는 우주의 자연현상은 일정한 리듬이 있으며 상호간 일정한 질서를 지켜 가고 있기 때문이다.

진리는 간단하고 쉬운 것이므로 법法이요, 법은 진리이니, 어렵고, 복잡하며, 경우에 어긋나는 것은 결코 진리가 아니기 때문에 소멸되어 버리는 것이 당연할 것이다.

그러므로 경우에 맞지 않는 것은 진리 즉, 법法이 아니기 때문에 四柱를 판독함에 있어 자기 자신의 편견된 지식이나 경험 등의 미미한 작은 잣대로 우주의 법칙을 판단하는 것은 엄청난 죄악을 짓는 것이니 하늘이 죄의 경중을 가려 심판할 것이며 엄격한 벌을 내릴 것이다.

그래서 결코 인위적인 편협한 판단은 하지 말 것이며 우주 자연과 하나가 된 우주의 마음과 우주의 눈으로 보고 판독해야만 90% 정도 적중하고 미래를 정확하게 예측할 수 있을 것이다.

왜? 꼭! 그래야만 하느냐 하면 우리는 우주의 한 일원이기 때문이요, 우주 자연의 질서를 신불神佛이 주제하는 것이라고 표현한다면 신인합일神人合一 즉, 사람과 하늘에 계신 하느님과 하나가 되는 그러한 마음과 눈으로 판독하고 판단하여 상담하여야만 된다고 필자는 주장하는 바이다.

그러한 까닭으로 자연현상에 비중을 두고 강술하고 있는 것인바. 이해가 안 되는 곳은 또다시 열 번, 스무 번 음미하면서 읽다가 보면 쉽게 이해하게 될 때가 있게 되니, 크게 낙심하지 않아도 될 것이다.

지금까지는 甲木을 天干에만 대조하여 설명하였고 다음은 지지地支에다 대비하여 발생하는 상황을 살펴보기로 합시다.

11) 甲木일생이 子水를 만나면

동목冬木, 습목濕木, 부목浮木이 된다.

또, 水木이 응결되어 냉풍冷風만 조장하여 북풍에 설한이 엄습하게 되고, 종래는 목욕 함지咸池궁으로서 조화를 이룰 수 없으니, 水生木이라고 하여서 모두가 좋은 것은 아니다.

즉, 木剋土는 할 수 있으나, 木生火는 어렵게 된다.

그러나 이때 火를 동반하면 냉풍冷風이 훈풍으로 바뀌고 음지의 나무는 양지의 나무가 되어 꽃을 피우게 되니, 火를 만나는 것을 제일 좋아한다.

12) 甲木일생이 丑土를 만나면

丑中에 癸水가 水生木하고, 丑土에다 뿌리를 내려 힘이 될 것 같으나, 12月에 극한지수極寒之水요, 金의 창고로서 철분이 과다하여 木의 성장이 순조롭지 않다.

丑土는 동토凍土요, 또한 지지장간地支藏干에 辛金이 있어 광석과 같아서 착근着根하기가 쉽지 않다.

그러나 丑中에 己土와는 천간 6합六合이 되고, 재물 창고로서 작용하기 때문에 甲木이 왕旺하면서도, 丑土만 소유할 수 있다면 금상첨화라 할 수 있는 것이다.

13) 甲木일생이 寅木을 만나면

12운성법으로 관궁冠宮이 되므로 착근 즉, 뿌리를 내리므로 甲木이 튼튼하게 됨은 제철을 만난 연유이며, 능히 木生火하고 木剋土하며, 숨어있는 金이 있어도 겁내지 않고, 그 金을 나의 벼슬로 삼을 수가 있는 것이다.

水를 만나도 받아들여 어둠을 밝음으로 전환해 놓으니, 그 조화가 무궁무진하며, 12운성법으로 亥는 장생궁長生宮이며, 인해寅亥로 암합暗合이 되어 동반하고 있으니 어찌 보이는 것만 가지고 옳다, 그르다 할 수가 있겠는가?

그러나 이것도 지나치게 왕하고 강하면 財와 官이 함께 배반하고 없어지게 되니 흉凶이 되는 것이다.

14) 甲木일생이 卯木을 만나면

제왕궁帝旺宮으로 착근着根하니 그 힘이 지나치게 강할까 염려된다. 庚金을 만난다 하여도 卯中乙木과 乙庚合시켜 庚金의 세력을 약화되게 함은 물론 매제妹弟를 내 편에 서게 하니, 이것이 바로 합살위귀合殺僞貴로서 가장 아름다운데, 본인 때문에 누이인 매妹씨 卯가 희생됨은 면할 길이 없으니 희생이 없는 대가는 없는 법이다.

이것보다 더 지나쳐서 태강즉절太剛則折로 너무 강하면 갑목은 부러지게 되니, 그럴까 염려가 되는 것이다.

15) 甲木일생이 辰土를 만나면

3월의 따듯한 습토濕土로 착근하게 되나, 쇠궁衰宮으로만 볼 수 없으며, 또 인수印綬인 癸水의 창고요, 乙木이 있어 甲木이 살찌고 성장함에 부족함 없으나, 만약에 酉금과 戌土를 만나면 辰酉合 金局이 되어 암석 위에 나무와 같아, 필경은 고사枯死하고 말게 되니 잘 살펴보아야 할 것이다.

16) 甲木일생이 巳火를 만나면

木生火로 木氣가 설기泄氣되고 木이 분소焚消(타버림)되고, 병궁病宮으로서 木氣는 사라지게 된다.

17) 甲木일생이 午火를 만나면

사궁死宮으로서 완전 소멸하게 되는데, 午中己土와는 암합하고 있으므로 자연히 홍색(도화살,바람을 피우는 살)을 발發하게 되는 것이다.

18) 甲木일생이 未土를 만나면

木의 창고로서 스스로 입묘入墓하게 되니, 고목枯木이라서, 백발이 많은 이유가 여기에 있고 또 본인도 모르게 늙어지니 슬프지 아니하리요, 혹자는 미중을목未中乙木에 甲木이 착근한다 하겠으나, 亥나 卯를 만나기 전에는 변형되기는 어려운 것이다. 그러므로 六月에 출생했다면, 갑목이 착근하기 쉽지 않다는 것이 필자의 견해다.

19) 甲木일생이 申金을 만나면

가을 추절지목秋節之木으로 낙엽지고 절궁節宮으로서 성장은 서서히 정지되가며, 암장된 경금庚金에게 충극沖剋받아 절목折木이라, 木의 값을 완전히 상실하니 기대하기 어려운 것이다.

그러나 혹자는 장간에 壬水가 장생궁長生宮이 되므로 水生木하여 주니 절처봉생絕處逢生으로 木이 다시 살아난다고 한다. 그러나, 金 속에 있는 물로 철분이 과다하여 차가운 물이니 甲木이 성장하기 쉽지 않다.

그러함에도 불구하고 丙丁火가 사주팔자나 대운에서 南方火운이 있다면 貴命이 될 수도 있는 것이다.

20) 甲木일생이 酉金을 만나면

비록 태궁胎宮이라고는 하나 금왕절金旺節로서의 가을이라 木氣는 더욱 삭감削減되어 성장하기 쉽지 않게 된다. 그러나, 사주팔자에 水 木 火가 적절이 조화를 이루면 貴命이 될 조건이 된다.

만약 사주에 없다면, 생활 용신에서 찾아서 활용하면 행복할 수 있을 것이다.(생활용신 사주 활용법 참고)

21) 甲木일생이 戌土를 만나면

木이 뿌리를 내려 살 것 같으나 조토燥土요, 火의 창고倉庫로서 화산과 같으며 양궁養宮이라 하나, 木은 죽게 되며 또, 재고財庫요, 식상이 함께하고 있으니 돈은 가지게 되나, 일간이 힘이 없으면 그림 속에 떡이요, 조토로서 불타버리기 쉬운 것이니, 기대를 할 수 없는 것이다. 주변환경에서 水木이 적절하게 조화를 이루면 吉命이 될 수 있다.

22) 甲木일생이 亥水를 만나면

장생궁長生宮으로서 水生木을 받아 木의 임무를 다하게 되고 亥中에는 甲木이 있다. 또 亥는 寅(관궁冠宮)을 암합하므로 항시 寅亥가 함께 甲木을 돕고 있어 12地支 중 가장 좋아한다. 그래서 亥水와 子水는 전혀 다른 점이 바로 여기에 있는 것이다.

2장 을목론乙木論
– 출생일出生日 천간이 乙木일 때

乙木은 甲木을 계승한다고는 하나 陽이 陰으로 변화하고 있는 것을 말하고 있는 것이다.

따라서 만물은 陰과 陽이 교차하는 가운데 진화되어 가고 있다. 형이상학形而上學적으로는 바람인데, 乙木은 살아있는 나무로 산소동화작용을 하고 있으므로 눈에는 보이지 않으나 움직이고 있어 자연히 바람이 일고 있기에 乙木은 풍風. 바람이라고 하는 것이다.

따라서 활목活木이 많으면 많을수록 공기 중의 산소량은 그만큼 풍부하고 좋은 산소를 많이 호흡할 수 있으므로 마음이 착하게 되어 가니 각박한 인심에서 벗어날 수 있는 좋은 계기가 될 것이다.

그러므로 木의 月과 日에는 봄바람이 분다 (일년 중 2월인 卯月 경칩 절기에 바람이 가장 많고 토속신앙으로 풍신風神을 모시는 곳이 중국이나 인도 등, 아시아지역에는 많이 있었음), 四柱에 木星이 많은 사람은 청장년 시절에 바람을 많이 피운 대가로 늙어서는 풍질風疾로 고생하게 되어 있으니 풍질이란, 중풍을 비롯한 신경계 모든 질병까지 포함한 것을 뜻하는데, 동위원소의 법칙으로 바람은 바람을 끌어들이는 동위원소同位元素를 갖고 있기 때문이다.

형이하학形而下學적으로는 지엽목枝葉木, 활목活木, 생목生木, 습목濕木, 초근목草根木, 양유목陽柳木, 등으로, 음목陰木에 속하여 목극토木剋土는 잘하나 木生火가 어렵고 四柱中에서 火를 만나지 않으면 음지의 나무로 아무리 木이 旺하다고 하여도 동량의 재목(큰 인물)으로 쓰기 어려우며 金을 만나는 것을 제일 두려워한다. 이는 가을로서 낙엽 지고 성장됨이 정지되는 것은 물론 천간으로는 을경합화금乙庚合化金으로 木의 존재는 찾아볼 수 없고, 辛金에는 충패沖敗되며, 지지地支로는 申. 酉에 절絶이 되기 때문이며, 水를 만나면 水生木할 수 있으나, 과다하면 水木 응결凝結로서 모이고 흩어짐이 자유롭지 못해 강한 북풍北風으로 한냉寒冷한 기운이 극심하여 기피하게 된다.

그러나, 득국得局, 亥卯未, 寅亥합으로 목이 되면 甲木과 동일하게 旺한 金을 만나도 겁날 것이 없으니, 연약한 乙木으로만 보아서는 안 되며 모든 것이 환경적 요인으로 인하여 상대적이라는 것을 한 번 더 유념해 주기 바란다.

1) 乙木일생이 甲木을 만나면

乙木. 작은 나무가 甲木 큰 나무에 가려서 존재마저 위태롭게 되니, 이는 큰 나무 밑에는 풀 한 포기도 살수 없기 때문이다.

또, 약자는 강한 자에 의해서 침식당하며, 큰 것 옆에 작은 것은 잘 보이지 않는 이치와 같은 것이다. 따라서 똑같은 정재正財라 할지라도 많은 희생이 따르고 있으니, 정재 무토戊土를 제거하고 편재偏財 己土마저 甲己로 合去함이라, 친구인 갑목 하나 잘못 만나면 패가망신함을 입증하고 있는 것이다.

乙庚合金에는 甲庚沖으로 방해하면서, 임계壬癸 水인 인수印綬마저 흡수하여 보급로마저 상실하니 매사에 불리하여 일등은 하기 어려우며 성격도 바꾸어 놓게 되는 것이다. 그래서 신약에는 방조幫助로서 의지처가 된다고 볼 수 있으나, 비겁比劫은 어디까지나 재물과 명예를 겁탈하는 법이니 마음을 놓아서는 안 된다.

2) 乙木일생이 乙木을 만나면

같은 지기志氣를 만나 신약에는 좋으나 신강에는 닭은꼴로 매사에 방해가 많고 탈재奪財, 분재分財, 시기猜忌, 모략謀略 등은 물론 상대방으로 하여금 혼동을 하게 하고 정관正官 경금庚金을 합거하나, 편관 辛金에는 같이 冲을 받으니 짐을 덜게 되나, 金이나 木이 강하게 지나침은 불가하니 풍질병으로 고생을 면할 길이 없고, 하천한 사람으로 전락 될 수도 있다.

3) 乙木일생이 丙火를 만나면

乙木 나무에 양접陽接 꽃이 활짝 피어 乙木의 인기가 드높으며 또, 양지陽地의 나무로 전환되어 더욱 견고하여 가장 기쁘다.

乙庚合化金에는 방해요, 편관偏官 辛金을 丙辛으로 합거하여 결실이 어려우므로 매사를 시작만 하지 매듭을 맺지 못함이 흠이 되고 있다.

또, 반대로 偏官 辛金의 충극을 丙辛으로 합하여 막아 줌은 좋은데 庚金과 乙庚合化金에는 방해가 되고 있으니 무엇이든 일장일단은 있기 마련인 것이다.

한편으로는 壬水, 정인正印을 충거하고 편재 己土를 生하니 정도正道를 버리고 욕심을 앞세우게 될까 염려가 된다.

4) 乙木일생이 丁火를 만나면

식신으로서 중화를 이룬다고는 보나 청빈하며 丁壬合하여 나무가 물에 뜨는 것을 예방하여 주는 것까지는 좋으나, 정임합화목丁壬合化木으로 비겁比劫을 조장하니 이 세상에 무엇이든 공짜는 없는 것이다.

辛金 偏官을 제거하여 충극을 면하게 하여 주니 이것이 곧 착한 일을 하면 죄를 사함을 받을 수 있음이다.

여자가 외출할 때 어린 딸자식이라도 동반하면 못된 남자의 시선을 피할 수 있고 또, 부부싸움에는 자손이 있어야 빨리 화해 할 수 있는 이치와 같은 것이다.

5) 乙木일생이 戊土를 만나면

편인偏印인 癸水를 합거하여 바른길로 걷게 하고 壬水를 土剋水로 막아 부목浮木됨을 예방하고 편관인 辛金을 生하여 명예를 주면서 戊癸合化로 어머니와 합심하여 乙木에 꽃을 피게 하니, 역시 正財인 처는 버릴 것이 없으므로 이를 두고 옛말에 본처를 박대하면 죄를 받는다고 하였는데 참으로 만고불변의 진리가 아닐 수 없다.

6) 乙木일생이 己土를 만나면

편재偏財로서 욕심이 앞서면, 인격의 혼이 탁濁하게 되므로 본래의 인정에 흠이 될까 염려 된다.

甲木 비겁을 甲己로 合去함이 기쁘니, 때로는 겁재처럼 흉하게 작용을 하는 흉신도 긴요하게 사용될 때가 있으니, 이 세상에 존재하고 있는 것은 무엇이든 필요하다는 것이 입증되는 것이다.

7) 乙木일생이 庚金을 만나면

乙庚合化金으로 변화하는데, 이는 자기를 버리고 희생하여 金을 보충하는 결과가 되니, 처의 내조가 얼마나 소중하고 값진 것인가를 입증함과 동시에 부부는 일심동체라는 것을 증명해 주고 있다.

또, 甲木 비겁을 충거하니, 형제의 만용은 庚金 正官인 관청官廳에 호소하여 다스림이 타당하다.

또한, 정도正道에 어찌 방해가 있겠으며, 水인 인수를 生하여 水生木으로 木을 도와주기 때문에 관공서에서 근무하게 되면 스스로 공부를 해야 되는 것도 여기에 있다고 보는 것이다.

8) 乙木일생이 辛金을 만나면

乙辛으로 충패沖敗되고 丙火 꽃을 丙壬으로 충거하여 수입과 지출의 균형을 꾀하며 또, 金으로부터 剋받음을 金生水 水生木으로 관인상생官印相生을 하기만 하면, 금상첨화이지만, 水의 과다는 물에 뜨게 되어, 표목漂木되기 때문에 불가한 것이다.

9) 乙木일생이 壬水를 만나면

戊土로 구제하지 않으면 乙木이 물에 떠 나무가 썩게 된다. 인수인 水가 있으면 正財인 戊土가 있어야 뿌리를 보존할 수 있으며 丙火나 丁火가 있어야 戊土나 己土가 건강하게 되니 丙火나 丁火. 그리고 戊己土가 함께 있음을 제일 좋아한다.

10) 乙木일생이 癸水를 만나면

식신丁火를 충하니 한꺼번에 발전을 꾀할까 염려되며 戊土 正財를 戊癸로 합거함은 역시 편모는 이복자식의 결혼마저 방해하려는 마음이 숨어 있는 모양이다. 본래는 활목活木은 우로수雨露水를 좋아하나, 이것은 음생음陰生陰, 양생생陽生陽의 이치理致이기 때문이다.

11) 乙木일생이 子水를 만나면

비록 生은 받는다 하나, 뿌리를 내릴 수 없어 부목浮木이 되고 표목漂木으로 水. 木 응결凝結로 집산集散이 불능함은 甲木과 같으며 완전한 음지陰地의 나무로서 木의 구실을 제대로 할 수가 없는 것이다. 이러한 까닭은 乙목은 12운성으로 午가 장생궁이고 亥·子가 병사궁病死宮인 까닭이다.

12) 乙木일생이 丑土를 만나면

장간藏干의 辛金 己土가 당권當權하고 있어 재살지財殺地가 되므로 뿌리를 내리고 싶으나, 착근着根할 수 없어 고사枯死하는데, 혹자는 축중계수丑中癸水의 생조生助를 받아 乙木이 生받는다고는 하나, 자연의 이치로 보면 한수寒水요, 철분이 과다過多하고 金의 창고인 고장庫藏이 되어 甲木과 동일同一하나, 乙목은 더욱더 살아가기 쉽지 않겠다.

13) 乙木일생이 寅木을 만나면

착근은 물론 寅中에 甲木과 丙火의 힘을 얻어 동량의 재목이 될 수 있는 여지가 있겠다. 水木 응결됨을 예방함과 동시에 남산南山의 송백松柏으로 꽃을 피울 수 있으니 즐거워하게 된다.

14) 乙木일생이 卯木을 만나면

丙火와 癸水가 있어야 조화를 이룬다. 丙火는 태양의 불이요, 癸水는 비와 이슬인 우로수雨露水와 같은 것이니 기쁘다. 그러나 만약에 丙과 辛이 合去되거나, 壬水를 旺하게 만나는 것을 꺼린다.

15) 乙木일생이 辰土를 만나면

착근은 할 수 있으나, 토다土多는 불가하다. 또, 酉金을 동반하여 합하여 金局을 이루거나 戌土를 만나 辰戌 충파沖波되면, 착근은 더욱 어렵게 된다. 만약 亥, 卯를 같이 하고 있으면 木의 일원으로 乙木은 힘이 더욱 더 강왕해지므로, 만사를 강하게 추진할 수 있게 된다.

16) 乙木일생이 巳火를 만나면

木生火요, 도기盜氣가 되고 습목이라 하나, 용광로의 巳火가 乙木을 불사르니 종래는 12운성법으로 병病을 이루고 사중무토경금巳中戊土庚金으로 재관財官을 얻었다 하나, 본기本氣가 병화丙火상관이기 때문에 일간 乙木이 소멸되고 마니, 종래는 乙庚合金으로 아름다운 사랑도 이룰 수가 없게 된다.

17) 乙木일생이 午火를 만나면

乙木의 장생지長生地라고는 하나, 이것은 나무가 겉으로 보기에는 五月에 무성함에 비유 한 것이고, 에너지인 운기運氣로 보면 甲木과 같이 木生火로 木의 기운을 도적盜賊 맞는 도기盜氣요, 木이 불타버리는 죽음의 사지死地로서 죽게 되는 것이다.

18) 乙木일생이 未土를 만나면,

甲木과 같이 고장庫藏이 되고, 입묘入墓로서 고목枯木이라서, 미중을 목未中乙木에 뿌리를 내린다고 고서에 있기는 하나, 유월의 미토는 불기운이 강한 土이기에 을목이 불에 타서 생존하기 쉽지 않지만, 묘·해卯·亥와 동반하면 合木局이 되므로 착근할 수 있게 된다.

19) 乙木일생이 申金을 만나면

태궁胎宮으로 申中 庚金과 乙庚合은 합하여 金이 되고 수제受制되면서 가을로 낙엽이 지고 乙木은 살기 어렵게 된다.

20) 乙木일생이 酉金을 만나면

절궁絶宮이요, 金氣가 旺하여 목기가 존재할 수 없으며, 유중신금酉中辛金에 충패沖敗당하여 완전한 절목折木으로서 사목死木이 된다.

21) 乙木일생이 戌土를 만나면

乙木이 소생할 수 있는 아무런 근거가 없다. 뿌리인 근根을 지탱할 수 없어 木의 임무를 상실하게 되고, 다음 기회에 소생 될 때까지 기다릴 수밖에 없으니, 인내심을 가지고 참고 기다리는 여유를 가져야 한다.

22) 乙木일생이 亥水를 만나면

얼고 썩을 위험이 있으니, 丙火를 필요로 한다. 이때에는 水木의 응결됨을 丙丁火로 풀어 주어야만, 乙木은 살아갈 수가 있는 것이다.

이와 같이 모두가 우주 자연의 법칙을 논한 것으로 음양오행陰陽五行을 모두 10간 12지지로 대조하여 보고 살핀 것이다.

우주 만상이 모두 스승이요, 말 없는 말씀으로 우리 인간을 가르치고 있는 것이니, 시간이 날 때, 등산하면서 자연과 하나 되는 습성을 기르면 사주명리학四柱命理學은 어렵지 않게 통달하게 될 것 같다.

혹시 이해가 안 되는 부분이 있을 것이며, 문구도 생소한 것들이 있는데, 그것도 역시 같은 이치로 강술해 나갈 것인바, 생소한 문구와 용어는 어렵게 생각지 말고 계속 읽어 나아가다 보면, 쉽게 설명한 내용이므로 결국 목적한 산정상山頂上에 도달하는 것은 시간문제로, 독자들은 이 책의 3분지 1정도까지만 숙독熟讀하여도 명리학을 수년 이상 연구하고 행술行術한 사람들만큼의 차원 높은 수준에 이를 수 있을 것 같다.

이왕 목성木性에 대한 설명을 드렸는데, 五行 속견표를 생각나는 대로 나열해 보기로 하자,

이 오행 조견표와 10天干과 12地支를 함께 응용한다면 신통神通에 근접할 수가 있게 되니 읽고, 또 읽고, 생각하고 또, 생각하면 정말 신묘神妙함을 느끼게 될 것이다.

자! 다 같이 눈을 감고, 산에 올라가서 나무를 보고 있는 듯 잠시 음미해 봅시다.

木이 왕旺하면 뚫고 나가는 의지력이 강하다. 아이디어가 좋다. 예술성이 좋고 신경이 예민하며 몸을 흔들면서 걸어 다니며, 비 위장이 약하고 기관지와 대장의 기능이 과민하다.

눈이 크고, 대체로, 키가 큰 편이며 섬세하여 신경질이 많으며 어질고 착하다. 팔, 다리에 이상이 생기며, 얼굴이나 입술에 푸른색이 감돌고 있다.

나무의 특성과 같이 밑으로 굽히지 못하듯, 자기만의 뜻을 굽히지 못한다. 옹고집이 많다. 자존심이 강하다. 중풍이 잘 오며 손발이 마비가 자주 온다. 바람을 맞으면 눈에 눈물이 나고(간허), 눈에 곱이(간실) 낄 수도 있다.

목에서부터 위로 머리끝까지의 병病증상 있게 되며, 정신이상, 반대로 천재天才와 박사博士가 많이 배출된다. 입춘立春부터 청명淸明절기까지를 뜻하고 月로는 1, 2, 3月이 된다.

방향으로는 동쪽을 뜻하고 숫자로는 생수生數는 3이요, 성수成數는 8이다. 계절로는 봄이요, 봄에는 시작을 많이 하는데, 간장을 만들어 일년 먹을 반찬의 밑바탕이 되고, 입학식, 개업식, 이사하여 입주식, 평생의 한번뿐인 결혼식도 봄에 많이 한다.

四柱에 木이 많거나, 旺하면 모두 위와 같은 특성을 지니게 된다. 달, 달, 달 외우고 숙독하고 나면 지금 이 문구가 있는 여기까지 와서는 아하! 이렇게 응용하는 것이로구나! 하면서 무릎을 치고 모두들 기뻐하게 될 것이다.

좀 더 계속해 보자.

즉, 木이 많거나 왕旺하면 성격이 바람처럼 급한 법이며, 마도로스처럼, 어느 한 곳에 머물지 못하기 때문에 평생을 통해서 이사를 많이 자주하게(봄의 특성 때문임) 되고, 봄을 상징하므로, 입학식, 개업식, 결혼식도 많이 하게 되며, 결혼을 2번 이상 하는 편이며, 무엇이든 시작은 잘하는데, 끝은 마무리를 못 하는 특성이 있다.

늘 공부를 하고 싶어 하며(입학식을 많이 하니까) 직업을 많이 바꾼다(시작을 잘하니까). 하고 싶은 것이 많고(나무는 봄을 뜻하고 인생에서는 일생 동안 어린 시절이니까 이상이 높고 꿈이 많다.)

좋아하는 사람이 많고, 신맛을 극히 좋아하거나 정반대로 신맛을 제일 싫어한다. 오장 육부로는 간肝, 담膽이요, 얼굴에서는 눈이요, 기능으로는 근육이요, 냄새로는 노란내인데 몸에서 노란내가 나면 병이 간담에 깃든 것이요, 놀래면 혼이 나가는데 혼은 간肝의 집이라서 잠을 잘 때는 혼이 돌아다닌다. 감수성이 예민하여 눈물이 많고 인정이 많다.

말을 할 때는 五行으로 木이 병들면 ㄱ, ㅋ 발음을 잘 못거나, 듣지를 잘 못한다. 고로 자연과 자주 벗하여 자연과 하나가 되시라. 습관이 운명을 결정하는 법이니 산행山行을 자주 하시라. 온 우주 만상의 모든 것들이 우리의 선생님이시니 잘 섬기시고 경청하며 가르침에 감사할 것이며, 이제부터는 모든 사물을 대할 때, 음양오행의 움직임을 느끼고 마음으로 볼 수 있도록 노력하시길 바라는 바이다.

"사람이 산에 오르니 산과 사람이 하나가 된다" 즉 山人合一이니 山과 人을 합친 글자가 신선 선(神仙 仙) 字가 되는 것은 산에 마음이 있으면 신선이요, 사람이 깊은 골짜기에 있으면 사람인 人변에 골짜기 곡자谷字를 합하면 俗(세속 속)字가 되는 법이니 풍진 세상에서 사는 속인俗人이 되느냐? 아니면 신선세계에 사는 신선神仙이 되겠느냐? 는 스스로의 마음으로 정해지는 것이니 마음 즉, 마음의 점點을 어디에 찍었는가? 즉, 점심點心이 핵심이요, 열쇠가 되는 것이다.

위 강술에서 목성木性에 대한 것을 생각나는 대로 열거하였는데, 다른 오행 火, 土, 金, 水도 위와 같은 방식으로 응용하면 되는 것이다,

의학계에서 동양의학으로 진맥하거나 서양의학으로 진단하고 시술할 때 적용해 보면 최신 진단기기와는 아주 색다른 신비스런 맛을 느끼게 될 것 같다.

3장 생일出生日 천간이 丙火일 때

丙火는 양갑陽甲이 극極에 이르면 양극 즉 음으로, 을목乙木이 음이 되고, 陰이 극極에 이르면 陽이 음으로 바뀌는 이치理致로서 陰乙木이 극極에 이르러 陽으로 변화한 순서가 됨으로서, 甲乙木이 봄이 되면서, 하루로는 아침이라면, 아침에서 낮으로, 봄이 온화和한 것이라면 여름은 무더운 것으로, 陽 中의 陰이 순양純陽으로 변화됨을 뜻하고 있는 것이다.

丙火는 중천에서 맑고 밝으며, 넓게 골고루 만물을 두루 비춰 주고 있는 태양과 같은 것이다. 형이상학적(눈으로는 보이지 않는) 丙火로는 태양광선, 뢰전雷電, 자외선, 적외선, 방사선, 따뜻하고 무더움 등에 해당하고 있다.

항시 그 마음이 넓고 상하와 부귀 빈천을 가리지 않고 사심 없이 대하여 주는 따뜻함이 있다.

또, 모든 물건을 팽창시키고 성장시키며, 꽃나무는 꽃을 피우게 하면서 견고하게 한다.

만약, 中和를 잃으면 성질이 조급하고 말이 앞서서 매사를 펼쳐만 놓고, 뒷수습을 하지 못하는 경우가 많아 흠이 되고 있다.

형이하학적(눈으로 형상을 볼 수 있는 것들)으로는 강렬한 불로 용광로의 불, 왕성한 불로서, 이 불은 나무가 불에 다 타고 난 뒤 숯불과 같아 완금장철頑金丈鐵이라도 충분하게 녹여서 하나의 기구를 만들 수 있는 힘을 갖고 있으며, 습한 나무를 태워도 꺼지지 않는 것으로서 임계수壬癸水를 만나도 두려워하지 않는다.

능히 火生土하여 조화를 이룰 수 있으나, 허화虛火(열은 없는데 뜨겁다고 느끼는 불기운)가 될 때는 약한 丁火만도 못하니 완금장철은 고사하고 연약한 바늘(침, 금金, 은銀, 보석)도 녹일 수 없다.

얼굴 생김새는 이마가 넓어 시원하게 보이고 바른말을 잘하나 뒤가 없으며, 아는 체 많이 하고 말이 많아 구설이 따르며 음성이 높아 오해받기 쉽다.

그 눈에는 정기가 서려 항시 빛나고 있으며, 말이 씨가 되기 쉬우니 항상 말조심을 해야 된다.

陽은 위에 있고 陰은 아래에 있으며(우리 몸의 중심은 배꼽인데 위는 陽, 아래는 陰으로 본다), 또 외양 내음外陽 內陰으로 丙火는 겉은 陽이지만 속까지 陽이 될 수 없으며, 따라서 명랑하다고 하는 것은 내면에서는 근심걱정을 다른 사람에게 보이기 싫은 단점도 되는 것이다.

1) 丙火일생이 甲木을 만나면

보급로가 튼튼하여 천지天地를 모두 甲木이 인목寅木을 동반하고 있을 때만 국한되고, 또 壬水가 있으면 水生木 木生火로 살인상생殺印相生되고 丙火의 도기처盜氣處인 己土를 合去하고 戊土를 木剋土로 제거하여 중화中和를 얻으니 한없이 기쁘나, 만약 丙火가 旺할 때 甲木도 왕하면 도식倒食으로 병을 얻으니(갑목이 무토를 剋함으로 순환이 정지하니 氣絶) 기쁨 뒤에는 슬픔이 따르게 마련인가 보다.

2) 丙火일생이 乙木을 만나면

습목이므로 木生火를 못할 것 같으나, 丙火에는 乙木이 스스로 건조

되어 木生火하는데, 다소간 시간이 걸리지만 서두르면 실패하고 또, 甲木만은 못하니 당초의 계획을 축소하고 느긋하게 기다림이 살 수 있는 길이 된다.

庚金 편재를 합거合去 乙庚合하여 욕심을 없애고 己土인 상관을 木剋土로 제압하여 잘못된 행동을 예방하니 正印은 그래서 좋다고 하겠다.

3) 丙火일생이 丙火를 만나면

한 하늘 아래 태양이 둘 있는 것과 같아 주인이 많으니, 배가 山으로 올라가는 격이다.

상대방으로 하여금 번민을 자아내게 하며 낮과 밤의 구별이 없어 불면증은 물론 조그마한 일에도 신경을 곤두세우고 서로가 시기 질투 방해하다가 모두 자폭하게 된다고 볼 수 있으니 조심하여야 한다.

正財인 辛金을 丙辛으로 합거合去함은 좋지 않으나, 壬水인 七殺을 丙壬沖으로 방어하여 주는 것은 좋은 일이다.

4) 丙火일생이 丁火를 만나면

태양인 丙火와 태음太陰인 丁火가 함께 공존하는 격이니, 낮에는 해가 밤에는 달이 있어 세상을 밝혀주는 것처럼 언제 어디서나 항상 광명이요,

칠살七殺 壬水를 合去하고 丁壬合化木으로 합된 그 木으로 木生火가 뒤따르며, 항상 위험에서 구출되며, 丙火의 보좌관으로 빛을 발하고 있으나, 正官인 癸水를 충거沖去하니 한쪽으로 치우쳐 가던 길을 정도正道로 바르게 가게 된다.

그러나 丙火가 旺하면 못된 친구로 인하여 장막에 가려지고, 또 지나

치게 밝으면 丙火 때문에 보이지 않는 이치와 같으며 매사에 허둥대며 시력에 이상이 생기며 심장병과 기관지에 병이 생기게 될 것을 염려한다.

5) 丙火일생이 戊土를 만나면

火生土로 설기가 되어 좋지 않으나, 壬水인 칠살七殺을 戊土가 막아 주므로 음덕을 쌓는 좋은 일이나, 봉사활동을 많이 하면 귀신도 피하며 무서워한다는 옛말이 실감이 난다. 또 癸水인 정관을 戊癸로 合去함은 불가하나 본래가 명예보다는 희생을 생활의 목적으로 하고 있기 때문에 개의치 않으며, 항상 마음이 편안하다 하겠다. 그러나 戊土도 많이 만나게 되면 종래에는 병이 되니, 이는 본인의 역량보다 과다하게 설기洩氣되고 또 화식火息되므로 언제든지 자기 처지를 망각한 지나친 희생은 바로 자신의 무덤을 파는 결과가 됨을 말해 주고 있는 것이다.

6) 丙火일생이 己土를 만나면

갑기甲己로 합거合去하여 보급로를 차단함과 동시에 갑기합화토甲己合化土로 다시 火生土시키니 보이지 않는 지출 처處는 자꾸만 늘어나 종래는 정관正官인 癸水마저 土剋水하면서 위법행위도 꺼리지 않으므로 상관傷官으로서, 못된 생각은 바로 본인이 먼저 손해를 보게 되는 이치가 당연하다. 또, 사람을 잘못 만나면 종말이 불행하다는 것을 면치 못하게 되어 있으니 어찌할 것인가?

7) 丙火일생이 庚金을 만나면

편인偏印인 甲木을 갑경충甲庚沖으로 충거沖去하고 정인正印인 乙木은

乙庚으로 合去하기 때문에 공부는 뒷전이나 눈앞에 재물을 모으는 데는 일등이요, 여자를 지나치게 가까이 하면 부모와의 인연은 물론 고향마저(인성은 부모이며, 고향을 뜻하기 때문이다.) 등지게 되니, 때로는 자식이 없어야 돈을 벌수 있다는 말도 여기에 있었으며, 火日柱가 金財를 만나면 십중팔구는 부자가 된다는 이유는 金은 가을을 뜻하며 결실을 뜻하므로 그러하며 또한 견고한 특성 때문인 것이다.

만약 火가 허약하고 金多하면 적은 火로 쇠를 녹이려 하니 불이 꺼지는 것은 물론이요, 旺한 金은 水의 氣를 金生水로 生하니 종래는 金生水로 재생살財生殺하므로 돈을 많이 탐내다가 패가망신을 당하게 되는 것이다.

8) 丙火일생이 辛金을 만나면

辛金은 正財요, 병신합丙辛合은 좋으나 종래는 병신합수丙辛合水가, 水剋火로 丙火가 꼼짝 못하니 이는 처음에는 남자가 여자를 다스리나, 결국은 여자가 남자를 좌지우지하게 된다는 것을 말해주고 또, 군주 丙火가 늙으면 여자 辛金 앞에 무릎을 꿇게 되어 있으니 영원한 강자가 없다고 하겠다.

한편으로는 정인正印인 乙木을 을신乙辛으로 충거沖去함은 한 곳에 미쳐 버리면 주위를 망각한다는 교훈과 어머니 乙과 아내 辛이 화목하게 지낼 수 없다는 것을 암시하고 있는 것이다.

9) 丙火일생이 壬水를 만나면

충극沖剋을 당하여 괴로운 것은 사실이나 오히려 丙火가 旺하면 沖이 아니라 자극제가 되어 丙火를 분발케 하므로 없어서는 아니 될 존재이니 어찌 충沖이라고 하면, 흉하다고만 고집할 것인가? 또, 칠충은 칠년 가뭄에

큰비가 만물에게 목마름을 해소하여 주는 것과 같이 기쁘기 한이 없다.

비겁인 丁火를 合去하여 나를 편하게 해주고, 또, 壬水는 正印인 乙木을 生하여 근원을 만들어 주어 힘을 더욱 加함이 되게 하는데, 만약 허화虛火의 火가 약하면 꺼져가는 불이요, 달(月)은 고사하고 별들보다도 못하니, 항상 어둠 속에서 세상을 살아가는 것과 같다.

또, 화가 약하면 土조차도 상생할 힘이 없는 것이다. 따라서 丙火가 旺하고 필요한 양量만큼 水의 氣가 잘 균배 되어 있으면, 수화기제水火旣濟가 되어 吉하게 되며, 반대로 水와 火가 균형을 이루지 못하는 화수미제火水未濟가 되면 만사가 凶하게 된다.

10) 丙火일생이 癸水를 만나면

비겁인 丁火를 정계丁癸로 충거함은 여자가 시집을 가면 친구도 떨어지고, 戊土인 식신食神을 합거合去하나 다시 戊癸로 合火하여 丙火의 힘이 되어주고, 正印인 乙木을 生하여 항시 올바른 길로 인도하는데, 허화虛火에 癸水도 旺하면 구름에 가려진 태양과 같아 음지의 생활만 계속되니 약한 癸水라 하여서 깔보아서는 아니 되는 것이다.

11) 丙火일생이 子水를 만나면

正官이 되므로 水剋火가 되고 또, 子時에는 丙火인 태양을 볼 수 없는 이치와 같으며, 태양火는 동지 달인 子月에 아주 멀리 떠 있어 춥고 화식火息되어 丙火가 행세할 수 없으므로, 火剋金은 커녕 한 줌의 흙도 生할 능력조차 없게 된다. 고로 밤은 길고 낮은 짧아서 모든 생명체는 동면冬眠하게 되는 것이다.

12) 丙火일생이 丑土를 만나면

상관傷官에다 12운성으로는 양궁養宮이 되고, 子에 一陽이 始生되고 丑에 2陽이며, 계절로는 일년 중 가장 추운 소한절小寒節이요, 하루로는 밤 1시부터 3시 사이니 깜깜하고 추울 때요, 동토冬土로서 얼어붙은 흙이 된다.

13) 丙火일생이 寅木을 만나면

편인偏印이 되고 丙火의 장생궁長生宮이며, 木生火를 이루어 12지지 중地支中 제일 좋아하며 또, 입춘은 3양三陽의 시기가 되고, 인시寅時에는 서서히 어두움이 물러가며 아침이 시작되어 火氣가 살기 시작하니 그 임무를 완수할 수 있다.

그러므로 능히 火剋金하고 火生土하며 칠살七殺인 壬水도 두려워하지 않는데, 이는 水生木 木生火로 살인상생殺印相生이 되기 때문이다.

14) 丙火일생이 卯木을 만나면

습한 나무로서 木生火를 하는 것은 지장이 있으나, 丙火는 旺한 불임으로 그 자체로 건조 시킨다. (乙木과 같다) 그러나, 패지敗地요, 목욕沐浴 함지로서 서두르면 아니 되고, 인수印綬로서 공부는 열심히 하나, 빛을 보기가 어렵고 알아주는 사람이 없도다. 그 답답한 원인은 젖은 나무가 불에 타려면 그에 해당하는 시간이 걸리는 것과 같은 이치다.

또, 틀림없이 정인正印으로서 부모덕을 받을 수 있음에도 불구하고 때로는 부모덕이 없으니, 어찌 정인성正印星이라고 모두 좋다고 하겠는가?

15) 丙火일생이 辰土를 만나면

습토가 되어 火가 자기도 모르게 약화되는 것이 사실이다. 가을과 겨울의 辰時는 새벽시간이라서, 완전하게 화식火息되어 춥게 느끼고, 봄과 여름의 辰時는 해가 동남방에 떠 있으므로 따듯하니 항시 때와 장소에 따라서 판단하고 느껴야지 공식에 집착하여 글자로만 보아서는 오판하기 쉽다.

그렇기 때문에 역易은 항시 고정된 법이 없으니, 易은 곧 진리요, 진리眞理는 도道이므로, 역즉도易則道인 것이다.

여하튼 辰은 丙火의 官의 고庫(창고)요, 正官인 癸水, 乙木 정인正印이 장축藏蓄되어 있다고는 하나, 合水局으로 변화하기 전에는 사용하기가 어렵기 때문에 그림 속에 떡에 불과한 것이다.

16) 丙火일생이 巳火를 만나면

12운성법으로 관록궁冠祿宮으로서 제자리를 찾아 행세하니, 능히 丙火가 金을 剋하고 生土할 수 있으며, 旺한 水도 겁나지 않는다. 그러나, 火가 너무 강하고 왕旺함이 지나침은 불가한 것이다.

17) 丙火일생이 午火를 만나면

비겁比劫이요, 12운성법으로 왕궁旺宮이며 중하仲夏요, 하루로는 정오正午요, 火氣가 극에 달하여 자만할까 염려되는데, 태양이 午時를 지나면, 미시未時=쇠衰, 신시申時=병病, 유시酉時=사死가 되고, 그다음은 일몰日沒로 향하기 때문에 멀지 않아 약자弱者가 될 터인즉, 미래를 대비해서 평소에 항상 겸손하게 처신해야만 만수무강할 것이다.

18) 丙火일생이 未土를 만나면

상관傷官이요, 火生土되어 火기운이 설기되어 쇄하여 진다고는 하나, 지지장간에는 未中에는 丁火와 乙木이 들어 있고 또, 여름 6月절기節氣때요, 정오 正午에서 다소의 30도 각도는 서쪽을 향하여 기울었다고는 하나 아직은 태양의 기세가 식지 않고 있는데, 丙火가 미未토에 착근着根하여 火로서 행세할 수가 있는 것이다.

19) 丙火일생이 申金을 만나면

편재偏財요, 12운성법으로 병궁病宮인 申金 안에 庚金財 壬水인 七殺이 합세하여 火를 剋함으로 재살지財殺地가 되여 화식火息이 되므로 火氣가 점차 소멸되기 시작한다.

20) 丙火일생이 酉金을 만나면

12운성으로는 사궁死宮이요, 하루로 보면 서쪽으로 일몰日沒(해가 서쪽으로 숨어 버림)할 쯤이 된다. 또, 중추中秋 8月에는 4陰으로 밤과 낮의 길이가 같으며, 백로절기요, 하얀 서리가 내릴 때로서, 火氣는 완전이 화식火息되며, 酉中辛金과 丙辛으로 合하기는 하나, 合化水로 丙火가 다시 水剋火를 당하므로 역시 火氣가 존재하기는 하나 火의 기운이 아주 미약하게 된다.

21) 丙火일생이 戌土를 만나면

12운성법으로는 입묘入墓요, 火生土로 된다고는 하나, 戌中丁火로 이름만은 유지하고 있는데, 四柱中에서 인寅 또는 오午火를 만나면 火局으로 변신하니, 귀인의 도움을 받는다. 또, 丙戌로 있을 때 柱中에 水가 多할 시라도 火息되지 않음은 戌土가 土剋水하여 水剋火하는 것을 예방하기 때문이다.

같은 고장庫藏이라 하여도 木은 戌토를 剋하고, 火는 戌토를 生하며, 金은 술戌토의 生을 받고, 水는 戌土에게 극을 받는 것이 또한, 다르다고 할 수 있는 것이다.

22) 丙火일생이 亥水를 만나면

12운성법으로는 절지絶地요, 亥中壬水가 충극沖剋하여 火가 꺼진다. 만약 亥水가 木局으로 변신하게 되면, 木生火를 받아 火는 죽지 않고 되살아나게 되는 것이다.

단, 亥中甲木이 木生火로서 절처絶處 봉생逢生이 될 것 같으나 습목이요, 물속의 나무가 되어 甲木 단독의 힘으로는 생하여 주고 싶으나 시기가 맞지 않는 입동立冬인 겨울철이라서 애만 태우고 있을 뿐, 木生火를 하기 어려운 것이다.

4장 정화론丁火論
- 출생일出生日 천간이 丁火일 때

丁火는 丙火의 뒤를 계승하니 陽이 極에 이르러 陰으로 되는 순서요, 또 陰이라고는 하나 陽中 陰을 말함이고 丁火는 陰이 위에 있고 陽이 아래에 있으며, 하늘로는 태음太陰으로 달. 별 등에 속하나, 땅으로는 등불燈火, 활화活火, 생화生火, 유화柔火, 음화陰火이니, 丁火가 비록 겉으로는 약하다 하나 안으로는 강하여 항상 실속을 차리는 데는 따를 자 없으며, 무無에서 유有를 창출하는 힘이 있으니 자수성가를 하는 사람들이 많이 있는 편이다.

타인의 모방보다는 새로운 것에 힘쓰고, 다소간 수다스럽다고는 하나 인정이 많고, 얼굴은 이마가 넓으면서도 목자형目字形에 가까우며, 신장身長은 4주8자 중에 土가 많으면 작으나, 木이 많으면 큰데, 金水가 많을 때에는 평균치를 넘지 못한다.

건조한 나무는 좋아하고 습목은 싫어하는데, 이는 화식火息되기 때문이다.

土에는 丁화가 흙에 묻히게 되어 매기埋氣되고 金에는 화식火息되며 水에는 沖剋당하는데 혹, 壬水를 만나 丁壬合木으로 다시 되살아남을 받는다.

그러나 地支에 金水가 없고 쟁합爭合이나 투합鬪合이 되지 말아야 한다. 그리고 丁火도 三合인 寅午戌이나 方位合인 巳午未의 南方火局이나 地支合의 午未 등을 만나면, 태양 같은 丙火와 다름이 없으니, 능히 金을 녹이고 剋하며 旺한 水도 겁나지 않으며, 火로서의 임무를 충실하게 이행하므로 꽃피어 결실하게 된다.

1) 丁火일생이 甲木을 만나면

정인正印으로서 나를 生하여 주는 것은 좋으나, 庚金인 정재正財를 갑경충거甲庚沖去하고, 己土인 식신食神을 甲己로 合去하여 식록食祿을 앗아가니, 학문이 높아 지나치면 가난한 선비가 되는 이치가 여기에 있는 것이다.

水인 官殺이 있을 때는 水生木 木生火로 관인상생官印相生이나, 살인 상생殺印相生으로 丁火를 구출하고 돕는 데 혼신을 다하나, 음습한(물에 잠겨 습한) 나무는 불가한 것이다.

2) 丁火일생이 乙木을 만나면

2月을 만난 격이요, 편인偏印이요, 乙은 본래 습한 나무로서 불(火)을 꺼지게 한다.

지지에서 寅 또는 卯未, 亥未, 木局을 만나면 뿌리를 만나 木生火를 받을 수 있다.

(亥, 卯는 습목이 되므로 不可) 庚金인 정재正財가 乙庚으로 합거를 하나, 다시 金으로 변하니 乙木을 다스려 나에게 유리하게 하고 있으니 좋다.

또, 辛金인 편재偏財를 乙辛으로 충거함은 역시, 유산은 커녕, 화식(불을 꺼지게 함) 되어, 주고 싶어서 주는 것이 아니라 丁火를 상하게 하는 데 목적이 있다고 하겠다.

비유하건대 편모(계모)는 역시 정말 전처의 자식을 미워한다고 생각된다.

3) 丁火일생이 丙火를 만나면

달(月) 丁火가 태양丙火과 함께 있는 형상이며, 丁火의 존재는 자연히 보존하기 어려운데, 丁火가 약할 때는 적은 불이 큰 불에 힘입어 火의 행세를 하니 형님이 출세하면 동생도 그 덕분에 비단옷을 입어 보는 것과 같다고 할 수 있겠다.

4) 丁火일생이 丁火를 만나면

正官인 壬水를 합거하나 편관偏官인 癸水를 丁癸로 충거하니, 일장일단이 있게 되고, 火가 왕旺하면 한신閑神으로 방해가 되지만, 약할 때에는 좋은 친구로서 외롭지 않다고 할 것이다.

5) 丁火일생이 戊土를 만나면

癸水인 偏官을 戊癸로 합거함은 좋으나, 壬水인 正官을 土剋水로 제압하니, 상관傷官은 역시 글자 그대로 官을 상하는 것이요, 또 여자가 자손을 얻으면, 바람기 많은 남성들에게 성폭력의 재앙을 피하게 된다는 것을 말해주고 있다. 그러나, 상관이 강왕해서 中和를 잃으면 석양의 무법자가 될까 염려된다.

6) 丁火일생이 己土를 만나면

正印인 甲木을 甲己로 다시 合土로 하여 식신을 보충하니 기쁨일 이 된다. 신왕身旺에는 吉이 되나 신약身弱에는 흉한 것이다. 癸水인 偏官을 土剋水로 제압하여 丁火를 돕고, 生財하여 식록을 주니 이것이 바로 희생이 갱생更生이 되는 이치라고 하는 것이다.

7) 丁火일생이 庚금을 만나면

正印인 갑목을 갑경으로 충거하고 을목 편인을 을경으로 합거하니, 돈과 여자를 알게 되면 공부를 하지 못하게 됨으로, 화가 금을 극한다고 하여 어찌 승리하였다고 하겠는가? 이것은 丁화가 庚금을 잡으러 갔다가 金에게 되잡혀 반대로 火가 꺼지게 되니, 주객이 바뀐 형상이 된 것이다.

8) 丁火일생이 辛金을 만나면

을목 편인을 乙辛으로 충거하고 丙火 비겁을 丙辛으로 합거하여 주위의 방해물을 깨끗하게 정리하고, 편재로서 횡재를 하게 된다. 아마도 이것은 첩의 덕을 보는 것은 丁火뿐이라고 할 수 있으나, 金이 왕하고 많으면 결괴에 이르러서는 오히려 丁火는 꺼져버리고 말게 된다.

9) 丁火일생이 壬水를 만나면

비겁比劫인 丙火를 丙,壬으로 충거하고 비견比肩인 丁火를 보호하며 또, 丁火자신과 丁壬合이 되어서 다시 化木되어 木生火라, 그래서 남편은 최고의 울타리요, 의지할 곳이 되며 사랑하게 되는데, 壬水도 많으면 음란하여 본분을 망각하기 쉬우니 다정도 병이 되는 것은 이를 두고 한 말이라고 할 수 있다.

10) 丁火일생이 癸水를 만나면

戊土 상관傷官을 戊癸로 合去함은 可하나, 무계합화戊癸合火로 보이지 않는 비겁이 생기니 이 세상에는 공짜가 없는 법이며, 칠살七殺로서 정계충丁癸冲이라 몸을 다치게 될까 염려되므로, 도적을 물리치려면 우선 몸을 보양함이 원칙이니 木이 필요한지라 어찌 연약한 부모를 자식이 멀리하겠는가?

11) 丁火일생이 子水를 만나면

절궁絶宮이요, 水剋火 당하여 子水의 지지장간 中 癸水에 丁癸로 충패冲敗되어 불이 꺼져버릴 염려가 된다.

12) 丁火일생이 丑土를 만나면

습토인지라 매기埋氣〈화의 기운이 땅에 묻히게 됨〉된다. 丑中 辛금이 旺하고, 또한 丁火도 왕하면 재고財庫로서 더할 수 없는 귀물貴物이되는 것이다.

13) 丁火일생이 寅木을 만나면

사궁死宮으로 火가 꺼지는 것이 아니라 반대로 丙火와 같이 성장하여 丁火가 살기에는 편안하고 오래도록 火氣가 지속될 수 있으니, 正印인 寅中에 甲木인 어머니가 돕고 있어 그 사랑이 어떤 것인가를 알 수 있겠다.

또, 寅木은 아무리 많아도 화식火息되지 않음은 건조한 나무요, 寅中丙火로서 불의 기운을 생하고 있기 때문이다.

14) 丁火일생이 卯木을 만나면

비록 木生火로 생을 받기는 하나 습한 木이 되어 마침내는 화식火息되니 만나지 않은 것만 못하고 또, 등촉화燈燭火라 卯木의 거센 바람과 습목에 의하여 火가 꺼져버린다.

15) 丁火일생이 辰土를 만나면

火의 기운이 흙에 묻히게 되나, 木局을 이루고 있으면 木生火로 생기를 다시 받는다. 그러나 관고官庫로서 법을 지킬 것 같으나, 戊土는 상관傷官이 되기 때문에 반대로 법을 어기는 자가 되기 쉬우니, 준법자와 위법자의 차이는 백지 한 장 차이라는 것을 말하여 주고 있는 것이다.

16) 丁火일생이 巳火를 만나면

제왕궁帝旺宮으로서 힘을 얻음과 동시에 巳中丙火의 뒷받침이고 보니 더욱 더 용기가 생기나, 酉나 丑을 만나지 않아야 한다. 이를 만나면 火가 아니라 金으로 변하기 때문이다.

17) 丁火일생이 午火를 만나면

관록궁冠祿宮이요, 쌍두마차처럼 아름답다. 이는 양陽은 양陽으로 시작되어야 하고 음陰은 음陰을 바탕으로 삶을 유지해야만 됨을 일깨워 주고 있는데, 이것은 오중정화午中丁火를 두고 한 말이다.

18) 丁火일생이 未土를 만나면

火生土로 매기埋氣될 것 같으나 未中에 丁火가 있고, 6월 소서절小暑節로 여름이라서 미약하나마 착근着根하여 뿌리를 내리니 힘이 될 수 있다.

19) 丁火일생이 申金을 만나면

丙火와 같이 화식火息되나, 申宮에 있는 壬水와 정임합丁壬合된다.

20) 丁火일생이 酉金을 만나면

장생長生이라고는 하나 병화丙火와 함께 불기운이 꺼지게 된다. 그러나 정화는 음화인 달이나, 별이므로 겨울철에는 유시酉時에 달과 별이 뜨기 시작하기 때문에, 酉금이 丁火의 장생지長生地라고 하는 학자들이 더 많이 있으니, 두 가지 이론을 경우에 따라서 병행하는 것이 바람직하다.

21) 丁火일생이 戊土를 만나면

입묘入墓요, 불의 기운이 설기되니 양화陽火와 음화陰火가 다른 점이 여기에 있는 것이다.

22) 丁火일생이 亥水를 만나면

수극화水剋火 당하고 절명되어 화식되나, 丁火가 왕旺하면 해중임수亥 中壬水는 정관正官이요, 甲木은 정인正印으로 관인官印 즉, 두 개의 덕德을 얻으니 이를 두고 일거양득이라 하겠다.

<u>5장</u> 무토론戊土論
– 출생일出生日 천간이 戊土일 때

戊土는 木火의 陽인 하늘과 金水의 陰인 땅이 양분된 중간에서 모든 만물을 후중厚重하게 다 받아 길러내는 것으로서 중앙에 자리하고 있다.

하늘로는 중성자中性子요. 조절신調節神이요, 과도기, 황사현상, 무성무성茂盛함, 자력磁力, 구심점, 중화中和 등에 해당하고 있으므로 분쟁을 해소한다.

戊日에는 안개가 심하고 비라면 이슬비로서 강우량은 많지 않으며 황사현상으로 인간에게 해로움을 주기도 한다.

중심의 자리가 되어 주위 사람들이 많이 모여들며 타인으로부터 결정적인 자문에 자신의 의지와 관계없이 많이 응하게 된다.

땅으로는 山, 제방, 흙, 등에 해당하여 만물을 기르는 공을 바라고 있으나, 사주 중에 木多하면 木剋土 당하여 붕괴되고 火多하면 조토燥土로서 만물이 자생滋生(생물이 잘 성장하고 번식하기 쾌적함)할 수가 없게 된다.

때로는 순수한 火局이나 巳火를 많이 만나면 오히려 그 성질이 강하여 함부로 다루기가 어렵고 잘 구운 그릇과 같이 두들기면 쇠에서 맑고 예쁜 소리가 나듯 항시 존대받고 귀중한 자리를 차지하게 된다.

따라서 戊土가 丙火와 같이 12운성 자리에서 생사를 똑같이 하고 또, 양생양陽生陽하는 이치가 바로 여기에 있는 것이다.

金多하면 허토虛土가 되는데 자손격인 金에게 진기眞氣가 모두 빠졌기 때문이다. 이렇게 철분이 지나치게 많으면 농사를 지을 수 없을뿐더러 다 성장하고 크기도 전에 금성金性의 속성인 결실(열매 맺음)부터 하려고 하니, 결코 모든 일이 뜻대로 되지 않는 법이다.

반대로 토왕土旺에 金을 만남은 광산으로서 몫을 다하는데, 구분한다면 경신庚申金은 철광이요, 신유辛酉金은 금광을 가공한 금은보석, 쇠붙이 등이 된다.

단, 丑, 辰 습토가 가세하여야 개발의 여지가 있는 것이며, 또 木多면 제방이 무너질까 염려된다.

火와 土를 기뻐하나 건조한 土가 필요하고 土旺에다 木旺이면 산림이 늘어나 일국의 보물창고로서 환대받으니 국가에서 필요로 하는 인물이 되는 것이다.

火土多는 화토중탁火土重濁이라 하여 가는 길이 종교나 철학이 제격이며, 또 土가 다목적으로 이용되니 버릴 것이 없는 특성을 갖고 있다.

토土가 많고 수목水木 있어 아름다우면 명산에 거대한 폭포가 장관을 이루는 것과 같아 천하에 없는 아름다운 경치를 자랑하는 것과 같은 것이다.

인체로서는 위胃, 허리(요腰), 살(기육肌肉), 암癌, 입맛, 습濕에 해당하고 수리로는 5요, 색으로는 황색. 방위로는 중앙이며 얼굴은 둥글 넙적하고 전자형田字形이 많고 身長은 평균치를 넘기 어려우며 비만체질에 가까운데, 결석結石, 당뇨糖尿, 요통腰痛, 위병胃病에 주의해야 한다.

성격은 신용을 위주로 하나, 묵은 소리를 잘하고 중후하며 주체가 강하나, 허약虛弱하게 되면 己土만도 못하여 같은 신앙이라도 맹종으로 따르며, 신용이 없고 부실하며 정서적으로 안정되지 않아 산만하다.

여기에다 火氣까지 부족하면 음지의 논밭으로 평생을 그늘 속에서 살아가게 된다.

그러나 부동산이나 사채, 은행 및 금고의 역할도 빼놓을 수 없는 직종의 하나라고 할 수 있다.

1) 戊土일생이 甲木을 만나면

비겁인 己土를 합거하여 나무의 뿌리로 자체 土를 보호함과 동시에 좋은 산에 동량지재가 산림을 이룬 형상으로 금상첨화라 할 수 있으나, 허토虛土에 木多하면 음지의 논밭으로 戊土의 효용을 상실하게 된다.

2) 戊土일생이 乙木을 만나면

正官이요, 山에 나무가 있는 것은 제격이나 적은 나무가 되어 항시 희망의 여지를 두고 살아야지 급변은 금물이다.

식신인 庚金을 乙庚으로 합거하나 다시 合金化되어 金이 生하니 원위치로 되돌아오고, 辛金 상관을 乙辛으로 충거하니, 어찌 정도正道 앞에 사도邪道가 행세할 수 있겠는가? 허토虛土에 乙木이 旺하면 종래는 병이 되는 법이라 부군과의 삶의 가치관의 간격이 너무 커서 모시기 어렵다.

3) 戊土일생이 丙火를 만나면

인수印綬로 힘이 되어 좋은데 조토燥土가 될까 염려되며, 木生火 火生土로 다른 사람의 힘을 내 힘으로 이용케 하고, 또 적을 나의 편에 서게 하는 지혜를 배우며, 辛金 상관傷官을 합거하나 다시 合化水하여 財를 발생하니 과연 偏印인 祖父님의 가르침이 무엇인가를 알겠으나, 食神인 庚金을 배제하고 편재偏財인 壬水를 沖去하여 도식倒食되고, 만물이 자생할 수 있는 근거를 말살하니, 너무 지나침은 좋지 못한 것이다.

4) 戊土일생이 丁火를 만나면

火生土되고 양지陽地의 땅으로서 만물이 자생할 수 있으며 편재인 壬水를 丁壬으로 合去하고 상관인 辛金을 火剋金으로 제거함은 正道로서 공부하는 자, 금전에 현혹되지 않고 옳지 않은 것을 버린다는 것을 말해주고 있다.

또, 어머니 丁火가 편재 처를 壬水와 합이 됨은 남편이 바람피우는 것은 용서하지 못하나, 자식이 바람피우는 것은 감싸주는 것을 입증하여 주는 것이다.

5) 戊土일생이 戊土를 만나면

중후하고 신용이 있는 것까지는 좋으나, 土旺에는 방해자가 되며 정재 癸水를 合去하고 편재 壬水마저 土剋水로 제거하니 친구 잘못 사귀면 패가망신하게 됨을 실증되고 있는 것이다.

6) 戊土일생이 己土를 만나면

겁재劫財로서 불리하나 甲木 편관을 甲己로 合去하니, 여형제가 무거운 짐을 덜어주고자 본인의 희생도 마다하지 않고 헌신하고 있는 것이라 할 수 있다.

7) 戊土일생이 庚金을 만나면

甲木 편관을 甲庚으로 沖去하고, 乙木 정관은 乙庚으로 合去하니 官은 멀어지고 식신食神을 따라 사회사업에 뜻을 두는데, 金生水하여 財를 끌어 오니 좋은 일을 하면 식록食祿이 따라와서 더욱 좋다. 허토虛土에 金多하면 박토薄土가 되어 마음만 있지, 실행할 수 없고 매사가 용두사미에 불과하니 안타깝다.

8) 戊土일생이 辛金을 만나면

편인偏印 丙火와 丙辛으로 합거하여 보급로를 차단하여 문제가 되고, 병신합화수丙辛合化水로서 不正으로 탐재貪財케 한다. 또, 정관인 乙木을 乙辛으로 충거하여 직장마저 잃게 하니, 상관운傷官運에 사직하게 되며, 丙과 辛이 부정으로(妾, 財) 합하니, 여자가 따르는 이유가 여기에 있는 것이다. 또, 辛金인 수하인手下人 및 부하로 인因하여 내가 곤욕을 치르게 됨도 여기에 있는 것이다.

그러나 만약 戊土가 강왕하거나 木관살이 왕성하여 辛金이 필요한 경우라면 자손 및 손아랫사람 ,부하로 인하여 쉽게 재물을 모으게 되는 것이다.

9) 戊土일생이 壬水를 만나면

정인정화正印丁火를 合去하여 욕심이 배가 된다고 보나 정임합화목丁壬合化木으로 다시 木剋土를 당함은 본인도 모르게 몸이 상하고 있다. 丙火 偏印을 丙壬으로 沖去하여 음지陰地를 만드니 견고할 수도 없을뿐더러 만물이 자생할 수 없는 것이다.

그러나, 戊土가 旺하면 필요 없는 丙火를 제거하면서 合化木으로 官이 되니 명예를 얻게 된다.

또, 戊土가 약할 때에는 水生木으로 재생살財生殺하여 재물財物을 탐하다가 자멸하게 된다. 그러나. 때로는 土도 水를 만나야만 뭉쳐질 수 있으므로 역시 필요한 악이 분명하다.

한편, 土弱에 水多는 뭉쳐지기는커녕 풀어져 떠내려가기가 쉬운 법이니 남자의 용맹도 여자 앞에서는 허약해지는 이유가 여기에 있는 모양이다.

10) 戊土일생이 癸水를 만나면

正財가 戊癸로 합하여 아름다운데 正印인 丁火를 丁癸로 沖去하니 결혼 후에는 분가함이 원칙인가 보다. 丁火인 母와 癸水인 妻가 不合하는 원인이 여기에 있다. 戊癸로 合化火하여 인수印綬로 돕게 되니 종래는 어머니의 승리요, 또 여자는 일단 결혼하면 처가 되지만, 시댁의 가통도 따라야 당연하지만, 때로는 어머니와 같은 감정을 느끼게 하는 이유가 여기 있으며 또, 戊土가 건조하여 있을 때는 십리 밖에 맑은 물이 흙인 土에 흡수되어 올 수 있는 것은 戊癸合의 원리인데 癸水도 너무 旺하면, 土가 물에 떠내려 토류土流가 되니 특별히 이와 같은 점을 잘 봐야 할 것이다.

11) 戊土일생이 子水를 만나면

흐르는 물이요. 동지冬至요, 하루에 비교하면 한밤중이 되며, 戊土는 土流(흙탕물)되고, 겨울이므로 동토凍土에 음지陰地가 되어 만물이 자생할 수 없으므로 종래는 土로서의 임무를 상실하게 된다.

12) 戊土일생이 丑土를 만나면

같은 土로서 힘이 될 것 같으나 동토凍土에 습토요, 金의 고장庫藏〈창고를 뜻함〉으로 철분을 과다하게 함유하고 있어 죽어가고 있으니, 믿는 곳에서 손해를 보게 되는 것이요, 丑中癸水와는 戊 癸로 합이 된다.

13) 戊土일생이 寅木을 만나면

剋沖을 하고 있거나, 水木이 태왕太旺하거나 하면, 허토虛土가 분명하다.

14) 戊土일생이 卯木을 만나면

강왕한 나무가 木剋土가 되어 설 땅을 잃어버리니, 土로서의 임무를 상실하며 산, 밭에 나무뿌리가 많아 농사를 지을 수 없는 것과 같다.

15) 戊土일생이 辰土를 만나면

반죽이 잘된 흙과 같아 진토眞土가 되어 환경에 적응을 잘하므로 외교에 능숙하고 또, 辰中 乙木 癸水로 正財 癸水와 正官인 乙木 즉, 재관財官 두 개의 덕을 얻어 금상첨화이나 단, 辰土가 水局이나 金局이 되지 말아야 한다.

16) 戊土일생이 巳火를 만나면

火生土하여 힘을 얻으나 조토燥土를 면하기 어려운데, 金水多에는 陽地가 되어 그 빛이 한층 더 돋보이며, 食神 申金을 巳申으로 합한다.

17) 戊土일생이 午火를 만나면

火生土하는 것은 분명하나 패지敗地(함지, 도화)가 되어 좋은 그릇이 될 수 없으니, 어찌 生이라고 무조건 기대할 수 있겠는가? 그러나, 四柱中에 金多면 火剋金하여 지출을 막고 火生土로 하여 수입원이 된다.

18) 戊土일생이 未土를 만나면

비겁比劫이요, 같은 土로서 의지처가 되는데, 土旺에는 조토燥土로서 불용가색不用稼穡 (사막 같아서 농사를 할 수 없음)이다.

水旺에는 土剋水로서 흐르는 물을 막는 데는, 없어서는 안 될 귀중한 보물貴物을 얻은 것으로서, 지지장간 속에 乙木은 正官이 되며, 丁火는 인성으로서 관인2덕官印二德을 얻어 아름답다.

19) 戊土일생이 申金을 만나면

土生金으로 설기洩氣되어 누설되므로 철분이 과다하여 박토薄土가 되어 불리하다. 土旺에는 누정漏精되고 壬水 財의 장생궁長生宮을 얻으므로, 柱中에 財(壬水)가 없어도 부유富裕하게 되니 좋다.

20) 戊土일생이 酉金을 만나면

土生金이요, 사궁死宮이 되어 토허土虛하여 土의 생명은 다한다. 그러나, 土가 너무 왕할 때는 오히려 木보다 酉金이 금광으로 빛을 내준다.

21) 戊土일생이 戌土를 만나면

같은 土로서 힘을 얻고 의지하며 강이나 바닷물도 막을 수 있는 힘이 생겨나지만, 조燥함은 면할 길 없으며, 火인수印綬의 고장庫藏으로 부모의 덕은 없다(부모 火가 墓인 戌에 들어가 있는 형국임).

22) 戊土일생이 亥水를 만나면

해중임수亥中壬水가 동궁同宮의 甲木을 水生木하여 다시 木剋土하므로, 이것을 가리켜 재살지財殺地라 하며, 戊土는 바닷물에 한줌의 흙과 같아 무토戊土는 자격을 상실하게 된다. 그러나, 土旺에는 亥가 木宮의 장생지長生地가 되므로, 돈도 생기고 명예도 함께 따르게 된다.

6장 기토론己土論
– 출생일出生日 천간이 己土일 때

己土는 戊土와 같이 중앙에 자리하면서 중성자로 작용은 같으나, 戊土는 陽이요, 己土는 陰인 것이 다르니, 가까운 미래에 중성자도 둘이 있다는 것이 논문으로 입증되어 밝혀질 것 같다.

현대 과학에는 아직 중성자는 하나뿐이라고 정하고 있으나, 멀지 않은 미래에는 중성자도(+)를 띈 중성자와 (-)를 띈 두 가지의 중성자가 있다는 것이 입증될 것이라고 사료 되는 바이다,

예를 들어 陰이 극極에 이르게 되면 陽이 되고 陽이 極에 이르면, 陰으로 변하는 이치로서 중성자도 (+)적인 전기를 발휘하다가 극에 이르면 (-)적인 에너지로 변하는 것과 같으며, 속력 100㎞를 달리는 차가 90도 좌회전을 하게 되면 달리던 속력에 의해 90도 각도로 좌회전이 되지 않고, 가加속력에 의해 포물선을 그리면서 좌회전을 하면서 서서히 속력이 감속되는 것과 같다고 생각하면 될 것 같다.

또, 정지했던 차가 앞으로 나가려면 뒤로 잠시 후진하는 듯하면서 앞으로 나아가듯, (-)에서 (+)로 바뀌며, 달리던 차가 갑자기 정지하려면 가속력으로 인하여 앞으로 쏠려 나갔다가 뒤로 물러서듯 하여 차내에 서서 있던 사람들은 중심을 잃게 되는 것과 같은 현상으로서 모든 것은 (+)에서 (-)로, (-)는 (+)로, 짧은 순간에서도 계속 교차 변화하며 다음 단계로 옮겨 가므로 중성자도 (+)적인 중성자와 (-)적인 중성자도 당연히 있을 것이며, (+)적인 중성자가 천간에서 戊土라고 한다면 (-)적인 중성자는 己土가 타당할 것 같다.

본래, 己土는 戊土인 陽이 極에 이르러 陰으로 변화하는 과정이며, 또, 선천도와 10천간에서 甲목 1번째에서 시작하여 6번째 이르면 己土가 된다. 즉, 첫 번째, 1번 甲과 6번째, 己土가 합하여 새로운 土를, 2 乙과 7庚은 金. 3丙과 8辛은 水. 4丁과 9壬는 木. 5戊와 10癸는 火인 새로운 오행을 탄생시킨다.

6이라는 숫자는 모든 만물이 완전히 성숙함을 나타낸다. 동양의학의 바이블 격인 황제내경 오운육기편에서 일러주시길 사람은 1일 첫날에 잉태되어서, 8달째. 6일인 246일부터 시작해서, 256일, 266일, 276일, 286일, 296일, 306일에 출생하는데, 음과 양이 조화롭게 合이 되어 天, 人, 地, 삼재三才를 모두 갖추어 이 세상에 출생하게 된다.(황제내경)

위에서 말하는 5개의 천간 六合은 甲己가 합화合化하여 유정한 극極인 부부로 작용(甲은 남편, 己는 부인)하고 있는 것처럼 모두 이와 같은 이치인 때문이다.

陽은 맑고 가벼우며 정신과 영혼을 깃들게 하고, 다스린다. 陰은 무거워 아래로 내려앉는데, 土로는 전답田畓으로 우리 인간에게 있어서는 꼭 필요한 것이 된다. 하늘로는 원기元氣이며, 땅으로는 전답인 논밭에 해당하고 인체의 오장육부로는 지라(췌장)와 위장이 된다.

己土가 왕旺하면 戊土와 같은데 木을 겁내는 것은 논밭 주변에 나무가 많아 陰地가 되어, 농사를 지은 결과가 없으며, 또 잡초가 무성하니 농사짓기에 적당치 않으므로 木中에도 乙卯木을 특히 꺼린다.

사람의 운명에서는 음양의 법칙으로 인하여 극極과 극極으로 변화되어 고관대작이 아니면, 천격으로 (陽의 인자因子를 많이 받고 배태하면 貴格, 陰의 인자를 많이 받고 배태하면 천격賤格이라 사료됨) 되는 것이다.

더 나아가 土가 허약虛弱하면 미신 숭배를 맹종하거나, 본인이 무속인이 되거나, 정신질환자가 되거나, 몸에 장애가 있는 사주팔자의 운명이 되는 경우도 있다.

1) 己土일생이 甲木을 만나면

正官이요, 甲己合土로 甲木 남자를 土 여자로 변화시키고 있으므로 여자의 힘에 대단함을 실감케 한다.

그러나 너무 지나치면 서로 싸우게 되어 종래에는 己土가 상하게 되며 또, 戊土 비겁比劫을 木剋土 제거시키고, 庚金 상관傷官을 甲庚으로 충거沖去시키니, 정도를 따라 행동함은 대단히 좋으나, 남자의 사랑이 지나쳐 甲木의 희생을 자초할까 염려된다.

2) 己土일생이 乙木을 만나면

木剋土로 土가 붕괴되고 陰地의 밭으로 농사짓기에 마땅치 못하니 제 구실을 할 수 없다.

또, 庚金 상관傷官을 乙庚으로 합거合去한다고는 하나, 다시 乙庚合化 金으로 되어 희생을 요구하니, 세상만사에 공짜는 없는 법이다.

또, 乙辛 沖으로 식신신금食神辛金을 충거沖去하니 이를 가리켜 병을 주고 약 준다고 하는 격이며, 따라서 편부偏夫 乙木은 己토를 보호하여 주는 척하면서도 엄청난 대가를 요구하고 있으니, 편부偏夫 乙木의 공갈 협박에 막대한 지출을 못 이겨, 결국에는 허물어지고 (乙과 庚이 합하기는 하나 결국은 金으로 변화여, 金이 己土의 힘을 빼앗음) 마는 이유가 여기에 있다고 하겠다.

3) 己土일생이 丙火를 만나면

火生土하여 온난溫暖의 土로서 만물이 자생하여 따듯한 양지의 논밭으로 왕토가 되나, 너무 지나치게 되면 조토燥土로서 땅이 갈라져 병이 된다.

또, 庚金 상관傷官을 火剋金으로 제거하여 사욕을 버리게 하고, 辛金 식신을 丙辛으로 합거슴去함은 불리하나, 다시, 合化水하여 財를 生하니 역시 어머니의 사랑을 천지간에 비교할 수가 없는 것이다.

木이 있는 곳에서는 木生火 火生土로 관인상생官印相生하면서 木을 불 태워 전답의 밑거름이 되게 하며, 壬水 정재를 충거沖去함은 불리하나, 공부하는 중에는 어머니 앞에서 어찌 여자를 탐하겠는가?

4) 己土일생이 丁火를 만나면

火生土를 하여 따사로운 열기로 만물을 생육케 하니, 陰生陰 또는 火 土공존의 진의가 여기에 있는 것이다. 편재偏財 계수癸水를 정계丁癸로 충 거하여 편처와 횡재를 없애고, 壬水 정재를 丁壬으로 合去하지만 다시, 合化木되어 관성官星으로 변화하니 금전보다는 명예를 우선으로 하므로 어찌 편인이라고 모두 나쁘다고 보겠는가?

5) 己土일생이 戊土를 만나면

비겁比劫으로서 신약身弱에는 기쁘나, 신강에는 병이 되므로 반갑지 가 않는데, 편재偏財인 癸水를 戊癸로 합거하며, 壬水인 정재를 土剋水로 방해하고 있으니, 횡재하기는 고사하고, 꼭 있어야 할 내 몫까지도 없어 지게 된다. 이러한 때에는 정관인 甲木에게 호소하여 본인의 권리를 찾 는 길(목극 토)밖에는 없다 하겠다.

고로 남자는 인격이 높은 상관上官과 매사를 의논해야 하며, 여자는 남편을 따라(甲, 己합) 모든 일의 실마리를 풀어나감이 제일 좋은 방법이 될 것이다.

6) 己土일생이 己土를 만나면

비견比肩으로서 土를 도와주어 기쁘나, 정관正官과 合이 되어 취직부탁을 하였다가 사기 당한 꼴이요, 또, 水를 두고 쟁재爭財에 투합投合으로 방해가 되며, 중화中和를 이루기가 이렇게도 힘이 든다고 하는 것을 알아야 할 것이다.

7) 己土일생이 庚金을 만나면

상관傷官으로서 설기洩氣가 되므로 싫어하나, 토왕土旺에는 오히려 庚金으로 힘을 빼주면 반갑게 여기고 오곡을 결실케 하는 가을을 만난 격이요, 광산에서 광맥을 찾은 것과 같다.

때로는 木이 많아도 金剋木으로 제거하여 주니 겁날 것이 없으나, 中和를 잃으면 金木이 상전相戰하기 때문에 죽어가는 것은 土 하나뿐이니, 이를 두고 고래 싸움에 새우등이 터지는 형국으로 반갑지 않은 일이 된다.

또한 正官인 甲木을 갑경甲庚으로 충거沖去하고 편관偏官 乙木은 乙庚으로 化金이 되어 土氣를 다시 누설시키니, 官인 木은 멀어지고, 식상金이 왕해지면, 눈앞에 있는 금전에만 집착하게 될까 걱정이 되는 것이다.

8) 己土일생이 辛金을 만나면

식신으로서 乙木 편관偏官을 을신乙辛으로 충거沖去하고 병화정인丙火正印과 병신합화수丙辛合化水로 수기水氣를 발생하니, 남자는 丙火어머니와 辛金장모가 의좋게 나의 생활에 금전적으로 후원하는 것을 뜻하고, 여자는 丙火친가의 재물이 나에게도 유산이 있게 되며 또, 친정어머니가 나의 집에 머무는 일이 많게 되는 것을 뜻하는 것이다.

9) 己土일생이 壬水를 만나면

정재로서 신왕에는 기쁘나, 신약에는 물로 인해 土가 토류土流될까 염려되는데, 병화丙火 정인正印을 병임丙壬으로 충거沖去하고, 정화와는 합화목合化木으로, 나 기토己土 일주를 공격하니, 장가 잘못 가면 처妻, 재財로 인因하여 고통을 받게 되고, 여자는 시어머니가 친정 火(수 극 화)를 괴롭히며 종래에는 시어머니로 인하여 남편에게도 (수생목)서러움을 받게 되니 시집을 가게 되면 무조건 시媤어머니에게 사랑받도록 노력해야 할 것이다.

10) 己土일생이 癸水를 만나면

己토가 신약身弱에는 싫어하나, 신왕身旺에는 적당한 이슬이나, 빗물〈우雨〉을 만난 것과 같이 만물을 생육케 하고, 丁火 편인偏印을 丁癸로 沖去하여 戊土 比劫을 戊癸로 合去함과 동시에 다시, 合化火하며 火生土로 일간을 生하여 주니, 편재라고 해서 모두 기신으로 꺼리는 것은 아니다.

11) 己土일생이 子水를 만나면

절궁絶宮이 되고 동토凍土가 되거나, 또는 토류土流될까 걱정이다.

음지陰地의 土가 되면 土로서의 임무를 상실하나, 조토燥土로서 旺하고 있을 때는 습기를 주게 되어 윤택하게 하니, 없어서는 안 될 중요한 귀성貴星이 되기도 한다.

12) 己土일생이 丑土를 만나면

비견比肩이요, 같은 土로서 힘이 될 것 같으나, 金의 창고倉庫로서 동토동土가 되어 약간의 의지할 장소도 될 수 없으니, 애당초 믿지 않는 것이 좋겠다.

13) 己土일생이 寅木을 만나면

正官이요, 木剋土되어 붕괴됨으로 己土는 죽게 된다.

혹자는 戊土와 같이 寅中의 丙火가 生하여 힘이 된다고 하겠으나, 己土가 허약하면 寅중에 가장 왕성한 甲木의 剋을 우선 받게 되니, 戊土와는 전혀 다른 것이다.

14) 己土일생이 卯木을 만나면

편관偏官이요, 木剋土로 괴멸되므로 이름하여 살지殺地가 되고, 또 밭에 잡초가 많아서, 결실할 수가 없어 12支中 제일 싫어한다.

또, 경험하고 통계적으로 보면 己卯日에 출생한 여자는 중년이나, 말년에 이별하거나 파산함이 아니면, 모든 일에 있어서 부족하고, 넉넉하게 살지 못하는 이유가 혹시, 여기에 있는 것, 같아서 마음이 무겁고, 답답(연구대상임)했었다.

15) 己土일생이 辰土를 만나면

적당한 습기를 동반하여 만물을 길러낼 수 있다. 또 財의 倉庫로서 비겁比劫이면서도 귀성貴星이 될 수도 있으니, 외형만 보고 왈가왈부하는 것은 판단을 그르칠 수 있으니 잘 살펴보는 것이 좋겠다.(진, 술, 축, 미, 土는 잘 판단해야만 할 숙제이다.)

16) 己土일생이 巳火를 만나면

인수印綬로서 힘이 된다. 만일 과다하여서 순수한 인수국印綬局이라면 좋은 그릇이 되므로 오히려 쓸모 있는 큰 일꾼이 되는 것이다.

17) 己土일생이 午火를 만나면

火生土로 生을 받으며 12운성으로는 관록궁冠祿宮이 되어 기뻐한다.

그러나 조토燥土가 됨을 피할 길이 없으니 어찌하겠는가? 비상 대책을 세워야 할 것이다.

18) 己土일생이 未土를 만나면

비견比肩이요, 같은 土로서 힘이 되는 것은 사실이나, 조토燥土가 되므로 인색할까 염려가 된다. 未中 丁火와 乙木으로 비록 관인官印을 얻었다고는 하나, 편인偏印이 되어 쓰지 못하게 된다. 그러나 乙목이 천간에 투출하면 미토가 관고官庫로서, 官의 항복을 쉽게 받을 수 있는 것이다.

19) 己土일생이 申金을 만나면

상관傷官으로서 누기漏氣가 되어 허토虛土가 되어 희생만을 요구할 뿐이다.

20) 己土일생이 酉金을 만나면

식신食神이라고는 하나, 土生金으로서 허토虛土가 됨을 면할 길 없다. 만약 토왕土旺이라면, 木보다는 더 즐거운 것이니, 이는 밭을 갈다가 황금을 얻은 것과 같으니 횡재요, 하루아침에 부자富者가 된다.

21) 己土일생이 戌土를 만나면

비겁比劫이요, 같은 土로서 힘이 되어 나를 生해주는 인수印綬 火의 창고가 되는데, 土를 도우니 한없이 좋으며 기쁘게 생각된다. 그러나 너무 지나치면 土가 굳어 암석으로 변화하며, 또 己土陰과 戌土陽이 섞어지게 되면 탁濁하게 되니 좋지 못한 것이다.

22) 己土일생이 亥水를 만나면

정재正財라고는 하나 토류土流로서 무근無根이라 꼼짝할 수 없게 된다. 만약에 土旺하면 亥中 壬, 甲인 재관財官 두개의 덕을 얻게 되어 최고로 길하다. 또, 甲己合은 면하기 쉽지 않다.

7장 경금론庚金論
– 출생일出生日 천간이 庚金일 때

庚金은 계절로는 가을이요, 가을에는 서리가 내려 모든 풀과 나무를 죽이는 것과 같이 천지天地에 숙살肅殺의 권한權限을 장악한다. 겉으로는 서늘하나 속으로는 건조함이 金의 본성이다.

형이상학적으로는 풍상風霜이요, 백기白氣이며, 또 만물을 견고하게 하며 결실하게 하는 것이 금기金氣이고, 형이하학적으로는 철鐵로서 아직 제련되지 않은 무쇠에 비유되고 있다.

따라서 金은 火氣를 얻어야 철광석을 녹여 큰 종鍾을 만들어 두드리면 소리가 나고 생명을 보존하게 되는데, 그렇다고 하여 금약金弱에 火多면 오히려 파괴되어 金을 보존할 길이 없게 된다.

금왕金旺에는 水를 만나야 예봉을 피할 수가 있다고 할 수 있으나, 金弱에 水多하면 끝내는 金이 물에 가라앉게 되며 또, 金이 지나치게 실實(너무 강하면)하면 부러진다고 하는 예가 되는 것이다.

土多에는 金이 흙에 묻히게 되고, 木을 훤剋함은 사실이나 金弱에 木多면 오히려 金이 나무에게 상하게 된다.

금金의 성격으로는 의리가 있고 나라와 국민을 위하며, 냉정하여 교제하기가 쉽지 않고 조그마한 일에도 노하기 잘하며 급하고 변화가 무쌍하다. 너무 왕旺하거나, 약弱하면 난폭하여 스스로가 재앙을 불러오게 하니, 똑같은 칼이지만 나라를 지키려는 장수가 쓰면 나라와 국민을 구하지만, 악인惡人이 쓰면 사람을 살상하는 것과 같은 이치라 하겠다. 체상體相으로는 얼굴은 모나며 신장은 보통이요, 단단하게 생긴 몸집에 음성은 쇳소리가 나는 것이 특징이며, 매사에 지나칠 정도로 완벽한 것을 바라니, 때를 놓치기 쉬우며 모가 나는 성격이 약간 염려가 된다.

경험한 바에 의하면 일거리를 스스로 만들어 항시 몸이 고되며 혁명가나 망명가가 많고, 천간에 관으로 투출하면 인간사에서는 병권兵權을 장악하기 때문에 군인이나 경찰로 출세하는 사람이 많다.

일반적으로는 운수. 중장비. 고물古物. 철강. 철물. 등 업종에서 성공한다.

인체로는 폐肺, 대장大腸, 기관지, 골격, 코, 치아, 치질, 맹장, 혈질血疾 등에 해당하는데, 특히 일주에 金이 왕하면 골격이 좋으며 힘이 좋고 지칠 줄 모르며 일에 전념하는 사람이 많다.

1) 庚金일생이 甲木을 만나면

편재偏財로서 甲庚 충파沖破하나 甲木이 旺하면 오히려 庚金이 상하며 己土 正印과 甲己로 잘 화합하고 있으니, 역시 어머니의 입장으로는 남편이 바람피우는 것은 못 보나, 아들이 피우는 것은 감싸주고자 하는 것이 입증되고 있는데, 沖은 면할 길이 없는 것이다.

2) 庚金일생이 乙木을 만나면

비견인 庚金을 合하여 좋은데, 다시 金으로 변화되니 정재의 희생은 막을 길이 없고, 따라서 본처의 고귀한 정신은 자신을 희생하면서까지 남편을 돕고 있는데, 이러한 것을 알고 있는 남편들이 얼마나 되는지 의문스럽기도 하다.

또, 비겁인 辛金을 乙辛 沖去하는 것까지는 좋으나, 여자에 집착하다가 형제와 친구를 잃어버릴까 염려된다.

3) 庚金일생이 丙火를 만나면

비겁인 辛金을 合去하여 합화수合化水가 되어 다시 金生水라 그 만큼의 대가를 치러야 되겠고, 식신食神인 임수壬水를 병임丙壬으로 충거沖去함은 기쁘나, 丙火는 庚金을 제련하여 그릇을 만드니 이것 또한 좋은 것이 된다.

더더욱 음성이 삼천세계三千世界의 모든 중생을 제도하게끔 사명을 받았으나, 火와 金이 너무 지나치면 전류가 강하여 동선이 터지고 金이 녹게 되어 불리한 것처럼 종래에는 잘못되면 신체와 모든 정신적인 질병들의 위험이 있으니 항상 조심하여야 한다.

4) 庚金일생이 丁火를 만나면

상관傷官인 癸水를 丁癸로 沖去함은 가하나, 食神壬水를 丁壬으로 合去함은 마땅치 않다.

그러나 다시 정임합화목丁壬合化木하여 財를 生하므로 조부모님은 손자를 위하여 지혜를 모으셨으니 대단하다.

또 정관은 정관으로서 군림하니 재주부리지 말고 바른길을 택하라고 하는 교훈이기도 한다.

5) 庚金일생이 戊土를 만나면

편인으로서 土生金하니 원류原流요, 생명선이며 丙火가 火剋金하여 괴롭힐 때는 火生土, 土生金으로 살인상생殺印相生이요, 탐생망극貪生忘剋으로 오히려 金의 근원이 되게 하며, 癸水 상관傷官을 합거合去함과 동시에 합화合火하여 벼슬을 발생하니 바로 공부 잘하면 수양도 될뿐더러 직장과 명예가 스스로 높아져 출세하는 법이 되는 것이 이런 이치가 되는 것과 같다고 하겠다.

6) 庚金일생이 己土를 만나면

정인正印으로서 土生金하고 甲木 편재를 합화토合化土하여 나를 돕게 하고, 癸水 상관을 土剋水로 제거하여 庚金의 기운이 빠지는 것을 막아주는 것까지는 좋으나, 약한 土가 강한 金을 생하다 보니, 허토虛土가 되기 십상이라 자손을 향한 己土 모친의 정성을 알만하다.

7) 庚金일생이 庚金을 만나면

비견으로서 신약에는 힘이 되나 정재 乙木을 乙庚으로 合去하고 甲木 편재마저 甲庚으로 충거하니 財福은 물론이고 처궁妻宮까지 불길하며 매사에 방해받고 경쟁자가 많으며, 을경합화금乙庚合化金은 정재인 내것 빼앗기고 손해를 보게 되어 있으니 이중으로 곤고困苦하게 됨이다.

8) 庚金일생이 辛金을 만나면

乙木 정재를 乙辛으로 沖去하나, 편관 丙火를 丙辛으로 合去하니 무기는 사용하기에 따라 다른 것처럼 辛金을 잘 이용하면 나의 방패도 될수 있는 것이다.

9) 庚金일생이 壬水를 만나면

食神으로 기운이 빠져 金이 약하면 불가하나 때로는 金이 火를 만나 그릇이 된 다음 물을 만나야 강도 조절이 제대로 되는 것처럼 아주 유용할 때도 있는 것이다.

편관 丙火를 丙壬으로 충거하니 제살制殺이요, 또 살화위권殺化爲權으로 좋고, 丁火 正官을 丁壬으로 합거하나 化木하여 財를 도우니 金生水한 보람이 크다고 하겠다.

10) 庚金일생이 癸水를 만나면

상관으로서 庚金의 氣가 설기된 중 丁火 正官인 명예를 충거하고, 戊土 편인을 戊癸로 합거하니 보급로가 두절되니 재주부리지 말고 정도에 알맞게 사는 길이 최선이라.

11) 庚金일생이 子水를 만나면

상관으로 도기盜氣요, 겨울 속에 가을로 사궁死宮이 되니 金은 金이지만, 水로 보아야 마땅하고 또, 금수쌍청金水雙淸으로서 청백淸白하니 돈이 따르지 않는 것이 흠이다.

12) 庚金일생이 丑土를 만나면

비록 입묘入墓라고는 하나 인수로서 土生金을 받을 수 있어 착근이 되는데 水局으로 변화되지 않아야 길하다.

13) 庚金일생이 寅木을 만나면

절지絶地요, 寅中에 丙火가 있어 제살制殺지가 되어 뿌리가 없어 근심된다. 그러나 만약 金旺하여 木火가 필요할 때는 더할 수 없는 귀성貴星이 되는 것이다.

14) 庚金일생이 卯木을 만나면

비록 태궁胎宮이라고는 하나 절궁絶宮과 같이 무근無根이 되는데 卯中乙木과 乙庚이 합되어 寅木과 다른 것이다.

15) 庚金일생이 辰土를 만나면

편인이요, 土生金받아 자양지금滋養之金으로서 다른 五行의 장생과 같아서 12지지 중 가장 좋아하며 지지장간 속에 乙木을 乙庚合하고 식상食傷 壬水의 창고倉庫가 되어 교육과 육영사업에 뜻을 두게 된다.

16) 庚金일생이 巳火를 만나면

비록 장생이라고는 하나 착근着根으로 보기는 쉽지 않다. 火剋金으로 상상傷함이 된다고 보는 것이 옳을 것이다. 그러나 酉나 丑을 동반하면 힘이 될 수 있겠다.

17) 庚金일생이 午火를 만나면

목욕궁沐浴宮에다 패지敗地가 되며 火剋金으로 수제受制되고, 피상被傷되어 임무를 상실하게 된다.

18) 庚金일생이 未土를 만나면

土生金받아 힘이 될 것 같으나, 조토燥土라 그림의 떡인데, 金旺에는 지지장간에 丁火와 乙木이 있어 재관2덕財官二德을 얻게 되므로 柱中에 재가 없어도 귀하게 된다.

19) 庚金일생이 申金을 만나면

비견이요, 관록궁冠祿宮으로서 힘을 얻음과 동시에 申宮 장간 속에 壬水로서 강함이 설기가 되어 잘 조정되므로 외강내유가 된다.

20) 庚金일생이 酉金을 만나면

왕궁旺宮이요, 비겁으로서 힘을 얻어 좋으나 너무 지나치면, 재관財官인 木火가 상하게 되므로 불리不利하게 된다.

21) 庚金일생이 戌土를 만나면

관고官庫요, 인수로서 관살官殺도 두려워하지 않고 공부와 책을 모으는 데 일가견이 있다고 보겠으나, 조토燥土가 되어 土生金을 못하니 주의하여야 한다. 그러나 단, 九月中이면서도 인·오·술·합 화국火局이 되지 않을 때는 예외인 것이다.

22) 庚金일생이 亥水를 만나면

金生水로서 기운이 설기가 되고 병궁病宮으로서 힘이 없다. 금金이 물에 잠김으로서 金의 행세를 못 하지만, 일주의 신身이 태왕太旺할 때는 해중갑목亥中甲木인 재물財物까지 장악할 수 있어서 귀貴한 것이 된다.

<u>8장</u> 신금론辛金論
– 출생일出生日 천간이 辛金일 때

辛金은 庚金의 뒤를 이어 陰으로 작용하고 있으나 외음내양外陰內陽으로 그 속은 陽이 지배하고 있다. 월별로는 8월에 해당하며 陰의 결정체가 되며, 하늘로는 태음지정太陰之精이요, 땅으로는 금, 은, 동, 주옥珠玉으로 제련된 金이라, 火를 더 필요로 하지 않음이 庚金과 다른 것이다.

그래서 辛日에 출생한 사람은 살결이 희고 미인美人이 많으며, 새것을 좋아하고〈새로울 新 및 귀신 神과도 통한다〉, 기토己土를 좋아함은 양陽이 생生하는 것보다 陰이 生하는 것을 더 원하기 때문이다.

유금酉金에는 12운성법으로는 辛金이 관록궁이 됨은 본인의 자리를 얻었기 때문이다.

乙木과는 沖이 되며 土多에는 金이 흙 속에 파묻히기 쉽고, 강한 불에는 녹아 버리기 때문에 巳火에는 사궁死宮이 된다.

子水에 生이 됨은 눈 위에 서리에서도 강맹함을 자랑하기 때문이나, 실은 金生水로서 설기를 당한다.

丙火와는 습이 되어 부부일체가 되는데 柱中에 木火土가 없어야 비로소 완전한 합이 된다.

직업으로는 컴퓨터와 경금속 및 금은세공에서 고도의 기술자가 많이 보이고 인술仁術에서는 치과의사에 해당하니 과연 우연이라고만 하겠는가?

비록 辛金이 약하다 하더라도 득국得局하면 완금頑金보다도 나으며 또, 금이 땅속에 묻히는 매금埋金이 되지 않고, 재목財木을 다스려 나의 소용지물로 할 수 있고, 강렬한 火에도 녹지 않고 오히려 官으로서 작용되며 水에도 가라앉지 않으며 동시에 청백지명淸白之命이 되는데 단, 庚金을 만나 혼탁混濁되지 말아야 하는 것이다.

1) 辛金일생이 甲木을 만나면

正財로서 財를 취함과 동시에 己土 편인을 합거하나 다시 合化土하여 生辛金하니, 財이면서도 종래는 공부하게 되어 있고 또, 辛金이 강해야만 甲木도 내 편이 될 수 있는 것이다.

2) 辛金일생이 乙木을 만나면

乙辛으로 쟁투하나 만약 乙木이 필요하면 沖이 아니고 貴星으로 보아야 하니 이를 두고 충불충沖不沖이라하며, 비겁 庚金을 乙庚으로 合하는 것까지는 좋으나 단, 金으로 변하여 방해될까 염려되니 속전속결이 제격이며 또한, 그 값은 지불해야 되니 세상에 공것은 없는 것이다.

3) 辛金일생이 丙火를 만나면

正官으로 합신하여 남편의 사랑을 받고 비견 辛金을 合去하고 庚金 비겁을 火剋金으로 제거하며 상관 壬水를 丙壬으로 충거시키니 일거삼득인데 丙火가 왕旺하여야 된다.

따라서 인생사에서 정도를 지키는 것이 얼마나 귀중한가를 대변하여 주고 있는 것이다.

또, 병신丙辛이 합화수合化水하여 병화정관丙火正官이 극剋을 당함은 착한 자에는 官도 나를 위하여 희생할 수 있다는 것을 증명하고 있으니, 이것은 법에는 인정도 없다는 것이 사실이 아니라는 것을 일깨워주고 있는 것 같다.

또, 한 여자가 한 남자 즉, 지아비를 모심에 정성을 다한다면, 눈에 보이는 것보다 보이지 않는 것을 더 많이 취하고 합심하여 자손에 향한 〈합화수合化水〉 그 마음이 희생도 불사하고 있으니 어찌 가상타고 하지 않겠는가?

4) 辛金일생이 丁火를 만나면

편관으로서 극신剋身은 분명하나 상관 壬水를 합거하니 化木으로 나의 財를 發生하니 식신 癸水를 丁癸로 충거한다고는 하여도 서운해할 것 없으며, 또 하나의 자극제가 되고 있어, 원수는 변화하여 내가 발전하는데 근본 요인이 된다는 것을 비로소 깨닫게 하고 있다. 또, 丁火 딸이 財로 변화하니, 예부터 딸은 살림 밑천이라고 하지 않았던가?

그러나 丁火도 득왕하면 반드시 몸을 상하게 하니〈辛金을〉 너무나 지나침은 불가한 것이다.

5) 辛金일생이 戊土를 만나면

正印으로서 土生金은 가可하나 지나치면 흙에 묻힐까 염려되며, 식신 癸水를 다시 合化하여 화관化官하니 청빈한 선비가 여기에 있다.

火多에는 土生金으로 金을 보호하여 줄 것 같으나, 습기가 없는 메마른 흙인 조토가 되므로 生金하지 못함이라 官과의 협상은 아예 생각하지도 말아야 하는 것이다.

6) 辛金일생이 己土를 만나면

土生金은 좋으나 甲木 정재를 甲己로 合去하고 식신 계수癸水를 土剋水로 제거하니 편인 즉, 외곬수의 성격은 때로는 본인의 몫까지 외면外面하는지를 입증하여 주고 있다.

7) 辛金일생이 庚金을 만나면

비겁으로서 신약으로는 도움이 된다고는 하나, 어디까지나 비겁은 방해가 되니 주의하여야 한다. 정재 甲木을 甲庚으로 충거하고 乙木 편재마저 乙庚으로 合去하니, 친구 하나 잘못 사귀면 금전은 물론 처첩까지도 빼앗기고 마는 신세가 된다는 것을 알고 조심하여야 할 것이다.

8) 辛金일생이 辛金을 만나면

신약에는 비겁으로 없어서는 안 될 귀성인데, 正官 丙火를 丙辛으로 合去하며 乙木 편재를 乙辛으로 冲去하여 재관財官이 함몰되니, 辛金도 과다함은 병이 될 수도 있는 것이다.

9) 辛金일생이 壬水를 만나면

상관으로서 도기盜氣된 중 丙火 正官마저 丙壬으로 冲去하니 글자 그대로 상관傷官이라, 따라서 아랫사람이나 제자弟子를 잘못 두면 명예가 손상됨은 물론 주객이 전도된다.

한편 편관인 丁火를 합거하여 化木으로 財를 발생하니 자연 탐재貪財가 되는데 이것도 잘만 이용하면 잃는 것 보다 얻는 것이 많다.

10) 辛金일생이 癸水를 만나면

식신食神으로서 누기가 되어 편관 丁火를 丁癸로 충거하여 희생이 갱생이요, 正印 戊土를 戊癸로 합하나 化火하여 官으로 변하니 희생을 각오한 자는 죽어서도 그 이름이 영원하다는 것을 말해주고 있는 것이다.

11) 辛金일생이 子水를 만나면

비록 장생이라고는 하나 庚金과 같이 사궁死宮으로서 금이 물에 잠기고 도기가 되며, 또 금수쌍청金水雙淸으로서 지나치게 맑아 청백淸白함은 분명하나 가난한 것이 흠이 되고 있다.

12) 辛金일생이 丑土를 만나면

비록 묘궁墓宮이라고는 하나 편인으로서 자양滋養되고 있으니 힘을 얻어 金으로서 행세할 수 있다.

13) 辛金일생이 寅木을 만나면

庚金과 같이 절지로서 무근無根이 되나 金旺에는 寅中甲木 正財 丙火 正官으로서 재관이덕財官二德을 얻어 귀성이 되며 또, 丙辛합으로 한없이 기쁘니 금상첨화라 하겠다.

14) 辛金일생이 卯木을 만나면

절지로서 무근이라 의지처가 없는 중, 卯중 乙木과 乙辛으로 상충하니 金과 木이 서로 싸우는 동기가 된다.

15) 辛金일생이 辰土를 만나면

印星으로서 庚金과 같이 자양滋養받아 힘이 되니 길 잃은 어린 양을 만나는 것과 같은데, 태과太過는 金을 흙 속에 묻는 결과라 나쁘고 또 辰酉로 合하여 酉金을 끌어당기니 이는 어머니 계신 곳에 형제가 따라드니 기쁜 일이다.

16) 辛金일생이 巳火는 만나면

강렬한 불로 금, 은, 주옥珠玉이 녹아 버리나 만약 柱中에 酉나 丑이 있으면 剋이 아니라 힘이 되어 나를 도우니 이를 두고 원수가 은인이라 하며, 강약 조절이 잘 되어 있어서 그 광체가 눈을 부시게 빛나고, 지지장간地支藏干에 있는 丙火는 丙辛合이 되니 한 몸이 된다.

17) 辛金일생이 午火를 만나면

왕성한 火이므로 辛金 역시 연금軟金이 되므로 종래는 녹아 버리고
만다.

18) 辛金일생이 未土를 만나면

인수印綬로서 土生金을 받을 것 같으나 조토燥土가 되어 생을 받을 길
없으니 오히려 은인이 원수로 변하게 된다.

그러나 金旺에는 재고財庫로서 柱中에 財官의 별〈성星〉이 없어도 부
자가 되며 영달하게 된다.

19) 辛金일생이 申金을 만나면

뿌리를 내리나 음양이 달라 탁하게 되며, 天干은 外요, 地支는 內라
무쇠에 도금하여 놓은 것과 같은 것이다.

20) 辛金일생이 酉金을 만나면

관록궁冠祿宮으로서 힘을 얻고 酉中辛金으로 제자리를 얻었으니 中
秋계절로 맑고 고귀함을 한층 더 빛나게 하고 있는데, 태과太過는 마땅
치 않고 卯를 만남을 충파沖破로 크게 싫어한다.

21) 辛金일생이 戌土를 만나면

官庫요, 인수로서 土生金은 可하나 조열한 土가 되어 믿기 어렵다. 혹,

寅이나 午字는 합한中 剋하면, 종내終乃는 火剋金으로 剋을 받아서 쓰지 못하게 된다.

22) 辛金일생이 亥水를 만나면

상관傷官으로서 도기盜氣되고 또, 병궁病宮으로 미약한데 금침金沈으로 결국은 희생되고 마는바, 金旺에는 亥中의 甲木 正財가 소용지물所用之物로 되니 상관이라고 모두가 나쁜 것만은 아니다.

9장 임수론壬水論
– 출생일出生日 천간이 壬水일 때

壬水는 辛金 음陰이 극極에 이르러 변하여 양陽이 된 순서요, 또 가을에서 겨울이 되고 석양에서 밤으로, 결실에서 수장收藏(저장)으로, 백기白氣에서 흑기黑氣로, 폐肺에서 신腎으로, 의리가 지혜로, 한냉寒冷이 동결冬結로 변화한 것을 말하고 있는데, 이와 같이 형이상학적으로 나타나고 있는 것을 壬水라 하고 이에 반대되는 것을 癸水라고 한다.

壬水는 天干五行으로는 끝이요, 계절의 끝으로 종식되는 것 같으나 끝은 곧, 시작을 의미하고 있기 때문에 壬水는 임신이 되며, 또 하루에 끝은 밤이 되기는 하나, 시작 또한 밤인 영시零時와 같다고 하겠다.

하늘로는 구름, 정精, 수기水氣, 밤, 동절冬節 눈, 얼음, 시작이요, 진화의 근본이며 만물의 종주로서 다른 오행 작용에 없어서는 안 될 필요 불가결한 것이며, 심지어는 미생물에 이르기까지 수水의 지배를 받지 않는 것이 없고 또한 생명의 근원이 되는 것이다.

땅으로는 택澤이요, 지소池沼, 해수海水, 호수湖水 등으로 정지된 수水이며, 수평으로 흐르는 바닷물과 같은 횡류橫流(수평으로 흐르는 형상)를 하고 있는 것이 특징이다.

陽水로서 地支의 亥水와 같고 큰 물이요, 사수死水요, 강수剛水로서 庚金과 戊土를 기뻐하는데 이유는 金生水로서 水의 근원이며 戊土에는 제지당하여 둑, 댐, 제방堤防으로 지소池沼를 이루어 다목적으로 이용되기 때문이다.

본래 水는 음극陰極이나 양陽의 시초가 되니, 외음내양外陰內陽의 법칙에 의하여 陽이 포함하고 있으므로 겉으로는 보이지 않으나, 속으로는 陽이 회태回胎되어 생성되어있는 것이다.

다시 말하여 하루 시작이 子正부터 시작되고 또, 음력 11월 동지(子月)를 지나면서 낮이 길어지기 시작하는 것과 같다고 하겠다.

水는 본래가 맑은 것을 생명으로 하고 있으나, 지나치면 오히려 병이 되니 이는 지나치게 깨끗한 물에는 물고기가 살지 못하기 때문이다.

또, 陽水는 수평으로 횡류橫流하고, 陰水는 수직으로 종류從流하는 법칙으로 볼 때, 바닷물이 지구와 달의 인력引力뿐만 아니라 원심력遠心力 때문에 횡류하고 있으므로 지구가 밖으로 떨어져 나가지 않는다고 할 수 있는 것이다.

유추해보면 다리의 중간에 받침대가 없는 조교弔橋의 공법으로 미루어 볼 때, 일정한 원을 그리면서 힘을 유지하여야 그 무거운 다리가 무게를 감당할 수 있는 것처럼, 바닷물도 일정한 각도를 유지하면서 원을 이루고 또, 돌고 있기 때문이라고 볼 수 있다.

또, 水旺에는 木이 수로水路로서 水의 생명선이 되며 火가 旺하면 수증기로서 증발되고 탁수濁水가 되나, 水旺에는 차거운 것인데, 화로불을 얻은 것과 같고 또, 수화기제水火旣濟로서 가장 아름답다고 할 것이다.

土가 旺하면 물이 흐르지 못하여 썩은 물이 되며, 土에 흡수되어 水氣는 찾아볼 길이 없고 탁수가 되어 불가하지만, 水旺하면 호수요, 댐으로서 다목적으로 이용함이 좋다고 하겠다.

금金이 많으면 한냉지수寒冷之水이나, 순수한 金局은 오히려 좋으며, 水多는 윤하潤下로서 큰 바다에 도달하여 목적을 달성하는 데 水局이라야 吉하게 되는 것이다.

특히 水木이 응결하는 것과 탁수濁水는 되지 말아야 하니, 乙卯木을 만나면 습목으로서 응결되고 냉풍이요, 북풍설한北風雪寒이니 피하며 또, 木剋土로 제방을 파괴하여 水를 사방으로 흩어지게 해서는 쓸모없는 물이 되게 하니, 마음은 있어도 뜻과 같이는 되지 못한다.

火土가 많아 탁수가 되면 心氣가 어지러워, 수원水源에 비하여 하는 일은 방대한 것 같으나, 헛된 일을 많이 하고 또, 수심水深이 얕아서 물이 모일 곳이 없으면, 이는 타인에게 나를 드러내 놓은 결과가 되기 때문에 경솔하고 남에게 배신당하기 쉬운 것이다.

水의 성격은 바다와 같이 넓고 깊으며 인내심이 있고 지혜가 있으며 항시 수평을 이루고자 노력하고 환경에 적응을 잘하는데, 반대로 화가 났다 하면 성난파도, 노도怒濤와 같아 인마人馬를 상하기 쉬우니 마음을 걷잡을 수 없는 때도 있다.

水의 생수生數는 1·6이다. 五行의 시작으로 기획과 발명가에 많고 무엇이든 시작에 명수이나 끝맺음이 약하다. 그러므로 한 가지 일에 집착하여 끝까지 지속하면 실패를 면할 수 있으며, 크게 성공할 것이니 명심할 것이다.

만약, 사주명에 木이 없으면 평균平均신장身長을 넘기 어렵고 얼굴은 타원형이 많다. 또, 水가 旺하면 수심이 깊어 물의 깊이를 알 수 없는 것처럼 주인공의 마음 깊이를 알 수 없어 때로는 상대로부터 오해 아닌 오해를 받을 때도 있다.

또, 水는 밤이요, 겨울이며 검은색으로서 비밀秘密 신음呻吟 우수憂愁, 심지어는 기만欺滿, 도심盜心, 도적놈까지도 응용되어 근심이 많고 비밀이 많으며 도벽盜癖으로 남에게 피해를 많이 주는 인물도 있다.

水는 인체人體의 신기腎氣로서 기본 체력이 좋아 지칠 줄 모르는 저력이 있는 것은 좋으나, 정력이 지나쳐 음란할까 염려되고 미세한 소리까지 감지할 수 있는 특징이 있다. 비만 체질이 많으며, 나이가 들면 혈압, 풍병風病 등으로 오래도록 고생하다가 사망하는 경우가 많아서 흠이니 평소에 대비책을 세워 건강하게 생활하면 행복할 수 있을 것이다.

水는 희석시키는 작용을 하므로 술을 많이 마시고도 취하지 않으며, 1에서 生하고 6에서 成하며 수귀水鬼(물귀신), 수재水災 등으로 응용되고 직업으로는 정치가, 법률, 식품, 수산물, 해운, 항만, 양식, 냉동, 술, 무역, 등에서 성공하는 사람들이 많이 있다.

1) 壬水일생이 甲木을 만나면

식신으로서 기운이 설기되므로 수약水弱에는 불가하나, 木剋土하여 土剋水를 예방하므로 희생하나, 임壬水는 다시 살아나는데, 庚金 편인을 만나면 甲庚으로 충거하니 수원水源이 두절되므로, 고독을 면하기 어렵다.

2) 壬水일생이 乙木을 만나면

상관으로서 도기되고, 水木응결로 북풍北風이 가중되는데, 편인 庚金을 합거하고, 辛金 正印마저 乙辛으로 충거하며, 土마저 木剋土로 붕괴시켜, 土를 흩어지게 하니 자기 멋대로 하는 사람이요, 개인적인 생활 자체로도 패가망신하는 사람도 있다. 그러므로 강자일수록 약자인 식신, 상관을 두려워하는 이유가 여기에 있는 것이다.

3) 壬水일생이 丙火를 만나면

편재요, 병임충丙壬冲으로 충재冲財 당하고, 正印 辛金을 丙辛으로 합거하며, 편인 庚金마저 火剋金으로 물러서게 하니, 여자 하나 잘못 만나면, 큰 문제가 발생한다. 지나치게 재물을 탐내면 부모는 물론이요, 조상님의 고향마저 등지게 되고, 공부도 중퇴하게 되는 이유가 여기에 있다.

또, 병신합화수丙辛合化水하여서 水가 된다고는 하나, 비겁으로 변하여 손해를 자초하니, 모든 일이 성사되기 어렵다.

단, 水가 旺하고 火를 필요로 할 때는 충이 아니라 오히려 꼭! 필요한 불, 절대로 꺼지지 않는 불, 화롯불을 만나는 형상으로 귀한 별이 되는데, 이처럼 冲을 해도 吉하고 貴한 일도 있는 법이다.

4) 壬水일생이 丁火를 만나면

正財가 合身되면서 合化木으로 水木火가 함께 성립되어 만나게 되니,

융화가 잘 되어 금상첨화라, 比劫 癸水를 충거함은 정도正道를 따라 행동할 때는 방해자도 물러서게 되어 있으며, 때로는 친구도 멀리하게 되는 이유가 여기에 있다.

또 合化木은 부부가 열심히 합신하여 장모를 도와주기 때문에 다른 천간과는 특별하게 다른 점이 있다고 하겠다.

5) 壬水일생이 戊土를 만나면

편관으로서 수제受制되나, 水旺에는 제방으로 땜을 이루어 다목적으로 좋게 이용되며, 비겁 癸水를 戊癸로 합거함과 동시에 化하여 火가 되어 財가 되는데, 자손은 나를 보호하고, 재물까지 생기므로 일거양득이니 어찌 자손을 바라지 않을 것인가? 또 편관이라고 어찌 무조건 회피만 하겠는가?

6) 壬水일생이 己土를 만나면

正官으로서 좋으나, 수약水弱에는 대기大忌요, 식신 甲木을 甲己로 합거하니, 응용력이 부족하여 무조건 막기만 하는 형상이라 답답하겠다 (비겁이 없이 일간이 약하면). 그러나, 정직함은 따르는 자가 없는 것이다.

7) 壬水일생이 庚金을 만나면

편인으로서 원류가 튼튼하여 상관 乙木을 乙庚으로 합거하고 甲木 식신을 甲庚으로 충거하여 누기漏氣처를 제거하므로 욕심이 지나칠까 염려된다. 식상 甲, 乙을 극하므로 패망을 자초하니 生이 된다고 모두가 좋은 것은 아니다.

8) 壬水일생이 辛金을 만나면

正印으로서 金生水 받는 것은 可하나, 너무 청청淸하게 될까 염려가 되고, 乙木 상관을 乙辛으로 沖去하여 丙火 편재를 丙辛으로 합거하니 正은 역시 편偏과는 융화되기 어렵다.

9) 壬水일생이 壬水를 만나면

비견으로서 水弱에는 좋은데, 水旺에는 正財 丁火를 합거하고 편재丙火마저 丙壬으로 충거하니 재몰財沒하게 되는데, 정임합화목丁壬合化木은 누기漏氣처를 만들어 주므로 친구와의 만남은 좋은 지혜를 얻게 해줄 수도 있는 법이다.

10) 壬水일생이 癸水를 만나면

비겁으로서 수약水弱에는 도움이 되나 水旺에는 正財인 丁火를 丁癸로 충거하니 처妻와 시누이 사이에는 충돌이 있기 마련인가 보다.

그러나 戊土 편관이 여동생의 남편인 매부인데, 戊癸로 합거하여 합하면 무서워할 것이 없고 合化火로서 재물까지 생기니 시누이의 도움을 받게 되는데, 그러나 비겁이 강왕 해져서 잘못되면 제방이 무너져 주유천하酒遊天下로 허송세월을 하게도 된다.

11) 壬水일생이 子水를 만나면

旺宮으로서 힘이 되는데 태과太過는 불가不可하고 外는 陽水요, 內는 陰水라 외양내음外陽內陰으로 겉 다르고 속 다를까 염려되는데, 水剋火는 잘하나 水生木은 어려운 이유는 한냉지수寒冷之水인 까닭이다.

12) 壬水일생이 丑土를 만나면

土剋水로 물의 흐름을 막을 것 같으나, 丑은 金의 창고로서 水를 生하고 또, 12월로서 아직 겨울이며 丑時는 밤중이기 때문에 착근着根을 할 수 있다.

13) 壬水일생이 寅木을 만나면

병궁病宮이요, 식신으로 水氣가 소멸되며, 또, 야반3경에 寅인 새벽을 만나면 어두움은 물러가고, 겨울을 지나 봄이 시작되는 입춘立春이 되면 삼동三冬도 물러가는 것과 같은데, 水旺에는 없어서는 안 될 귀한 것이 된다.

또, 서북풍이 서서히 동남풍으로 바뀌게 되니 일거양득이라 하겠다.

14) 壬水일생이 卯木을 만나면

상관이요, 도기盜氣이며 사궁死宮인데다가 二月에는 水氣가 역류하는 때라 水木의 응결로 북풍설한을 조성하니, 이것이 寅木과 다른 점이다.

따라서 水는 寅木과 동화가 잘되나 卯木과는 동화가 어려운 것이 흠이라 하겠다.

15) 壬水일생이 辰土를 만나면

水자체의 자기입묘自己入墓요, 편관으로서 수제受制됨이 다른 五行의 입묘入墓와는 다른 점이다.

또, 춘삼월春三月로서 지상의 水氣가 지하의 火氣와 교차되는 때라 辰中癸水에 통원通源될 듯하나 申이나 子, 또는 酉와 만나기 전에는 득근得根될 수 없는 것이다.

16) 壬水일생이 巳火를 만나면

절궁이요. 강열한 불에 증발되어 水氣는 찾아볼 수 없으니, 어찌 四月 초여름에 겨울철의 냉한 氣를 느낄 수 있겠는가?

혹자는 巳中庚金이 金生水하므로 절처봉생絶處逢生되어 통원通源된다고 할 수 있으나, 酉나 丑을 동반하기 전에는 水는 생명을 유지하기 어렵다.

여기서 절처봉생이라고 하는 것은 완전하게 뿌리를 내릴 수 있는 것이 아니라 이제 끝이면서도 다시 시작할 수 있는 전기轉機가 미약하게 보이고 있는 것을 의미할 뿐이다.

17) 壬水일생이 午火를 만나면

정재요, 태궁胎宮이라 水氣는 의지할 길이 없다. 그러나, 水旺에는 午中丁火인 정재 己土인 정관을 얻을 수 있으니 財官을 얻는 기쁨이 있다. 그러나, 水弱에는 물의 흐름이 막히게 되고 또, 조토燥土로서 土에 水氣가 흡수되어 보존할 길이 없으나, 水旺에는 官과 財까지 얻으니 기쁘기 한이 없다는 것이다.

18) 壬水일생이 未土를 만나면

水弱에는 물의 흐름이 막히게 되고 고갈되니 水氣를 보존하기 어려우나, 水旺에는 未中 己土인 정관과 丁火인 정재를 얻게 되니 록마祿馬를 모두다 구비하게 되는 부귀富貴쌍전雙全의 명이 된다.

19) 壬水일생이 申金을 만나면

편인이요, 장생으로서 水氣가 끊이지 않으니 유유장천流流長泉하여 물의 임무를 다할 수 있으므로 칠년 가뭄에도 水氣가 마르지 않게 된다.

20) 壬水일생이 酉金을 만나면

正印이요, 金生水로서 의지처가 되나, 너무나 맑고 깨끗한 청백지수淸白之水라 흠이 된다.

21) 壬水일생이 戌土를 만나면

편관이요, 財官의 창고이며, 土剋水로서 물흐름을 막게 되며 탁한 水가 되어 크게 싫어한다. 그러나, 水旺에는 제방을 쌓는 데는 없어서는 안 될 귀성貴星임과 동시에 財官의 창고를 장악하니 부귀쌍전의 팔자명이 된다.

22) 壬水일생이 亥水를 만나면

관궁冠宮이요, 비견으로서 록祿의 제자리를 찾으니, 上下가 균형을 이루면서 능생만물能生萬物하니 조화가 무쌍하다.

10장 계수론癸水論
- 출생일出生日 천간이 癸水일 때

癸水는 壬水 陽이 극極에 이르러 변화하여 陰이 됨을 말하며 천간天干을 일주一週하여 끝이 된다. 일년 4계절에 비한다면 봄인 木으로 시작하여 겨울철 水까지 一年이 다함을 말해주고 있는 것이다.

이와 같이 시작과 끝이 정연하고 음양陰陽의 교차로 일푼의 오차도 없이 순환하고 있기에 계癸는 법으로도 통하고 있고, 또 끝이자 시작이며, 시작이 곧 마지막이 되기 때문에 壬水와 함께 만물의 근원이 되고 있는 것이다.

하늘로부터 수직垂直으로 내리는 빗물, 이슬이요, 陰水이며 부드러운 약수이며, 땅으로는 천수泉水, 生水, 활수活水로서 정지되어 있지 않고 수직으로 흐르고 있는 물로서 종류從流의 물에 해당한다.

따라서 주전자에 담겨 있을 때는 陽水이나, 주전자 꼭지에서 흘러나올 때는 陰水가 되는데, 이 陰水 중에서도 수맥水脈을 따라 역류하고 있음을 알게 되며, 이러한 이치로 볼 때 산꼭대기에서도 물이 나오고 있는 경우 때문에 토목건축 공법에서는 소홀히 할 수 없음을 유념해야 한다고 본다.

壬水는 陽이라서 같은 여자라 하여도 남자의 기질이 있는데, 癸水는 애교가 만점이요, 아양이 많고 유연하기 때문에 나이 많은 사람을 잘 섬기는 것이 특징이다.

1) 癸水일생이 甲木을 만나면

상관으로서 설기됨은 싫어하나, 편관 己土를 합거合去하여 土剋水를 예방하여 보신함이 좋다. 그러나 합화토合化土하여 다시 癸水를 剋하므로 잘못하면 내가 파놓은 함정에 빠져들까 염려되고, 庚金을 甲庚으로 충거하여 보급로를 차단하니 일시에 매몰됨이 여기에 있다.

2) 癸水일생이 乙木을 만나면

식신으로서 옷과 밥을 스스로 챙겨 올 것 같으나, 습한 木이 되어 종래는 水木이 응결되어 기대하기 어려우니 식신도 식신 나름이다.

정인경금正印庚金을 乙庚으로 합거하나, 다시 화금化金하여 金生水하니 염려할 것은 없는데, 辛金 편인을 乙辛으로 충거함은 탁수濁水가 될까 두려운 것이다.

3) 癸水일생이 丙火를 만나면

정재正財로서 배고픈 사람이 음식을 얻고, 추운 사람이 따듯한 태양을 만난 형상으로 낮과 밤이 공존하고 陰 陽이 合하니 만물이 자생할수 있어 대단히 좋은데, 비겁 壬水를 충거하니 역시 본처인 丙火 正財는 없어서는 안 될 귀중한 자리를 차지하니, 본처를 박대하는 자가 패망하는 이유가 여기에 있으며, 수약水弱에는 화다火多하게 되면 癸水가 증발되고 마니 중화中和가 제일이다.

4) 癸水일생이 丁火를 만나면

편재이면서 정계丁癸로 상충이라 탐재貪財하는 사람은 싸움에 욕먹게 되고, 재취再娶한 부인과는 항상 보이지 않는 벽이 있게 된다.

또, 소실은 소실이지, 그 이상도 이하도 될 수 없는 이유가 여기에 있으며, 비겁 壬水를 丁壬으로 합거合去함은 가하나, 음란할까 염려되니 아마도 소실치고 의심을 받지 않는 사람은 없을 것 같다.

5) 癸水일생이 戊土를 만나면

정관正官으로 합신하고 합화合化 火로 財를 발생하니 시댁을 위하여 혼신을 다 바치며 또, 맞벌이 부부가 되어도 한없이 즐거운데, 癸水를 끌어들이는 戊土의 힘이 무겁다고 하겠다.

또, 비겁 壬水를 土剋水로 제거하니 재물을 빼앗아가고 방해하는 자를 물리치고 있으니 좋으나, 여성은 나이 많은 남성을 모시는 것이 흠이 되기는 하나 이치가 이러하니 어찌하랴!〈젊은 여자가 목욕을 하고 나오면 요염하고 아름다운 것인데, 그 모습을 보는 모든 남자들은 탐을 내게끔 되어 있다. 이러한 이치는 물이란 그때그때의 환경에 따라 변화가 무쌍하고, 자유롭게 놓아두면 흘러가 버리려는 특성이 있는데, 이것을 조절하고 다스리는 오행은 土인 것이다. 그런데 戊土는 투박한 특성이 있으므로 늙은 남성으로 표현하고 통변하기 때문이다. 그래서 나이 많은 사람을 모신다는 표현을 한 것이다.〉

6) 癸水일생이 己土를 만나면

편관으로 억제당하여 몸이 상하기는 하나 수왕水旺에는 제방으로서 좋고, 甲木 상관을 甲己로 합거한다.

또, 다시 合化土하여 나의 몸을 극하니 역시 초록은 동색同色이므로 애당초 믿지 말고 회피함이 상책이다.

7) 癸水일생이 庚金을 만나면

正印으로서 金生水 받으니, 수원水源이 튼튼하니 좋고, 甲木 상관을 甲庚으로 충거 하니 도기처盜氣處를 막고, 식신 乙木을 乙庚으로 합거함과 동시에 다시 合化金하여 金生水하는데, 과하게 욕심이 지나치게 되면, 한냉한 물로 인因하여 스스로 죽을까 걱정된다.

8) 癸水일생이 辛金을 만나면

편인으로서 金生水 받고 乙木 식신을 乙辛으로 충거하여 水木응결을 예방하는 것까지는 좋으나, 丙火 정재를 합거하니 금수쌍청金水雙淸으로 속세와 인연을 달리할까 염려된다. 〈맑은 물에는 고기가 못 사는 것처럼 탁한 속세에서 살아야 가정도 있고 희비 쌍곡선을 그리고 살 터인데, 깨끗하고 맑은 차원의 세상에서야 도道 닦으면서 살아야 하기 때문이다.〉

9) 癸水일생이 壬水를 만나면

陰이 陽을 만나 비겁으로서 癸水가 壬水에 방해받아 癸水의 존망이 우려되는데, 丙火 정재를 丙壬으로 충거하고 편재 정화마저 丁壬으로 합거하니 친구 잘못 사귀면 낭비만 많을 뿐만 아니라 또, 가정파괴까지 자연히 따르게 되는 이유가 여기에 있는 것이다.

10) 癸水일생이 癸水를 만나면

비겁으로서 水弱에는 좋으나, 戊土 정관을 合去하니 남자는 직장을 잃고 여자는 남편을 빼앗기게 되며 丁火편재를 놓고 싸우게 되니, 밤은 깊어 가는데 별빛마저 잃어버린 결과라 끝내는 함정에서 헤어날 길이 없는 것이다.

11) 癸水일생이 子水를 만나면

비견이요, 자중계수子中癸水를 얻어 통원이 되나, 음수陰水의 슴이요, 한수寒水의 자리가 수극화水剋火는 잘하나, 수생목水生木은 어렵다. 또 자체조화自體造化를 이루기 힘드니 생긴 대로 그렁저렁 살다가 가는 인생이 되기 쉽다.

12) 癸水일생이 丑土를 만나면

인수의 고庫요, 12月인 동절冬節이 되어 丑中의 癸水와 辛金이 통원通源되나, 丑土가 극수剋水하여 水氣가 약해지고 없어진다고 보아서는 안 된다.

단, 丑土가 월지가 아닐 때, 충형冲刑을 만나서 파괴되고 있을 때는 예외가 될 수도 있다.

13) 癸水일생이 寅木을 만나면

상관이요, 또 약弱한 물이 강대한 조목燥木을 만나 완전히 흡수되어 水氣를 찾아볼 수 없구나, 水旺에는 응결을 예방하고 인중병화寅中丙火 정재正財가 무한정 욕심이 생긴다. 水生木을 잘하여 목적을 달성하게 된다.

14) 癸水일생이 卯木을 만나면

비록 장생이라고는 하나, 이는 陰水 즉, 보이지 않는 물이 2月의 목왕절木旺節을 만나 목극토木剋土로서 땅의 세포가 균열되어, 수맥水脈이 열리면서 상승 작용을 함과 동시에 나무에도 수분의 함량이 많아지게 되는 때문인데, 생사生死에 있어서는 壬水와 같이 사궁死宮이요, 설기가 되는 장소로서 水木이 응결되므로 싫어하며, 재주는 많으나 얻는 것이 하나도 없게 된다.

15) 癸水일생이 辰土를 만나면

수고水庫로서 진중계수辰中癸水에 통원通源될 것 같으나 땅속의 물이기 때문에 개발을 하기 전에는 癸水의 도움이 될 수 없으며, 정관이라도 토극수土剋水하여 水를 억제하니 끝내는 병이 된다.

16) 癸水일생이 巳火를 만나면

정재正財로서 사巳 지지장간中에 병경무丙庚戊 즉, 財. 官. 印. 3星을 얻어 대단히 좋은데, 이것도 水氣가 왕하고 형충刑沖이 없을 때 비로소 성립되지만, 수기水氣가 허약하면 강한 불에 증발되고 지지장간중에 무토戊土가 무계합화戊癸合化 화火 하여 재왕財旺하게 되니 결국에는 재물을 탐욕하게 되어 자신을 망치게 된다.

17) 癸水일생이 午火를 만나면

절지絶地요, 午中丁火에 충패沖敗되어 水氣가 단절되어 흉하다. 그러나 水旺에는 午中丁火와 己土인 財와 官을 얻게 되니 귀성貴星으로 군림하게 된다.

18) 癸水일생이 未土를 만나면

편관偏官이요, 조토燥土로서 물의 흐름을 막게 되고 흡수되어 水氣를 찾을 길이 없게 된다.

19) 癸水일생이 申金을 만나면

正印으로 金生水받아 원류原流가 튼튼하니 사궁死宮이 아니라 壬水와 같이 長生이 되는데 신궁임수申宮壬水에 의하여 癸水 陰이 방해받음으로 金이 旺하면 水가 탁濁해진다는 것이 이를 두고 한 말이다.

20) 癸水일생이 유금酉金을 만나면

편인偏印이요, 金生水받아 힘이 되는데, 금수쌍청金水雙淸으로 지나치게 깨끗한 물이 될까 염려된다.

21) 癸水일생이 戌土를 만나면

正官이요, 또 재관財官을 얻어 일거양득인데 水氣가 막히게 되어 탁한 물이 된다. 썩은 물은 크게 피해야 하니, 이는 癸水인 여자가 지지장간 술중무토戌中戊土인 숨어 있는 은밀한 남자에게 미치게 되면 스스로 죽게 되는 것과 같다고 하겠다.

22) 癸水일생이 亥水를 만나면

비겁이요, 또 통원通源되어 水氣로서 임무를 완수하게 되는데, 외음내양外陰內陽으로서 항시 여유가 있고 조화가 비상하며, 끝이자 시작으로서 만사에 귀감이 되고 있는 것은 아마도 癸水와 亥水인 것 같다.

11장 12지지론地支論

지지地支는 천간天干과는 달라서 地支 자체로서 생사를 좌우하고 있다. 따라서 天干의 수제受制가 크게 겁나지 않는다. 다만 地支끼리의 相生과 合局으로의 변신, 또는 冲, 刑 등에 의하여 상하게 되므로, 다봉극多逢剋, 형충刑冲으로 인한 활동 정지와 때를 잘 살펴 결론을 내려야 한다.

가령 子水라고 한다면 추동절秋冬節에만 힘을 최대한 능력껏 배가할 수 있지만, 춘하절春夏節에는 힘을 쓸 수 없어 상신傷身이 되기 때문이다.

그러나 여기에서 12地支를 10천간까지도 모두 연결하면서 상대적으로 풀어서 나가게 되면, 천문학과 연결되므로, 이것에 대한 설명 또한, 너무나도 복잡다단하게 될 것으로 생각된다. 그러므로 쉽게 단편적으로 12地支에 대한 성질과 특성 및 地支끼리의 관계만을 강술코자 하는 바이다.

1) 자수론子水論

子水는 12지지의 머리가 되며 水氣, 11月, 동지冬至, 자정子正, 빙설氷雪, 한류寒流, 한냉수寒冷水, 음수陰水, 천수川水, 활수活水, 낮은 곳으로 흐르는 특성, 정북正北, 연못인 감坎, 일양시생一陽始生, 외양내음外陽內陰, 인체로는 콩팥腎, 쥐, 검은색, 숫자로는 1, 6, 지혜智慧 등에 해당하며 水의 왕궁旺宮, 金은 사궁死宮에 入하여 金이 물에 가라앉고, 火는 꺼지며 土는 얼어 동토凍土가 된다.

甲木은 패지敗地로 목욕沐浴이 되고 습한 목이 되기 때문에 水生木을 하나 水木이 응결凝結되고 만다. 냉풍冷風으로서 木의 임무를 상실하며, 子水는 어떠한 五行을 만나도 변질되지 않는 특징이 있다.

丑土와 더불어 육합六合이 되고 申, 辰과는 삼합三合이요, 亥, 丑과는 방합方合이며, 卯와는 상형相刑이요, 未와는 육해살六害殺에 원진살怨嗔殺까지도 더하게 된다.

(1) 子水가 子水를 만나면

자자子子로 수국水局이 되나 동지冬至달이 둘이나 되며, 한냉지수寒冷之水라 수극화水剋火는 잘하나 수생목水生木은 어렵고, 결국에는 나무가 물에 떠다니다가 꽁꽁 얼어 동목凍木이 되며, 水木이 응결되므로 흠이 된다.

때로는 합은 잘하면서도 결정적일 때에는 子中癸水가 서로 난립하여 각기 주장이 강하여 와해(瓦解: 산산이 무너지고 흩어짐) 될까 염려가 된다.

(2) 子水가 丑土를 만나면

土剋水받아 극을 받을 것 같으나 꽁꽁 얼은 토土요, 습한 흙이 되며 같은 동절冬節로 변하여 水局이 되는 이치라, 水氣가 더욱 왕성하게 되는데, 흠이 있다면 水剋火는 잘하는데, 水生木은 하지 못한다.

축丑토는 金의 창고가 되는데, 얼음과 같은 丑土는 水와 같이 물에 떠다니는 빙하氷河를 연상케 한다.

子丑이 합하여 土가 된다고 고전에 명시된 이유는 필자의 견해로는 丑토는 음력 12월에 꽁꽁 언 얼음덩어리와 유사하므로, 이 형상을 빙하와 같은 동토凍土라고 보았을 것으로도 사료된다.

또한, 지리학적인 견해로 子, 丑인 북극지방에 빙하를 연상해 보는 것은 또, 어떨까? 생각해 본다.

(3) 子水가 寅木을 만나면

수생목을 하기는 하지만, 子水는 탈진되고, 寅木은 엄동설한 동짓달의 한냉한 수기水氣를 만났으니, 서로가 생존하기가 쉽지 않다.

(4) 子水가 卯木을 만나면

子와는 상생, 상형相刑이요, 水木이 응결되면서 냉풍冷風이 조장되고 불필요한 일만 발생하게 된다. 水生木으로 生함에 욕심내는 탓에 형刑이 됨을 잊게 된다. 상생해서 흉이 해소될 것 같으나, 子水가 寅이나 卯木을 만남은, 일단은 水生木으로 설기洩氣가 되므로 끝에 가서는 온몸의 힘이 탈진되어서 凶이 된다.

⑸ 子水가 辰土를 만나면

12운성법으로 입묘入墓요, 土剋水받아 水의 흐름을 막을 것 같으나, 子辰으로 반합半合하여 水局이되니, 水氣가 왕성하여지는 것은 사실이나, 辰土는 춘삼월春三月이라 다시 땅속으로 水가 흡수되기 쉬우니 가급적이면 속전속결이 유익하게 될 것이다.

⑹ 子水가 巳火를 만나면

극을 하며, 충패沖敗된다.

⑺ 子水가 午火를 만나면

극을 하며, 충패沖敗된다.

⑻ 子水가 未土를 만나면

土剋水로 극을 받는데, 원진살과 육해살이 모두 형성이 된다.

⑼ 子水가 申金을 만나면

金生水받고 또 申子水局에 물의 장생지長生地가 되어 원류源流가 풍부하여 가장 좋아한다.

⑽ 子水가 酉金을 만나면

金生水받는 것까지는 좋으나 너무 청수淸水가 될까 걱정된다.

⑾ 子水가 戌土를 만나면

土剋水받아 수제受制되며 水氣가 막히고, 또 술중무토戌中戊土와 子中癸水가 무계戊癸로 암합暗合이 된다.

⑿ 子水가 亥水를 만나면

방위합국方位合局이 되는 旺한 水요, 차가운 한류寒流가 극極에 이르게 된다.

2) 축토론丑土論

축토丑土는 12月 동토凍土, 습토濕土, 음토陰土, 새벽 1시 30분부터 3시 30분까지요. 일년중 음력12월 중기인 대한大寒 절기에 해당한다. 그래서 본래 土이면서도 土로서의 임무를 이행하지 못하고 있기에 완전한 土라고 생각하여 응용하면 큰 착오가 생기니, 주의하여 응용하여야 한다.

따라서 金은 입묘入墓되면서도 土生金을 받을 수 있으니 자양지금滋陽之金이요, 火는 꺼지게 되며 土剋水는 못하고 木은 뿌리를 내릴 수 없으니, 土이면서도 金, 水에 가까운 것이 축토丑土인 바, 이 점을 깊이 생각해야 한다.

子水와는 六合이면서도 북방水局이 되고, 巳酉와는 三合으로 金局이요, 亥子와는 북방위합北方位合으로 水局이 된다.

미未와는 冲하고 술戌과는 형刑하며 오午와는 육해六害애 원진살이 함께하고, 또 겨울에서 봄으로 계절이 바뀌는 중간에 중계하는 매개체이기도 하다.

丑은 金의 고장庫藏으로서 충冲이나 형刑을 만나야 비로소 창고가 열리게 되어 길吉하게 된다. 그러나, 충이나 형을 많이 만나면 창고 문이 파손되는 파문破門되기 때문에 과過하면 오히려 흉하게 되는 것이다.

(1) 丑土가 子水를 만나면

변하여 水局으로 水氣가 강왕强旺하여 지는 것은 사실이나 水生木을 못하니 스스로의 조화造化가 어렵다.

(2) 丑土가 丑土를 만나면

다른 五行으로 변화는 없으나 동동凍, 습濕이 강왕해지는 것을 면할길이 없다.

(3) 丑土가 寅木을 만나면

木剋土당하여 붕괴되나 丑中辛金과 己土가 寅中의 甲木과 丙火와 甲己 丙辛으로 의좋게 만나고 있어 일명 간방합艮方合으로 응용하나 五行의 변화는 없다.

(4) 丑土가 卯木을 만나면

木剋土받아 붕괴되는데, 寅木과는 陰陽의 氣가 다르다. 卯木은 陰 대陰이 되어 목극토하는데, 인정사정이 없이 극을 받게 된다.

(5) 丑土가 辰土를 만나면

土氣가 旺하여 지나, 냉습冷濕이 당권當權하여 만물이 자생할 수가 없게 된다.

(6) 丑土가 巳火를 만나면

火生土로서 土氣가 旺할 것 같으나, 사축합巳丑合, 금국金局이 되기 때문에 土도 火도 아닌 金으로 변질된다. 또, 축중 개수 신금 丑中 癸水 辛金과 사중병화巳中丙火와 무토戊土가 병신丙辛 무계戊癸로 정답게 암합暗合하고 있어 철저한 合이 된다.

(7) 丑土가 午를 만나면

火生土받는 것은 틀림없으나 임무를 다할 수는 없고 또, 육해六害와 원진살이 겸임兼任하게 된다.

(8) 丑土가 未土를 만나면

충冲으로 개고開庫(창고가 열림)되니 기쁘나, 丑土(丑은 金의 창고요, 未土는 木의 창고로 금극목하기 때문이다)가 너무 旺해서 편중되면 파괴되므로 싫어한다.

(9) 丑土가 申金을 만나면

아생자 我生者 土生金으로 도기盜氣되어 축토는 허토虛土가 된다.

(10) 丑土가 酉金을 만나면

酉丑으로 金局이므로 土가 아니라 金으로 변질이 되었으니, 어찌 土로서만의 임무를 완수할 수 있겠는가?.

(11) 丑土가 戌土를 만나면

축술형丑戌刑으로 丑土(火剋金)는 무너지게 된다.

(12) 丑土가 亥水를 만나면

亥丑으로 水局이 되면서 축중기토丑中己土와 해중亥中 갑목이 갑기甲 己로 암합暗合하기는 하나, 水氣가 강왕하여 土가 아니라 水로 결국은 변하게 된다.

3) 인목론寅木論

인목寅木은 정월지기正月之氣로 초춘初春이요, 양목陽木, 강목剛木, 조 목燥木, 사목死木, 3양지목三陽之木, 입춘立春, 간방艮方, 인화물질, 폭발 물, 새벽, 호랑이, 등에 해당하고 만물을 일깨워 주고 빛과 광명을 주기 때문에 타인에게 좋은 일을 많이 한다.

또, 寅中에는 丙火가 저장되어 있고 火의 장생궁長生宮이 되어 午 또 는 戌을 만나면 火局으로 변화하고 亥와는 六合으로 木局이요, 묘진卯 辰과는 방국方局으로 木局이 되는데, 木이면서도 火에 가까운 것이 寅 木의 특징이기도 하다.

신申과는 충沖하고 사화巳火는 형刑하기 때문에 대기大忌하고 金의 절 지絶地요, 水의 병궁病宮이면서 누기漏氣요, 도기盜氣되는 곳이다.

寅木은 地支에 木이 되고 왕양지수汪洋之水라 하여도 부목浮木이 되지 않으며, 또 능히 납수納水(물을 흡수함)하여 水木응결이 아니라 오히려 응결을 해소시켜 주는 힘을 갖고 있다.

이는 칠흑같이 어두운 밤에도 인시寅時가 되면 어둠이 물러가는 것과 같고 엄동설한도 입춘이 되면 해동되기 시작하는 이치와 같은 것이다.

火는 인목이 장생長生으로서 수다水多라도 화식火息되지 않는데, 수생인목水生寅木 목생화木生火로 生이 탐이 나서 剋함을 잊고 있기 때문이다.

또, 土는 木剋土받아 붕괴되나, 戊土는 丙火와 같이 공존하고 있어 극중생剋中生이 되기 때문에, 완전히 파괴되지 않는다는 것을 주의할 것이다.

木은 착근하여 인자함을 근본으로 함과 동시에 寅中 甲木과 丙火로서 크게 자라서 꽃을 피우게 되는 남산南山의 거목巨木이 된다.

(1) 寅木이 子水를 만나면

水生木을 받으면서도 한수寒水가 되어 나무가 성장하기 쉽지 않다.

(2) 寅木이 丑土를 만나면

土이면서도 착근着根하기 쉽지 않으니 애석한데, 지지地支장간끼리는 甲己, 丙辛이 각각 합이 되고 있다.

(3) 寅木이 寅木을 만나면

木旺으로 대단히 좋으나, 장간에 甲木이 각기의 주장으로 분산되기 쉬우니 亥水로 합하도록 하여 예방하는 것이 좋을 것이다.

(4) 寅木이 卯木을 만나면

寅卯 木局으로서 木氣가 강왕하여진다.

(5) 寅木이 辰土를 만나면

寅辰이 역시 木局이라 살찌고, 착근着根이 튼튼하게 되므로 강풍에도
우뚝 서 있을 수 있다.

(6) 寅木이 巳火를 만나면

木生火로 도기盜氣되는데 인사寅巳로 형파刑破라, 사중경금巳中庚金과
인중갑목寅中甲木이 갑경甲庚으로 충파冲破되니, 內外가 모두 상하게 되어
火氣만 충천冲天하게 된다.

(7) 寅木이 午火를 만나면

사궁死宮이요, 寅午로 합하여 火局이 되니, 木으로 보아서는 안 되며,
地支장간끼리는 甲己로 합하게 된다.

(8) 寅木이 未土를 만나면

자신의 창고로서 고목이 되니 木의 생명이 다하게 되는데, 지지장간
끼리는 甲己로 합하고 또, 같은 木을 동반하고 있으면서도 合局이 안 되
며, 까다로운 귀문관살이 형성되니 당사자가 아니고서야 어찌 그 심정
을 알 수 있겠는가?

(9) 寅木이 申金을 만나면

寅申으로 충패沖敗요, 또, 가을철의 나무로 낙엽지는 형상이다. 寅午, 寅戌 火局이 되면서 木氣가 旺할 때는 寅中甲木을 申宮의 庚金이 甲庚 沖으로 도끼로 나무를 잘게 잘라서 불에 잘 타게 도움을 준다,

(10) 寅木이 酉金을 만나면

金克木으로 수제受制되며 절궁으로서 木氣는 멸하게 되고, 寅과 원진 이 되면서도 지지장간끼리는 丙辛이 합을 한다.

(11) 寅木이 戌土를 만나면

寅戌 火局으로 변하여 木氣가 사라진다.

(12) 寅木이 亥水를 만나면

長生이요, 生合되므로 12支中 제일 기뻐한다.

4) 묘목론卯木論

묘목卯木은 二月로서 중춘지기仲春之氣요, 사양四陽이요, 오전 5시 30 분부터 7시 30분까지이며, 음목陰木. 습목濕木. 활목活木. 생목生木. 유 목柔木. 양유목陽柔木. 초근草根. 정동正東. 진풍震風. 수족手足. 3과 8의 숫자數字로 응용되고 있으며, 습한 활목活木이기 때문에 목극토木剋土는 잘하나, 목생화木生火는 어렵다.

따라서 습목濕木은 火를 일으킬 수 없는 것이며, 또 목다화식木多火息(

약한 불에 젖은 나무를 많이 올려놓으면 불이 꺼짐)이란 말은 바로 이것을 두고 하는 말이다.

正東 쪽 방위方位에 해당되고, 지지地支장간에 하나밖에 없어 어떠한 五行을 만나도 변화되지 않는 것이 특징이다.

따라서, 묘술卯戌로 육합六合이 되어 합화合化하여도 火의 기운이 약하며, 묘미卯未의 목국木局은 미중정화未中丁火가 있어 木生火 할 수 있으나, 해묘亥卯 목국木局은 습목濕木이 되므로 木生火가 어렵고, 묘진卯辰과는 동방 목국木局이요, 子와는 자묘子卯로 상형相刑하고, 유酉와 충沖하며 신申과는 원진怨嗔이 된다.

卯는 의약, 法, 종교, 철학 등과 인연이 있으며, 木의 왕궁旺宮이요, 水의 사궁死宮이며, 水木으로 응결됨이 흠이요, 丙火의 목욕궁沐浴宮이며 金의 절궁絶宮이 된다.

土는 木剋土로 극을 받아 붕괴되는데, 비록 陰木으로서 弱하다 하나, 득국得局하면 동량지목棟樑之木으로 보아야 마땅하며, 寅木은 木生火를 잘하는데, 卯木은 목생화 하지 못함이 寅木과 다른 점이라 하겠다.

(1) 卯木이 子水를 만나면

水生木은 받으나 응결되어 조화를 이룰 수 없고, 자묘子卯로 형살이 되면서도 형중생刑中生이 되어 형살刑殺작용이 다소 경미할 것 같으나, 형살刑殺이 그대로 100% 작용한다.

(2) 卯木이 丑土를 만나면

재살지財殺地로서 丑中己土는 財, 辛金은 殺로서 나무의 뿌리를 剋을 하니 木의 성장은 정지되고, 또 동목凍木 습목濕木이 되므로 잘 조화되기 쉽지 않다.

(3) 卯木이 寅木을 만나면

음지陰地의 나무가 양지陽地의 나무로 변화하고 또, 습목濕木이 양목陽木, 조목燥木, 버드나무가 대림목大林木 즉, 동량지재棟樑之材로 전환되기 때문에 나무로서의 임무를 완수함은 물론 좋은 친구를 만나 인생이 행복해지는 방향으로 달라지는 것과 같다고 할 수 있겠다.

(4) 卯木이 卯木을 만나면

木氣로서는 왕旺하다고 할 수 있으나, 풍습風濕을 면할 수 없으며, 결국에는 각기 주장을 내세워 하나로 합할 수 없는 것이 흠이다.

(5) 卯木이 辰土를 만나면

묘진卯辰으로 목국木局이 되나, 풍습風濕이 당권當權하여 生火에 지장을 초래하게 된다.

(6) 卯木이 巳火를 만나면

木生火로 도기盜氣요, 나무가 불에 타 버리는데, 巳中庚金과는 乙庚으로 암합暗合함이 있다.

(7) 卯木이 午火를 만나면

역시 설기洩氣가 되며, 나무가 불에 타버리기 때문에 木은 사궁死宮에 들게 된다.

(8) 卯木이 未土를 만나면

입묘入墓되면서도 묘미卯未로 목국木局을 형성하여 목기木氣가 다시 살아나니 이를 두고 寅木과 비교하여 보면 그 차이가 다른 것이다.

(9) 卯木이 申金을 만나면

金克木으로 수제受制되고 가을철의 나무가 낙엽 지는 나무로 절목折木되면서도 申宮中에 庚金과 을경합乙庚合을 한다.

(10) 卯木이 酉金을 만나면

절지絶地요, 묘유卯酉로 충패沖敗되므로 목기木氣를 찾을 길 없다.

(11) 卯木이 戌土를 만나면

묘술합卯戌合은 가可하나, 합으로 묶여 작용을 상실하니, 만권萬權이 정지되는 것과 같은 형상이다.

(12) 卯木이 亥水를 만나면

水生木에 해묘亥卯로 木局되어 木旺은 틀림없으나, 습濕한 木이 되어 木生火를 못 하므로 인색할까 걱정된다.

5) 진토론辰土論

진토辰土는 삼월지기三月之氣로 5양五陽이며, 오전 7시 30분부터 9시 30분까지를 지배하며 양토陽土 습토濕土 사토死土, 손방巽方·가색稼穡의 土로서 만물을 배양하고 진중辰中에는 숨어 있는 천간이 乙木과 癸水가 있다.

戊土로서는 정재正財 정관正官이라 12지지 中 재관2덕財官二德을 가진 것은 진토辰土 밖에 없으며, 따라서 土中에서도 진토眞土 구실을 하고 있고, 또 용龍, 괴강, 라망. 천라지망天羅地網살 등으로 응용되고 있다.

주중柱中에 진토辰土가 있으면 풍습風濕을 주의하여야 한다. 당뇨병 등으로 고생하는 이유는 土는 감미甘味요, 水庫로서 水氣가 모이는 곳이기 때문이며, 때로는 춘삼월春三月이 되어 온난지토溫暖之土라고도 한다.

또, 辰은 용龍으로서 조화造化를 근본으로 하는데, 중화中和를 잃어버리면, 매사가 꿈속에서 본 황금에 불과하나, 木과 친함은 三月이며 봄철이기 때문이다.

또, 유금酉金과는 진유辰酉로 육합六合이 됨과 동시에 금국金局이요, 해수亥水와는 원진이고 戌土와는 충沖하여 개고開庫되어야 재관財官을 용용用한다고 볼 수 있다.

다봉多逢하면 파문破門되기 때문에 싫어하며, 木은 辰土에 착근해서 좋다고는 보나, 봉충逢沖은 뿌리가 뽑히는 것 같다.

火의 기는 감춰져서 보이지 않고, 土는 가색稼穡의 공공功을 이룰 수 있으나, 변질되지 말아야 한다.

金은 土生金받아 힘이 되므로 자양지금滋養之金이라 하며, 수기水氣가 입묘入墓되므로 만약, 여자사주에서 남편을 뜻하는 별이 水가 된다면 묘墓에 묻히게 되는 형상이므로 대기大忌하는 것이다.

(1) 辰土가 子水를 만나면

水局으로 변화하여 토류土流되고 겨울철에는 빙토凍土되어 土로서의 임무를 잊어버릴 수도 있다.

(2) 辰土가 丑土를 만나면

土氣는 旺하여지나 냉습冷濕이 심하여 음지陰地가 되므로 냉해冷害를 면할 길이 없으니 만물이 자생自生할 수가 없음이 서글프다.

(3) 辰土가 寅木을 만나면

寅辰·辰토가 동방木局으로 변하게 된다.

(4) 辰土가 卯木을 만나면

卯辰으로서 역시 동쪽 방위 木局으로 변하여 土의 氣를 찾기가 쉽지 않다.

(5) 辰土가 辰土를 만나면

辰토와 辰토로서 土氣는 왕강하다 할 수 있으나, 너무나 화기가 부족하니 음지陰地가 될까 염려된다.

(6) 辰土가 巳火를 만나면

火生土 받고 일조日照량이 충분하여 꽃이 피고 결실을 맺을 수 있으니, 앞날이 기대된다.

또, 巳의 지지地支장간藏干 中의 戊土와 庚金이 있는데, 辰토의 지지장간中의 癸水와 乙木이 戊癸 乙庚으로 암합暗合하고 있다. 그러므로 손괘巽卦는 辰과 巳가 卦로서 合하고 있다는 것이 입증되는 것이다.

(7) 辰土가 午火를 만나면

火生土받아 土氣는 旺하고 있으나, 암합暗合이 없어서 진정한 生이 되기 어려울 수도 있다.

(8) 辰土가 未土를 만나면

조습燥濕이 중화中和를 이루어 만물이 자생하게 되어 행복할 수가 있겠다.

(9) 辰土가 申金을 만나면

土生金하여 설기되고 申辰水局으로 변화하고 申의 지지장간中 庚金과 辰의 지지장간中 乙木이 乙庚으로 合하기도 한다.

(10) 辰土가 酉金을 만나면

辰酉合 金局으로 변질되므로, 이렇게 환경이 변할 때는 辰土를 土로 보아서는 안 된다. 인생사에 비교하고 대입해 보면 좋을 것 같다.

(11) 辰土가 戌土를 만나면

辰戌 1:1로서의 冲일 때는 개고開庫(창고문이 열림)가 되어 지지地支장간에 있는 財와 관官을 충기冲시켜 꼭 필요한 귀한 것으로 쓰게 되어 기쁘나, 戌土를 많이 만나면 吉이 凶이 된다.

(12) 辰土가 亥水를 만나면

동토凍土요, 토류土流되어 土로서의 임무를 상실하게 된다. 더 나아가 土剋水 하면서 원진살이 되어서 흉살凶殺이 작용하기도 한다.

6) 사화론巳火論

巳火는 초여름 사월지기四月之氣로 6양六陽이면서 陽의 극극이요, 오전 9시 반부터 11시 반까지를 지배하고 입하立夏, 손방巽方, 천라지망살, 적외선, 자외선, 방사선, 양화, 강열한 불, 노치지화爐治之火(용광로의 불)로서 능히 火剋金할 수가 있는 것이다.

외음내양外陰內陽으로서 〈1권 사주명리학과 동양천문학의 만남〉에서 자세히 설명한 내용이니 이해가 갈 때까지 읽어 보시길 바랍니다. 겉으로는 陰이나 속으로는 陽으로 몸(体)과 쓰임(用)이 다르고 지지장간은 식신 戊와 편재 庚을 동반하고 있기 때문에 다른 오행과 만나면 변형되기 쉬우니 주의하여야 한다.〈정사丁巳가 대표적인 예例가 된다. 즉, 천간은 음인데 지지는 양이다.〉

따라서 巳火는 火이면서도 축丑이나 유酉를 만나면 火가 아니라 합金이 되어 결과가 예정보다 다를 수도 있다. 金旺에는 사중경금巳中庚

金으로 친합親合되기 때문에 형살刑殺의 작용은 발생하지 않는다.

술토戌土와는 원진怨嗔, 귀문관살이요, 해亥와는 상충하고 寅申과는 삼형三刑하며, 6양지극六陽之極이기 때문에 바꾸어 보자는 심리가 농후하다.

한번 성질이 나면 좌우를 살피지 않으며, 뱀이나 갑골동물로서 변화가 무쌍한 동물로 보아야 마땅하고 잘되면 용龍으로 승천하나, 부실하면 이무기와 같이 불평불만이 많은 것이 특징이다.

수리數理는 2, 7이며, 손방巽方으로 진사辰巳와 같이 풍風으로 작용되기 때문에 혈압 풍질風疾에 주의하고, 巳火가 충형沖刑을 만나면 시력에 이상이 있게 되니 조심하여야 한다. 또 巳火에는 水가 절絶하고 木은 병病들며, 火에는 관록궁冠祿宮 또는 帝王宮으로서, 비겁으로 힘이 된다.

土는 火生土 받으나 조토燥土가 되고 金은 장생長生이 되지만, 火土가 왕성하면 金에게는 힘이 될 수가 없는 것이다.

(1) 巳火가 子水를 만나면

절궁絶宮이요, 水剋火받으며 태양이 子時를 만나는 것과 같고 몰화沒火가 되는데, 한편으로는 巳中 戊土와 子中 癸水가 戊癸로 합이 된다.

(2) 巳火가 丑土를 만나면

巳丑으로 合 金局이 되므로 火氣는 몰몰沒하는데 丑中 辛金 癸水와 巳中 戊土, 丙火가 丙辛, 戊癸로 암합暗合하고 있어 그 어느 합보다 철저한 것이 특징이다.

(3) 巳火가 寅木을 만나면

寅巳로 형刑이 되고 있으나 寅은 火의 장생지長生地요, 또 木生火하기 때문에 火氣가 폭발하여 강왕强旺하여 火氣가 승천한다. 그러나, 巳中의 庚金과 寅木이 암충暗冲하여 모두 함께 몰락하게 된다.

(4) 巳火가 卯木을 만나면

습목濕木이 되어 쉽게 소통되지는 않지만, 木生火를 받을 수는 있으며 또, 지지장간끼리는 乙庚으로 암합暗合하고 있다.

(5) 巳火가 辰土를 만나면

습토濕土가 되어 회기晦氣되는데 장간끼리는 戊癸 乙庚으로 암합暗合하고 있어 손방巽方에서 함께 공존하면서 있게 된다.

(6) 巳火가 巳火를 만나면

같은 巳火로서 火氣가 승천昇天하게 된다.

(7) 巳火가 午火를 만나면

巳午로 남방의 화국火局이 결성된다.

(8) 巳火가 未土를 만나면

巳未로 남방火局되어 火氣가 승왕昇旺한데, 未지지장간中 乙이 庚과 暗合하게 된다.

(9) 巳火가 申金을 만나면

巳申으로 형합파刑合破되어 화식火息하게 된다.

(10) 巳火가 酉金을 만나면

巳酉로 삼합국三合局이 되고 또 사중병화巳中丙火가 유중신금酉中辛
金과 병신합丙辛合이 되면서 火氣가 몰沒하고, 태양이 저녁인 석양에 저
무는 것과 같은 형상이다.

(11) 巳火가 戌土를 만나면

화가 입묘入墓요, 원진살이요, 귀문관살이며, 火生土로서 회기晦氣되
고 만다.

(12) 巳火가 亥水를 만나면

巳亥로 冲하여 완전히 火氣가 沒하고 절絶하여 火로서의 생명을 다
하게 된다.

7) 오화론午火論

午火는 중하仲夏의 五月之氣로 정오正午, 陰火, 生火, 활화活火, 촉등촉燭
燈, 하지夏至, 正南, 이방離方, 탕화살湯火殺, 말, 홍색, 망종절기節氣 등으
로 응용되고, 일음一陰이 시생始生되어 하지夏至 이후로는 땀을 흘리면
그냥 흐르지 않고 끈끈하게 맺히게 되는 것이다.

그리고 외양내음外陽內陰으로서 겉으로는 강하나 속은 약하여 외실

내허외실內虛外實가 되며, 이중적인 성격을 띠게 된다.

따라서 몸〈체體〉은 음이나 용용用〈쓰임〉은 양으로 작용한다. 지지地支 안에 장간이 丁火(음)가 본기로 되어 있다.

午火는 정남방正南方에 위치하고 있어 다른 오행을 만나도 변화가 안 되며 火剋金은 하나, 패지敗地가 되어 강강强鋼한 쇠를 만들어 내지는 못하고, 火生土는 하지만, 조토燥土를 면할 길 없다.

木에서 午의 자리는 사지死地가 되며, 오화는 水에는 절궁絶宮이 된다.

未土와는 午未로 六合되면서 변하여 火局이 되고, 寅戌과는 三合으로 火局이요, 巳未와는 方位合이 되지만, 허약한 午화라면, 득국得局을 요要하기 전에는 완금장철頑金丈鐵은 고사하고 연금軟金도 녹일 수 없다.

子水와는 子午로 충패冲敗되며, 丑과는 육해六害에 원진怨嗔이 되며, 아집이 강하면서도 의심이 많고 의약, 독극물, 폭약, 인화물질, 화공, 전자 등의 직업에서 많이 보고 있으며, 주색酒色을 단절하기가 참으로 쉽지 않다.

(1) 午火가 子水를 만나면

子午로 冲敗되며 절궁絶宮이요, 火가 극을 받고, 하지夏至가 동지冬至를 만난 격이요, 正午가 子正을 만나는 것처럼 완전 몰화沒火가 되어 화기를 찾아볼 수가 없다.

(2) 午火가 丑土를 만나면

2양지기二陽之氣로서 3양三陽을 앞에 보기는 하나, 아직은 겨울철이 분명하므로 火氣가 살아나는 것은 묘연하니, 火生土로 누기가 되고 동습토凍濕土에 회기晦氣로 완전히 불이 꺼짐으로 화식火息이 되고 만다.

(3) **午火가 寅木을 만나면.**

木生火에 장생궁이 된다. 또 寅午로 火局하여 火氣가 충천衝天함과 동시에 지지장간에서 甲己로서 암합暗合하기 때문에 午火가 가장 좋아한다.

(4) **午火가 卯木을 만나면.**

卯木을 만나면 습목濕木이라 종래는 화식火息되는데, 午火가 강령하면 염려할 것 없다.

(5) **午火가 辰土를 만나면**

火生土요, 습토濕土로 설기되어 불의 빛과 기운氣運이 가려지게 된다.

(6) **午火가 巳火를 만나면**

巳·午로 火局이요, 午·午火로서 만나면 같은 火로서 火局은 되나, 主人이 없는 모임이 되어 종래에는 선장이 둘이 될까 염려된다.

(7) **午火가 午火를 만나면**

巳·午로 火局이요, 巳·午火로서 만나면 같은 火로서 火局은 되나, 主人이 없는 모임이 되어 종래에는 선장이 둘이 될까 염려된다.

(8) **午火가 未土를 만나면**

午未로 六合되면서도 火局으로 작용되니, 역시 계절의 감각은 어찌할 수 없는 것 같다.

(9) 午火가 申金을 만나면

병궁에 들어 화식火息되나, 午中丁火와 申宮壬戌가 丁壬으로 암합暗合하기도 한다.

(10) 午火가 酉金을 만나면

사궁死宮으로 화식火息되니 이를 두고 유다화식酉多火息이라 한다.

(11) 午火가 戌土를 만나면

午戌로 火局으로 보지만 火가 입묘入墓요, 火生土로 火가 설기되고, 누기가 되며 또, 戌時요, 九月로서 얼마 지나서 회기晦氣됨으로 자만심은 금물이다.

(12) 午火가 亥水를 만나면

절궁絶宮이요, 水剋火받아 피상被傷되면서도, 亥中에 壬水와 甲木이 午中丁火와 己土가 丁壬. 甲己로 암합暗合하니, 이것이 바로 陽과 陰의 다른 점이라 할수 있다.

8) 미토론未土論

未土는 6월지기六月之氣로 벌써 2음二陰이요, 오후 1시午後一時 30분부터 3시三時 30분까지를 장악하고 있으며, 소서小暑 삼복지기三伏之氣 음토陰土, 왕토旺土, 조토燥土, 木의 고장庫藏으로서 편관偏官인 乙. 편인丁火가 된다. 그래서, 모두 陰인 한쪽으로 편중되어 편편偏偏이라 부르고 있으며 길흉하지 못하게 작용할 때도 간혹 있다.

未土는 본래가 土剋水는 잘하나 土生金은 못하며 또, 삼복염천三伏炎天의 六月之氣가 되어 丙·丁火가 착근着根을 할 수 있으니, 火生土 하여 회기晦氣로 보아서는 안 된다.

속된 말로 흙이라 해서 손으로 마음 놓고 만져보면 반드시 화상火傷을 입고야 마는 것이 未土인 것이다, 따라서 土이면서도 만물이 자생할 수 없어 가색稼穡(농사를 할 수 있는 땅의 환경)을 이룰 수 없다.

午火와 더불어 午未와 火局되며, 亥나 卯를 만나면 木局으로 변질되어, 土의 형체는 찾을 길 없으며, 巳, 午火를 만나면 未와 합하여 당연히 남방화국火局으로 되어 큰소리치게 된다.

丑土와는 丑未로 相冲이요, 戌과는 未戌로 형형이 되나, 왕자형살旺者刑殺로 未土가 파괴되는 것이 아니다. 未中의 乙木과 丁火와 戌中의 신辛이 서로가 피상被傷되는 것은 면하지 못한다.

子水와는 육해六害요, 원진怨嗔이 되고, 木은 입묘入墓로 고목枯木이 된다. 火는 약하나마 득근得根하고, 土는 강왕强旺하여지나, 조토燥土는 면할 길이 없으며, 金은 미토가 인수印綬이면서도 生을 받지 못하니 인수라고 하여 모두 좋은 것은 아니다.

金旺에는 재고財庫로서 柱中 財가 없어도 富하고, 土剋水받고 완전 흐름이 막히고 저지되나 주의할 것은 卯와 亥를 만나기 전에는 土 그대로이며 陰土이기는 하나 실제로 사용하는 데는 火가 강한 왕토旺土에 가까운 것이다.

(1) 未土가 子水를 만나면

절궁絶宮으로 토류土流된다.

(2) 未土가 丑土를 만나면

丑未로 상충되어 피상被傷되니, 未土가 旺하면 오히려 丑土가 상상하며 또, 개고開庫로서 좋으나 중화中和를 잃으면 파문되고 마는 것이다.

(3) 未土가 寅木을 만나면

木剋土받아 붕괴되고 혹, 寅中丙火가 火生土하여 未土가 살아날 것 같으나, 토열土裂(흙이 갈라짐)되고, 귀문관살鬼門關殺 작용으로 신경이 예민하게 된다.

(4) 未土가 卯를 만나면

토의 기운이 변하여 木局이 되어 土氣는 찾기 어렵게 된다.

(5) 未土가 辰土를 만나면

조습燥濕의 균형을 이루어 가색稼穡(농사)의 功을 이룰 수 있고 土로서 임무를 완수할 수 있게 된다.

(6) 未土가 巳火를 만나면

巳未로 火局하니 土가 아니고 火요, 사중경금巳中庚金과 미중을목未中乙木이 을경乙庚으로 암합暗合한다.

(7) 未土가 午火를 만나면

지지六합이 되면서 午未는 火局이 된다.

(8) 未土가 未土를 만나면

土氣는 旺하여지나 조토燥土가 되므로서 土로서 생명이 길지 못하게 된다.

(9) 未土가 申金을 만나면

土生金이요, 상관傷官으로 회기晦氣(어두워짐)되어 버리고 신중경금申中庚金 임수壬水와 미중未中 을목乙木 정화丁火가 을경乙庚 정임丁壬으로 암합暗合하고 있으므로 곤괘방坤卦方으로 합슴이 되고 있다.

(10) 未土가 酉金을 만나면

土生金으로 토가 금을 생할 것 같으나, 강열한 화기火氣가 극성하는 여름철 삼복더위 때, 열대야로 밤잠을 설치는 날들의 연속일 때의 오후 6시~7시쯤을 생각하게 된다.

(11) 未土가 戌土를 만나면

未戌로 刑이 되면서도 건조한 土氣는 더욱 건조하게 되는 것이다.

(12) 未土가 亥水를 만나면

亥未로 木局이 되기 때문에 土가 아니라 木으로서 보아야 하고 또, 亥中의 甲木 壬水와 未中 己土 丁火가 甲己 丁壬으로 각기 슴하고 있는 것이다.

9) 신금론申金論

申金은 삼추三秋의 칠월지기七月之氣로 3음三陰에 해당하고, 하루로 보면 오후 3시 30분부터 5시 30분 사이를 지배하며 양금陽金, 강금剛金, 완금장철頑金丈鐵, 입추立秋, 곤방坤方, 백색白色, 원숭이 등으로 응용되고, 장간은 壬水 식신食神을 동반하고 있어서 능강능유能強能柔라, 金生水를 잘함은 壬水의 장생長生이 되기 때문이다.

子水를 만나면 水局으로 변한다. 辰土를 만나면 申辰으로 水局이 되기는 하나, 辰土가 土生金 하므로, 子水가 개입하기 전에는 완전히 水局으로 변하지 않는다.

유술酉戌과는 방위합方位合으로 金局의 일원이 되고, 巳火와 六合이 되어 化水가 된다. 그 水(巳 = 6양 + 申 = 3음)는 +3양만큼 따듯한 온수가 된다. 신중경금申中庚金과 친합親合으로 金에 가깝고, 巳는 또, 申과는 형살刑殺이 된다.

아울러 金旺에는 수기水氣가 자연히 발생하는 원칙에 의하여(다른 오행도 같음) 보이지 않는 수기水氣를 논할 수는 있다.

인목寅木과는 상충相冲이요, 卯와는 원진怨嗔이 되고 金克木 金生水를 잘하며, 旺한 火氣도 겁나지 않음은 申中에 壬水가 장생궁이기 때문에 水剋火 할 수 있기 때문이다.

또, 立秋가 입절入節하면 旺한 火氣도 한풀 식는다. 申 자체는 金으로 견고하나 재주가 많은 것이 흠이며, 木은 절지요, 추절지목秋絶之木으로 낙엽지기 시작하고 火는 병들고 土는 누기漏氣되며 金은 旺하고, 水는 장생지長生地로 제일 좋아한다.

그러나, 癸水는 탁수濁水가 됨이 흠이며 또, 신중임수申宮壬水에 눌려 癸水가 행세를 못 하게 된다.

(1) 申金이 子水를 만나면

申子合 水局으로 변화하여 金氣가 아니라 水로 변화시켜 보아야 마땅하다.

(2) 申金이 丑土를 만나면

입묘入墓나 土生金받아 힘이 되는데, 한냉寒冷하게 됨은 면할 길이 없게 된다.

(3) 申金이 寅木을 만나면

寅申으로 충파沖波라 金氣가 흔들리게 된다.

(4) 申金이 卯木을 만나면

절지絶地이나, 卯中乙木과 申金中庚金과 암합暗合하게 된다.

(5) 申金이 辰土를 만나면

土生金 生을 받으면서도, 申辰으로 半合局으로 水가 될 수도 있다.

(6) 申金이 巳火를 만나면

巳申으로 합하면서도 刑이 되어서, 미리 피해를 입을 것을 뻔히 알면서도 속수무책으로 당하게 된다.

(7) 申金이 午火를 만나면

火剋金으로 수제受制되어 金이 파상破傷되면서도, 丁壬으로는 암합暗合하게 된다.

(8) 申金이 未土를 만나면

土生金을 받을 것 같으나 불기(火)가 있는 모래土라, 生을 받지 못하며, 오히려 모래 속의 화가 금을 직접 강하게 극하게 된다.

(9) 申金이 申金을 만나면

金氣가 너무나 旺해지는 것은 당연하고 金氣運이 너무 편중되기 쉽다.

(10) 申金이 酉金을 만나면

金氣가 너무나 旺해지는 것은 당연하고 金氣運이 너무 편중되기 쉽다.

(11) 申金이 戌土를 만나면

土生金 받는다고는 하나 본래가 조토燥土라 반갑지 않으며, 柱中에 寅이나 또는 午를 만나면 합하여 火局이 되니, 그럴 경우, 生이 아니라 剋으로 파상되므로 좋지 않게 된다.

(12) 申金이 亥水를 만나면

누기漏氣되고 금침金沈되어 금의 행세를 할 수 없다.

10) 유금론酉金論

유금酉金은 중추仲秋의 팔월지기八月之氣로 4음四陰이요, 오후 5시 30분부터 오후 7시 30분 사이를 지배하고, 음금陰金, 生金, 유금柔金, 연금軟金, 금금, 은銀, 보석, 주옥珠玉, 침針, 비철금속, 제련된 金, 24절기로는 백로白露, 청백淸白, 정서正西, 태방兌方, 결실, 백색, 숫자로는 4, 닭 등으로 응용되고 있으며, 12지지 중 가장 깨끗하고 아름다운 것이 바로 酉金이다. 따라서 一年 中 八月에 출생한 사람들이 피부 결이 제일 좋고, 예쁜 사람들이 많은 편이며, 辰土와는 辰酉로 生合하여 金局이 되고, 巳丑과는 三合 金局이요, 申戌과는 방합국方合局이며 正西方에 자리하고, 금지왕궁金之旺宮이 되므로 다른 五行을 만나도 主가 되어 변화하지 않는다.

목지절궁木之絶宮이요, 火의 사궁死宮이며 土는 설기되고, 水는 패궁敗宮(12운성으로 목욕沐浴)인데, 이는 金生水는 하나, 酉金은 물(水)을 지나치게 맑고 차게 하는 것이 흠이 되기 때문이다.

卯와는 더불어 卯酉로 相冲되고 寅과는 寅酉로 원진살怨嗔殺이며, 비록 스스로가 연금軟金이라고 하나, 득금得金하면 강왕强旺하여 火를 만나야 성기成器(쓸모가 있는 그릇)가 됨은 물론이나, 연약한 金이라면 약한 火에도 녹으므로 午火를 대기大忌하므로 이러한 것이 또한 申金과 다른 점이라 하겠다.

(1) 酉金이 子水를 만나면

金生水로 누기漏氣되고 사궁死宮이요, 금침金沈되어 金氣運은 힘이 없어 쓸모가 없게 된다.

(2) 酉金이 丑土를 만나면

비록 입묘入墓라 하나 土生金받고 酉丑으로 金局이 되므로, 자양지금滋養之金이라 하여 酉金의 생명선이 되어 오히려 좋아한다.

(3) 酉金이 寅木을 만나면

절지絶地로서 金氣는 절멸絶滅되나, 寅中丙火와 酉中 辛金이 합이 된다.

(4) 酉金이 卯木을 만나면

충이 되어 화화禍가 된다.

(5) 酉金이 辰土를 만나면

土生金받고 辰酉가 生合이 되어 金局이 되고, 십이지지十二地支中에서 우선 먼저 만남을 제일 기뻐한다.

(6) 酉金이 巳火를 만나면

火剋金이 아니라, 巳酉로 합금국合金局이 되고, 金이 12운성법으로 巳에서 장생長生이 된다. 또 巳中丙火와 酉中辛金이 丙辛으로 암합暗合하여 철저한 합이 된다.

(7) 酉金이 午火를 만나면

일음一陰이 시작되는 午火는 6양인 巳火보다는 약한 불이라고는 하나, 酉金 또한 연금軟金이므로 火剋金으로 파상破傷(파괴되고 상함)하게 된다.

(8) 酉金이 未土를 만나면

인성印星이면서도 미토는 丁火가 강력한 土이기 때문에 土生金을 받지 못하고 극을 받으니, 未토는 힘이 되기는커녕 손실을 주고 방해가 된다.

(9) 酉金이 申金을 만나면

申酉로 合局하여 金氣가 강왕强旺하게 된다. 그러나, 오래도록 지속성 (다른 오행과 합하여 변화할 수도 있기 때문임)은 없다.

(10) 酉金이 酉金을 만나면

酉酉로 자합국字合局이나 종래從來에는 각기 주장이 강하게 됨이 두렵고, 자형自形을 형성하면서 스스로 긁어 부스럼 만드는 꼴이 된다.

(11) 酉金이 戌土를 만나면

土生金으로 인수印綬요, 酉戌로 합하여 서쪽 방위에 金局인데, 戌은 조토燥土가 되므로 믿기 어려우며, 천해穿害살이 형성되어 바로 내 옆에서 은밀히 목숨을 노리고 있는 자객과 함께 있는 형국이다.

(12) 酉金이 亥水를 만나면

누기漏氣되며 金이 물에 잠기게 된다.

11) 술토론戌土論

戌土는 九月의 만추지기晚秋之氣로 五陰이요, 오후 7시 30분부터 오후

9시 30분까지를 지배하고, 양토陽土, 왕토旺土, 조토燥土, 강토剛土, 제방, 뚝, 천문성天門星, 괴강살, 건방乾方, 서북방西北方 등으로 응용되고 있으며, 하해河海라도 막을 수 있는 힘은 있으나, 조토燥土가 되어 土生金에는 인색하니 역시 만능은 아니다.

또 火氣의 묘고궁墓庫宮(창고)으로 발전소, 충전소, 변전소, 전자, 가전제품 등으로 볼 수 있으며 크게는 동자부動資部, 상공부商工部요, 전자 및 전기 기술자에도 해당한다.

卯木과는 卯戌로 六合되며, 寅午와는 三合으로 변하며, 火局이 되며 申酉와는 方合으로 金局이 되나, 이때는 柱中에 일점一點의 火氣도 없어야 한다.

辰과는 冲하고 丑未와는 刑이 되는데, 주의할 것은 未戌 刑은 같은 燥土가 되므로 水氣를 마르게 하고, 巳火와는 원진살 귀문관살이 되고 있다.

木은 뿌리를 내릴 수 없어 말라서 죽고 火氣는 입묘入墓되며, 土氣는 旺하여지나 조토燥土가 됨을 면할 길 없다.

金氣는 비록 土生金 받는다 하나 九月中이 아니면 믿기 어렵고, 水氣는 완전 흐름이 막히게 된다.

(1) 戌土가 子水를 만나면

토류土流(흙이 물에 풀려 떠내려감)가 되고, 지지장간끼리는 戌癸로 합한다.

(2) 戌土가 丑土를 만나면

丑戌로 형파刑破되며 축중계수丑中癸水와 술중정화무토戌中丁火戊土가 있는 중 戊癸로 암합暗合하고 있는 것이 파破로서 노출되니 비밀이 탄로가 난다.

(3) 戊土가 寅木을 만나면

겉으로는 木剋土나 寅戌로 合火局이라 剋中生으로 土氣는 旺해지나 조토燥土가 됨은 면할 길은 없다.

(4) 戊土가 卯木을 만나면

卯戌 合으로 묶여서 활동이 정지되니, 合이라 하여 모두가 좋은 것은 아니다.

(5) 戊土가 辰土를 만나면

戌과 冲하고, 丑未와는 刑이 되는데, 주의할 것은 未戌刑은 같은 조토燥土가 되므로 土氣가 왕성旺盛해진다.

(6) 戊土가 巳火를 만나면

원진살이 되고, 木은 뿌리를 내릴 수 없어 말라서 죽는다. 火氣는 입묘入墓되며, 土氣는 旺하여지나, 조토燥土가 됨은 면할 길이 없다. 金氣는 비록 土生金을 받는다 하나, 九月 中이 아니면 믿기 어렵고, 水氣는 완전하게 흐름이 멈추고 머무르게 된다.

(7) 戊土가 午火를 만나면

午戌로 火局이 되어 土가 아니라 火氣로 보아야 마땅하나, 火生土요,

입묘궁入墓宮이 되어 火土를 함께 논함이 마땅하다 하겠다.

(8) 戌土가 未土를 만나면

미술형未戌刑이 되어 土氣는 旺하여지나, 재고財庫를 충형冲刑하게 된다.

(9) 戌土가 申金을 만나면

土生金으로 土氣가 누설되고 민다.

(10) 戌土가 酉金를 만나면

역시 土가 누기漏氣되며. 酉와 戌이 천해穿害살로서 보이지 않는 곳에 내 목숨을 노리는 사람이 가까이 옆에 있는 형국이다.

(11) 戌土가 戌土를 만나면

戌土의 氣가 왕성하여지는 형국이 된다.

(12) 戌土가 亥水를 만나면

건방乾方으로 함께 있는 것까지는 좋으나 동토凍土요, 土가 水에 떠내려갈 염려가 있는데, 지장간끼리 丁壬으로 암합暗合을 한다.

12) 해수론亥水論

亥水는 맹동孟冬의 시월지기十月之氣로 육음지극六陰之極이며, 밤 9시 30분에서 11시 30분까지를 지배하고, 장간으로는 壬水와 甲木이 있고,

陰이며 양수陽水, 해수海水, 강수剛水, 호수湖水, 정지된 水, 횡류橫流, 난수暖水, 건乾, 서북간방西北間方, 천문성天門星, 천라지망天羅地網, 돼지, 숫자로는 六, 흑색, 지혜 등으로 응용되며, 生木하고 剋 火 할 수 있으며, 陰의 極으로 변화를 잘하고 인정에 약하며 신앙이 독실함과 동시에 예지력이 발달해 있고 꿈이 잘 맞으며, 식복을 타고 낳으며 12지지의 끝이기도 하다.

寅과는 더불어 六合이 되나니 木局으로 변하고 卯未와는 三合으로 木局이요, 子丑과는 方位로 水局이 되며 巳와는 冲하고 辰과는 원진이 된다.

木의 長生으로 木을 충분히 키울 수 있어 亥를 소춘小春이라고까지 하며, 火의 절궁絶宮으로 火氣는 몰몰하고 土는 토류土流되며, 金은 병사病死로 금침金沈되며, 水氣는 관록왕冠祿旺으로 水의 임무를 다할 수 있다.

(1) 亥水가 子水를 만나면

亥子로 북방위水局이 되며, 水氣가 旺함은 물론 한류寒流(-6음)가 난류暖流(+1양)를 따라 좋은 물이 되니, 못된 친구 데려와 좋은 친구를 만들게 된다.

(2) 亥水가 丑土를 만나면

亥丑은 북쪽方位로 水局으로 合하니, 土剋水로 보아서는 안 되며 또, 지지 장간으로는 甲己로 암합暗合한다.

(3) 亥水가 寅木을 만나면

寅亥로 木局이 된다.

(4) 亥水가 卯를 만나면

亥卯로 木局이 되고, 火氣는 소멸된다.

(5) 亥水가 辰土를 만나면

土剋水를 받고 또, 입묘入墓되어 물흐름이 막히는 유색流塞상태가 된다.
辰과 亥는 원진살이 되며, 寅亥는 따듯한 봄바람이요, 亥卯는 강풍强
風인 점이 다르다.

(6) 亥水가 巳火를 만나면

巳亥로 충패沖敗되어 水氣가 절멸絶滅(오전 10시경에 밤, 오후 10시가 존재
할 수 없음)이 되어 보이지 않게 된다.

(7) 亥水가 午火를 만나면

절지絶地요, 水가 증발되며, 지지장간끼리는 甲己. 丁壬으로 암합暗
合한다.

(8) 亥水가 未土를 만나면

土剋水받는데 亥未로 木局합되니, 水氣를 찾아볼 길 없으며 또, 지지
장간끼리는 甲己. 丁壬으로 정답게 암합暗合하게 된다.

(9) 亥水가 申金을 만나면

金生水받아 원류源流가 풍부하게 된다.

(10) 亥水가 酉金을 만나면

金生水받아 좋을 것 같으나, 청백지수淸白之水가 되어, 木을 生하지 못하니 더 이상의 발전이 없게 된다.

(11) 亥水가 戌土를 만나면

水의 흐름을 막는다. 그러나 지지장간끼리는 丁壬으로 暗合을 한다.

(12) 亥水가 亥水를 만나면

다시, 亥를 만나 自刑殺이 형성되기도 하며, 또, 水氣가 旺하면서도 순수한 물이 되어 조화가 비상하기도 하다.

5부

천간 및 지지와 연관된 방위와 속성

1장 천간의 방위와 그 속성

갑甲과 을乙은 동방東方의 목木이며, 갑甲은 목木 중에서 큰 것에 해당하고, 을乙은 목木 중에서 작은 것에 속한다.

병丙과 정丁은 남방南方의 화火이며, 병丙은 화火 중에서 큰 것에 해당하고, 정丁은 화火 중에서 작은 것에 속한다.

무戊와 기己는 중앙中央의 토土이며, 무戊는 토土 중에서 큰 것에 해당하고, 기己는 토土 중에서 작은 것에 속한다.

경庚과 신辛은 서방西方의 금金이며, 경庚은 금金 중에서 큰 것에 해당하고, 신辛은 금金 중에서 작은 것에 속한다.

임壬과 계癸는 북방北方의 수水이며, 임壬은 수水 중에서 큰 것에 해당하고, 계癸는 수水 중에서 작은 것에 속한다.

갑甲목木은 양陽의 속성을 지니고 있으므로 을乙에 비해 큰 나무의 에너지를 갖고 있는 큰 나무이다. 특히 뿌리가 있는 갑甲목木인 갑인甲寅, 갑자甲子는 정자나무와 같은 거목巨木에 해당한다.

사주四柱에 이러한 갑목木이 있는 사람은 거목巨木의 특성에 따라 그 성향이 나타난다. 즉, 갑목이 있는 사주는 사람들이 주변에 많이 모이고 따르며, 사람들에게 인기人氣가 있어 타인의 추천을 받아 조직의 지도자가 된다. 이러한 갑목은 생목生木이므로 경庚금金과 같은 도끼로 적절하게 나무의 가지를 잘라줄 필요가 있다. 또한 갑목이 튼튼하기 위해서는 갑목이 뿌리를 땅속에 깊게 내릴 수 있는 무戊토가 필요하다.

을乙목木은 기근토의 기반을 필요로 하지만, 갑甲목은 토양층이 두터운 무戊토土가 있으면 더욱 강해진다.

뿌리가 없는 갑목인 갑오甲午, 갑신甲申은 큰 통나무의 속성을 지니고 있다. 일반적으로 통나무는 기둥이나 대들보로 쓰인다. 사주에 이러한 뿌리가 없는 갑목이 있는 사람은 살아 있는 나무가 아니므로 뿌리가 있는 나무처럼 사람이 많이 모여들지 않는다. 그래서 지도자가 될 경우 많은 지지를 받지 못하는 외로운 지도자의 성향을 지닌다. 즉, 사람들에게 인기가 없는 외로운 지도자이다.

이러한 사람은 타인의 추대에 의해 지도자가 되기보다는 자신이 직접 나서서 조직의 대표가 되고자 한다. 일반적으로 조직의 보스나 두목, 심지어는 조직폭력패의 두목이 이러한 갑목의 소유자인데, 사회적으로 크게 기여하지 못하는 조직의 보스가 될 가능성이 많다.

뿌리가 없는 갑목을 다듬기 위해서는 도끼보다는 정교한 연장인 신辛금이 필요하다. 신辛금으로 통나무를 잘 다듬어서 쓸모 있는 제목으로 요긴하게 쓸 수 있다.

그러나 통나무를 장작으로 쓰일 때는 경庚금인 도끼가 필요하다. 또한 통나무를 강하게 만들기 위해서는 바닷물인 임壬수가 적절히 있어야 좋다.

을乙목은 갑목보다 작은 초목草木인 일년지초一年芝草에 해당한다.

첫째, 화초花草와 같은 을乙목은 사람들에게 인기가 있다. 그리고 기근토와 같은 조그마한 화분이나 정원만 있으면 잘 자랄 수 있다.

둘째, 넝쿨식물과 같은 을乙목은 타고 올라가기를 좋아한다. 이러한 을乙목을 지니고 있는 사람은 윗사람에게 매우 잘하며 사람을 잘 활용한다. 그래서 어떤 사건의 배후 조정 역할을 하는 사람 중에는 반드시 사주四柱에 을乙목을 지닌 사람이 있다.

셋째, 싸리나무와 같은 을乙목은 용도가 다양하다. 그러므로 이러한 을乙목을 지닌 사람은 다재다능多才多能하다.

매년每年 한 해는 초목草木이 새싹을 발아發芽하면서 시작된다. 그리고 매일每日의 하루는 동쪽에서 태양이 떠오를 때 시작된다. 그래서 목木을 동쪽 방위에 배치하였던 것이다.

오행의 상생相生관계는 목에서 화로, 화에서 토로, 토에서 금으로, 금에서 수로, 수에서 다시 목으로 이행移行하듯이 갑甲은 병丙을 생하고, 병은 무戊를 생한다. 무는 경庚을 생하고, 경은 임壬을 생하며, 임은 갑甲을 생한다.

그런데 상생의 관계는 단순하게 갑甲이 병丙화를 생성生成한다는 의미의 생生이 아니다. 나무를 태워서 화火를 생성하기도 하지만, 초목草木은 화火의 도움으로 꽃을 피우거나 열매를 맺기도 한다. 즉 앞에서도 언급한 바와 같이 상생의 관계를 단순하게 목木이 타서 화火를 일으킨다는 것만을 생각해서는 안 된다. 다른 오행도 이와 마찬가지로 보아야 한다.

3과 8은 나무의 생수와 성수數이며, 4와 9는 금의 수數이다. 5와 10은 토의 생수와 성수이며, 1과 6은 수水의 생수와 성수이다. 목木의 생수인 3과 금의 생수인 4를 합하면 7이 되는데, 7은 화火의 성수이다. 또, 목木의 성수인 8과 금의 성수인 9를 합하면 17이 되는데, 이 17은 10과 7의 합이다. 여기서 10은 토土의 성수가 되며, 7은 다시 화火의 숫자이다.

이처럼 목木과 금金이 만나면 그 자체自體로는 토土와 화火가 없지만, 수리적數理的으로는 화火와 토土를 함축하고 있다는 것을 알 수 있다.

이것을 달리 표현하면, 갑목木과 경금金이 만나면 사주에 토와 화가 없어도 토와 화의 기운을 함축하고 있을 뿐만 아니라, 토土와 화火를 끌어들이는 힘이 매우 강하다고 말할 수 있다. 그래서 갑甲과 경庚이 있고 사주에 화火가 없는 경우에 화火가 약간만 와도 목木은 꽃을 피울 수 있게 된다.

1·6수와 2·7화의 합은 3과 13이다. 여기서 토土의 성수 10을 제하면, 수水와 화火의 합은 3이 된다. 3은 목木의 생生 수數로서 모든 만물이 성장하는 시점이 된다고 앞장에서 언급한 바 있다. 다른 오행과의 관계도 이와 같이 추론할 수 있는 것이다. 또한 갑甲목은 무戊토에 뿌리를 내릴 수 있다. 그러나 미약한 기己토를 만나면 기己토는 갑甲목이 뿌리를 내리는 데 도움이 되지 못하고, 오히려 토가 갈라져버린다. 그래서 갑甲목은 자신의 능력을 희생하여 토를 보호하려는 속성을 지니고 있다. 그래서 갑甲목은 기己토를 만나면 합合하여 토土가 된다. 이러한 토土는 영양분이 없는 식물이 자랄 수 없는 흙이다. 그리고 생기生氣가 없어 토土가 생금生金할 수 없어서 토土가 수水를 극剋할 수도 없게 된다. 오직 토土의 영역을 확장하는 역할만 한다. 이러한 토에 영양분을 공급하기 위해서는 신辛금金을 필요로 하는데, 신辛금은 갑甲목을 잘게 잘라 척박한 토양土壤에 영양분을 공급한다.

합合은 묶이고, 합合하는 오행은 자신의 기운을 부분적으로 포기하는 속성이 있다. 그러므로 갑甲과 기己의 합合은 갑甲목 자신이 지닌 목木의 성질을 1/3가량 잃는다.

2장 지지地支의 방위方位와 그 속성屬性

1절. 지지의 방위

첫째, 인寅·묘卯는 동방東方 목木으로, 인寅은 목木 중에서 큰 것에 해당하고, 묘卯는 목木 중에서 작은 것에 속한다[진辰은 목木의 여기^{주)}가 있다].

둘째, 사巳·오午는 남방南方 화火로서 사巳는 화火 중에서 작은 것에 속하고, 오午는 화火 중에서 큰 것에 해당한다[미未는 화火의 여기가 있다].

셋째, 신申·유酉는 서방西方 금金으로, 신申은 금金 중에서 큰 것에 속하고, 유酉는 금金 중에서 작은 것에 해당한다[술戌은 금金의 여기餘氣가 있다].

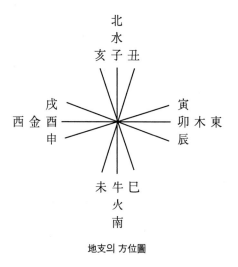

地支의 方位圖

주 음력 3월인 진월(辰月)은 목의 기운이 30일 가운데 9일이 있고, 음력 6월인 미월(未月)은 화의 기운이 30일 중 9일이 있으며,

9월인 술월(戌月)은 금의 기운이 30일 중 9일. 12월인 축월(丑月)은 물의 기운이 역시 한 달에 9일 있는 것을 여기가 있다고 표현한다.

넷째, 해亥·자子는 북방北方수水로서 해亥는 수水 중에서 작은 것에 속하고, 자子는 수水 중에서 큰 것에 해당한다[축표은 수水의 여기가 있다].

다섯째, 진辰·술戌·축표·미未는 중앙中央의 토土로서 진술은 토土 중에서 큰 것에 속하고, 축미는 토土 중에서 작은 것에 해당한다.

여기서 화火인 사·오·화火와 수水인 해·자·수水에서 체體는 양陽인 사巳와 해亥인데, 용用으로는 음陰으로 사용하여 왔으며, 체體는 음陰으로 오午와 자子인데, 용用으로는 양陽으로 사용하고 있다는 점을 꼭 기억하시기 바란다[지지地支 장간표 참조].

또한, 지지地支의 크고 작음에 대하여 음과 양으로 분류했으나, 이것은 지지地支만 생각한 것이라는 것을 절대로 잊어서는 안 된다.

2절. 지지地支와 사계절四季節과 절기

12지지地支와 절기節氣는 다음과 같다.

첫째, 정자월正子月은 태양이 정면으로 지구의 남회귀선南回歸線[주]을 비추는 동지冬至이다.

둘째, 정오월正午月은 태양이 정면으로 지구의 북회귀선을 비추는 하지夏至이다.

셋째, 정묘월正卯月은 태양이 정면으로 지구의 적도赤道를 비추는 춘분春分이다.

[주] 남회귀선=동지. 북회귀선=하지. 적도=춘분과 추분점으로 앞장 2지 2분 론에서 자세하게 강술하였으니 참고하세요.

넷째, 정유월正酉月은 태양이 정면으로 지구의 적도를 비추는 추분秋分이다.

지지地支 방위도에 의하면, 인寅과 묘卯는 동방東方 목木에, 그리고 사巳와 오午는 남방南方 화火에, 신申과 유酉는 서방西方 금金에, 해亥와 자子는 북방北方 수水에, 중앙中央은 진辰, 술戌, 축丑, 미未를 배당하였다.

이것을 사계四季에 적용하면, 자子는 동지冬至, 오午는 하지夏至, 묘卯는 춘분春分, 유酉는 추분秋分에 해당하며, 진, 술, 축, 미는 각 계절이 바뀌는 중간 시기에 배당하였다.

토土는 공간적으로는 중앙에 배치하고, 시간적으로는 계절이 바뀌는 시기에 배당했다는 것을 알 수 있다.

여기서 토土를 방위의 중앙에 배치한 것은 고대인들이 지구를 중심으로 천체天體를 관측觀測했기 때문이다.

고대인들은 태양계의 행성行星 중 하나인 토성土星을 토土로 본 것이 아니라, 우리가 살고 있는 지구가 모든 것의 중심이 되는 중성자인 토土로 보았던 것이다.

그리고 계절이 바뀌는 중간에 토土를 배치한 것은 계절의 완충작용이 필요 적절했기 때문이다.

즉, 계절은 갑자기 시작되는 것이 아니라 서서히 시작된다는 것을 나타내기 위해 진辰토土를 봄과 여름 사이에 배치한 것이다. 그래서 진辰3월을 계춘季春이라 하였다.

여기서 우리는 고대인들의 신과 같은 지혜를 엿볼 수 있다. 도표에서 보듯이 서로 마주 보는 지지地支는 서로 충冲이 된다. 천간天干의 대립은 극尅이라 하는데 비하여 지지地支 간의 대립은 충冲이라고 달리 표현한다.

여기서 충沖이란 본래의 뜻은 화和할 충으로서 '합치다, 화평하다, 화합하다, 화해하다, 서로 응하다, 어리다, 가운데, 비어 있다, 깊다, 부드럽다, 온화하다'는 뜻을 내면에 갖고 있는 말이다.

현재 대부분의 사주명리학자들은 충沖을 충돌해서 아주 파괴되고 못 쓰게 된 것이라는 관념으로 알고 있는데, 충기沖氣라는 용어用語를 자세하게 풀어놓은 동아출판사 한한중사전 652쪽에 의하면, '하늘과 땅 사이의 잘 조화된 기운'이라고 되어 있다.

그래서 한의학의 바이블 격인 『황제내경黃帝內徑』 운기運氣 편 오운五運육기六氣주)론에서는 충沖이 되는 것이 오히려 잘 조화된 한 쌍으로서 사용되고 있는 것이다.

즉, 자子와 오午는 한 쌍으로서 소음少陰군君화火라고 하며, 축丑미未는 태음太陰습토濕土, 인寅과 신申은 소양少陽상相화火, 묘卯와 유酉는 양명陽明조금燥金, 진辰과 술戌은 태양太陽한수寒水, 사巳와 해亥는 궐음厥陰풍목風木의 기氣라고 표현하고 있다.

그러므로 사주팔자四柱八字에 충沖이 있다고 흉凶하고, 나쁘며, 불길하고, 불행하며, 파괴되어 소멸되어버렸다는 생각의 발상은 너무나 큰 잘못된 판단이라고 사료된다.

그래서 천간의 극剋은 드러난 충돌을 의미하며, 지지地支의 충沖은 드러나지 않은 충돌을 의미한다. 그러므로 천간天干의 극剋은 정치적·사회적으로 드러난 갈등을 나타내며, 승패勝敗가 분명하다.

주) 4주8자는 출생사주이고. 5운6기는 입태사주로서 고대동양의학에서 체질을 분석해 놓은 학문 이다.

반면 지지地支의 충沖은 문화적·정신적·종교적으로, 비교적 드러나지 않은 갈등 또는 무의식적인 갈등을 의미한다.

　지지의 충沖은 천간天干의 극剋과는 달리 오행의 승패가 발생하지 않는다. 즉, 자子와 오午의 충沖은 자子수水가 오午화火를 파괴해서 소멸시켜버리는 것이 아니다.

　지지의 충은 문화적인 충돌衝突과 마찬가지로 상충相沖하는 지지地支가 서로 같은 시간과 공간에서 공존할 수 없다는 의미이다.

　천간의 경우는 경庚금金이 갑甲목木을 직접적으로 공격하여 극剋하지만, 지지地支의 충沖은 직접적인 극剋의 관계가 아니라 상대적으로 서로 공존할 수 없는 갈등과 대립하는 관계에 있다.

　즉, 자子수水는 오午화火를 제어하는 것이 아니라 정신적이고 내면적이며, 무의식적인 갈등을 일으키는 원인을 제공한다.

　이러한 상충相沖을 해소하기 위해서는 진, 술, 축, 미의 토土가 중요한 역할을 한다. 토土는 앞에서 언급한 바와 같이 사계절의 완충 작용을 한다. 또한 토土는 중앙자리에 위치한다. 중앙에 있으므로 반대편에서 서로 마주 보고 있는 충沖을 해소시키고 있는 역할을 하고 있는 것이다.

　고대인들은 천체의 중심을 지구로 보았다. 지구는 천체의 중앙에서 서로 마주 보고 있는 별과의 상충을 조절한다고 생각했던 것이다. 사주명리학에서는 이러한 사실을 근거로 하여 충沖이 있는 사주에 진, 술, 축, 미의 토土가 있으면 어느 정도의 충이 해소된다고 본다.

3장 천간의 충沖과 극剋의 구별

명리命理學에서의 상충相沖과 상극相剋은 다음과 같다.

1. 갑甲과 경庚, 을乙과 신辛, 임壬과 병丙, 계癸와 정丁은 상충한다.
2. 병丙과 경庚, 정丁과 신辛은 상극相剋이라고 하며, 상충相沖이라고 하지 않는다.
3. 무戊와 기己토土는 중앙에 위치하기 때문에 상충相沖이 일어나지 않는다.

이러한 천간의 상충相沖과 상극相剋은 어떤 원리를 배경으로 나온 것일까? 천간 방위의 배합配合관계를 살펴보면, 갑甲과 을乙은 동방東方 목木, 병丙과 정丁은 남방南方 화火, 무戊와 기己는 중앙中央 토土, 경庚과 신辛은 서방西方 금金, 임壬과 계癸는 북방北方 수水에 각각 배당되어 있다(1쪽의 하도河圖나 천간 오행도를 참고할 것).

동방東方의 갑甲목木과 서방西方의 경庚금金은 상대적으로 서로 대칭관계에 있다. 그리고 동방의 을乙목과 서방의 신辛금金, 북방北方의 임壬수水와 남방南方의 병丙화火, 북방의 계癸수水와 남방의 정丁화火들은 서로 대칭관계를 이루고 있다.

그러나 이와는 달리 남방의 병丙화火, 정丁화火와 서방의 경庚금金, 신辛금金은 비록 화火와 금金이 서로 성질이 상반되기는 하여도 방향은 대칭관계에 있지 않다.

이처럼 대칭관계에 있는 천간天干과는 상충相冲이라 하고, 남방의 화火와 서방西方의 금金처럼 대칭관계가 아닌, 천간의 오행五行끼리의 관계는 상극相剋 관계라고 한다.

그래서 천간의 무戊와 기己토土는 방위상으로 중앙에 위치하기 때문에 상충相冲이 일어나지 않는 것이다.

천지天地의 방위가 대칭을 이루었다는 것은 대칭을 이루는 오행과는 성질이 상반되는 것과 같아서 만약 그 중화中和를 얻지 못하면 서로 극剋을 하는 것과 같다.

동서東西와 남북南北은 서로 방위가 대칭을 이루기 때문에 서로 충沖의 관계에 있다.

금金과 화火, 그리고 강함과 부드러움은 성질이 상반相反되기 때문에 상극이 발생한다고 볼 수 있다.

그래서 진소암陳素庵 선생은 『명리약언命理約言』에서, "천간 갑을 목木과 경신 금金이 상충相沖하며, 임계壬癸 수水와 병정丙丁화火가 상충하는데, 대체로 동東과 서西, 남南과 북北은 서로 대칭을 이루고 있다.

병정丙丁화火가 경庚과 신辛금金을 만나면 극剋이라 하며, 충沖이라 하지 않는다.

그 까닭은 남과 서는 서로 대칭을 이루고 있지 않은 연고이다. 무戊와 기己에는 충이 일어나지 않는데, 그 이유는 방위상의 중앙은 대칭이 없기 때문이다.

"일반적으로 경신 금金은 갑을 목木을 충 할 수 있고, 임계壬癸 수水는 병정丙丁 화火를 충 할 수 있으나, 갑을 목木이 시時와 세勢를 얻으면 역시 경신 금金을 충 할 수 있고, 병정丙丁화火가 역시 시時와 세勢를 얻으면, 임계壬癸를 충 할 수 있는데, 그 방법은 당연히 지지地支를 참고해야 한다.”고 말했던 것이다.

그런데 천간의 상충相冲은 지지地支와의 관계와 함께 살펴보아야 한다. 진소암 선생도 “예컨대 갑인甲寅과 경신庚申이 함께 있으면 상하上下가 충沖을 갖추고 있으므로 싸움이 급박하다. 혹은 갑신甲申과 경인庚寅이 함께 있으면 서로 상충相沖함으로 그 다툼이 멈추지 않는다. 만약 갑신甲申과 경신庚申이 함께 있으면 갑甲은 충沖으로 쓰러진다. 사주四柱 중에 인寅과 신申이 있으면 충沖을 해도 비교적 완만한 것이다. 다른 천간과 지지와의 관계도 모두 이와 같다.”고 했다.

일반적으로 천간의 상충은 지지의 상충과는 달리 승패勝敗가 분명하다. 앞에서 언급한 바와 같이 천간天干의 상충은 드러난 의식세계의 갈등을 의미하며, 지지의 상충은 드러나지 않은 무의식세계의 갈등을 의미한다.

즉, 천간의 상충은 승패가 분명하여 실제로 이별과 같은 변화를 일으키지만, 지지의 상충은 정신적이며 내면적인 갈등만을 일으킨다. 그러므로 갑인甲寅, 경신庚申과 같이 천간과 지지가 모두 상충이 일어나는 경우에는 승패가 빠르다. 이러한 경우에 해당하는 오행五行이 사업을 의미하는 경우에는 쉽고 빠르게 사업의 승패가 결정된다. 부부 문제의 경우는 깨끗하고 신속하게 이혼이 이루어진다.

그러나 갑신甲申, 경인庚寅이 상충하는 경우에는 승패가 쉽게 이루어지지 않는다. 그러므로 사업의 정리나 이혼 문제가 장기적으로 지속된다. 예를 들어 사업이 부도는 나지 않더라도 화사가 돈 문제, 노사 문제로 시끄럽고, 문제가 장기적으로 지속된다. 부부의 경우에는 이혼이 쉽게 이루어지지 않고, 오히려 장기적인 갈등이 계속되는 특징이 있다. 두 경우 모두 지지에 뿌리를 두고 있기 때문이다.

그러나 갑신甲申, 경신庚申의 경우에는 경庚금金이 갑甲목木보다 훨씬 세력이 강하다. 이럴 경우에는 갑甲목木이 쉽게 쓰러진다.

이와는 반대로 갑인甲寅, 경인庚寅과 같이 경庚금金의 세력이 갑甲목木에 비해 세력이 미약하거나 없을 때에는 경庚금金은 금의 특성 때문에 쉽게 쓰러지지 않는다.

단지 문제가 미세하게 진행된다. 그러다가 금金의 세력이 반복적으로 나타나면, 이때 경庚금金은 오히려 세력을 얻어 갑甲목木을 쓰러뜨릴 수 있다. 이러한 이유는 경庚금金이 비록 약하기는 하나 여전히 나무를 제벌除伐할 수 있는 역량을 근본적으로 지니고 있기 때문이다.

또한 진소암 선생은 "대체로 기뻐하는 희신喜神은 충沖을 두려워하고, 꺼리는 기신忌神은 충沖을 원한다. 또, 충沖을 완화緩和시키는 방법이 있는데, 갑甲과 경庚이 충 하는데, 임壬수水를 얻는 경우이다. 또, 충沖을 억제하는 방법은 갑甲과 경庚이 충을 하는데 병丙화火를 얻는 경우이다. 종합하면, 다만 천간의 상충相沖은 완화시키기도 하고 억제하기도 하는데, 더욱이 지지地支가 집단으로 도우면, 그 효력을 더욱 크게 할 수 있다."라고 하였다.

또한, 충 하는 오행 사이에 다른 간지干支가 있으면 충沖이 약화弱化된다. 예를 들어 갑인甲寅과 경신庚申 사이에 을유乙酉가 있다면 경庚금金은 을乙목木과 합습하고 인寅과 신申은 유酉금金 때문에 직접적인 충沖이 약화된다.

그러나 을유乙酉가 약화되는 세운이나 신묘辛卯 대운이 오면 갑인甲寅과 경신庚申은 다시 충沖이 이루어진다. 경험한 바에 의하면 대체로 사주팔자 안에서는 일日과 월月의 충이 가장 강하게 작용하며, 년年과

월月, 일日, 시時의 순서로 강약의 차이가 있었다. 그러나 이것도 대운과 소운^{주)}과 그 당사자와 관계가 있었음 많이 경험하였다.

황도대 28수와 천간 방위도天干 方位図

4장 천간의 합合의 원리原理

천간의 합은 다음과 같다.

갑甲과 기己가 합하고, 을乙과 경庚이 합하고, 병丙과 신辛이 합하고, 정丁과 임壬이 합하고, 무戊와 계癸가 합한다. 일반적으로 천간이 서로 합하는 원리에 대하여 설득력이 있는 학설學說들 중中에 십이지十二支에

주 유년(流年)운은 공전의 운(運)으로서 매 해년을 말하고. 대운(大運)은 사주당사자의 별이 자전(自轉)궤도를 도는데 한 지점마다 10년을 머물게 되는 운을 뜻한다.

서 다섯 번째인 진辰인 용龍을 만나면 항상 변화한다는 설과 하도河圖 낙서洛書를 근간根幹으로 한 학설學說을 살펴보기로 하자.

진辰인 용龍을 만나면 항상 변화한다는 학설은 초목의 새싹이 3월인 진辰월이 되면 분명하게 나타나므로 진辰월을 새로운 변화가 시작되는 달로 보았기 때문이다.

과거의 대부분의 명리학자들이 이 설을 따랐다. 그들의 주장에 의하면, 진辰은 용龍이고, 하력夏曆으로는 삼월三月이 된다.

실제로 예를 들자면, 모든 갑년甲年이나 기년己年에는 삼월三月이 무진戊辰이 된다. 그러므로 천간天干이 토土인고로, 갑甲과 기己는 합하여 토土로 변화된다.

또, 을경乙庚년에는 모두 삼월이 경진庚辰월이 되므로 이 천간 경庚은 금이 된다. 그러므로 을목과 경금이 합이 되면 금金으로 변하게 되는 것이다.

병년丙年이나 신년辛年에는 삼월三月이 모두 임진壬辰이 되며, 천간의 임壬은 오행상 수水가 된다. 그래서 병丙과 신辛은 합하여 수水로 변화된다.

정년丁年이나 임년壬年에는 삼월三月이 모두 갑진甲辰이 되고, 갑甲은 목木이다. 그래서 정丁과 임壬은 합하여 목木으로 변화된다.

무년戊年이나 계년癸年에는 삼월三月이 모두 병진丙辰이 되고. 병丙은 화火이므로 그래서 무戊와 계癸는 합하여 화火로서 변화하게 된다.

임철초는『적천수』주註에서 이르기를 "십간이 합하면 변화되고, 변화되면 반드시 오토五土를 얻은 후에 이루어진다. 오토五土란 진辰이다. 즉 자子에서 시작해서 다섯 번째가 진辰토土가 되기 때문이다. 진辰은 봄에 속하며, 체體를 이루고, 기氣가 열리어 움직인다. 움직이면 변화하고, 변화하면 화化한다. 또, 십간의 합이 오토五土인 위치에 이르면 화化한 기운의 원신이 발로가 된다. 그러므로 갑과 기에서는 갑자甲子에서 시작하여 다섯 번째 위치에 무진戊辰을 만나 토土로 화化하고, 을과 경에서 병자丙子가 시작하여 다섯 번째 위치에 경진庚辰을 만나 금金으로 화化하며, 병과 신에서 무자戊子가 시작되고, 다섯 번째 위치에서 임진壬辰을 만나 수水로 화化하고, 정과 임에서 경자庚子가 시작되어 다섯 번째 위치에서 갑진甲辰을 만나 목木으로 화化하며, 무와 계에서 임자壬子가 시작되고 다섯 번째 위치에서 병진丙辰을 만나 화火로 화化한다."라고 하였다.

그러나 천간의 합화合和는 태호 복희씨 시대에 만들어졌다고 알려져 있는 하도河圖인 용마도龍馬圖와 이彝족이 사용했던 10월 태양력과 관계가 있는 것 같다.

용마도河圖 그림을 보면, 1과 6은 하단에 표시되어 있고, 2와 7은 상단에 있으며, 3과 8은 좌측인 왼편에 있고, 4와 9는 우측인 오른편에 있으며, 5와 10은 중앙인 가운데 있다.

하도에서 1, 3, 5, 7, 9는 양陽을 표시하고 2, 4, 6, 8, 10은 음陰을 표시하고 있다. 이 10월 태양력에 의하면 1년은 10개월이다. 그리고 1년을 하지와 동지로 구분하여 1월과 6월을 그해의 시작으로 보았다.

10개의 천간은 10월력에서 1년을 10개월로 구분한 것과 관계가 있다.

즉, 매월을 갑甲, 을乙, 병丙, 정丁, 무戊, 기己, 경庚, 신辛, 임壬, 계癸의 10개 천간과 연결하면 갑은 1, 을은 2, 병은 3, 정은 4, 무는 5, 기는 6, 경은 7, 신은 8, 임은 9, 계는 10이 된다.

이 10월 태양력에서 한 해를 둘로 나누고 한 해의 시작을 둘로 보았듯이 1월부터 새로운 시작을 의미한다면 1과 6은 결국 동일한 의미의 시작이 된다.

마찬가지로 2월은 7월과 같으며, 3월은 8월과 같고, 4월은 9월과 같으며, 5월은 10월과 같다.

이것을 천간과 연결하면 갑은 기와 연결되고, 을은 경과 연결되며, 그리고 병은 신과, 정은 임과, 무는 계와 연결된다.

그리고 이것은 하도河圖[주] 낙서洛書에 나타나 있는 수數의 배열과도 동일하다. 즉, 하도에 나타나 있는 두 숫자의 배합과 천간을 배합하면 1과 6의 합은 갑甲과 기己의 합이고, 2와 7의 합은 을乙과 경庚의 합이며, 3과 8의 합은 병丙과 신辛의 합이고, 4와 9의 합은 정丁과 임壬의 합이며, 5와 10의 합은 무戊와 계癸의 합이 된다.

<u>5장</u> 천간天干이 합습을 하면 새로운 오행五行이 생긴다

즉, 갑과 기는 합하여 토土로 변화되고, 을과 경은 합하여 금金으로 변화되며, 병과 신이 합하여 수水로 변화되고, 정과 임은 합하여 목木으로 변화되며, 무와 계는 합하여 화火로 변화된다.

1. 갑甲과 기己의 두 천간은 원래 양陽목인 갑과 음陰토인 기己인데,

[주] 하도(河圖)=용마도(龍馬圖).
　　 앞장에서 자세하게 강술한 내용이니 참고하세요.

합하여 변화된 이후 갑은 양陽토土인 무戊로 변하고, 기는 여전히 음陰토인 기己가 된다.

2. 을과 경의 두 천간은 원래 음陰목인 을乙과 양陽인 경庚금인데, 합하여 금으로 변화된 이후 을은 음陰금인 신辛으로 변하고, 경은 여전히 양陽금인 경庚이 된다.

3. 병과 신의 두 천간은 원래 양陽화火인 병丙과 음陰금金인 신辛인데, 합하여 변화된 이후 병은 양陽수水인 임壬으로 변하고, 신辛은 음수陰水인 계癸로 변한다.

4. 정과 임의 두 천간은 원래 음陰화火인 정丁과 양陽수水인 임壬인데, 합하여 변화된 이후 정은 음陰목木인 을乙로 변하고, 임壬수水는 갑甲목木으로 변한다.

5. 무와 계의 두 천간은 원래 양토인 무戊와 음수陰水인 계癸인데, 합하여 변화된 이후 양陽토인 무戊는 병丙화火로 변하고, 음수陰水인 계癸는 정丁화火로 변한다.

천간의 상극相剋과 상충相沖은 음양이 서로 배합配合할 수 없기 때문에 물리적인 충돌 작용은 당연히 이루어지지만, 천간의 상합相合 작용은 음양조화로 체體를 얻기 때문에 화학작용化學作用을 일으켜 질적質的인 변화가 생긴다.

그러므로 천간 육합六合은 서로 합하여 원래의 성질이 변화되어 또 다른 새로운 성질을 형성하는 것이다.

사주명리학에서는 갑甲과 기己의 합合은 가상假像의 토土가 생겨 토土의 영역이 확장되는 것으로 해석한다. 그래서 갑과 기의 합이 있는 사주는 토의 성질이 강화되어 움직이지 않으려는 경향이 나타나며, 수용적인 태도가 강해진다.

을경乙庚합의 경우는 가상의 금金이 되므로 겉은 을목의 성향에 따라 부드럽지만, 경금의 성향에 따라 숙살권肅殺權이 있어 결단력이 있고 냉정하다. 그러나 그것은 가상의 금이므로 행동으로는 나타나지 않고, 정신적으로만 이러한 경향이 강하다.

병신丙辛합의 경우는 가상의 수水가 발생한다. 그래서 수의 경향에 따라 흘러가고, 스며들기 좋아하고, 통제받는 것을 싫어하게 된다.

정임丁壬합의 경우는 가상의 목木이 발생한다. 그래서 나무의 특성 때문에 항상 배우려고 노력한다. 이러한 합이 있는 사람은 60세가 되어도 배우려 하며, 항상 젊은 사람과 같은 사고력을 가진다.

무계戊癸합의 경우에는 가상의 화火가 생긴다. 이러한 합이 있는 사람은 현실과 이상 사이에서 방황하는 경향이 있다. 그래서 겉으로는 드러나지 않지만, 내면적으로는 현실과 이상 사이에서 항상 갈등하면서 살아간다.

천간의 합은 지지地支의 세력과 관계가 있는 상충相沖과는 달리, 지지地支와는 관계가 없는 것이 특징이다. 천간의 합은 가상의 오행이 발생하는 것이므로 실제적인 변화가 일어나는 것이 아니고 정신적인 변화만 일어나는 것으로 보기 때문에 지지와는 관계가 없는 것이다.

또한, 합이 된다고 해서 본래의 오행 능력을 모두 잃는 것이 아니다. 갑기합의 경우 갑甲과 기己는 각각 1/3의 능력이 감소한다고 보면 될 것 같다.

그러므로 갑기 합으로 생긴 토土는 30%의 가상의 토가 새롭게 생성되는 것이므로 행동으로는 옮기지 못하고 심리적으로만 영향을 미치는 토土로 이해하면 될 것 같다.

6장 고대古代 천문학적天文學的 관점觀點 및 학설學說

1절. 고대 동양 천문관天文觀

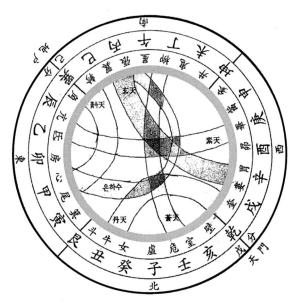

24방위와 28수와 관계 및 天干 合五運図

고대古代 동양에서 천문을 보는 관점은 하늘의 중심에 있는 북극성을 황제皇帝로 보았다.

그리고 북극성(황제)을 중심으로 하여 돌고 있는 28宿수, 즉 28개의 별들의 자리를 각 지방을 맡아 다스리는 제후(왕)로 설정해서 보았는데, 그 별들의 이름을 천황대제天皇大帝, 오제내좌五帝內座, 태자太子 등으로 정하고 불렀다.

춘추전국시대에 『손자병법』의 저자인 손빈 선생이 비전하신 『육임신과금구결六壬神課金口訣』을 보면 하늘에서와 같이 중국전역(천하)을 12권역으로 나눈 뒤 세부적으로 분류해놓고 있다. 만약 필자에게 하늘이 허락하신다면 언젠가는 육임六壬 비결의 내용을 간추려 그 신묘함을 책으로 세상에 내놓을 예정이다.

그리고 이 28개의 별들 주위를 해日와 달月, 지구, 그리고 수성, 금성, 화성, 목성, 토성이 돌고 운행하는 것을 세밀하게 관찰하여 보는 것이 古代의 동양 천문관天文觀의 기본이었다. 또한, 각 별자리들의 아래쪽이냐 위쪽이냐, 아니면 중심에 있느냐, 또는 그때 별자리 색깔과 다른 별자리들의 위치와 색깔에 따라 계절이 변화하고 하늘의 운세가 바뀐다고 세밀하게 보았다.

이러한 하늘의 별들이 우주법칙에 의해 운행하는 과정에서 찰나剎羅적으로도 쉴 사이 없이 발산되는 정기精氣인 파장과 에너지가 우리가 살고 있는 지구地球인 땅에 내려와 사람과 모든 만물에 영향을 준다고 보았던 것이다.

지구는 태양의 주위를 돌고, 태양은 북극성을 일주하며, 북극성은 또 우주의 중심인 황극을 일주一週하기 때문에 우주에서 일어나는 천문학적인 현상은 당연히 우리가 살고 있는 지구에 영향을 미치기 마련이다.

그래서 예부터 우리 선조들은 인간은 소우주小宇宙라고 하였던 것이다.

2절. 고대 서양의 천문관

서양의 고대 천문학에 의하면 우리의 태양계는 멀리 떨어져 있는 또 다른 중심을 회전하고 있으며, 그 일주 기간은 약 2만 6천 년이 된다고 하였다. 그리고 그 중심점을 축으로 우리 태양계가 도는 궤도를 황도 대黃道帶라고 부르는데, 이 황도대는 12궁으로 나누었다(동양 천문관과 같다. 단 별들의 이름을 그들 식으로 불렀을 뿐 별자리는 근접해 있다). 태양계가 12궁 중 하나의 별자리 궁宮을 지나가는 데 걸리는 시간은 약 2,100년이 조금 넘는다고 보는 것이 천문학자들의 지배적인 견해다.

이러한 시대 구분에 따르면, 지금으로부터 약 6천 년 전인 아담과 이브가 살던 시대에는 태양이 황소자리인 금우궁金牛宮에 들어갔을 시기였다. 또, 4천 년 전 아브라함의 시대에는 양자리인 백양궁白羊宮에 있었고, 로마제국의 말기와 예수 그리스도가 탄생한 시기인 2,000년 전에는 물고기좌인 쌍어궁雙魚宮에 들어갔을 때라고 보았다.

기원전 100년경에는 황도대의 춘분점으로부터 쌍어궁시대가 시작되었으며, 20세기 후반에 쌍어궁 시대를 마감했다고 보고 있다.

21세기 초반인 지금은 물병자리인 보병궁寶瓶宮시대로 접어들고 있는 중이라고 보고, 지구의 입장에서 보면 3개월에 한 번씩 4계절이 바뀌듯 우주도 12황도대를 4계절로 나누면 틀림없이 21세기에는 태양이 황도대인 보병궁에 진입하고 있다는 것은 계절이 바뀌고 있는 시점에서 우리가 살고 있는 것이 당연하다. 그래서 21세기 들어오면서 더욱더 기상이변들이 너무 많지 않은가? 또한 종교적인 갈등이 전쟁으로 치닫고 있으니…….

3절. 동양 천문관千聞觀

동양에서는 우주의 1년을 12만 9,600년으로 보았다. 그리고 우주의 1년 안에도 4계절이 있다고 보았다. 이러한 계산법은 중국 송나라의 현인이었던 소강절 선생이 정하였다.

그는 『황극경세서皇極經世書』에서 우주운행의 법칙인 원회운세元會運世의 법칙을 설명하고 있다.

이 12만 9,600년을 대우주의 1년으로 보고, 초기의 6개월인 6만 4,800년을 선천先天, 후반기의 6만 4,800년을 후천後天으로 보고 있으며, 대우주의 1년에도 지구의 봄, 여름, 가을, 겨울과 같이 태어나고, 성장하며, 성숙하고, 소멸되는 과정이 있다고 보았다.

이러한 계산법에 의하면 지금 우주는 가을에 접어들고 있으므로 후천시대가 시작되는 때에 이르렀다고 보아 계절의 변화가 시작되므로 우리가 살고 있는 이 지구에 큰 영향이 미치므로 어떤 종교에서는 말세가 되면 하늘의 심판이 있을 것이라고 주장하는가 하면, 또 다른 어느 종교에서는 개벽開闢이 시작되고 있다고 주장하고 있다.

4절. 황도대黃道帶 12궁인 28수宿 별들과 사계절 및 절기

옛 선조들께서는 저녁마다 동남쪽에서 떠오르는 별들을 관찰해보니 별자리들이 계절별로 일정하게 시간의 간격을 두고 나타나고 있다는 사실을 깨달았다.

그래서 이 별자리들의 나타나는 시기를 따져 농사에 이용하기 시작했다. 그 뒤부터 28수를 바탕으로 하늘에 칠요七曜인 해와 달, 그리고 목, 화, 토, 금, 수성水星인 五星의 운행을 적극적으로 연구하기 시작했을 것이라고 사료된다.

천문을 관측할 경우에는 일반적으로 남쪽을 향해 자리를 잡고서 하늘을 바라본다.

초저녁 남쪽하늘에 나타나는 별들을 중심으로 보는데, 예를 들어 초겨울부터 초봄에 걸쳐 나타나는 별자리는 남방 주작朱雀 7별로서 정井, 귀鬼, 유柳, 성星, 장張, 익翼, 진軫인데 이 7개의 별자리들은 겨울을 나타내는 기준으로 잡았다.

이 일곱 별자리들은 봄에 자취를 감춘 뒤에도 매일 서쪽으로 1°씩 자리를 옮겨 365일이 경과하면 다시 남쪽하늘에 여지없이 나타나게 된다.

그래서 1년을 365일로 잡은 것이다.

그렇다면 춘하추동 4계절과 24절기는 어떻게 생기게 되었을까?

그 연유는 본래 달은 지구와 한 몸이었는데 먼 옛날 어느 한순간 지구의 일부분에서 떨어져나간 뒤부터 우리가 살고 있는 지구는 지축地軸이 23.5° 기울어지면서 팽이처럼 비틀거리면서 자전을 하게 됨으로써 봄, 여름, 가을, 겨울인 4계절의 변화가 시작되었다고 한다.

그래서 비틀거리며 돌아가는 운동을 세차운동歲次運動[주]이라고 한다.

또, 달은 지구와 한 몸이었던 관계로 지구를 못 잊어 항상 지구의 주위를 따라 도는 지구의 위성이 되었다는 견해도 있다.

[주] 세차운동: 축문(祝文)을 쓰거나 읽게 되면 언제나 첫 머리말이 유세차로 시작된다. 즉, 우주의 순환운동 법칙을 뜻하고 있는 것이다.

5절. 사계절四季節과 오운육기五運六氣

옛 어르신들은 땅의 기운은 조용하여 자리를 지키는 고로 "봄은 따뜻하고 여름은 덥고 가을은 서늘하며 겨울은 추운 것이다.

이것은 해마다 변치 않으며, 이 사계절은 육기六氣가 주재한다."고 말씀하셨다.

육기六氣는 땅에서의 오행작용에 의하여 생겨나는 여섯 가지 기운을 말하는 것으로(황제내경 5운 6기 편을 참고할 것), 12지지地支에서 자오, 축미, 인신, 묘유, 진술, 사해가 서로 정반대 방향에 위치하면서 찰나적으로는 상충하지만, 시간과 공간을 함께할 수 없는 관계이므로 충冲이란 종래에는 같은 요소를 갖고 있는 관계로서 없어서는 아니 될 한 쌍이 되어 우주의 기운을 주재하게 된다고 판단하였다.

그러므로 시작은 곧 끝이면서 끝은 곧 시작이니 시작도 끝도 모두 하나가 된다는 우주의 이치가 여기서 비롯된다고 보아야 한다.

실례로 60갑자일 가운데 병진일이나 병술일에는 비나 눈이 온다. 또는 장마철도 아닌데 약 7일 동안 계속 비가 내려 홍수가 났을 때에도 다른 국가나 지방에 따라 비구름은 있었으나 비나 눈이 오지 않는 이유는 전 세계의 지구상의 시차는 24이간이므로 아직 시간이 도래하지 않았거나, 비의 입자粒子는 준비되어 있으나 그 지형의 환경에 따라 너무나 작은 입자 때문에 우리 눈에 보이느냐 안 보이느냐일 뿐인 것이다. 너무나 입자가 작아서 우리 인간이 느끼지 못할 뿐이다(즉, 그 시각에 틀림없이 눈이나 비가 내리고 있다).

그 이유는 산세山勢에 의해 좌우되기 때문이다. 필자가 오랜 세월 동안 공부하고 연구 노력하면서 통계를 낸 바에 의하면 거의 80% 이상이 적중하였다.

신사일과 신해일은 그 전날부터 비가 오다가 오전 진사시辰巳時부터 동남풍(또는 서북풍)이 불면서 서서히 서쪽부터 하늘이 개기 시작한다.

또, 장마철도 아닌데 7일 이상 많은 폭우가 내릴 때는 오히려 내리던 비가 그치는 시점이 된다(제갈공명은 이러한 이치에 통달했던 신인[神人]이나 진인[眞人]이었다고 생각된다).

다른 운기運氣도 모두 이런 이치를 기본으로 하여 사람의 병도 치료하기도 하는 것이다.

자! 지금껏 강술한 내용이 너무 딱딱하므로 좀 쉽게 나아가 볼까 한다.

첫 번째로 육기六氣 중 처음에 해당하는 사巳, 해亥의 궐음 풍목風木에 해당되는 기운은 춘분 바로 전후의 60일을 주재하는 바, 북두칠성의 자루인 손잡이 끝부분이 동쪽을 가리키는 기간이 되며, 음력 12월부터 2월 중순까지가 된다. 즉, 서양 천문학 관점에서 보면 평균적으로 양력으로는 1월 20일부터 3월 21일 부근이 되며, 아직도 차가운 바람의 기운이 운행될 때이다(사주명리학만 공부해온 고명학자들은 이 순간 엉망진창이 되어 고장 난 컴퓨터가 된 것 같은 입장일 것이다. 필자는 이 문제로 30년 정도 학리가 정립되지 않아서 고민했다. 그러나 그 이치를 터득한 후부터는 쉽게 설명할 수 있다. 예를 들면 아내는 해수의 기질을 갖고 있고, 남편은 사화의 기질을 갖고 있다고 상상해보라. 남자는 타오르는 불같고, 아내는 꽁꽁 얼어붙은 얼음인데 함께 어울려 함께 오래도록 살려면 어떻게 하는 것이 서로를 위해 도움이 될까? 서로 한 발씩 양보하여 공통분모를 찾는 방법을 연구하게 될 것이다. 지금까지 공부한 것으로도 명답을 찾을 수 있다).

두 번째에 해당하는 자子, 오午의 소음 군화君火는 춘분春分 후 60일을 주재하는데, 북두칠성 손잡이 남동쪽을 가리키는 기간이 되며, 음력으로는 2월인 묘월卯月 중순부터 사월巳月의 중순까지가 된다.

즉, 서양 천문학적 관점에서 보면 평균적으로 양력 3월 21일부터 5월 21일 부근이 되며, 이때는 따뜻하기도 하지만 무덥기 시작할 때가 된다.

세 번째인 인寅, 신申의 소양 상화相火의 기운은 하지夏至 전후 60일 동안을 주재하는데, 북두칠성의 손잡이 끝부분이 남쪽을 가리키는 기간으로 음력 4월부터 6월 중순까지이다.

양력으로는 5월 22일부터 7월 24일 부근이 되며, 이때는 몹시 뜨거운 기운이 운행하게 된다.

네 번째로는 축丑, 미未의 태음 습토濕土의 기운은 대서大暑절기인 양력 7월 24일부터 9월 23일까지 60일 동안을 주재하는데, 북두칠성 손잡이 부분이 서남쪽을 가리키는 기간이며, 음력 6월 중순부터 8월 중순까지가 된다. 이 기간 동안은 구름과 비가 운행하고 축축하게 습도가 높으면서 더운 김이 형성된다.

다섯 번째인 묘卯, 유酉의 양명 조금燥金)의 기운은 추분秋分인 9월 23일 이후부터 60일 동안을 주재하는데, 북두칠성의 손잡이가 서쪽을 가리키는 기간이다. 음력 8월 중순부터 10월 중순까지가 되며, 이때가 되면 우주의 모든 만물이 건조해지기 시작한다.

끝으로 여섯 번째인 진辰, 술戌인 한수寒水의 기운은 동지冬至를 전후하여 60일 동안, 즉 양력으로는 11월 하순下旬부터 다음해 1월 20일까지 주재하며, 북두칠성의 손잡이 부분이 북쪽을 가리키고 있다. 음력으로는 10월 중순부터 12월 중순까지가 여기에 해당된다. 이때가 되면 춥고 몹시 차가운 기운이 운행하게 된다.

이 여섯 별자리가 쉼 없이 지속적으로 돌면서 각각의 기氣를 주재하며 1년을 이루게 된다[10천간의 간합干合인 오운五運에 관해서는 앞에서 자세하게 설명한 바 있으니 참고하기 바란다].

그래서 『황제내경』에서 오운육기를 이름하여 천간은 오운五運이라 하고 지지地支는 육기六氣라고 하는 것이다.

6부

태양계 칠성七星: 五星과 日, 月과 황도대黃道帶 12궁 28수宿

1장 오성五星

	十二次	十二宮	서양별자리	歲星	歲陰	28宿
1월	성기(星紀)	마갈궁(磨竭宮)	염소자리	丑	寅	두(斗), 우(牛), 여(女)
2월	현효(玄枵)	보병궁(寶瓶宮)	물병자리	子	卯	여(女), 허(虛), 위(危)
3월	추자(娵訾)	쌍어궁(雙魚宮)	물고기자리	亥	辰	위(危), 실(室), 벽(壁), 규(奎)
4월	강루(降婁)	백양궁(白羊宮)	양자리	戌	巳	규(奎), 루(婁), 위(胃)
5월	대량(大梁)	금우궁(金牛宮)	황소자리	酉	午	위(胃), 묘(昴), 필(畢)
6월	실침(實沈)	음양궁(陰陽宮)	쌍둥이자리	申	未	필(畢), 자(觜), 삼(參), 정(井)
7월	순수(鶉首)	거해궁(巨蟹宮)	게자리	未	申	정(井), 귀(鬼), 류(柳)
8월	순화(鶉火)	사자궁(師子宮)	사자자리	午	酉	성(星), 장(張)
9월	순미(鶉尾)	쌍녀궁(雙女宮)	처녀자리	巳	戌	장(張), 익(翼), 진(軫)
10월	수성(壽星)	천칭궁(天秤宮)	천칭자리	辰	亥	진(軫), 각(角), 항(亢)
11월	대화(大火)	천갈궁(天蝎宮)	전갈자리	卯	子	저(氐), 방(房), 심(心), 미(尾)
12월	석목(析木)	인마궁(人馬宮)	사수자리	寅	丑	미(尾), 기(箕), 두(斗)

황도12궁, 28수, 명칭과 위치

오성의 운행은 달과 같지 않고 절후節侯에 변화에 따라 출몰出沒하게 된다. 목성木星, 화성火星, 토성土星, 금성金星, 수성水星의 순서로 북쪽 하늘에 나타나며 각각의 별이 각각 72일씩을 주관한다.

이 다섯 별이 주관하는 날들을 합하면 하늘의 순환이 모두 360일이 되어 땅에서는 1년이 된다.

오성五星은 음陰의 기운을 많이 받았느냐, 양陽의 기운을 많이 받았느냐에 따라 음과 양으로 나눌 수 있다.

목성, 화성, 토성은 양에 해당되고, 금성과 수성은 음에 해당된다.

지구를 기준으로 하여 지구보다 궤도가 작은 금성과 수성은 음에 해당된다.

2장 태양日과 달月

태양은 양陽의 정수精髓이며, 모든 양陽의 대표가 된다. 천문학에서 태양은 적도를 중심으로 안과 밖으로 각기 12°의 차이를 두고 운행한다고 한다. 태양이 북쪽으로 나아가 활동을 하게 되면 낮이 길어지고 밤이 짧아지게 되는데, 이때는 양이 음의 기운을 이기게 되어 날씨가 따뜻해진다.

태양이 북쪽에서 물러나서 활동하게 되면 낮이 짧아지면서 밤이 길어진다. 이때는 음이 양을 이기게 되어 날씨가 추워지게 된다.

달은 태양과 반대로 음陰의 정수精髓이자 음의 대표가 된다. 그래서 양의 대표인 해와 짝을 이루게 된다.

3장 28수宿^{주)}

28수는 모두 164개의 별로 이루어졌으며, 하늘의 적도를 따라 그 남과 북에 있는 별들을 28개 구역으로 구분하여 부른 이름이다.

위치	시차	장소
동경 126도 58분	32분 05초	서울
동경 128도 54분	24분 23초	강릉
동경 126도 37분	33분 32초	인천
동경 126도 23분	34분 26초	목포
동경 129도 02분	23분 48초	부산
동경 128도 37분	25분 32초	대구
동경 127도 25분	30분 19초	대전
동경 126도 31분	33분 52초	제주
동경 126도 55분	32분 17초	광주

각 구역에는 여러 개의 별자리들이 있는데, 그중 대표적인 것을 그 구역에 있는 수宿라고 불렀다.

28수는 7개씩 묶어서 4개의 사宿로 구별하여 각각 동서남북을 상징하였고, 동서남북을 대표하는 동물의 이름을 따서 동방청룡칠수東方靑龍七宿, 북방현무칠수北方玄武七宿, 서방백호칠수西方白虎七宿, 남방주작칠수南方朱雀七宿라고 부르게 되었던 것이다.

_주 천문에 관한 모든 내용은 천문류초와 보천가를 기본으로 하면서 각종 논문을 보면 도움이 됨.(뒷장말미 참고문헌)

28수는 모두 한꺼번에 보이는 것이 아니라, 계절의 변화에 따라 1/2씩 나뉘어 보인다.

즉, 봄에는 동방청룡7수가 동쪽에 나타나며, 남방주작7수는 남쪽에 나타난다. 그리고 서방백호7수는 서쪽에, 북방현무7수는 북쪽에 있게 된다.

여름에는 서쪽으로 회전하여 북방현무7수가 동쪽에, 동방청룡7수는 남쪽에, 남방주작7수가 서쪽에, 서방백호7수가 북쪽에 있게 된다.

가을에는 역시 서쪽으로 회전하여 서방백호7수가 동쪽에, 북방현무7수가 남쪽에, 동방청룡7수가 서쪽에, 남방주작7수가 북쪽에 있게 된다.

겨울에는 남방주작7수가 동쪽에, 서방백호7수가 남쪽에, 북방현무7수가 서쪽에, 동방청룡7수가 북쪽에 있게 된다.

이 28수는 1년 열두 달을 주관하는 북두칠성을 따라 북극성을 중심으로 돌며, 북두칠성 국자 안에 있는 천라사성天羅四星이 북두칠성을 보좌하게 된다. (세종시대에 국가에서 편찬한『천문류초[天文類抄]』를 참고할 것)

옛 우리의 선조들은『천문류초』를 근간으로 하여 천문을 보는 관직인 관상감이라는 관직이 있었는데, 이 과거시험에 응시하려면 필기시험은『천문류초』를 달달달 외우고 우주에 이치를 통달한 사람으로서, 실기시험으로는 천문을 보는 것으로서 합격과 불합격을 가려냈다고 한다.

그래서 관상감에서는 달력을 만들어냈으며, 국가의 중대사를 예단하였다고 한다.

4장 칠요七曜와 28수

칠요七曜[주]는 오성五星에다 일월日月을 더한 것을 말한다. 앞에서 28수는 계절별로 일곱 개의 별자리로 묶어서 1년을 28개의 별자리로 나타내는 것이라고 하였다.

일곱 개의 별자리는 다시 오행五行으로 나누고 음양의 대표 격인 일월日月을 더하여 칠요에 배속할 수 있다. 칠요는 다른 말로 '칠정七政'이라고도 한다. 다시 말하면 해와 달과 오성五星이 북두칠성北斗七星의 일곱 개 별에 각각 대응하여 응기應氣한다는 뜻도 내포하고 있는 것이다.

5장 북두칠성

천체의 중심인 북극성의 사방으로 서두사성西斗四星, 동두오성東斗五星, 남두육성南斗六星, 북두칠성北斗七星이 위치하면서 천체天體의 질서와 법칙을 주관하게 되는데, 이 사방의 주체는 북두칠성이 된다.

옛날 왕들의 무덤을 보면 이러한 고분벽화가 그려져 있는 것을 많이 볼 수 있다. 이 별자리 그림들은 단지 장식을 하기 위한 것이 아니라, 자신이 태어나고 죽을 때 어디서 오고 어디로 가는지를 나타낸 것 같다.

앞에서 말한 네 개의 별자리가 우주를 주관하듯이 자신이 왕으로서

[주] 칠정(七政)=칠요(七曜)--김일권 교수 박사논문 참고

사방을 다스렸다는 것과 죽은 후에도 그러하기를 바라는 뜻이 강하게 나타낸 것 같다고 사료된다.

예부터 북두칠성은 인간과 아주 밀접한 관련이 있다고 믿어져 왔는데, 예를 들면 북두칠성이 인간의 생명을 주관한다는 생각이다. 모든 생명체는 지구상에 태어날 때 북두칠성의 일곱 별 중에 어떤 한 별의 영향을 받고 태어난다고 보는 견해이다.

북두칠성의 국자 부분인 천추天樞 1성에서부터 자子가 시작되어 국자 손잡이 부분인 요광搖光 7성星까지 12지지地支가 배속되는데, 예를 들어 원숭이띠인 신년申年생은 옥형玉衡인 다섯 번째 별을 통해 지구상에 태어나게 되고 죽을 때까지 이별의 영향을 받게 된다는 판단이다.

그래서 옛날 우리 선조들은 하늘에 소원을 빌 때 깨끗한 물을 떠놓고 자신에게 영향을 미치는 칠성님께 정성을 다하여 빌었던 것이다. (서양문화권에서 공부한 모든 사람들은 원시종교 정도로 치부하는데, 천만의 말씀이다. 조금 더 분석적으로 공부하고 연구하게 되면 이러한 지극정성 예법[禮法]은 이미 석가, 예수, 공자 등이 실례를 보이신 것은 오늘날 천문학적 입장에서 보더라도 그 에너지가 그 별과 동조되는 것이 지극히 당연한 것이라는 것을 알게 된다.)

그러므로 하늘님과 조상님을 지극정성으로 모시는 대한민국은 전 세계의 모든 인류의 시조인 종주국임을 스스로 가까운 시간 안에 알게 되며, 그때는 모든 인류가 대한민국 사람들의 도움을 받아야만 생명을 유지하게 될 것을 깨닫게 될 것이므로 우리 국민 모두는 자긍심을 갖고 이 날을 미리 준비해야 할 것이다.

6장 28수와 우리가 사는 지역과의 연관성

28수는 오행으로 구분할 수 있다고 했는데, 하늘에서 구분하듯이 땅에서도 모든 지역을 오행으로 나눌 수 있다. 하늘에서 28수에 해당하는 오행이 목木이라고 가정한다면 하늘에서 목木은 땅에서 목木에 해당되는 지역이나, 그러한 사물, 그러한 에너지, 그러한 모든 것들과 그러한 사람들과 서로 연관을 가지게 되는 것이다.

하늘의 28수의 파동 에너지는 우리가 사는 모든 지역인 땅에서 일어나는 모든 일에 대해 영향을 미치기 때문에 옛 선조들은 하늘의 형상을 보고 땅에서 일어날 일의 조짐을 미리 예측했던 것이다.

그래서 예부터 농사나 나라를 다스리는 데 있어서 우선 하늘의 현상現象을 관찰함으로써 가뭄이나 홍수, 환란이나 태평성대, 그리고 큰 인물이 나오고 사라지는 것 등 모든 것을 하늘의 천문天文 상象을 보고 예지하였던 것이다.

7장 지구가 자전自轉하는 원리

28수에 해당하는 우리가 사는 땅의 분야는 낙서의 구궁 방위에서 도圖를 근간으로 하여 나누어지게 된다. 앞에서 언급하였거니와, 지구가 자전을 하는 원리를 다시 살펴보기로 하자.

지구는 경經으로 보아 위를 북극, 아래를 남극이라 하고, 위緯로 보아 좌左를 서극西極, 우右를 동극東極이라고 한다. 그리고 북극과 남극을 지축地軸이라 하는데, 지구가 자전과 공전을 하게 되는 막강한 기운氣運은 동극에서 발생해서 서쪽 끝으로 찰나刹羅도 쉴 사이 없이 들어가는 운동은 시간과 공간을 찰나적으로 함께할 수 없는, 서로 정반대편에 있는 상충相沖작용인 추력推力운동과 찰나적으로 바로 옆에 있는 것을 생生하는, 상생相生작용인 인력引力 운동이 항구적으로 지속됨으로써 팽이처럼 돌아가는 원동력이 되어 태양의 주위를 돌게 되는 것이다. (이러한 이치를 알게 되면 상충이나 상극의 학리적인 개념이 바뀌어 충극이라고 해서 흉하고 상생이라고 해서 길하다는 것이 잘못된 것이라는 것을 알게 된다.)

8장 사람을 기본으로 한 방위법

방위를 볼 때, 북쪽을 등지고 남쪽을 향해 보는 연고로 사람의 등 뒤는 북쪽이 되면서 음陰이 되고 사람의 앞쪽은 남쪽이 되면서 양陽이 되므로 하도河圖 낙서洛書에서 보면 항상 북쪽은 바로 아래쪽에 있는 것이다.

또 1쪽에 있는 하도와 낙서를 보면 북쪽의 자방에서 1, 6수가 시작되는데, 사람의 인체에 비교해보면 생식기와 연관된 아래쪽이 북방이요, 대칭되는 위쪽 남쪽 방위는 2, 7화로서 심장이며, 머리가 되는 것이다.

또, 기문둔갑에서는 지반을 포국하는 시발점이 하단인 북쪽 자방에서부터 1, 2, 3, 4, 5, 6, 7, 8, 9로 나아가고, 천반은 상단인 남쪽 오방에서부터 1, 2, 3, 4, 5, 6, 7, 8, 9로 포국해 나아간다.

즉, 앞에서 언급한 바와 같이 사람은 소우주이고 머리 부분이 하늘을 닮았으므로 천구天球처럼 둥근, 것이라고 하였다.

7부

천문관天文觀의 간지干支 합충合沖과 지장간地藏干 및 십이운성법十二運星法

1장 황제내경皇帝內經에서의
십천간十天干 합습의 천문학적 설명

십간十干이 합습하여 변화되는 과정에 관하여 『황제내경』 소문 편 오운五運행 대론大論에 이와 같이 기록되어 있다.

그 내용을 살펴보면 다음과 같다. (275쪽, 281쪽 그림 참조)

태시太始 때에 나타나는 천원天元 기氣가 하늘에 벌여져 있는 28수상上에 무늬를 이룰 때, 단丹 천天 지之 기氣, 즉 오행五行이 천체天體상에 화현化現한 화기火氣는 하늘에 고정된 24방위 중에서 무戊, 계癸로 경經천天하고, 금黃수천天의 기氣, 즉 오행이 천체상에 화현化現한 토기土氣는 갑甲과 기己의 분야分野로 배열되며, 창천蒼天의 기氣인 목木의 기운은 천체 상에 정丁과 임壬의 분야로 분포되고, 소소천天의 기인 금金의 기운은 천체상에 을乙과 경庚의 분야로 나열되며, 현천玄天의 기인 수기水氣는 천체 상에서 병丙과 신辛의 분야로 나열되어 있음을 설명하고 있다.

이 설명은 10천간에서의 합습이 천체 상에 있는 28수宿 별들이 방위로부터 결정되었음을 나타내는 말이다.

10천간과 고古천문天文과의 관계에서 오천五天과 오운五運의 그림을 보면 28수宿의 방위와 24방위方位 간지干支의 소속을 알 수 있다.

사방四方의 지지地支는 사계四季 12월을 대표하고, 사방의 천간은 오행의 방위 소속을 나타내며, 4간방間方의 건乾, 곤坤, 간艮, 손巽은 문왕의 팔괘 분야를 나타내고 있다.

다시 말해 『황제내경』 소문素門의 오운五運행 대론大論에서 단천의 기운인 화기火氣가 천체상天體上에서 28수 중에 우牛, 여女, 규奎, 벽壁의 4개의 별을 경과할 때, 천간에서는 무와 계의 방위에 해당하기에 이것이 무戊와 계癸가 합하면 화火가 되는 이치가 된다.

금천의 기운인 토기土氣는 천체상에서 28수 중에 심心, 미尾, 각角, 진軫이라는 4개의 별을 경과할 때, 천간에 있어서는 갑甲과 기의 방위에 해당하니 이것이 갑과 기가 합하면 토土가 된다는 이치이다.

창천의 기운인 목의 기운은 천체상에서 위危, 실室, 류柳, 귀鬼라는 4개의 별들을 경과할 때 천간에 있어서는 정丁과 임壬의 방위에 해당하니 이것이 정과 임이 합하면 목木이 된다는 이치이다.

소천의 기운인 금의 기운은 천체상에서 항亢, 저氐, 묘昴, 필畢이라는 4개의 별들을 경과할 때, 천간에 있어서는 을乙과 경庚의 방위에 해당하니 이것이 을과 경이 합하면 금金이 된다는 이치이다.

현천의 기운인 수기水氣는 천체상에서 장張, 익翼, 루婁, 위胃라는 4개의 별을 경과할 때, 천간에 있어서는 병丙과 신辛의 방위에 해당하니 이것이 병丙과 신辛이 합하면 수水가 된다는 이치이다.

10천간의 방위는 갑을 목은 동방, 병정 화는 남방, 경신 금은 서방, 임계 수는 북방에 있고 무戊 토는 중앙에 있지만, 그림에서는 무 토가 중앙에 있지 않고, 무戊는 건방乾方인 술戌에 위치하여 있고, 기己는 손방巽方인 진辰에 자리하고 있는데,

이처럼 무, 기의 토土가 건방乾方과 손방巽方에 따로 자리 잡고 있는 이유는 진辰과 술戌은 12지지에서 토土의 자리이고, 무, 기는 10천간의 토土의 자리이기 때문이다.

따라서 토±가 토±의 자리에 있는 것은 당연하다.

위의 내용들을 다시 정리해보면, 천간에서 합이 되는 이유를 천문天文에서 그 예를 들어 설명하고 있다.

즉, 천체상에서 화기火氣가 흐르고 있으며 붉은빛을 띤 별자리들의 지역은 10천간에서는 무戊와 계癸의 방향에 해당한다.

또, 천체상에서 토기土氣가 흐르고 있으며 황토 빛을 띠고 있는 별자리들의 지역은 10천간에서는 갑과 기의 방향에 해당하고,

천체상에서 목木의 기운이 흐르고 있으며 푸른빛의 색을 띠고 있는 별자리들의 지역은 10천간에서는 정과 임의 방향에 해당한다.

역시 천체상에서 수기水氣가 흐르고 있으며 검은빛을 띠고 있는 별자리들의 지역은 10천간에서는 병과 신의 방향에 해당한다.

또, 천체상에서 금기金氣가 흐르고 있으며, 백색의 빛을 띠고 있는 별자리들의 지역은 10천간에서는 을乙과 경庚의 방향을 이어주고 있다.

이렇게 하여 각각 10천간은 이들 별자리들의 오행五行 오운五運에 영향을 받아 합슴을 하여 다른 오행으로 변화한다.

앞에서 천문天文을 근거로 10천간의 합이 변화되는 이유를 살펴보았다.

2장 『자평진전』에서 설명하는 천간天干의 합슴

『자평진전 평주』에서 서락오 선생의 천간天干 합에 대한 설명. 청淸나라 시대에 심효첨이 저술한 『자평진전』에 중화민국 초기에 명상가命相

家인 서락오가 평주한 『자평진전 평주』에서 10간의 합에 대하여 다음과 같이 설명하고 있다.

10천간의 합은 십간十干의 음양陰陽이 서로 배합하여 이루어진다. 하도河圖의 수數인 1, 2, 3, 4, 5, 6, 7, 8, 9, 10은 선천先天의 도圖다. 1인 태음太陰의 수水에서 시작하여 충기기冲氣의 토土에서 끝난다. 이것은 기氣가 생生하는 순서가 된다. 모두 아직 오행이 생기기 전에 반드시 먼저 음양과 노소老少가 함께 있었고, 그 후에 기氣가 충冲하여 토土를 생하였고, 결국에는 오행이 생기게 되었다.

즉, 만물은 토土에서 생하여 수水, 화火, 목木, 금金이 되었고, 또한 오행인 수, 화, 목, 금, 토는 모두가 토土를 근본바탕에 두고 따라 붙어 있어야만 존재할 수가 있기에 토土가 먼저 생긴 것이다.

쉽게 풀어 예를 들어 설명하자면, 천간의 합은 갑과 기의 합에서 시작하여 갑과 기의 합이 토土로 변하게 되고, 이렇게 변한 토土가 금金을 생하는 이치는 두 번째로 을乙과 경庚이 합하여 금金이 되기 때문이다.

세 번째로 금金이 수水를 생하는 순서로서 병丙과 신辛이 합하여 수水가 되고, 수水는 다음 목을 생하는 순서로서 네 번째인 정丁과 임壬은 합하여 목木이 되고, 목木은 화火를 생하는 순서로서 다섯 번째인 무戊와 계癸는 합하여 화火로 변하게 되어 오행五行이 펼쳐지게 되는 이치가 되는 것이다.

1쪽에 있는 하도를 보면서 합이 되는 이치를 살펴보기로 하자.

1	2	3	4	5	6	7	8	9	10
갑	을	병	정	무	기	경	신	임	계

하단에 1점의 양陽과 6점의 음陰이 함께 있으니 1갑甲과 6기己는 합하고, 상단에 2점의 음과 7점의 양이 함께 있으니 2을乙과 7경庚이 합하며, 좌측에 3점의 양과 8점의 음이 함께 있으니 3병丙과 8신辛이 합하고, 우측에 4점의 음과 9점의 양이 함께하고 있으니 4정丁과 9임壬이 합하며, 중앙 가운데 5점의 양과 10점의 음이 함께 있으니 5무戊와 10계癸가 합이 된다.

이것은 음양陰陽이 서로 부부가 되어 하나로 짝이 지어진 것과 같다. 이런 내용은 명明나라 때 의서醫書인 『류경도익(저자 장개빈[張介賓])』에서 볼 수 있다. 십간十干을 음양으로서 부부로 짝지어지는 것에 대하여 음양과 강유剛柔로 바꾸어 다음과 같이 설명하고 있다.

갑甲은 강한 양陽목木이다. 유柔한 기己토土음陰과 부부가 된다. 을乙은 유한 음陰목이다. 강한 양의 경庚금金과 혼인하여 금金이 된다. 병丙은 양의 화火이다. 유한 음의 신辛금에게 장가들어 수水로 변한다. 정丁은 음의 화火이다. 강한 양의 임壬수와 짝이 되어 목木으로 변한다. 무戊는 강한 양의 토土다. 유연한 음의 계癸수水에게 장가들어 화火로 변한다.

3장 천간이 합습하면 흉凶할 수도 있다

『자평진전 평주』에 있는 내용을 보면 10천간이 합이 되면 그 성격의 뜻은 반드시 지향하는 것과 배반하는 것이 있다. 예를 들면 갑甲의 일주가 신辛금의 관官을 사용하는데 병丙이 천간에 튀어나와 투출되어 병과 신이 합습이 되어버리면 그 신辛금 관官은 관官으로 사용하지 못한다고 하였다.

또, 갑의 일주가 계수의 인수印綬를 사용하는데, 천간에 무토戊土가 투출하여 계수癸水와 합이 되면, 인수印綬를 인수로 사용하지 못하게 된다.

갑목이 재財성星인 기근토土를 사용하는데, 기근가 갑甲과 합이 되어버리면 재財를 재財로 사용하지 못하게 된다.

좀 더 쉽게 실례實例를 들어 설명해본다면, 기근토가 년年의 천간天干에 있고 월月의 천간에 갑甲과 합하여 일주인 갑甲이나 을乙에게는 재財가 없는 것이다. 또 갑년甲年에 기근월일 경우 월 천간天干에 재財인 기근토土가 연과 합이 되어 일주인 갑甲을乙에게는 옳은 것이 아니다.

갑甲이 식신食神인 병丙화火를 사용하려는데 병丙과 신辛이 합슴이 되어버리면 그 식신食神 병丙을 사용하지 못한다.

그러므로 합이 되며, 상생相生이 된다고 항상 좋은 것은 아니다.

사주四柱를 구성하는 팔자八字와 대운大運의 천간과 지지地支와의 관계, 연운年運, 월운月運 등의 총체적인 상호관계에 있어서 중화의 의한 길吉함과 흉凶함을 논論해야지 단식적인 판단은 큰 오판을 내려 죄업罪業을 만드는 동기가 된다.

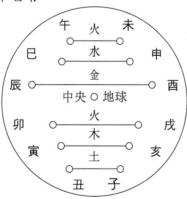

(지지합 地支合의 원리 도圖)

4장 십이지十二支의 합습

　십이지지十二地支의 합이란 자子와 축丑의 합처럼 일전日纏과 월건月建이 서로 합하는 것인데, 일전은 우측으로 돌고, 월건은 좌측으로 돌아 순행과 역행이 되어 만나는 곳에서 합습이 생긴다.

　즉, 여기서 중요한 점은 태양과 달이 순행과 역행으로 돌다가 서로 교차가 되는 지점에서 합습이 된다는 사실이다.

　합습이란 화합和合을 뜻한다. 음陰인 달과 양陽인 태양太陽이 서로 배합하여 그 기氣가 서로 화합한다는 말이다. 자子, 인寅, 진辰, 오午, 신申, 술戌은 모두 양陽에 속하고, 축丑, 묘卯, 사巳, 미未, 유酉, 해亥는 모두 음陰에 속한다.

　여기서 자子는 축丑과, 인寅은 해亥와, 묘卯는 술戌과, 진辰은 유酉와, 사巳는 신申과, 오午는 미未와 각각 합습하는데, 모두가 각각 하나의 음과 양이 합하게 된다.

　즉, 자子의 양陽과 축丑의 음陰이 서로 합하고, 양의 인寅과 음陰의 해亥가 합하는 것이다. 그러므로 음陰은 양陽과, 양陽은 음陰과 합하는 법이지 양과 양 또는 음과 음끼리는 합하지 못한다.

　『명리약언』이나 『삼명통회』에서 이르기를 지지地支의 합습이란 일日과 월月의 합삭습朔을 바탕으로, 음력 11월 월건인 자子는 축일丑日에 합삭습朔되고, 12월 월건, 축丑은 자일子日에 합삭되기 때문에 자子와 축丑이 합하게 된다고 하였던 것이다.

　정월正月 월건月建인 인寅은 해일亥日에 합삭되고, 10월 월건 해亥는 인일寅日에 합삭合朔되므로 인寅과 해亥는 합습이 된다. 그러므로 2월 월건 묘卯는 술일戌日에 합삭되므로 묘卯와 술戌은 합습이 되는 이치이다.

역시, 삼월三月 월건 진辰은 유일酉日에 합삭되므로 진辰과 유酉는 합이 된다. 사월四月 월건 사巳는 신일申日에 합삭合朔되고, 오월五月 월건 오午는 미일未日에 합삭되며, 유월六月 월건 미未는 오일午日에 합삭되고, 칠월七月 월건 신申은 사일巳日에 합삭되며, 팔월八月 월건 유酉는 진일辰日에 합삭되고, 구월九月 월건 술戌은 묘일卯日에 합삭되며, 시월十月 월건 해亥는 인일寅日에 합삭되고, 역시 십일월十一月 월건 자子는 축일丑日에 합삭되는 것이라고 하였다.

필자의 경험으로는 매월 음력 초하루를 중심으로 하여 앞뒤로 만 6일을 넘기지 않고, 일日과 월月이 합습하는 것이 지속된다는 것을 경험했다.

이 말의 뜻은 태양은 우측으로 회전하고, 달은 좌측으로 돌면서 서로 꼭 교차되는 지점이 지지地支의 합이 되는 지점이 아니고(우주의 질서는 자기의 궤도가 있으므로 그 차이 때문에 정확하게 만날 수 없는 법이다), 서로 교차交叉되는 과정에서 두 지점이 수평水平을 이루는 지점이 지지地支의 합이 이루어지게 된다는 이치인 것이다.(도표 165쪽 참조)

또한, 자子는 수水요, 축丑은 토土인데, 수水와 토土가 합을 하면 습토濕土가 되는 것은 자연의 이치이며, 이 습한 토에는 물의 기운이 충분하게 있으니 수水는 목木을 생生하므로 인寅과 해亥의 합이 목木이 되는 이치이고, 목木은 화火를 생生하므로 묘卯와 술戌은 당연히 화가 되며, 이 화火는 진辰인 토土를 생生하고, 왕旺한 토土는 금金을 생生함으로써 진辰과 유酉는 금金이 되고, 금金은 수水를 생生하니 다음으로는 사巳와 신申이 합이 되면 수水가 되는 것이 당연하다.

오午는 태양太陽이며, 미未는 태음이니 합삭合朔을 이룰 때 서로 수평으로 마주 보고 있게 되는 것이다.

우리의 선조들께서는 우주를 몸소 여행해보시지도 않고 어떻게 이처럼 천문天文에 밝았는지 절로 머리가 숙여질 뿐이다.

<u>5장</u> 지지地支의 상충相沖 원리原理

현대의 중화민국의 서락오는 지지의 상충과 극剋을 같은 개념으로 생각하고 있다.

자子, 축丑, 인寅, 묘卯, 진辰, 사巳, 오午, 미未, 신申, 유酉, 술戌, 해亥의 십이지十二支 가운데 자子와 오午, 인寅과 신申, 진辰과 술戌은 홀수로서 양陽이며, 양陽은 양陽끼리 충沖하고, 축丑과 미未, 묘卯와 유酉, 사巳와 해亥는 짝수로서 음陰에 속하며 음陰은 음陰끼리 충한다.

인寅 묘卯 진辰은 동방東方 목이고, 사巳 오午 미未는 남방南方 화이며, 신申 유酉 술戌은 서방西方 금이고, 해亥 자子 축丑은 북방北方 수에 속한다.

십이지十二支의 상충 원리는 그림을 잘 보면 이해할 수 있다. 방위를 보면 모두 쌍방이 서로 상대적 위치에 있다. 즉, 묘卯는 정동正東에 있고, 유酉는 정서正西에 있다. 자子는 정북正北에 있으며, 오午는 정남正南에 위치하고 있다.

오행으로 보면 모두가 상극相剋하는 관계에 있다. 자子 수水는 오午 화火를 극하고, 유酉 금金은 묘卯 목木을 극한다. 음양陰陽관계를 보면 양은 양을, 음은 음을 극한다. 지지의 충은 방위方位를 기반으로 이루어진 것이다. 천간의 갑甲과 경庚의 충돌은 경금金이 갑목木을 직접적으로 제어한다. 그러나 지지의 경우는 직접적인 충돌은 하지 않는다. 방위로 볼 때 동쪽과 서쪽은 서로 물리적인 충돌은 일으키지 못한다. 다만 동東과 서西는 상대적으로 대칭관계에 있을 뿐이다.

방위상 대칭적인 관계에 있는 지지地支는 문화적인 충돌과 같이 물리적인 충돌 현상을 일으키지 않는다. 지지地支는 표면적으로는 드러나지 않는 정신적이며 내적인 갈등葛藤을 일으키며, 잠재된 무의식의 변화를 일으킨다.

그러므로 사주명리학에서의 지지地支 상충相沖은 내면적인 갈등 현상을 일으키는 것으로 해석한다.

일日의 지지와 시時의 지지가 상충하는 경우, 그 사주의 주인공은 항상 정신적으로 불안정한 정신적인 기질을 지니고 있다고 본다. 그러한 불안정한 기질이 장기화되면 이혼이나 사망 같은 실제적인 현상이 일어난다. 지지가 상충할 경우에는 겉으로는 별 문제가 없어보여도 이미 내면적으로는 서로 갈등관계가 지속되고 있는 경우가 많다. 갈등관계가 어느 정도 지속되다가 어떤 사건을 계기로 표면적으로 드러나면 현실적으로 생사生死 이별離別하게 되는 것이다.

이처럼 천간의 상충은 직접적이며 빠르게 실제적인 변화를 일으키지만, 지지의 상충은 간접적이며 느리게 내면적인 불안정한 변화를 일으킨다.

그러므로 자子와 오午의 상충은 수水가 화火의 세력을 제압하는 것이 아니다. 오행五行의 본질에는 거의 변화가 없다. 그것은 지지의 상충이 수水와 화火의 물리적 충돌을 일으키는 것이 아니기 때문이다.

<u>6장</u> 지지의 충은 변화를 일으킨다

　희신喜神을 충하면 희신의 역할이 축소되고, 기신忌神을 충하면 기신의 역할이 축소된다. 그러므로 지지의 충은 정신적·심리적인 간접적 변화를 일으킨다.

　　칠충七沖은 특별한 의미가 없다.

　『삼명三命통회』에는 "지지의 일곱 번째 자리를 충으로 삼는데, 천간의 일곱 번째를 살殺로 취급하는 것과 같다. 예를 들면 자와 오의 상충은 자子에서 오午 자리까지 일곱 번째에 해당한다. 천간에서는 갑에서부터 일곱 번째의 자리인 경庚을 만나면 칠살七殺이 되는 이치와 같다. 이와 같이 다른 지지인 축과 미, 인과 신, 묘와 유, 진과 술, 사와 해의 상충도 모두 일곱 번째에 해당되므로 칠충七沖이라 하는 것이다. 수數 중에 육六이면 합습이 되고, 칠七이면 지나치게 되어 상충은 다른 말로 칠살殺이라고도 한다."

　역경易經을 보면 곤원坤元은 육六을 사용하고 있으며, 그 수의 육六은 있으나, 칠七은 없다. 필자의 판단에 의하면, 모든 지지의 상충相沖 이치理致는 모두 똑같은데(예를 들어 자와 오의 충은 자수[子水]가 오화[午火]를 이기는 것이 아니라는 뜻), 천문학적인 견해에서 볼 때 "서로 같은 시간과 장소에서 잠시도 쉼 없이 모든 행성들이 자전自轉과 공전公轉하는 천운天運과 지기地氣의 도수度數가 각각 달라서 서로가 함께 같은 자리에서 공존共存할 수 없으며, 다만 "갈등과 대립하는 관계에 있다는 것"이라고 사료된다.

　이 말의 뜻은 앞장 오행五行의 상생相生과 상극相剋에서도 언급한 바와 같이 봄 목木이 오면, 가을 금金은 아주 먼 곳에 있으며, 여름 화火가 오면, 겨울 수水가 너무나 멀리 있는 것과 같이 봄과 가을이 함께할 수 없고, 여름과 겨울이 함께 있을 수 없듯이 오행의 상극相剋관계와 같은 이치理致라고 생각된다.

이러한 충의 이론을 생물계에 비유해보면, 먹이사슬에 비유할 수 있다. 오행으로 볼 때, 수水는 화火를 극하고, 화는 금을 극하고, 금은 목을 극하고, 목은 토를 극하고, 토는 수를 극하고, 수는 다시 화를 극하는 순환을 멈추지 않는다.

절대적으로 약한 것도 강한 것도 없는 것이 천리 자연의 이치이다. 바로 이러한 진리의 이론은 사주팔자를 해석하고 판단함에 있어 중요한 부분을 차지하게 된다.

7장 지지장간地支藏干의 오행은 서로 충돌衝突하지 못한다

지지地支에 숨어 있는 천간天干은 무의식無意識의 세계를 반영하는 것으로 보며, 밖으로 나타난 세계로 반영하는 것은 천간으로 설명하는 것이다.

『성평회해』에서는 "자오가 서로 충하는 것은 자수子水 중에 계수癸水가 암장되어, 오화午火 중에 숨어 있는 정화丁火를 극하고, 오화午火 중에 있는 기토己土는 계수癸水를 극하는 것이다. 축과 미가 서로 충하는 것은 축丑 중에 신辛금이 미未토 속에 숨어 있는 을乙목을 극하고, 미未 중 기토己土와 정화丁火는 축丑 중 계수癸水와 신辛금을 극훼하는 것이다. 인寅과 신申이 서로 충하는 것은 인寅 중의 갑甲목이 신申 중에 숨어 있는 무戊토를 극하고, 신申 중에 경庚금과 임壬수는 인寅 중 갑甲목과 병丙을 극하고, 묘卯와 유酉가 서로 충沖하는 것은 유酉 중 신辛금이 묘卯 중을乙목을 극하는 것이다. 진辰과 술戌이 서로 충하는 것은 진辰 중에 계癸수가 술戌 중에 정丁화를 극하고, 술戌 중에 신辛금은 진辰 중에 을乙목을 극하는 것이다. 사巳와 해亥가 서로 충하는 것은 사巳화 중에 경庚금이 해亥 중에 갑甲목을 극하고, 해亥 중에 임壬수가 사巳 중에 있는 병丙화를 극하는 것이다."라고 하였다.

그러나 『성평회해星平會海』의 상충 이론은 나름대로의 큰 의미가 있겠으나, 필자의 경험에 의하면 지지地支 속에 암장되어 있는 오행은 잠재적인 요소로만 존재한다고 보는 것이 타당하다고 생각된다.

지지地支의 인寅목에는 갑甲목의 기운氣運이 2/3, 병丙화의 기운이 1/3이 암장되어 있다. 즉, 갑甲목에는 목의 기질氣質이 대부분을 차지하고 있으며, 병丙화의 기운도 어느 정도 내재하고 있다는 것을 의미한다. 나무에 불이 붙기에는 나무의 기질 속에 불이 붙을 수 있는 요소가 있어야 한다는 관념을 함축하고 있다. 이런 것과 같이 다른 지지장간地支藏干들도 이러한 차원에서 이해되어야 할 것이다.

속설俗說에 의하면 모든 지지의 충을 논論함에 있어서 상충되는 것들이 지지에 숨어 있던 천간이 튀어나와 서로 극충剋沖을 한다고 하였다. 한 가지만 예를 들자면, 진辰토와 술戌토가 충沖을 하면 술토 중에 숨어 있던 정화丁火가 튀어나오고, 진토 중에 숨어 있던 계수癸水가 나와서 서로 충돌한다고 하였는데, 이러한 주장을 하게 된 것은 지지의 충沖을 천간天干의 칠살七殺처럼 빠르게 진행되는 물리적 충돌현상으로 잘못 생각했을 것이며, 지지의 잠재적인 오행의 기운을 이해하지 못하였던 것 같다.

이렇게 논리論理가 미약하고 부족한 통계와 검증되기 어려운 상황에서 선대의 명리가들이 자신의 개인적인 해석을 부가하여 복잡하고 난해한 억지 이론을 전개하여 오늘에 이르렀다. 하지만 이것은 오히려 학문의 발전을 저해하고 혼란만을 가중시켜왔으며, 이러한 과정에서 편협된 살론殺論으로 인하여 검증할 수 없는 신살神殺들이 190여 개나 되는 바, 이러한 살殺들이 결국 사주명리학의 근본에서 너무나 멀어져 오히려 사회의 순기능적인 인생 상담을 하는 데 해악害惡이 되어왔다. 이로 인하여 명리학이 재야在野 학문으로 푸대접받고, 미신迷信으로 취급된 첫 번째 이유라고 생각된다.

그러므로 과학과 접근하지 못하는 신비함은 동경의 대상은 될지 모르지만, 학문적인 발전 없이 퇴보되고, 결국은 역사 속에서 없어지고 말 것인바, 모든 명리학자들은 좀 더 연구하며 노력해야 할 것 같다.

8장 지지장간地支藏干

삼명통회, 성평회해, 연해자평, 신보통고 등의 자세한 설명 등은 다음과 같다.

	建子月 大雪 (대설)	建丑月 小寒 (소한)	建寅月 立春 (입춘)	建卯月 驚蟄 (경칩)	建辰月 淸明 (청명)	建巳月 立夏 (입하)	建午月 芒種 (망종)	建未月 小暑 (소서)	建申月 立秋 (입추)	建酉月 白露 (백로)	建戌月 寒露 (한로)	建亥月 立冬 (입동)
初氣	壬 10 일	癸 9.3 일	戊 7.25 일	甲 10. 35 일	乙 9.3 일	戊 7.25 일	丙 10. 35 일	丁 9.3 일	戊 7.25 일	庚 10. 35 일	辛 9.3 일	戊 7.25 일
中氣		辛 3.1 일	丙 7.25 일		癸 3.1 일	庚 7.25 일	己 9.3 일	乙 3.1 일	壬 7.25 일		丁 3.1 일	甲 7.25 일
本氣	癸 20 일	己 18.6 일	甲 16.5 일	乙 20. 65 일	戊 18.6 일	丙 16.5 일	丁 11. 35 일	己 18.6 일	庚 16.5 일	辛 20. 65 일	戊 18.6 일	壬 16.5 일

(지지장간표)

평소에 쉽게 강술하던 방법으로 설명하기로 한다.

일반적으로 원의 각도를 360도로 하는바, 1년을 약 360일로 하여 설명해보면 우리가 사는 지구는 동지점에서부터 조그마한 1양陽의 조짐이 생기기 시작하여 새로운 태양의 기운을 느끼기 시작한다. 즉 이제까지 가장 멀리 있던 태양으로 인하여 음陰적인 그늘지고 서늘하며 어둡고 춥던 상태에서 벗어나 새롭게 태양과 가까워지기 시작함으로써 양陽적인 밝으며, 온화하고, 따뜻한 환경으로 전격적으로 변화하기 시작한다.

즉, 고서古書에서 이르기를 지구는 태양과 가까워지기 위하여 하루에 460리 240보씩 하강下降하기 시작한다.

그러므로 11월인 대설大雪이 절입節入되는 날부터 설명을 시작하여본다.

지난 입동절立冬節 본기本氣에서 임수壬水가 16일 동안 우리 지구상의 모든 권한權限과 생사여탈권生死與奪權을 쥐고 있다가 대설大雪이 들어오는 날부터 11월건月建이 시작되는데, 초기初氣인 임수壬水에게 다시 10일 동안 모든 권한을 넘겨주어 집행하도록 해준 뒤에 임수壬水는 이 권한을 다음 본기本氣인 계수癸水에게 권한을 넘겨주어 20일간 집행하도록 하여 대설절大雪節인 11월을 마감한다.

다시 이 11월의 본기인 계수癸水는 다음 계승자인 12월 소한절小寒節의 초기인 계수癸水에게 9일 동안 모든 권한을 넘겨주어 집행하도록 한다.

그다음 계수는 다음 승계자인 중기中氣의 신금辛金에게 집행할 수 있는 권한을 넘겨주어 3일 동안 담당하게 한 뒤 신금辛金은 이어서 다시 그 권한을 본기인 기토己土에게 18일간 모든 것을 집행하도록 넘겨주어 소한절小寒節인 12월을 마감한다.

12월의 본기인 기토己土는 다음 승계자인 오행이 같은 토土인 1월 입춘절立春節의 초기인 무토戊土에게 7일 동안 모든 권한을 넘겨주고, 이 무토戊土는 이어서 중기中氣인 병화丙火에게 그 권한을 7일간 집행토록 인계引繼한 뒤, 그 병화丙火는 다음 본기인 갑목甲木에게 16일간 집행토록 승계함으로써 입춘절立春節인 1월을 마감한다.

1월인 입춘절의 본기이었던 갑목甲木은 다음 승계자인 2월 경칩절驚蟄節의 오행이 같은 초기인 갑목甲木에게 10일간 使令(사령)토록 전권을 인계한 뒤, 갑목甲木은 다시 다음 본기인 을목乙木에게 20일간 집행토록 모든 권한을 행사토록 하여 경칩절인 2월을 마감한다.

3월은 청명淸明이 들어오는 날부터 시작되는데, 지나간 경칩절의 본기인 을목乙木으로부터 전권을 위임받아 초기인 9일 동안 똑같은 을목乙木이 사령하다가, 다음에 중기中氣인 계수癸水에게 3일 동안 전권을 넘겨주고, 계수癸水는 다시 다음 본기인 무토戊土에게 전권을 넘겨주어 무토戊土로 하여금 18일 동안 모든 권한을 집행하도록 하면서 청명절 3월을 마감한다.

4월은 입하立夏가 들어오는 날부터 시작되는데, 지나간 청명절의 본기인 무토戊土로부터 전권을 인계받아 초기인 7일 동안 다시 같은 무토戊土가 사령하다가 다음 중기中氣인 경금庚金에게 그 권한을 넘겨주어 경금庚金이 7일 동안 모든 권한을 집행하다가, 다시 경금庚金은 다음 본기인 병화丙火에게 인계함으로써 병화丙火는 16일 동안 모든 권한을 인수받아 집행하면서 입하立夏절 4월을 마감한다.

5월은 망종芒種이 들어오는 날부터 시작되는데, 지나간 입하절의 본기인 병화丙火로부터 전권을 인수받아 초기인 10일 동안은 같은 병화丙火가 사령하다가 다음 중기中氣인 기토己土에게 그 권한을 넘겨주어 9일 동안 모든 권한을 집행하다가 다시 기토己土는 다음 본기인 정화丁火에게 인계함으로써 정화丁火는 11일 동안 모든 권한을 행사하면서 망종절인 5월을 마감한다.

6월은 소서小暑가 들어오는 날부터 시작되는데, 지나간 망종절의 본기인 정화丁火로부터 전권을 인수받아 초기인 9일 동안 똑같은 정화丁火가 사령하다가 다음 중기中氣인 을목乙木에게 3일 동안 집행토록 하고, 을목乙木은 다음 본기인 기토己土에게 전권을 넘겨주어 기토己土로 하여금 18일 동안 모든 권한을 집행하도록 하여 소서절 6월을 마감한다.

7월은 입추立秋가 들어오는 날부터 시작되는데, 지나간 소서절의 본기였던 기토己土로부터 전권을 인수받아 초기인 7일 동안 무토戊土로 하여금 전권을 집행토록 하고, 이 무토戊土는 다시 다음 중기인 임수壬水에게 전권을 넘겨주어 7일 동안 집행토록 한 뒤에 이 壬(임)수는 다시 다음 본기인 경금庚金에게 전권을 위임하여 16일 동안 그 권한을 집행토록 함으로써 입추절 7월을 마감한다.

8월은 백로白露가 들어오는 날부터 시작되는데, 지난 입추절의 본기였던 경금庚金으로부터 전권을 인수받아 초기인 10일 동안 경금庚金이 집행한 뒤에 다시 이 경금庚金은 다음 본기인 신금辛金에게 전권을 넘겨주면서 20일 동안 집행토록 하여 백로절 8월을 마감한다.

9월은 한로寒露가 들어오는 날부터 시작되는데, 지난 백로절의 본기였던 신금辛金으로부터 전권을 인수받아 초기인 9일 동안 신금辛金이 집행한 뒤에 다시 이 신금辛金은 다음 中氣(중기)인 정화丁火에게 전권을 3일 동안 넘겨주어 집행하게 한 뒤에 이 정화丁火는 다시 본기인 무토戊土에게 전권을 넘겨주면서 18일 동안 집행토록 하여 한로절 9월을 마감한다.

10월은 입동立冬이 들어오는 날부터 시작되는데, 지난 한로절의 본기였던 무토戊土로부터 전권을 인수받아 초기인 7일 동안 무토戊土가 집행한 뒤에 다시 이 무토戊土는 다음 中氣(중기)인 갑목甲木에게 전권을 넘겨주어 7일 동안 집행토록 한 뒤에 이 갑목甲木은 다시 본기인 임수壬水에게 전권을 넘겨주면서 16일 동안 집행토록 하여 입동절인 10월을 마감한다.

그러나 사실은 1년은 365일하고도 3시간이므로 좀 더 구체적으로 분석해보면, 인월寅月은 29일 9시(1일을 12시간으로 산출), 묘월卯月은 30일 9시, 진월辰月은 30일 9시가 되므로 춘春 3개월을 모두 합하면 90일 9시가 된다.

또, 사월巳月은 31일 2시, 오월午月은 31일 5시, 미월未月은 31일 5시가 되므로 하夏 3개월을 모두 합하면 94일이 된다.

또, 신월申月은 31일 1시, 유월酉月은 30일 8시, 술월戌月은 30일 1시가 되므로 추秋 3개월을 모두 합하면 91일 10시가 된다.

또, 해월亥月은 29일 8시, 자월子月은 29일 6시, 축월丑月은 29일 6시가 되므로 동冬 3개월을 모두 합하면 88일 8시가 된다.

그래서 봄, 여름, 가을, 겨울 4계절의 날수가 각기 다른 것을 알 수 있으며, 열두 달의 날수를 모두 합하면 365일 3시각이 되는 것으로서 오늘날의 24시간으로 표현하면 즉, 365와 4분의 1일이 되는 것이다.

그러므로 지구가 태양을 중심으로 공전할 때, 둥근 원이 아닌 타원으로 회전하고 있는 것을 알 수 있다.

9장 사계절四季節과
왕旺, 상相, 사死, 수囚, 휴休

왕, 상, 사, 수, 휴라는 것은 자기를 기준하여 볼 때 상대방이나 다른 것들이 나 자신과 어떠한 관계가 있는가? 즉, 나를 돕고 있는가? 아니면 나의 힘을 빼앗아가는 것인가를 비교해보는 것이다.

위에서 언급한 바와 같이 내가 생을 받거나 나와 같은 동기를 만나 힘을 얻은 것이냐? 아니면 나의 세력과 대치되어 내가 상대를 극하거나, 아니면 극剋을 받았거나, 또는 나의 힘을 조건 없이 빼앗아가는 것과의 관계를 보는 것이다.

왕旺: 나의 오행과 같은 것[비견比肩과 겁재劫財]

상相: 나를 생生해주는 오행[정인正印과 편인偏印]

휴休: 내가 타他 오행을 생해주는 것[식신食神과 상관傷官]

수囚: 내가 다른 오행을 극剋하는 것[정재正財와 편재偏財]

사死: 나를 극剋하는 오행[[정관政官과 편관偏官]

10장 십천간十天干과 십이十二운성법

10천간天干과 12운성運星은 인생사와 같다. 사람의 인생사를 12로 나누어 이것을 우리의 삶에 적용한 것이라고 생각된다.

사람이 태어나서 성장하고 청년이 되며, 사회에 일원이 되다가 연극무대에서 사라져가는 과정을 사주명리학에 적용시킨 것이다. 표출방법은 일간을 중심으로 각 지지를 12운성에 따라 배속한다. 이 표출법은 사주명리학의 시조始祖격인『연해자평』에 의한 것이다.

그러나 좀 다르게 나열된 두 개의 학설도 있다.

즉, 표에서 병일丙日이나 무일戊日 출생은 장생長生이 인寅이며, 이곳에서부터 시작되어 나간다. 또, 정일丁日이나 기일己日 출생은 유酉가 장생이 된다. 그러나 명리정종命理正宗에서는 무戊는 임壬과 함께 신申에서 장생이요, 기는 계癸와 더불어 묘卯에서 장생이 된다. 그러나 최근의 모든 학자들은 일반적으로 많이 적용되는『연해자평』의 학설을 따르게 된다.(339쪽 도표 참조)

표에서는 장생長生, 목욕沐浴, 관대冠帶, 건록建祿, 제왕帝旺, 쇠衰, 병病,

사死, 묘墓, 절絶, 태胎, 양養으로 되어 있지만 실은 절, 태, 양, 장생, 목욕, 관대, 건록, 제왕, 쇠, 병, 사, 묘로 되어야 사람의 일생과 일치한다.

절絶이란 혼魂이 새롭게 시작되는 조짐이며, 태胎란 어머니 자궁에 태아가 수태되는 것을 의미한다.

양養이란 어머니 자궁 속에서 10달 동안 자란다는 것을 뜻한다. 장생長生은 태어나는 것이요, 관대冠帶란 청소년이 공부하고 학문에 집중하며, 주민등록증이 나와 비로소 성인이 되어 성인식을 하는 시기時氣다.

건록建祿은 이제 어른이 되어 취직시험을 보고 직장에 다니는 시기이며, 천생연분을 만나 결혼해서 독립된 가정을 이루는 때가 된다.

제왕帝旺이란 최고의 전성기를 뜻한다. 모든 생명체는 태어나는 과정이 있고 자라나는 과정을 거쳐 최고의 전성기를 맞이하게 된다. 화무십일홍花無十日紅이요, 달도 차면 기우는 법이라.

꽃이 10일 동안 만발하고 난 뒤에는 시들기 마련이요, 달도 보름달이 최고의 전성기가 되는 것이다.

우리 인생사에 비교한다면 40, 50대 정도로 사회적으로 자기의 전문 분야에서 최고의 전성기를 누릴 때이다.

쇠衰는 최고의 전성기인 제왕에서 내려가기 시작하여 노쇠하기 시작하는 시기라고 보면 된다.

병病은 노쇠한 몸이 오래도록 지속되다 보면 더 늙어 병이 들기 시작하는 단계를 뜻한다.

사死는 병이 오래되면 결국은 죽고 만다. 우리의 인생은 공수래공수거空手來空手去라. 빈손으로 왔다가 빈손으로 저세상으로 간다.

묘墓는 병들어 죽고 나면 인간의 육체는 다시 흙으로 돌아간다. 그러므로 흙에 묻히게 된다.

진辰, 술戌, 축丑, 미未는 모두 토土에 속하고, 앞에서 언급한 삼합국인 신자진申子辰이나 인寅, 오午, 술戌, 해亥, 묘卯, 미未, 사巳, 유酉, 축丑 등은 12운성법으로 보면 끝에 있는 글자들이 모두 진辰, 술戌, 축丑, 미未로서 인생을 마감하는 끝인 묘지墓地가 되는 이치라 하겠다.

한편, 12운성법(포태법)은 우리 인생사를 중심으로 한 것이다. 또한 이 법法의 진리眞理는 일간을 양陽과 음陰으로 분류한다. 양일陽日에 태어난 사람인 갑甲, 병丙, 무戊, 경庚, 임壬인 사람은 순행인 시계방향으로 돌아간다.

음일陰日에 태어난 사람인 을乙, 정丁, 기己, 신辛, 계癸인 사람은 역행인 반대방향으로 돌아간다.

8부

지지삼합, 방위方位합 및 형刑, 충沖, 파破, 해害

1장 지지삼합地支三合

　지지의 삼합은 다음과 같다. 신申, 자子, 진辰은 합하여 수국水局이 되고, 해亥, 묘卯, 미未는 합하여 목국木局이 되며, 인寅, 오午, 술戌은 합하여 화국火局이 되고, 사巳, 유酉, 축丑은 합하여 금국金局이 되며, 진辰, 술戌, 축丑, 미未는 합하여 토국土局이 된다.

　앞에서 언급한 12운성의 오행五行에서 생生, 왕旺, 쇠衰, 병病, 사死의 관념은 불교의 생로병사生老病死 관념과 같다고 볼 수 있다. 이러한 불교 사상의 영향으로 인하여 사주명리학四柱命理學 이론은 본래에 비해 보다 복잡해지게 되었다.

　또한 신살神殺은 인도 천문학이 유입되면서 명리에 응용하게 된 것이다.

　사주명리학에서 생, 왕, 쇠, 병, 사의 관념이 대표적으로 적용된 것이 삼합三合이다.

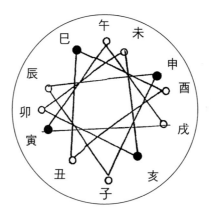

신申, 자子, 진辰의 경우 임수壬水가 신申에서 생生하고, 자子에서 왕旺하며, 진辰에서 고庫[묘, 墓]가 된다. 그래서 신申, 자子, 진辰이 결합하여 수국을 이루게 된다.

해, 묘, 미의 경우 갑목甲木이 해亥에서 생하고, 묘卯에서 왕하며, 미未에서 고가 된다. 그래서 해亥, 묘卯, 미未는 결합하여 목국木局을 이루게 된다.

인, 오, 술의 경우 병화丙火가 인寅에서 생하고, 오午에서 왕하며, 술戌에서 고庫가 된다. 그래서 인寅, 오午, 술戌은 결합하여 화국火局을 이루게 된다.

사, 유, 축의 경우는 경금庚金이 사巳에서 생하고, 유酉에서 왕하며, 축丑에서 고가 된다. 그래서 사巳, 유酉, 축丑은 결합하여 금국金局을 이루게 된다.

진, 술, 축, 미, 토는 사고四庫가 모두 있으면 토국土局을 이루었다고 한다.

이러한 삼합에 자子, 오午, 묘卯, 유酉를 중심으로 하여 다른 지지의 글자 하나가 빠진 것을 반합半合이라고 한다.

즉, 신자申子, 자진子辰, 해묘亥卯, 묘미卯未, 인오寅午, 오술午戌, 사유巳酉, 유축酉丑은 모두 반합을 이룬다.

그러나 그 역량은 삼합에 비하여 약弱하다. 자, 오, 묘, 유는 모두 순수한 목, 화, 금, 수를 지니고 있다[오화의 지장간에 있는 기己토만 예외].

즉, 가운데에 순수한 오행의 기운을 지니고 있는 지지가 포함되어야만 합을 이룰 수 있게 되는 것이다.

만약 자, 오, 묘, 유가 없고 다른 두 글자만 있는 경우, 즉, 예를 들자면 신, 자, 진 수국의 경우에 신申과 진辰만 있을 때, 순수한 수水의 오행인 자수子水를 끌어들이는 것을 협공挾攻이라고 하는데, 이 경우 신申과 진辰은 수국水局을 이루지는 못하지만, 수水의 경향성을 나타낸다.

만약 자수子水가 육친으로 여자를 나타내는 경우 가상假像의 여자를 추구하는 것이므로 이러한 특징이 있는 사주는 본처 이외에 다른 여자를 가까이할 수 있게 된다.

또는 쥐띠생의 친구와 가까이 지내거나 배우자를 두게 된다. 또한 자, 오, 묘, 유를 포함한 반합의 경우에도 역시 협공의 작용이 일어나는 것으로 본다.

2장 지지地支의 방위합方位合

지지의 방위합은 다음과 같다.

인묘진寅卯辰이 모여서 동방東方의 목木이 되고, 사오미巳午未가 모여서 남방南方의 화火가 되며, 신유술申酉戌이 모여서 서방西方의 금金이 되고, 해자축亥子丑이 모여서 북방北方의 수水가 된다. 방위합은 계절과 방향, 시간과 관계가 있다. 즉, 계절과 방향 그리고 시간의 영향을 크게 받는다. 이에 반하여 삼합은 계절과 방향, 시간에 영향을 받지 않는다.

삼합과 방위합은 그 세력이 비슷한 것 같지만, 지속적인 시간이 요구되는 상황에서는 삼합보다는 방위합이 더 강하게 작용한다. 예를 들어 수水가 필요한 사람이 사업을 하려고 한다면 수기水氣가 방합을 이루는 북방지역이 유리할 것이다. 방위方位상 북방은 지속적으로 수水의 기운氣運이 강한 곳이기 때문이다.

또한 대운大運이 북방 수운水運으로 흐르고 있다면 사업은 크게 번창할 것이다. 그러나 이 사람이 남방에서 사업을 한다거나 대운이 일시적으로 삼합이나 반합에 의해 수기水氣를 얻고 있다면 사업은 성공하기 어렵다. 삼합은 사막의 오아시스로 비유될 수 있다. 삼합은 지속성이 약하기 때문에 사업과 같은 장기간의 시간이 필요한 경우에는 적용하기 어렵다. 그러므로 삼합은 소규모의 사업이나 단기적인 사업에는 적절하다고 본다.

남녀가 일평생을 잘 살아가기 위해서는 방위국을 이루고 있는 사람은 상대 배우자도 방위국을 이루고 있는

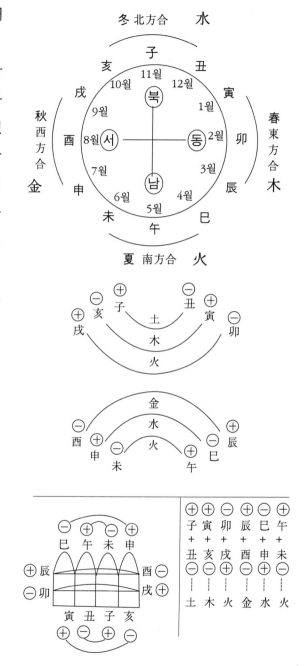

사람을 만나야 좋으며, 삼합을 이루고 있는 사람은 반드시 삼합을 이루고 있는 사람과 만나는 것이 바람직하다. 참고로 방위국方位局에는 삼합국三合局과 같은 반합이 없는 것이 특징이다. 방위합은 계절과 방향, 그리고 시간의 지속성을 나타내므로 반합이 성립될 수 없는 것이다.

3장 지지地支의 상해相害

지지地支의 해害는 사주를 감정하고 판단하는 데 크게 참고가 되지 못한다. 그러나 옛날부터 전해오는 것이므로 후학들의 연구를 돕기 위해 그 내용을 살펴보기로 하자.

子-未, 丑-午, 寅-巳, 卯-辰, 申-亥, 酉-戌

오준민 선생은 "자子가 축丑을 합하는데, 미未를 만나 축丑을 충沖하면 자子를 고단孤單하게 하는데, 이는 미未가 자子를 해害하는 것이다. 오午는 미未를 합합하는데 자子를 만나 오午를 충하게 되면 미未를 고단하게 하는데, 이는 자子가 미未를 해害하는 것이다. 그래서 자子와 미未는 서로가 천해穿害한다고 말한다.

축丑이 자子를 합하는데 자子가 오午를 충沖하게 되면 축丑이 고단하게 되는데, 이는 오午가 축丑을 고단하게 하는 것이다. 오午는 미未와 합하는데 축丑이 미未를 충하게 되면 오午를 고단하게 하는데, 이는 축丑이 오午를 해害하는 것이다. 그래서 축丑과 오午는 서로가 천해穿害한다고 말한다.

신申은 사巳를 합하는데 인寅이 신申을 충하게 되면 사巳를 고단하게 하는데, 이는 인寅이 사巳를 해하는 것이다. 인寅이 해亥와 합하는데 사巳가 해亥를 충하게 되면 인寅을 고단하게 하는데, 이는 사巳가 인寅을 해하는 것이다. 그래서 인寅과 사巳는 서로가 천해穿害한다고 말한다.

묘卯는 술戌을 합하는데 진辰이 술戌을 충하게 되면 묘卯를 고단하게 하는데, 이는 진辰이 묘卯를 해하는 것이다. 진辰은 유酉와 합하는데 유酉가 묘卯를 충하게 되면 진辰을 고단하게 하는데, 이는 묘卯가 진辰을 해하는 것이다. 그래서 묘卯와 진辰은 서로가 천해穿害한다고 말한다.

인寅이 해亥를 합하는데 신申이 인寅을 충하게 되면 해亥로 하여금 고단孤單하게 하는데, 이는 신申이 해亥를 해害하는 것이다. 신申이 사巳를 합하는데 해亥가 사巳를 충하게 되면 신申으로 하여금 고단하게 하는데 이는 해亥가 신申을 해害하는 것이다. 그래서 신申과 해亥는 서로가 천해穿害한다고 말한다.

묘卯와 술戌이 합하는데 유酉가 묘卯를 충沖하게 되면 술戌이 고단하게 되는데, 이는 유酉를 해害하게 하는 것이다. 그래서 유酉와 술戌은 서로가 천해穿害한다고 말하는 것이다.”라고 하였다.

『삼명통회三命通會』에서는 “육해六害라는 것은 십이지十二支가 나의 별을 능가하는 것이다.

자미子未가 서로 해害하는 것은 미未인 왕토旺土가 자子인 왕수旺水를 해害하니 세력이 있는 집안이 서로 해害하는 것이다. 그러므로 자子가 미未를 보면 해害가 된다.

축丑과 오午가 서로 해한다는 것은 오午인 왕旺화가 축丑인 사금死金을 능가하니 관귀官鬼가 서로 해害하는 것이다. 그러므로 축丑이 오午를 보고, 오午가 축丑의 천간에 진귀眞鬼가 있으면 해害가 더욱 심하게 된다.

인寅과 사巳가 서로 해害하는 것은 서로 12운성으로 임관臨冠을 믿고 멋대로 나아가 서로 해치는 것이다. 만약 천간에 귀鬼가 오면 더욱 심하게 된다.

묘卯와 진辰이 서로 해하는 것은 묘卯는 왕목旺木으로서 진辰인 사토死土를 능가하는데, 이는 적은 것으로서 큰 것을 능가하여 서로 해하는 것이다.

신申과 해亥가 서로 해害하는 것은 각각 12운성으로 임관臨冠을 믿고 서로 재능을 질투하고 다투어 서로 해하는 것이다.

그러므로 신申과 해亥가 서로 보면 해害가 되는 것이다.

유酉와 술戌이 서로 해害하는 것은 술戌이 사화死火로서 유酉인 왕금旺金을 해害하는 것으로, 이는 질투하고 상해하는 것이다.

그러므로 유酉가 술戌을 보면 흉凶하고 술戌이 유酉를 보면 재난이 없다."고 하였다.

<u>4장</u> 지지地支의 상형相刑

三合局: 申子辰水　寅午戌火　巳酉丑金　亥卯未木

三會方: 寅卯辰木　巳午未火　申酉戌金　亥子丑水

위의 표에서 삼합국과 삼회방三會方을 비교하면 상형相刑은 다음과 같다.

1. 申刑寅　寅刑巳　巳刑申: 지세지형持勢之刑
2. 戌刑未　未刑丑　丑刑戌: 무은지형無恩之刑
3. 子刑卯　卯刑子: 무례지형無禮之刑
4. 辰刑辰　午刑午　酉刑酉　亥刑亥: 자형自刑

오준민 선생은 "신申이 인寅을 형刑하고, 인寅이 사巳를 형刑하며, 사巳가 신申을 형刑하는 이유는 신申, 인寅, 사巳 삼자三者는 각각 12운성으로 보면 장생長生과 임관臨冠을 갖추고 있어서 자신의 힘을 믿고 형刑을 한다. 그래서 이것을 지세지형持勢之刑이라 한다.

술戌은 미未를 형刑하고, 미未는 축丑을 형刑하며, 축丑은 戌을 형刑한다. 그 까닭은 술戌, 미未, 축丑 삼자三者는 모두 토土에 속하며 마치 형제 같아서 이를 두고 비견比肩이라 하여 사이가 좋은 것인데, 다만 형제끼리 서로 다투는 형상이므로 이를 두고 무은지형無恩之刑이라 한다.

자子가 묘卯를 형刑하고, 묘卯가 자子를 형刑한다는 것은 본래 수水와 목木은 서로 상생하므로 모자母子의 관계와 같으나, 서로 형刑하므로 무례지형無禮之刑이라 한다. 진辰, 오午, 유酉, 해亥는 같은 지지가 서로 더하는 것이므로 자형自刑이 되는 것이다."라고 하였다.

앞에서 언급한 상해相害는 육합에서 응용한 것이며, 삼형三刑의 원리는 삼합에서 응용한 것이다.

그러므로 인, 묘, 진은 동방목국東方木局인데, 신, 자, 진 삼합수국三合水局을 만나면, 수水가 목木을 생하여 왕한 목이 더욱 왕旺해져서 편중되게 된다. 그러므로 신형인申刑寅하고, 자형묘子刑卯하며, 진형진辰刑辰하게 되는 것이다.

사, 오, 미는 남방화국南方火局인데, 인, 오, 술 삼합화국三合火局을 만나면 왕성旺盛한 화火가 더욱 왕旺하여진다. 그러므로 인형사寅刑巳하고, 오형오午刑午하며, 술형미戌刑未하는 것이다.

신, 유, 술은 서방금국西方金局인데, 사, 유, 축 삼합금국三合金局을 만나면 왕성한 금金이 더욱 왕旺하여진다. 그러므로 사형신巳刑申하고, 유형유酉刑酉하며, 축형술丑刑戌하는 것이다.

해, 자, 축은 북방수국北方水局인데, 해, 묘, 미 삼합목국三合木局을 만나면, 왕성한 목木이 더욱 왕하여진다. 그러므로 해형해亥刑亥하고, 묘형자卯刑子하며, 미형축未刑丑하는 것이다. 그러나 앞에서 언급한 지지地支의 삼형三刑의 성립 근거에 대해 진소암陣素庵, 임철초任鐵樵는 모두 이러한 설을 비난하였다.

『적천수滴天隨』에서 임철초는 다음과 같이 주장하였다.

"형刑의 의미는 취할 것이 없다. 예를 들면 해亥가 해亥를 형刑하고, 진辰이 진辰을 형刑하며, 유酉가 유酉를 형刑하며, 오午가 오午를 형刑하는 것을 자형自刑이라고 한다. 본래의 지지地支가 본래의 동기인 지지地支를 만나면, 스스로가 동기同氣라고 하는데, 어찌하여 서로 형刑한다고 하는가?

자子가 묘卯를 형刑하고, 묘卯가 자子를 형刑하는 것은 상생相生이라고 해야지 어찌하여 상형相刑이라고 하는가?

술戌이 미未를 형刑하고, 미未가 축丑을 형刑하며, 축丑이 술戌을 형刑하는 것 모두가 동기同氣이니 형刑이라고 하는 것은 부당하다.

인寅이 사巳를 형刑하는 것 역시 상생相生이고, 신申이 인寅을 형刑하는 것도 이미 인寅과 신申이 이미 충沖하고 있다. 또 사巳가 신申을 형刑한다고 하는데, 사巳와 신申은 이미 합하였는데 어째서 형刑이 되는가?

이는 모두가 잘못된 주장이므로 이 글을 마련한 것이다."라고 하였다.

그러나 실제 운명감정에서는 삼형을 만나면 관재구설, 교통사고, 수술 및 횡액 등의 재난을 당하게 되는 경우가 많다.

또, 사주원국에 재財, 관官, 인印 별이 있으면서 삼형이 있으면, 사람의 생명을 다루는 권한을 갖게 된다.

지지地支의 충冲 설명은 앞장에서 상세히 설명한 바 있으므로 참고하기 바란다.

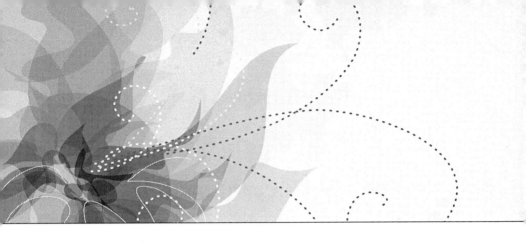

9부

신강身強 신약身弱과 십신론十神論

1장 12운성법(기포법[起胞法])

　12운성법을 포태법胞胎法 또는 절태법絶胎法이라고도 하며, 사주의 천간을 각 지지에 대비하여 살고 죽는 것을 구분하는 데 응용한다.

　대자연의 우주법칙에 의하여 생생生하고 쇠衰하며 멸滅하여 가는 이치를 인생에 응용하여 명리학命理學에 사용하는 것이다.

　12운성을 나열해보면 다음과 같다. 포胞[절絶이라고도 함], 태胎, 양養, 생生, 욕浴, 대帶, 관冠, 왕旺, 쇠衰, 병病, 사死, 장藏

　12운성을 우리 인생에 비유해본다면 영혼이 모태母胎에 들어감은 태胎라 하고, 10개월 동안 무럭무럭 자라는 것을 양養이라 하며, 출생하는 것은 생生이요, 출생 후에 목욕을 하는 것을 욕浴이라 하고, 옷을 입고 띠를 두르는 것을 대帶라 하며, 성장하여 의관을 갖추고 벼슬길에 오르게 됨을 관冠이라 하며, 인생 최고의 전성기에 도달함을 왕旺이라 하고, 전성기에 있다가 그 상황을 넘어서면서부터 쇠약衰弱하여 늙고 병病들게 되니 마침내 죽고死, 죽으면 땅속에 묻히게 되니 장藏, 또는 묘[墓]라 하며 혹은 고[庫] 등으로 응용)이라 하고, 모든 뼈마디가 끊어져 뼈만 남는 것을 절絶이라 하는 것이다.

　양陽인 갑목甲木의 절지絶地는 신申, 음陰인 을목乙木의 절지絶地는 유酉, 양陽인 병丙과 무戊의 절지絶地는 해亥, 음陰인 정丁과 기己의 절지絶地는 자子, 경금庚金의 절지絶地는 인寅, 신금辛金의 절지絶地는 묘卯, 임수壬水의 절지絶地는 사巳, 계수癸水의 절지絶地는 오午가 된다.

12성운 조견표

	甲	乙	丙	丁	戊	己	庚	辛	壬	癸
胞	申	酉	亥	子	亥	子	寅	卯	巳	午
胎	酉	申	子	亥	子	亥	卯	寅	午	巳
養	戌	未	丑	戌	丑	戌	辰	丑	未	辰
生	亥	午	寅	酉	寅	酉	巳	子	申	卯
浴	子	巳	卯	申	卯	申	午	亥	酉	寅
帶	丑	辰	辰	未	辰	未	未	戌	戌	丑
冠	寅	卯	巳	午	巳	午	申	酉	亥	子
旺	卯	寅	午	巳	午	巳	酉	申	子	亥
衰	辰	丑	未	辰	未	辰	戌	未	丑	戌
病	巳	子	申	卯	申	卯	亥	午	寅	酉
死	午	亥	酉	寅	酉	寅	子	巳	卯	申
墓	未	戌	戌	丑	戌	丑	丑	辰	辰	未

2장 사주강약四柱强弱 구분

사주四柱를 판단할 때 일주日柱의 강약强弱을 구분區分하지 않고는 추명推命할 수 없다. 따라서 사주의 진수는 이 강약 구분에 있다고 하여도 과언이 아니다.

이 일주의 강약만 확실하게 구분할 수 있다면 이미 어느 만큼 중요한 위치를 차지하고 있을 뿐 아니라, 격국 용신格局用神에도 기초가 되며, 사주명리학四柱命理學 전반에 대한 해석이 명쾌해지는 것이다.

좀 부연하여 설명하자면 일주 강약에 따라 때로는 길신吉神이 흉신凶神이 되기도 하고, 흉신도 길신으로 변화하며, 남에게는 흉신이 될 수도 있는 것이다.

또, 정인正印이 편인偏印으로, 편인이 정인으로, 편재偏財가 정재正財로, 정재가 편재로, 정관正官이 칠살七殺로, 칠살이 정관으로, 식신食神이 상관傷官으로, 상관이 식신으로 변화할 수도 있는 것이다.

이 모든 것은 상대적인 상황에 따라 변화하기 때문이다. 일주가 강하면 편偏도 정正이 되나 일주가 약하면 오히려 정正도 편이 되는 법이므로 극아자剋我者인 관살官殺을 기준으로 볼 때, 약자는 법의 다스림을 받아야 하고, 강자는 법을 다스리는 것과 같으며, 아극자我剋者인 재성財星, 즉 처가 약하면 악처惡妻나 우매한 처가 되는 법이니 같은 재성이라 할지라도 상대에 따라 달라질 수밖에 없는 것이다.

이런 연고로 일주의 강약을 구분하지 않고서는 길흉의 올바른 결단을 내릴 수 없는 것이다.

일주의 강약은 쉽고도 어려운 것으로 때로는 수십 년을 역학계에 종사하고도 당황할 때가 있는데, 이는 사주의 구성 자체가 애매하기 때문이기도 하고, 기초공부가 되어 있지 않아서 그럴 수도 있으며, 합국合局의 변화와 출생할 때의 시기, 충沖·형刑·파破 등에 따른 변화와 형이상학적인 천운지기의 작용을 무시한 데 원인이 있을 수도 있다.

앞에서 공부한 천간지지와 생사관계를 이해하여 잘 살필 것이며, 양보다는 질을 택하는 안목을 길러야 한다.

양적으로는 아무리 많아도 흩어져 있으면 힘이 되지 못하고, 모이면 강대하여 어떠한 것과도 대적할 수 있음을 명심하여야 한다.

실례로 해수亥水가 혼자 있을 때는 수水가 분명하나 인寅이나 묘卯나 미未를 만나면 목국木局으로 변화하는데, 만약 월지月支에 금金이 있고 옆에서 금金을 생生하고 있으면 목木으로 변화하지 않는다.

또, 신금申金이 월지月支에 있고 토금土金이 상생하여 왕할 때는 자수子水를 만나 수국水局이 된다 하여도 완전한 수기水氣로 변화하지 않는다.

또, 인목寅木이 오화午火를 만나 인오寅午로 화국火局이 된다 하여도 수목水木이 많으면 완전히 화火로 변화하지 않으며, 사화巳火가 월지月支에 있고 목화木火가 왕旺하면 유금酉金을 만난다 하여도 완전한 금국金局으로 변화하지 않으니 월령月令, 즉 때가 얼마나 중요한가를 알아야 한다.

때로는 사주四柱 중의 세력분포에 의해 변화되기도 하므로 항상 상대적인 면을 잘 살펴야 하는 것이다.

즉, 같은 인목寅木이라 하여도 목木이 많으면 목木으로, 화火가 많으면 화火로 따라가고, 신금申金도 금金이 많으면 금金으로, 수水가 많으면 수水로 변화하며, 사화巳火도 화火가 많으면 화火로 유酉나 축토丑土가 왕하면 금기金氣로 변화하고, 해수亥水도 수水가 많으면 수水로 목木인 인寅이나 묘卯 등이 많으면 목木으로 따라가게 된다.

또, 진술축미토辰戌丑未土에서 진토辰土가 목木이 왕旺한 경우, 즉 인寅 묘卯 등을 만나면 목木으로 되며 수水가 왕旺하면, 즉 신자해申子亥 등을 만나면 수기水氣로 변화한다.

술토戌土는 화왕火旺하면 화기火氣로 금왕金旺하면 금기金氣로 변화하고, 토왕土旺하면 토기土氣로 따라간다.

축토丑土는 금왕金旺하면 금기金氣로 수왕水旺하면 수기水氣로 변화하고, 미토未土는 화왕火旺하면 화기火氣로 목왕木旺하며, 목기木氣로 토왕土旺하면 토기土氣로 남게 된다.

<u>3장</u> 신강身强과 신약身弱

신강身强이라 함은 일주日主가 왕성하고 강력한 것이며, 신약身弱이라 함은 일주日主가 쇠약하고 무력無力한 것이다.

사주명리학四柱命理學은 사주상四柱上의 음양과 오행의 조화 여부를 보고 운명의 길흉吉凶을 판단하는 방법이므로 태과太過 및 불급不及이 없는 오행의 조화가 가장 중요한 것이다.

그러므로 일주日主가 너무 강왕强旺하면 지나치고 너무 쇠약해도 부족해서 못 쓰는데, 만약 일주日主가 지나치게 강왕하면 파재破財, 손처損妻, 재난災難 등의 흉악凶惡을 당하게 되며, 일주日主가 지나치게 쇠약하면 병고病苦, 빈천貧賤 등의 흉한 일을 당하게 된다.

그런데 일주日主는 내 몸[신주身主, 명주命主, 일원日元, 일신日神, 자아自我]이 되고, 내 몸은 나의 생명력이 되는 것이므로 일간日干은 사주四柱 중에서 제일 중요한 지위에 놓여 있으며, 모든 일에 있어서 생극제화生剋制化가 이곳에서 시발하는 것이며, 모든 사물을 판단하고 창조하며 제반의 추진사推進事에 있어서의 성공成功하고 실패失敗하는 것은 모두가 내 능력으로서 결정되는 것이니 내 몸이 강왕해야만 건전한 정신으로 박력 있게 추진사를 감행할 수 있는 것이며, 내 몸이 쇠약하면 기력氣力의 부족으로 의욕도 생기지 않고 추진하는 일에 지장이 많아지는 것과 같이 사주명리학에서도 우선 일주日主가 강하고 보아야 재물이 많아도 신왕재왕身旺財旺으로 그 재물을 감당해나갈 능력이 있어 부자가 되는 것이다.

또, 관살官殺이 왕旺해도 신왕관왕身旺官旺으로 그 관官을 능히 감당하므로 대귀大貴하게 되는 것인데, 반대로 일주日主가 쇠약하면 재물이 많아도 재다신약財多身弱으로 그 재를 감당해나갈 능력이 부족하여 커다란 빈 건물에 가난하게 사는 빈인貧人이 되는 것이다.

관살官殺이 많으면 신쇠살왕身衰殺旺으로 패망敗亡하게 되는 것이니 일주강약日主强弱에 신경 써서 공부해야 할 것이다.

일주日主의 강약을 구분하는 법法은 삼법三法이 있으니

첫째는 득령得令과 실령失令이요, 둘째는 득지得地와 실지失地이며, 셋째는 득세得勢와 실세失勢를 판별하는 법이다.

4장 득령得令과 실령失令

득령은 생월지지生月地支에서 기운氣運을 얻었다는 뜻으로 일주日主가 왕성해지는 월月에 출생出生한 것을 말하는데, 월月에 기운을 득得하였을 때를 득령得令, 득시得時라 하여 일주가 강왕해지고 이에 해당하지 않을 시는 실령失令, 실시失時라 하여 일주日主가 쇠약衰弱해진다.

즉, 출생월出生月이 일주日主가 왕성해지는 달인가 아니면 쇠약해지는 달인가를 살펴서 출생월出生月이 일주日主를 생조生助하는 비겁比劫 및 인성印星에 해당되면 득령했다고 하여 일주日主가 강왕해지고, 반대로 출생월出生月이 일주를 극설剋泄하는 재관성財官星 및 식상食傷에 해당하면 실령失令하였다고 하여 일주日主가 쇠약해진다.

5장 득지得地와 실지失地

득지라 함은 일간日干 위주로 사주지지四柱地支에 12운성으로는 장생長生, 건록, 제왕 등을 만나는 것으로, 이것이 놓이면 지지에 왕旺함을 얻었다고 하여 득지得地 또는 기운을 얻었다고 하여 득기得氣라고 하는 것이다.

이에 해당하면 강해지고 반대로 12운성에 쇠, 병, 사, 절 등을 만나면 왕旺함은 얻지 못했다고 하여 실지失地 또는 기운을 못 얻었다 하여 실기 또는 무기無氣라고 하는 것인데, 이에 해당하면 약약해진다.

그러나 이것은 양일간陽日干인 경우만 작용하는 것이 원리상 타당한 것이다. 또는 일주가 지지의 지장간 속에 오행상五行上 동기同氣를 만나면 이를 지지地支, 즉 땅에 발을 붙였다고 하거나 뿌리를 박았다 하여 통근通根, 유근有根, 착근着根이라고 하여 일주日主가 강강해진다.

6장 득세得勢와 실세失勢

득세라 함은 일주日主가 사주四柱 중에서 생조生助를 많이 받아 세력을 얻었다는 뜻으로, 이를 득세라 하여 일주日主가 강왕해지므로 실세實勢라 하여 일주가 강왕해진다.

즉, 사주일간四柱日干이 주중柱中에 인수, 편인, 비견, 겁재의 도움을 받고 있으면 득세에 해당하고, 일간日干이 주중柱中에서 재성財星, 관살官殺, 식상食傷 등으로 극설을 많이 받으면 실세에 해당된다.

다시 말하면 일주日主와 주중柱中에 오행五行을 대비對比하여 주중柱中에서 일주日主를 돕는 오행이 많으면 신강한 사주四柱가 되고, 반대로 주중柱中에서 일주日主를 극설剋泄하는 오행이 많으면 신약한 사주四柱가 되는 것이다. 이상에서 설명한 득령, 득지, 득세됨을 신강身強이라 하고 실령失令, 실지失地, 실세失勢됨을 신약身弱이라고 하는 것인데, 신강과 신약은 이상의 세 가지 법칙法則에 의하여 종합적으로 결정하여야 하며, 사주팔자四柱八字 전체를 관찰하여 일주日主를 생조하는 오행五行과 육신六神을 극설剋泄하는 오행五行과 육신六神을 비교하여 신강과 신약을 분별하여 판단하되 그 중점은 팔자八字 중 가장 작용력이 강한 월령月令, 즉 월지月支에 두어야 하며, 또한 천간天干보다는 지지地支에 있는 오행五行이 그 작용력이 강하다는 점을 명심한다.

그 이외에 삼합三合과 육합六合, 방합方合 또는 간합干合되어 타他 오행五行으로 변화하는 것을 참작하면 신강身強, 신약身弱을 쉽게 판단할 수 있으나 실제로 상담 시에 구별하기 곤란할 경우가 종종 있게 된다.

자칭 사주명리四柱命理의 대가라는 분들도 종종 틀리는 경우가 있으니 사주四柱 전체의 상황을 두루두루 잘 살펴서 판단하여야 할 것이다.

또, 강약의 법칙은 사주四柱 중 타他 오행五行 및 육신六神의 강약에도 그대로 적용시켜서 판단하는 것이다.

자! 지금까지 강술한 내용을 정리해보면 득령, 득지, 득세 이 삼자를 모두 갖추었으면 최강이라 하고, 이자二者, 즉 두 가지를 갖추었으면 중강中强이라 하며, 한 가지만 얻었다면 신약 또는 일주약日主弱이라 한다.

이 3가지를 모두 얻지 못하였으면 실령, 실지, 실세라 하여 최약이라고 한다. 여기서 주의할 것은 관살官殺과 상식傷食의 관계를 사주 중에 관살이 있을 때, 식신 상관인 식상은 극관살剋官殺하여 일주가 관살로부터 수제受制당함을 막아주므로 일주日主의 보이지 않는 뿌리가 되고 일주를 보호하여주기도 한다.

그러나 관살이 없을 때는 그대로 도기盜氣, 설기泄氣가 되어 일주를 약하게 한다.

따라서 식상과 관살을 대비하여 관살보다 식상이 왕하면 신왕身旺으로 보고, 식상보다 관살이 왕하면 신약身弱으로 보아야 한다.

비유하건대 여자의 명命에 식상은 자손이요, 관살은 남편인데, 관살인 남편이 있을 때 식상인 자손은 나의 의지처가 되나, 부군인 남편이 없을 때는 자손은 나의 지출처支出處가 되는 것과 같은 이치이다.

가령, 목일주木日主가 금금관살로부터 금극목金克木당하여 신약이 되는 것은 확실하나 화火인 식상이 있을 때는 화극금火剋金하기 때문에 금극목金克木을 못하므로 금金을 제압하게 되는 별이 되는 것이다.

또, 일주가 최강하면 길명吉命이 될 것 같으나, 한정된 여덟 글자 중에서 인수와 비겁이 차지하는 비중이 크기 때문에 다른 육친六親, 즉 가장 필요한 재관財官이 있을 자리가 없으므로 남자는 처, 자녀와 재물, 여자는 남편과 재물의 흠이 되어 길명吉命이 될 수 없는 것이다.

다만 지지地支가 순수하게 삼합국三合局으로 너무 강한 일주日主는 제외되나, 이 경우도 본인의 출세에만 길명吉命이지, 다른 면에서 볼 때는 한쪽으로 편중되어 있기 때문에 흠이 되어 불행한 명이 되는 것이다.

그러므로 보편적으로 중강격中强格에서 길명吉命이 많은데 이는 신강身强하여 건강한 가운데 재관財官이 존재할 수 있고, 또 본인의 주관이 뚜렷하기 때문에 그러한 것이다.

또, 신약이라도 조금만 약하면 중강한 경우와 별 차이가 없으나 너무 허약하여 겨우 명맥만 유지하고 있다면 천격賤格으로 평생 고생이 연속된다.

이러한 사주들은 대부분 재다財多, 관살다官殺多, 식상다食傷多 또는 재살다財殺多, 식상재다食傷財多 등에서 나타난다.

사주 중柱中에서 인성이나 비겁이 하나도 없거나 있다고 하여도 충沖, 형刑, 파破당하여 완전히 피상被傷되어 있고,

또, 천간에 인성印星이나 비겁比劫이 지지地支에 의지할 곳이 없으면 최약最弱이라 하며, 최약자는 강자를 따라가야 살 수 있으므로 종從한다고 한다.

다시 언급해보면 쇠자衰者는 왕자旺者에게, 가난한 자는 부자에게 종속해야 오히려 삶을 유지할 수 있는 것과 같이 명리학命理學에서도 일주日主가 너무나 약하면 종격從格이라 하는데, 상식傷食으로 종從하면 종아격從兒格, 재성財星으로 종從하면 종재격從財格이라 부른다.

그러나 종하면서도 지지地支가 삼합국으로 잘 구성되어 있으면 의지

할 곳 없는 사람이 부잣집의 양자가 되어 오히려 좋아지는 것과 같이 틀림없는 길명吉命이 되니 일주 강약 구분에 소홀함이 없어야 하겠다.

7장 일반적으로 전래되어온 용신用神법

사주四柱를 판단하는 데 있어서 제일차적第一次的으로 알아야 할 과정은 먼저 용신用神을 가려내는 일이다.

용신用神이란 사주팔자四柱八字 중에서 음양오행의 조화調和를 위해 가장 소용되는 육신六神을 말하는 것인데, 용신은 사주팔자四柱八字 중 나를 위해 제일 중요한 역할을 하는 것이다.

가령 일주日主가 극히 신약身弱이면 신주身主를 생조生助하는 육신六神이 필요하고, 반면 일주日主가 심히 왕성하여 신강身强이면 일주日主를 억제하거나 왕기旺氣를 유출流出시켜 설기泄氣시키는 육신六神 및 오행五行이 필요한데, 바로 그 필요로 하는 오행五行이 용신用神이 되는 것이다.

예를 들어 목일주木日主가 신약한 경우 사주四柱 중에서 수水가 있다면 이 수水는 오행五行 상생법으로 수생목水生木하여 일주日主인 목木을 생조해주는 중요한 역할을 하게 된다.

따라서 이 사주四柱의 용신用神은 수水가 된다. 이 용신은 사주상四柱上의 위치, 강약 및 어느 오행 및 육신에 해당되느냐에 따라 운명의 길흉화복이 결정되므로 용신은 운명추리상의 관건이 된다.

그러므로 용신用神을 모르고서는 사주를 판단할 수 없는 것이다.

인간의 정신이 맑고 건전해야 인간으로서의 소임을 다할 수 있듯이 용신이 건전하여야 사주四柱가 吉하여 부귀수복富貴壽福을 누릴 수 있는 것이다.

용신이 건전하기 위해서는 월령月令이 용신用神을 생조生助해주는 절기에 해당하고, 사주상四柱上에 다른 오행에 의하여 생조生助되어야 한다.

따라서 용신用神은 명리학命理學에 있어서 生命처럼 소중하고 귀중한 것이니 잘 판단하여야 실수가 없게 된다.

그러나 이러한 견해는 일반적이고 보편적인 것으로서 용신을 구하고 취하는 방법이 너무나도 많고 어려워서 판단하는 과정에서 실수를 종종 하기 마련이다.

즉, 획일적이지 못하고 필요충분조건이 성립되지 않아서 명리학자들 간에도 의견이 분분함으로써 아직도 재야在野학문으로 푸대접을 받고 있는 실정이다.

본인이 35년 이상 공부하고 연구하여 분석하고 경험한 바에 의하면 모든 스승님들의 문하에서 익힌 이론과 논법을 하나로 묶어 '생활生活용신법'이라고 명명하기로 한다. 지금부터 모든 강호 제현諸賢들께서 강조하는 십신법十神法과 십이신살론十二神殺論을 첨삭하여 강술하되, 그 포인트가 35년 이상 연구해온 바에 의하면, 생활용신법의 논리는 연간지, 월간지, 일간지 또는 시천간지時天干支 등에 많이 나타나 있으면 그 성품이 그대로 표면에 나타나게 되는 것을 수없이 많이 경험하였다.

그래서 전래되어온 일반적인 용신법을 강설한 연후에 이 책의 말미末尾에 '생활용신' 처방법에 준한 강설이 이어져서 모든 사람들을 행복하고 성공된 삶으로 안내하는 이론을 전하고자 한다.

8장 일반적인 십신론十神論
〈일반적인 십신론의 개념정리〉

天干 十神	甲	乙	丙	丁	戊	己	庚	辛	壬	癸
比肩	寅	卯	巳	午	辰戌	丑未	申	酉	亥	子
劫財	卯	寅	午	巳	丑未	辰戌	酉	申	子	亥
食神	巳	午	辰戌	丑未	申	酉	亥	子	寅	卯
傷官	午	巳	丑未	辰戌	酉	申	子	亥	卯	寅
偏財	辰戌	丑未	申	酉	亥	子	寅	卯	巳	午
正財	丑未	辰戌	酉	申	子	亥	卯	寅	午	巳
偏官	申	酉	亥	子	寅	卯	巳	午	辰戌	丑未
正官	酉	申	子	亥	卯	寅	午	巳	丑未	辰戌
偏印	亥	子	寅	卯	己	午	辰戌	丑未	申	酉
正印	子	亥	卯	寅	午	巳	丑未	辰戌	酉	申

(일간日干 대対 12地支 十神 십신 조견표)

십신十神에는 비견比肩, 겁재劫財, 식신食神, 상관傷官, 편재偏財, 정재正財, 편관偏官, 정관正官, 편인偏印, 정인正印의 10종류가 있는데, 오행五行상 비견과 겁재는 일간日干과 동궁同宮이라 격格을 이루지 못하여 용신用神과 격국론格局論에서는 제외시키고, 편인과 정인은 서로 작용력이 비슷하므로 편정인을 함께 인성印星이라 명하기로 한다.

또, 편재와 정재도 비슷한 속성으로 재성財星이라고 부르니 식신, 상관, 편관, 정관, 재성, 인성의 여섯 가지를 합하여 육신六神이라고 말하기도 한다.

이 육신六神은 일간日干을 기준으로 하여 천간天干과 지지地支를 대조하여 상생, 상극 및 음양의 법칙으로 일어나는 운명적인 작용을 나타낸 것인데, 일간日干과 천간天干을 대조하여 표시하는 육신을 천성天星이라 하고, 일간日干과 지지地支를 대조하여 표시하는 육신六神을 지성地星이라고도 한다.

지성地星은 앞에서 공부한 지지장간의 본기本氣[정기正氣라고도 함]를 말하는 것이다.

사주명리학四柱命理學은 언제나 일간日干이 기준이 되는데, 일간日干을 나로 하고 다른 간지干支를 타他로 정하여 대조하는데 십신十神을 요약하면 다음과 같다. 나를 돕는 것을 생아자生我者라 하여 부모父母요, 내가 타를 생하는 것을 아생자我生者라 하여 자손子孫이요, 타他가 나를 극剋하는 것을 극아자剋我者라 하여 관귀官鬼요[여자에게는 남편男便],

내가 타他를 극剋한다고 하여 아극자我剋者라 하여 처재妻財가 되고, 나와 비등하다고 하는 것을 비화자比和者라 하여 비화자比和者는 형제兄弟가 된다.

즉, 앞에서 오행五行에 대하여 강술하였는데 그 오행을 인간과의 관계에서 생기는 일상적인 일들로서 상생, 상극, 설기 등을 달리 표현한 것뿐이니 쉽게 생각하면 빨리 납득하고 이해할 수 있게 된다.

자! 다시 한 번 정리해보자.

나와 같은 오행五行은 형제兄弟요, 비견比肩과 겁재劫財가 된다.

내가 생生해주는 오행五行은 자손子孫으로 식신食神과 상관傷官이다.

나를 생生하는 오행五行은 부모父母로서 편인偏印과 정인正印이다.

내가 극剋하는 오행五行은 처妻와 재財로서 정재正財와 편재偏財이다.

나를 극剋하는 오행五行은 관귀官鬼로서 정관正官과 편관偏官이다.

이것들을 요약하여 정리해보면 비화자比和者는 비견比肩 겁재劫財, 아생자我生者는 식신食神 상관傷官, 생아자生我者는 편인偏印 정인正印, 아극자我剋者는 정재正財 편재偏財, 극아자剋我者는 편관偏官 정관正官으로 간단해진다. (처음으로 이 글을 읽는 분들은 알쏭달쏭한 대목일 것이다. 누구나 처음에는 아리송할 것이니 이해가 간다.)

이것을 다시 음양으로 나누면 십신十神이 된다. 결국 다섯 가지인 오행의 원리를 육신으로 바꿔 부르는 것일 뿐이다.

이러한 십신十神을 육신六神이라고 부르기도 하며 육친六親이라고 말하기도 한다. 예를 들어 갑일간甲日干을 기준으로 십신十神 조견표를 보면 다음과 같다.

일간日干 대 십천간十天干의 십신十神 조견표早見表

	甲일	乙일	丙일	丁일	戊일	己일	庚일	辛일	壬일	癸일
比肩	甲	乙	丙	丁	戊	己	庚	辛	壬	癸
劫財	乙	甲	丁	丙	己	戊	辛	庚	癸	壬
食神	丙	丁	戊	己	庚	辛	壬	癸	甲	乙
傷官	丁	丙	己	戊	辛	庚	癸	壬	乙	甲
偏財	戊	己	庚	辛	壬	癸	甲	乙	丙	丁
正財	己	戊	辛	庚	癸	壬	乙	甲	丁	丙
偏官	庚	辛	壬	癸	甲	乙	丙	丁	戊	己
正官	辛	庚	癸	壬	乙	甲	丁	丙	己	戊
偏印	壬	癸	甲	乙	丙	丁	戊	己	庚	辛
正印	癸	壬	乙	甲	丁	丙	己	戊	辛	庚

갑甲: 갑일간甲日干과 같은 오행이고 음양이 같아서 비견比肩이다.

을乙: 갑일간甲日干과 같은 오행이나 음양이 달라서 겁재劫財이다.

병丙: 일간日干 갑목甲木이 병화丙火를 목생화木生火하고 생생하며주면서 음양이 같아서 식신食神이다.

정丁: 일간日干 갑목甲木이 정화丁火를 목생화木生火하고 생생해주고 음양이 달라서 상관傷官이다.

戊: 일간日干 갑목甲木이 무토戊土를 목극토木剋土하며 음양이 같으니 편재偏財가 된다.

己: 일간日干 갑목甲木이 기토己土를 목극토木剋土하며 음양이 다르니 정재正財가 된다.

庚: 일간日干 갑목甲木을 경금庚金이 금극목金克木하며 음양이 같으니 편관偏官이 된다.

辛: 일간日干 갑목甲木을 신금辛金이 금극목金克木하며 음양이 다르며 정관正官이 된다.

壬: 일간日干 갑목甲木을 임수壬水가 수생목水生木하며 음양이 같으니 편인偏印이 된다.

癸: 일간日干 갑목甲木을 계수癸水가 수생목水生木하여주며 음양이 다르니 정인正印이 된다.

예를 들어 신일간辛日干을 기준으로 십신을 찾아보면 다음과 같다.

일간日干 신금辛金인 금金이 극갑목克甲木하면 음양이 다르니 정재正財가 된다.

신일간辛日干이 금극을목金克乙木하고 음양이 같으니 편재偏財가 된다.

신일간辛日干이 병화丙火에게 극剋을 받으니 화극금火剋金으로서 음양이 다르니 정관正官이 된다.

신금일간辛金日干이 정화丁火에게 극剋을 받으니 화극금火剋金으로서 음양이 같으니 편관偏官가 된다.

신일간辛日干이 무토戊土에게 생生을 받으니 토생금土生金으로서 음양이 다르니 정인正印이 된다.

신금일간辛金日干이 기토己土에게 생生을 받으니 토생금土生金으로서 음양이 같으니 편인偏印이 된다.

신금일간辛金日干이 경금庚金을 만나서 비화자比和者로서 음양이 다르니 겁재劫財가 된다.

신금일간辛金日干이 신금辛金을 만나니 비화자比和者로서 음양이 같으니 비견比肩이 된다.

신금일간辛金日干이 임수壬水를 만나서 임수壬水를 금생수金生水로 생生해주니 아생자我生者로서 음양이 다르니 상관傷官이 된다.

신금일간辛金日干이 계수癸水를 만나 금생수金生水하니 아생자我生者로서 음양이 같으니 식신食神이 된다.

예를 들어 갑일간甲日干을 기준으로 지성地星인 십이지지十二地支에서 십신十神을 찾아보자.

갑일간甲日干이 인목寅木을 만나고 음양이 같으니 비견比肩이 된다.

갑일간甲日干이 묘목卯木을 만나고 음양이 다르니 겁재劫財가 된다.

갑일간甲日干이 진토辰土를 만나니 목극토木剋土로 아극자我剋者가 되며 음양이 같으니 편재偏財가 된다.

갑일간甲日干이 사화巳火를 만나니 목생화木生火로 아생자我生者가 되며 음양이 같으니 식신食神이 된다.

갑일간甲日干이 오화午火를 만나니 목생화木生火로 아생자我生者가 되며 음양이 다르니 상관傷官이 된다.

갑일간甲日干이 미토未土를 만나니 아극자我剋者로 되며 음양이 다르니 정재正財가 된다.

갑일간甲日干이 신금申金을 만나니 극아자剋我者가 되며 음양이 같으니 편관偏官이 된다.

갑일간甲日干이 유금酉金을 만나니 극아자剋我者로 되며 음양이 다르니 정관正官이 된다.

갑일간甲日干이 술토戌土를 만나니 아극자我剋者가 되며 음양이 같으니 편재偏財가 된다.

갑일간甲日干이 해수亥水를 만나니 생아자生我者가 되며 음양이 같으니 편인偏印이 된다.

갑일간甲日干이 자수子水를 만나니 생아자生我者가 되며 음양이 다르니 정인正印이 된다.

갑일간甲日干이 축토丑土를 만나니 아극자我剋者가 되며 음양이 다르니 정재正財가 된다.

9장 십신十神의 전래되어온 일반적인 설명

1절 비견比肩

비견은 부모의 재산을 형제자매들이 나누어 상속받거나, 나누어 가지는 별로서 각자 자신들의 일을 하는 경우로 비견이 많으면 많을수록 형제자매가 많다는 뜻으로 당연히 나에게 돌아오는 몫은 적게 된다.

부모의 재산이 없으면 각자 자신의 능력에 따라 자립의 길로 떠나므로 고향을 떠나서 독립적인 생활에 종사하게 된다.

이러한 의미를 갖고 있는 비견은 자존심이 강하고 분리, 이별, 양자, 독행, 고독 등을 뜻하게 된다.

비견이 많으면 형제자매와 다투기를 잘하며 고향을 지킬 수 없어 부모형제 곁을 떠나 타향에서 자수성가하는 길로 진출하게 된다.

따라서 고독하게 되고 성격 또한 의지가 군세고 옹고집쟁이가 된다.

남자는 배우자와 자식과의 인연이 박하고 평생 노고가 많게 된다.

여자는 남편 복이 없고 색정관계로 이성과 파란과 풍파가 많고 가정 불화가 그칠 날이 없게 된다.

비견은 인간을 존중하고 상호유대와 거래를 위해 교제와 사교성을 특징으로 하고 있다. 단체나 각종 조직에 협조심이 강하여 동료나 교우 간에 동정심과 군중심리에 호응도와 사회대중에 적응력이 강하다.

한편 조직이나 군중 또는 단체협력에 편승하여 경쟁이나 투쟁에 따르는 승부욕에 강하게 집착하여 사회의 공익을 위해 앞장서거나, 그러한 배경을 조성하거나 그 조직에 의지하는 마음이 두드러지는 편이다.

항상 공익을 위해 사리사욕을 버리고 물질적인 양보심과 공정한 분배심에 의해 동기간이나 동료 간에 우애를 도모함을 중요시한다.

타인他人을 위해 재물을 쓰는 것을 아까워하지 않고 일단은 먼저 돈을 쓰고 보는 특성으로 낭비성이 많고 막 쓰다 보니 가정생활은 경제적으로 어려움이 많게 된다.

동기, 동지, 동료, 동창, 친구들을 위한 조직이나 단체를 위해서는 모든 것을 아까워하지 않는 고로 금전적인 채무관계로 빚 독촉이나 압박받으므로 초조한 마음이 항상 따라 다니는 것이 특징이다.

사람과 사람 사이에 사교가 활동의 신조이며 공적인 직장을 갖거나 상호 같은 일을 경영하는 데 인연이 있어서 혼자서 하는 일보다는 사회공익을 위한 광범위한 일을 하고자 하는 특징이 있다.

비견은 또한 의지가 굳고 노력성이 대단하며 자존심이 강하고 투지가 돋보이며 왕성한 독립심과 고집이 세다. 사과하기 싫어하는 성품이 나타날 때도 있게 된다.

그러므로 직장 생활하는 사람은 상사와 충돌이 생겨서 그의 능력을 발휘하지 못하지만, 각고의 노력으로 일단 본인이 상사가 되기만 하면 비상한 통솔력을 발휘하여 재능을 인정받을 수도 있게 된다.

여성도 거의 남성과 똑같이 생활전선에 나가서 활동하는 편이며, 남성과 같이 사회 어느 분야이든 능동적으로 생활할 수 있는 직업인으로서 군인, 경찰, 사업, 정치, 방송, 언론, 교육, 종교, 법률계통 및 인기업종, 운동선수, 외교적인 모든 직업, 유흥업, 예체능, 운수업, 특수운전기사, 항법사, 비행기와 연관된 특수기술 및 승무원 등으로 진출하는 사람이 많다. 회사원 같은 평범한 직장생활자도 다른 사람이 추종치 못할만큼의 전문적인 노하우를 갖도록 100배의 노력을 아끼지 말아야 노후에 행복할 수 있다.

◆ 남자: 인류, 동족, 민족, 국민, 시민, 사회대중. 형제, 누나, 상사, 직장배경, 선배, 동지, 동창, 동료, 직장동료, 회원, 친지, 동업자, 거래인, 경쟁자, 채권자, 채무자

◆ 여자: 형제, 오빠, 동서, 시어머니, 시아버지, 첩, 자부(아들의 처), 남편의 종사원. 기타 남자와 동일

◆ 학문: 인류학, 사회학, 인구학, 정치학, 정당론, 단체문제 연구, 선거론, 사회복지론, 노동계에 관한 노사문제, 사회사업론, 인권문제, 여론 및 언론학

2절. 겁재劫財

겁재의 별은 비견과 비슷하면서도 좋지 않은 특성을 더 많이 지닌 별이다. 재물을 겁탈하는 것으로 화합보다는 투쟁, 겸손보다는 교만불손이 난무하는 무례한 별이다.

따라서 겁재가 많으면 비견에 내포된 의미보다 더욱 흉하게 작용하여 불화와 이별 등 고초를 면하기 어렵다.

그러므로 동업에는 흉하다. 겁재는 비견과 같으나 인간을 상호존중하고 유대와 거래를 위주로 하는 교제와 사교생활의 특징이 있다.

각 조직단체에 참여하고 군중심리에 편승하여 전체의 목적과 사회공익을 강조하고 나서는 데 그 특성이 있으며, 공사 간에 동료, 동창, 친구, 친지 또는 사회인과의 신의와 의리를 지키고 전체의 이익을 명분으로 개인적인 물심양면의 희생을 자처하는 특성이 있다.

동기, 동료, 동창, 친구, 친지와 물질보다는 인간 위주의 생활관념을 특성으로 함으로써 '사람 나고 돈 났다'는 식으로 금전을 가볍게 여기고, 동정심이 많아서 금전을 빌려주거나 보증을 서주는 일, 중간에 소개한 일 등으로 인해서 손해보고 피해를 입으면서도 금전보다 인간 상호간에 순수한 정과 유대를 존중하므로 거절하고 단절하지 못하는 일로 피해를 보게 된다.

더 나아가서 국가나 사회단체 조직을 위해 개인적인 이익과 욕망을 희생하고 헌신하는 특성이 미덕이다.

완강한 편견과 강력한 고집의 특성으로 고강한 행위를 자행하므로 마침내는 중화를 상실하여 각종 사고 및 질병으로 고통당하게 된다.

이것은 주로 일상생활에서 사고와 행동의 부조화가 특성인 까닭에 야기되는 오류, 수술, 납치, 낙상, 구타, 살상, 충돌, 투쟁, 교통사고, 현금 손해, 강탈, 손해상실, 모험, 희생 등을 초래한다.

오기와 잔인성은 정의와 명분 공익과 의리를 위해서는 단호하고 과감한 용맹성을 발휘하여 적을 공격 살상하는 일이나 법관의 정의를 위해 단호하게 단죄하는 행위, 의사가 수술하는 것, 도살자가 육축을 살상하는 행위는 모두가 겁재의 특성 때문이다.

또한 겁재는 사교적 수단이 뛰어나고 대인관계로는 돈을 잘 쓰고 욕심이 없는 좋은 사람으로 자신의 의지나 심정을 밖으로 나타내지 않아 주위 사람들에게 호감을 사지만 때에 따라서는 믿음성이 부족한 사람처럼 보이기도 한다. 친구나 동료들과의 교제에 모가 나지 않고 주관이 뚜렷하다.

그러나 겁재는 모두 바람처럼 급한 성격으로 파일럿, 마도로스, 운전기사, 해외기술자, 해외특파원, 신문방송기자, 외교관, 세일즈 계통 등에 많이 종사한다.

여자女子는 통이 커서 사회 활동을 하는 것도 좋지만 가정생활도 신경을 써야 하며 만약 직업에 얽매여 가정을 등한시한다면 불행을 초래하기 쉬우며 자식 중에 효자를 두며 후처가 되면 평생 평안할 수도 있다.

또 형제간에 우애가 전혀 없거나 아니면 아예 많거나 양단간에 극과 극이며, 교제력이 좋아 한 사람의 친구라도 이해타산을 떠난 순수한 친구를 사귀려 하니 친구의 수가 적다. 그러나 잘만 사귀기만 하면 형제 이상 친하게 지내는 것이 장점이다. 인기가 있고 활동적이며, 귀엽고 활발하고 노래, 말, 무용, 운동(남녀 공통임) 등 기예 방면에 특기가 많은 편이다.

붙임성이 좋아 사람이 잘 따른다. 겁재의 별은 남녀 다 같이 돈을 쓰는 데 통이 커서 쓸데없이 지출을 많이 하는 특성이 있는데, 절제하는 습관을 길러야 노후가 평안하다. 또한, 남을 이용하여 일을 성사시키려고 하는 특성을 고쳐 직접 당사자와 일대일로 상대하여 일을 마무리하는 습성을 기르도록 할 것이며, 너무 일을 벌여만 놓지 말고 "몸에 좋은 양약은 쓰다"는 교훈처럼 충고나 진실한 말은 즐겨듣는 습관을 길러 몸에 배도록 해야 행복할 수 있다.

사교성이 뛰어나 주위사람들의 호감을 사는 좋은 특성과는 달리 때로는 야망과 투기성이 발동하여 요행을 바라고 허황된 욕심으로 인因하여 패가망신하는 경향이 많다.

여성은 활동력이 왕성하여 집에서 살림이나 하고 있으면 아픈 곳이 많이 생기기 때문에 직업을 갖는 것이 좋고 남편을 위해 봉사하고 노력하지만 금전적인 지출이 많은 고로 직장생활이나 특기를 살리는 전문직은 성공한다. 즉, 특수한 기능을 살리면 명성을 얻는다.

또한, 겁재는 연애결혼을 하는 사람이 많은데 상대의 외모만 보지 말고 실속이 있는가를 보고 결혼해야지 판단을 그르치면 평생 동안 후회하게 된다.

남자는 씀씀이가 커서 금전적인 고통이 뒤따르고 없어도 없는 체하지 않는 것으로 인하여 고통이 더욱 커진다.

통이 커서 하늘의 뜬구름을 잡으려는 사람이므로 야망과 허욕이 크며 형제간에 불화하게 되면 남보다도 더 좋지 못하다.

사업은 대흉하고 변동이 많으며 부부간에는 생사이별을 하지 않으면 객지로 분주다사하게 돌아다닌다.

명예는 좋으나 실속이 없고, 아들이 없거나 적은 편이며 윗사람과 충돌이 많다.

처와 자식 그리고 재물을 극하는 겁재의 별은 물질적인 고통과 심리적인 갈등 때문에 항상 고통 받게 되므로 반드시 특수한 기술이나 기능을 잘 익혀서 그 방면에 일인자가 되도록 노력하면 행복하고 노후가 편안하다.

여자는 사회적으로 명망을 얻으나 부부이별수가 있으며 후처가 되면 무난한 일생을 보낼 수도 있다. (남녀 모두 그 누구도 추종하지 못하는 특기를 살리는 시간이 보통사람보다 10년 이상 더 걸린다고 생각하면 될 것 같다.)

즉, 그런 세월을 보내기 때문에 평범한 사람보다 결혼이 10년 이상 늦어진다고 생각하시라. (필자의 오랜 경험으로는 좋은 생활 용신처방 중에 속했다.)

노력한 대가가 얻어지지는 않으나 가정을 잘 가꾼 사람은 자녀의 덕이 많고 영화가 뒤따른다.

그러므로 뼈를 깎는 자기수양으로 일상생활과 행동 및 말에 조심한다면 노후생활이 안락할 수 있다.

◆ 인사人事: 인류, 종족, 민족, 국민, 시민, 사회대중, 불량청소년, 흉폭한 자, 폭력배, 강도 등
◆ 남자: 형제, 누나, 이복형제, 며느리, 하급생, 후배, 부하, 친구, 동료, 동지, 동업자, 거래인, 경쟁자, 채권자, 채무자, 원호대상자, 사회적인 친구
◆ 여자女子: 연하의 동생, 동서, 시어머니, 시누이, 첩, 남편의 애인. 기타 남자와 동일

◆ 학문: 사회복지학, 사회공익사업(고아원, 양노원)에 관한 학문, 언론, 여론 계통, 의학, 군사학, 청소년문제와 연관된 학문, 고용문제론, 노사문제, 인간연구론, 투자개발론 외교학, 인사론, 채권채무론

3절. 식신食神

식신의 별은 의식주가 풍부함을 관장하나 이 별이 너무 많으면 도리어 반대로 천하고 가난하며 병약하게 된다. 이 식신의 별이 강하게 나타나 있다 함은 나의 기운이 무한정 빠져나간다 함인데, 자연히 타인他人에게 무조건 베풀어줌을 기쁘게 생각하므로 사람과 교제하거나 처세하는 데 모가 나지 않고 "좋은 게 좋은 것이다"라며 살아간다.

그 대신 뚜렷한 목적의식이 없어 노래 부르고 춤추고 놀며, 이성과의 색정이나 오락잡기, 주색 등에 빠지기 쉽게 되고, 임기응변으로 위험한 고비를 그때 그 순간만은 잘 넘기지만, 어떤 목표를 설정하고 전력투구하지 않으므로 큰 발전을 기대할 수 없게 된다.

식신의 별은 물심양면으로 근로로부터 비롯한 생산성이기도 하여 인간생활을 위한 자원을 연구개발하여 실생활의 풍요와 안정 및 편의와 안일을 위주로 한 물질생활이 그 특성에 해당한다.

남자는 주로 생산성이 있는 근로가 식신에 해당하는 데 반反하여, 여자는 주로 자신이 직접 출산하는 자녀가 식신의 별에 해당하므로 생식기능과 양육하는 것이 그 특성이다.

따라서 식신은 생산성과 계승 번식과 양육을 뜻하게 된다. 또한 창조

적인 생산성과 건설적인 계승성에 의해 번영과 발전을 거듭하는 까닭에 인류의 모든 문명과 문화 자원으로 인한 물질의 밑바탕이 된다.

또, 식신은 호식적인 것과 낙천적인 쾌락, 풍부한 물질생활에 취미가 있어 가급적이면 편리하고 안일하며, 잘 먹고 잘 입는 등 현실생활을 더욱 중요시하는 편이다. 주로 생산적인 욕구에서 연구개발하고 발명하며, 실용적인 것을 창조하고 건설하며, 풍요롭고 낭만적이며, 자유와 안일, 건강과 번영 자애, 관대함으로 인간생활에 실리적인 면을 추구하는 것이 특성이다.

또한, 화순하며 좋은 일이 많고, 나쁜 일이 적으며, 덕이 있으나 성질은 느린 편이라서 땀 흘려 일하기 싫어하고, 노력성이 부족하고 의심이 많아 돌다리도 두드려보고 건너가는 것과 같이 매사 주도면밀한 성품이고, 빈틈을 보이지 않으려 하며 온순하고 내성적인 반면, 한번 성질이 폭발하였다 하면 큰 사고를 내고 말 것 같은 특성도 있다.

남에게 체면이 손상되는 것을 싫어하며, 자기의 약점을 노출시키기를 꺼리며, 한번 의심이 가면 그것을 풀기까지는 오랜 시간이 걸린다.

이런 점은 부부간의 문제에도 나타나므로 의처증이나 의부증이 있다는 오해를 사기도 한다.

정신과 신체의 영양분을 뜻하는 식신의 별은 무엇인가를 창조한다는 뜻이 있으므로 의衣, 식食, 주主와 연관된 상, 사업에 종사하거나 사람들의 취미, 건강, 유흥, 오락 등을 대상으로 하는 업종, 식생활과 관련된 분야나 예체능, 매스컴, 신문, 방송, 잡지, 광고 등의 세계로 진출하여 큰 성공을 하며, 건축, 원예, 사진, 고전문학, 예술, 의학, 종교 등에서도 두각을 나타내는 사람들이 많이 있다.

또 다른 면으로는 관직官職으로 나아가 벼슬하여 봉급을 받는 사람들도 있다. 그러나 자기 스스로 만족하지 못하여 작은 일에도 스트레스를 받아 우울증, 자폐증 등과 같은 정신적이고 신경계통의 질환으로 자살하는 불행한 일도 있을 수 있지만 그것을 한 차원 넘어서기만 한다면 순수하며 특수한 감성을 지닌 식신의 별은 정신세계에서 명성을 크게 얻는 세계적인 사람이 나오기도 한다.

◆ 인사人事: 학생, 자녀, 후배, 부하, 어린아이, 자양분이 있는 음식물, 의학, 약
◆ 남자: 장모, 처가식구, 사업가, 약사, 치과의사, 연구가, 발명가, 특허권자, 생산업자, 제조업자, 식객, 요식업자
◆ 여자: 자녀, 조카, 유모, 양모, 산부인과의사, 요식업자, 식당종업원, 산모, 임산부. 기타 남자와 동일. 식도, 영양계통, 소화기계통, 입, 항문, 뇌신경, 시력, 여자에게는 자궁, 유방 등
◆ 학문學文: 경영학, 경제학, 산업관계학, 식품영양학, 의학, 약학, 치과학, 양육학, 사육학, 농학, 임학, 물리학, 화학, 건축설계, 토목건축공학

식신성食神星은 오행五行 상생相生 원리상 자손子孫이요, 재財는 재물財物인데, 식신은 생재生財하므로 그 자손이 財物의 근원이 되고, 자손인 식신이 재財를 생생生生하므로 내가 늙으면 앉아서 자손들이 공양供養하는 것을 받는다는 뜻이 있으므로 적극적으로 대사업大事業을 경영하는 데는 힘이 부족한 것이 유감이다.

자녀와 재물財物에 인연이 많은 것은 식신의 미점美點이나 반면 아름

답고 미昧적인 성능을 가지고 노래하고 춤추며 향락에 빠져 그렁저렁 살기 쉬운 결점을 다함께 갖고 있는 결점도 있다.

4절. 상관傷官

상관은 머리가 비상하고 총명하며, 남을 발밑에 누르고 그 위에 서서 세상을 호령하고, 사치하며 자유분방하고, 남의 약점을 이용하여 자신의 이익을 도모하는 책략가요, 모략가이기도 하다.

교만 방자하므로 타인으로부터 방해를 많이 받고, 소송과 투쟁 등이 평생을 통해 많게 된다. 여자는 허영심이 많고 자기를 크게 보이려고 과신하는 욕심이 강한 편이며, 남의 위에 서고자 하는 욕구가 강하다. 동료를 대할 때도 명령조의 말투를 사용하고, 남을 위하는 마음이 부족하여 항상 자신은 똑똑하며 잘났다고 착각한다.

그런고로 지위와 명예를 좋아하지만, 타인들로부터 외면당하는 것은 사람을 깔보고 거만하게 행동하므로 오히려 자신이 남에게 우습게 보임을 당하게 되고, 남들이 상대하여주지 않으므로 스스로 고독하게 된다.

예리한 직감력과 관찰력, 사고추리력 및 연구분석, 음률과 독서, 연설과 강의, 교수활동과 특이한 기술 습득, 중간 역할로 이득을 취함, 화술과 설득, 직감 및 예감 그리고 예언, 투시력 등이 강한 반면 실언, 과언, 언행무례, 자만 및 오만불손, 자부심과 자존심이 강하고 글을 쓰고 말을 함에 정도가 넘쳐 화禍가 미쳐서 언쟁, 시비, 소송 등이 항상 함께하고 있는 것이 특징이다.

여자는 정관, 편관의 별이 남편을 뜻하는 별인데, 이것을 상극하고 있기 때문에 남편을 잃어버려서 천박해지며, 식신 상관의 별은 자식을 의미하는 고로 자녀의 일로 좋은 일이건 나쁜 일이건 항상 희비喜悲가 엇갈리는 일로 신경을 많이 쓰게 된다.

또한, 상관의 별은 관재구설을 뜻하는 고로 송사, 시비, 언쟁, 질병, 단명 등의 흉한 별 이기는 하나, 좋은 별자리와 함께하면 교육자나 중간 매개자로서 설득, 소개, 안내, 교수행위 및 강의, 정보와 홍보, 선전, 광고, 출판, 조명 등 좋은 특성도 함께 갖고 있다.

또한, 염세주의 반항, 실패, 허무, 불안, 피로, 망신 등을 나타내며 낭만적인 성품으로 타인에게 속박 당함을 싫어한다.

그러므로 고독한 생활을 즐기는 경향이 많다. 반항심이 강하며 나를 억압하는 사람에게는 무섭게 저항하는 특성도 있다.

상관의 별은 한편 유행에 대해서도 민감하여 공상과 낭만의 정신이 강하며, 헛된 공포심을 갖고 있기도 하다.

머리의 회전이 빨라 경솔한 점도 있으며, 육감이 발달하여 다재다능한 사람이지만, 섬세하고 날카로운 신경을 소유하고, 감수성이 강한 고로 솔직한 것을 좋아하며, 예지력과 창의력이 강하다.

본인이 희생하고 참고자 하면 인내력이 강하게 작용하기 때문에 아리송한 사람으로 보이기도 한다.

상관의 별은 학자, 예술가, 사상가, 발명가, 역술가, 미용사, 중개사, 장식업, 인테리어 등에 출세 성공하는 사람이 많고 약업, 의학계와 유행의 첨단을 달리는 업종에서도 특수한 능력을 발휘하여 성공하기도 한다.

또, 한편 군인, 경찰, 법조계로 대성하는 사람 등 아주 다양하다. 남자는 처로 인하여 평생 애로를 겪고 사는 사람이 많고, 여자는 남편으로 인한 괴로움을 겪으며 자식 문제로 고통을 당하기도 한다.

여하튼 남녀 모두 부부간의 파란이 많은 별이 상관이라는 별이다.

◆ 남자: 조모, 처가권속, 교육자, 학자, 작가, 시인, 음악가, 화가, 가수, 연사, 성우, 언론인, 중매인, 부동산소개업자, 종교인, 설계사, 안내인, 점술가, 학생, 변호사, 계리사, 영사기사, 사진가
◆ 여자: 자녀, 조카, 조모, 산모, 조산원. 기타 남자와 동일
◆ 학문: 교육학, 교육심리학, 언어학, 음악과 관련된 모든 분야, 기상학, 철학(운명철학), 신문방송학, 체육학, 관광학, 웅변, 통신, 무역, 광학, 전자공학, 수학, 미술

5절. 편재偏財

편재는 타인 및 모든 사람의 자산을 뜻한다. 다른 사람의 돈이 나의 통장에 들어왔다 나갔다 하는 고로 금전 출입이 빈번하다. 돈의 융통성과 자금의 동원 능력이 있으므로 항상 바쁘고 돈의 씀씀이도 많게 된다. 사람의 그릇에 따라 궁색함이 없이 큰돈을 만지면서 다재다능한 능력을 발휘하면서 인생을 즐겁게 보내는 사람이 있는가 하면, 다른 한편 그릇에 따라 인색하고 몰인정한 사람도 있게 된다.

대체로 편재의 별이 많으면 남녀 다 같이 일찍이 아버지를 여의고, 배우자가 여럿일 수도 있다. 여자는 편재성偏財星이 시어머니를 뜻하므로

편재가 강하거나 많으면 시어머니를 많이 모신다는 뜻이므로 두 번 이상 시집을 가기도 한다.

남자는 특히 편재성이 돈이며 여자이기도 하므로 돈과 여자가 많다고도 본다. 장점이 곧 단점이기도 하므로 돈과 여자로 인하여 재난을 당하고 화를 입기도 한다. 그러므로 편재의 별이 좋게 작용하면 돈복과 여자 복이 있으며 나쁘게 작용하면 여자와 돈으로 인하여 색난과 손해, 손재를 본다는 뜻이 된다.

한편 편재성偏財星은 활동의 원동력이 되는 고로 야심과 욕망, 모험성과 투기성을 조심함과 아울러 의협심과 동정심도 함께 갖고 있는 것이 특성이다.

반면 현금이 떨어지면 실망과 실의 속에서 수단과 방법을 가리지 않고 편법으로라도 사기, 횡령, 투기, 도박, 절도 등 온갖 사회악을 조성하는 죄악을 저지르는 원인이 되기도 하는 별이다.

편재성偏財星은 인생의 최고의 가치를 황금만능이라고 여기는 까닭에 재물이나 이익이 되는 것 앞에서는 모든 자존심을 버리고 비굴해지기도 한다.

때로는 황금을 위해서는 세 살 먹은 아이들 앞에서도 큰절을 할 수 있으며, 아부하는 특성과 이익을 위해서는 자존심이나 체면 그리고 예의나 윤리도덕을 무시하고 부정과 불의에 앞장서기도 한다.

그러므로 이익을 목적으로 한 교제에 있어서는 돈을 넉넉하게 쓰지만, 일반적인 사교상의 거래에서는 인색하기 그지없다.

그러나 금전의 위력을 과시할 때나 약한 자에게 동정을 베풀고자 결심했을 때에는 주저하지 않고 재물의 희생을 감수한다.

반면에 자신의 개인적인 생활을 위해서는 검소하고 근면하며 소탈한 면이 장점이다. 적은 금전에 대해서는 과소평가하고 가소롭게 여기지만, 아주 크다고 생각되는 재물에 대해서는 마음속에 두고 항상 큰 재물이 될 만한 것만을 취하고자 하는 지나친 욕심에서 사업 실패가 빈번하며 불안하고 불만스런 마음으로 세월을 보내는 사람들도 많다.

대체적으로 투기성으로 일확천금을 하고자 광산, 어업, 증권, 경마, 부동산업, 매점매석, 독점獨占성 사업, 밀수, 횡령, 사기, 부정 대출 등 모든 분야에 걸친 이권개입 부정으로 불화하고, 오락, 복권 그리고 축첩으로 재난을 당하기도 한다.

또한, 그 반대로는 선량하여 봉사정신이 강하며, 의리를 중히 여기고 인정이 많으며, 특히 이성에 대해 친절하기도 하다.

직업으로는 상, 사업 금전취급업의 일체 및 그 방면의 직장생활도 길하며 운수업, 고물상, 의사, 간호원, 운동선수, 외교, 통신, 판매업 등에 적합하고 운수업, 자전거상, 오토바이상 등 회전이 빠른 것에 관련된 직장이나 사업 등에 성공하는 사업자들이 많으며, 그 외 요식업, 의류, 군인, 경찰, 부동산업계도 좋고 정치계통으로 진출하여 성공한 사람이 많은 것도 조직을 유지하고 관리하려면 큰돈을 아낌없이 써야 하기 때문이다.

한편, 여자는 인정이 많고 고지식하며 단순하여 남을 속일 줄 모르고 독하지 못하다. 때로는 남에게 이용을 잘 당하여 불쌍한 사람에게 인정을 베풀기 잘하며, 객지에서 성공하는 사람이 많다.

재물에 대한 에너지가 강하게 작용하므로 금전의 혜택을 많이 받아 생활의 여유를 갖게 되지만, 편재의 별은 공공의 여러 사람들의 재물을 뜻하며 항상 잘 흐르는 물처럼 유동되는 재물인데, 이것을 잘 활용하여 이익을 얻으며 자유자재로 경영하거나 직장 생활을 하더라도 경제적인 혜택 속에서 경제적으로 안정된 생활生活을 하게 된다.

그러나 친정이 부유하다면 여자의 편재성은 시집을 가면 그때부터 친정은 망하게 되고 재앙이 계속 생겨 부모가 일찍 돌아가시거나 아니면 가정이 몰락하게 되고, 친정의 남자형제가 일이 잘 안 되어 몰락하거나 단명하거나 요사하게 된다.

남녀를 막론하고 교통사고나 수술 등의 위험이 신상에 항상 감돌고 있고, 젊은 사람은 가출을 자주 하는 사람도 많이 있다.

편재성은 하늘과 땅의 기운인 천운지기를 얻으면 의외로 횡재를 하게 되며, 정관 편관성이 함께하면 권세를 쥐고 복록이 무궁무진하며 대귀하게 되며, 아랫사람들의 존경의 대상이 된다.

특히 정재, 편재의 별은 극하는 비견, 겁재가 없으면 일생 큰 배신을 당하지 않으나 비견, 겁재에게 극을 받아 흉하게 되면 한 평생을 빈천하고 주색잡기로 항상 소일하는 백수건달의 운명으로 살게 되어 불행하다.

- ◆ 남자: 부父, 백부伯父, 고모姑母, 남편의 첩妾, 투기사업, 무역업자, 기업가, 현금수령자, 증권대주주, 광산, 어업, 밀수, 도박자
- ◆ 여자: 부父, 백부伯父, 고모姑母 등 부친의 형제. 기타 남자와 동일
- ◆ 학문: 경제학, 재정학, 경영학, 무역학, 사회학, 사회사업학, 토목, 조선, 건축, 금융, 기계, 자원공학

편재偏財는 남녀男女 모두 부친父親, 숙부叔父, 고모姑母 등 아버지의 형제를 뜻하고, 남자男子는 첩妾과 처妻나 첩妾의 형제, 그리고 형수와

제수를 나타내고, 여자女子는 시어머니, 자매의 시어머니, 외손자, 며느리의 모친母親을 뜻한다.

그 특성은 편굴된 점은 있으나 담백하고 꾸밈이 없으며, 재복財福이 많은 것 같으나 반면 금전의 출입이 빈번하다. 또한 재물을 가볍게 여기는 특성도 있어 의로운 일에 돈을 쓰는 것을 아끼지 않으며, 남자男子는 돈복과 여자 복이 많으나 그 반면 돈과 여자로 인하여 재난災難을 당하기도 한다. 男女를 막론하고 타향객지에 나아가 출세하며, 특히 남자는 풍류를 좋아해 외첩을 두거나 하여 여난女亂을 당하기 쉽다.

6절. 정재正財

착실하고 성실한 성격으로 사물에 대해 정직하고, 돈을 가치 있고 효과적으로 쓰고, 가정적인 사람으로 양심이 바르고 부지런히 일 잘하는 사람이다.

세밀한 일에도 상식이나 권위를 중요시하고 파격적인 것을 싫어한다.

남녀 모두 이성을 깊이 사랑하는 특성이 있으며, 인색한 면이 많다. 우주의 순환운동이 정확한 것처럼 정당함을 뜻하고, 우주운동이 항구성을 지니고 있듯이 생활을 위해 모든 사물을 사랑하고 쌀 한 톨, 한 푼의 금전도 소중하고 귀하게 여기는 특성이 있다.

정재성은 정당한 노력의 대가를 원하기 때문에 검소하고 절약하며 저축하는 특성 때문에 인색하지만, 그 저축한 재산이 오래가서 알짜로 부유하게 생활하는 사람이 많으므로 경제사회에 대한 업적을 남기는 사람이 많고, 그 재산이 자손대대로 계승하며, 유산을 사회와 후손에게 남기고 인류공헌에 기여하는 사람이 많다.

또한 인내심과 집착성이 강하여 매사 지구력이 있으므로 시종일관하는 집념을 갖고 노력하는 장점이 있으므로 가급적이면 고정된 수입으로 안정된 생활을 하길 희구한다. 또 부모에게 효도하고 국가에 충성하는 마음이 있어 신용이 좋고, 피나는 노력을 인생의 최고의 가치로 여기고, 정당한 대가를 바라기 때문에 분수에 넘치는 낭비와 허례허식을 싫어하며, 매사 실리적인 실용생활을 추구하는 고로 소탈하고도 보수적인 관념을 갖고 있다.

실천력이 강하고 이익을 목적으로 하는 일에는 끈질기게 노력하는 특성과 항구적인 애착심과 세심하게 보관하고 관리하는 성격으로 정의와 양심 그리고 도덕심이 강하여 대의명분에 입각한 희생정신이 강하다. 또한 다재다능하고 총명함을 갖추어 가부를 예측하는 판단력이 뛰어나 무슨 일에나 무난하게 해나갈 수 있기 때문에 직업적으로도 여러 분야에서 능력을 발휘하게 된다.

온후하고 건실하기 때문에 가정적인 자상함이 검약을 생활의 신조로 삼으며, 저축심이 강한 절약가이므로 필요 없는 낭비는 결코 하지 않는다.

상냥하고 조심성이 많은 성격이라서 때로는 느리고 답답한 사람이라는 인상을 준다. 또, 간혹 까다로운 식성 때문에 위장병이나 각종 암에 걸리기 쉬운 에너지가 항상 작용하는 것도 특징이다.

보수적이고 도덕심이 강하여 남과 다투기 싫어하고, 자신이 처한 테두리를 벗어나지 않으려 하므로 깐깐하고 괴팍스런 면도 있게 된다.

또한, 고집이 지나치게 강하기 때문에 한번 한다 하면 꼭 하고야 마는 칼 같은 성품으로, 원칙에서 벗어나는 것을 싫어한다. 명예를 중히 여기며, 번영을 의미하고, 자산과 신용을 나타내며, 복록과 부귀를 뜻한다.

또한 의협심이 강하고 정의와 대의명분을 존중하며, 시비를 분명히 가리는 것이 특성중의 하나다.

이 점은 대인관계에서도 공적인 것과 사적인 계산문제가 정확하게 두드러져 나타난다.

정재는 정당한 재물을 뜻하므로 절대 투기를 하여서는 안 되며, 피와 땀의 정당한 대가에 의해 얻는 노력의 재물이라서 쓸데없는 낭비는 하지 않지만 꼭 써야 할 명분이 있을 때에는 아낌없이 돈을 쓰는 특성이 있다.

정재의 별은 남자의 경우 처복이 많아서 결혼 후부터 가운이 번성하기 시작하여 재물을 모은다.

자산과 물질의 에너지가 가장 강하게 작용하는 정재는 일정한 궤도를 벗어나지 않으므로 과단성이 부족하고 원만함을 바라기 때문에 안정된 세상이나 불안정한 세태에서도 평균치의 능력을 발휘하며 대기 만성하는 특성이 있으므로 피와 땀의 결정체인 재물만을 바란다.

청·장년 시절에는 이성으로 인하여 염문艶聞도 많이 생길 수 있으며, 또가정에서나 사회에서 볼 때 재정적인 면에서는 과감한 행위가 부족하며 신속하지 못한 행동력이 문제가 된다.

또한 처나 처의 형제 및 본인의 형제로 인하여 종종 애로를 겪기도 한다. 뛰어난 기억력과 사리에 맞는 언행으로 주위 사람들을 놀라게 하며, 온후溫厚 단정하며 인망이 좋고, 성실근면하기 때문에 남과 다투기 싫어하므로 때로는 결정적인 순간에 실패를 자초하는 결점도 나타난다.

특히 남성은 단번에 출세하기 위한 욕심을 갖지 않으므로 사람들의 신뢰와 신용을 얻고 차분히 성공의 가도를 걷는다. 행여 성실성과 조심성을 망각하고 주색잡기를 장기적으로 하게 되면 의외의 재앙과 파멸을 불러오게 된다.

대체적으로 정재성의 장점은 대기만성형인고로 40대 이후부터 더 잘 나타나고, 처와 어머니 사이가 좋지 못하여 곤란을 겪을 때가 간간이 있게 된다.

위에서 말한 주색잡기를 삼가지 않는다면 자식 간의 비극을 보거나 명예를 손상하게 되니 조심할 일이다. 또 재물은 명예와 권력을 생하나니 돈은 명예를 만들고 벼슬을 얻게 되므로 양생의 근원이 되지만, 과하게 되면 재앙과 우환을 낳고 생生과 사死를 좌우하기도 하므로 음陰 중에 양陽이 포함되어 있듯이 대길한 것 가운데 크게 흉한 에너지가 작용하고 있다는 것을 명심할 일이다.

여자는 고지식하고 이기적인 면과 고집이 세어서 타협을 모르고 개성이 강하며 빈틈없이 만사를 처리하여 신임도 얻고 주위 사람들의 부러움을 사지만 절대로 손해를 보는 일은 하지 않는 타산적인 면모를 갖고 있다.

일반적으로 일단 눈 밖에 난 사람은 보지 않아 냉정하고 쌀쌀하다는 평을 들으며, 사람들과 불화를 초래하니 편벽된 면을 수양으로 고쳐나가야 한다.

직업은 다방면에서 그 능력을 발휘하여 어떠한 일이라도 그 재능을 인정받기 때문에 착실하게 성공하고 발전해나가며 길게 부귀를 누리는 사람들이 많다.

특히 정치, 법률, 군경, 재계, 실업계 등에서 두각을 나타내며 그 전도가 매우 밝은 편이다.

또한 의사, 교육, 예능, 종교 등 여러 방면에 모두 두루 나타나며, 특히 꼬집어 어떤 것이 아니면 안 된다는 직업은 없다.

다만 소년 소녀 시절에 꿈과 희망이 사회에 진출하고 난 뒤부터는 정반대로 뒤바뀌는 사람도 많이 있는 편이다.

◆ 남자: 정처正妻, 애인愛人, 아버지, 형제, 고모, 금융인, 현금출납자, 각 직장에서는 경리, 현금소지자, 세무직 공무원, 고리대금업자, 증권가, 보험인, 사업가, 상인, 부자, 은행, 계리사, 회계사, 세무사
◆ 여자: 백부, 숙부, 고모, 시어머니. 기타 남자와 동일
◆ 학문: 경제학, 재정학, 회계학, 경리학, 계리학, 통계학, 경영학, 통화론, 상법, 여성문제연구론 등

정재正財는 백부伯父, 숙부, 고모姑母를 뜻하고 남자는 처妻와 첩妻의 형제兄弟, 형수, 제수, 아들의 장인을 뜻하고, 여자女子는 백, 숙부, 고모 외, 외손자, 며느리의 모친을 뜻한다.

그 특성은 정의正義와 공론公論을 존중하고 시비是非를 분명히 하고 의협심이 강하다.

정재正財가 있으면 양처良妻를 얻어 복록福祿을 누리나 정재正財가 많으면 오히려 여색女色으로 인因하여 파산破散하고 나의 생모生母를 극하므로 그 생가生家를 계승繼承하지 못한다.

사주四柱에 겁재劫財가 있으면 정재正財를 극剋하므로 길흉이 변하여 흉凶하게 되나, 식신食神이 있으면 생재生財되어 복록이 증가한다.

7절. 편관偏官

편관성偏官星은 야성적인 무뢰한 타입이며, 인정과 의리가 있고, 눈물이 많고, 기본적으로 인간적인 따뜻함을 마음속에 간직하고 있으며, 상대방에게도 그러기를 바라고 있다. 의지가 강하여 모험적인 일에 나설 수도 있고, 투쟁심이 왕성하며 보통 수단을 넘는다.

두뇌회전이 빠르고 인정에 약하여 가난하거나 약한 사람을 만나면 그냥 지나치지 못하는 특성이 있다.

또한, 남의 마음을 잘 알아내는 특성이 있다. 남자는 강하고 늠름하지만 반면 눈물과 정에 약하며, 여자는 우두머리 기질이 많다.

편관의 별이 너무 강하면 자신을 스스로 해치고 형제를 극하는 별이며, 일찍부터 타향살이를 하여 이곳저곳을 떠돌아다니고, 형제는 없거나 드문 편이며, 사람이 괴팍하고 아무것도 겁냄이 없으며, 예의를 무시하는 경향이 있으며, 성질은 조급하고 편굴된 점이 있으며, 고집이 강한 편이다.

또, 의협심이 강하나 자기보다 강한 자에게는 강하게 상대하고, 약한 자에게는 부드럽게 대하며 약자를 돕기를 좋아하는 기질이 많다.

타협을 잘 못하는 강한 성품으로 자신의 강함만을 믿고 다른 사람을 무시하고 멸시하는 경향이 많다.

주색을 좋아하고 다투기를 잘하며, 권모술수가 능하며, 목적달성을 위해 남을 이용하고 영리하며, 민첩한 점이 있으나 남에게 머리를 숙이기 싫어하고, 성질이 급하기가 날아다니는 호랑이 같다.

외견상으로는 순박해 보이는 사람으로 얌전하고 어질며, 절도가 있으면서 인정이 많고 친절하며, 솔직하고 정직하면서 매사에 소홀함이 없는 편이다.

자기 자신을 높이거나 칭찬하고 좋아해주는 사람들에게는 아낌없이 친절하다.

자전궤도인 대운이 좋은 쪽으로 흐르는 사람은 어떤 고통도 잘 감수하고 인내하며 검소하고 소박하게 절약하고 살아가는 데 긍지와 자부심이 대단하다.

근검절약이 몸에 배어 빈곤한 살림을 잘 꾸려나가는데 다른 사람들의 지표가 된다.

건드리지 않으면 순한 양과 같이 천진난만하고 영악하지 못하며 매사가 분명하기 때문에 존경받을 만한 인격을 갖추고 있다.

또한, 애국, 애족, 애향심이 남달리 특출하게 강하며 생사가 달린 일을 당했을 때는 자신이 지켜줘야 하고 보호해야 할 가족, 친지, 처자식 동료 등을 위해 희생정신을 발휘하여 자신의 목숨까지도 버리는 살신성인殺身成仁의 의협심이 남달리 뛰어난 사람이 많다.

그러나 편관성偏官星은 그 대여 폭이 넓고 깊어서 극과 극, 그리고 찰나와 찰나 사이를 넘나든다.

그러므로 수양이 잘된 인격자는 위에서 열거한 좋은 장점이 많으나 아직 수양이 부족한 사람은 사려가 깊지 못하고 편굴된 성격으로 자신이 원하는 대로 가족 및 단체 또는 국가 및 사회 환경이 안 되거나, 자신의 명령이나 요구 및 지시에 따르지 않으면서 받아들여지지 않을 때나, 자신이 무시당한다고 판단이 섰을 때에는 자신의 목숨을 걸고 그 조직이나 단체 또는 환경을 철저하게 부셔버리고 파괴하고자 주위환경을 완전히 공포 분위기로 끌고 가는 경향이 많다.

특히 자제력이 부족하여 기분이 나쁘다 싶으면 극도로 발광하며, 지금 당장 모든 것을 끝내버릴 듯 지난날의 모든 잘못된 일들을 들추어내어 큰 대역죄인으로 몰아붙이는 천부적인 소질을 타고났다.

편관의 별을 타고난 사람이 자신과의 싸움에서 이겨낸 사람은 그 성격의 특성상 대권大權, 대귀大貴, 대부大富하는 큰 인물로 여러 방면에서 크게 성공하는 사람들이 많다.

편관성은 권세, 완강, 성급, 의협심, 투쟁심, 흉폭, 편굴성 등을 나타내는데, 사람들 나름대로 자기 주위에 권력을 믿고 행패를 부리거나 허풍이 세어 비난을 사는 경향이 많지만, 다른 한편으로는 의협심이 강하여 우두머리 격으로 군경, 사법계 또는 충렬사들이 많이 배출된다.

활동적이며 성급하고, 화끈한 것을 좋아하며, 차고 뜨거운 것이 분명하고, 순간적으로 화를 잘 내므로 남과 다투기를 잘한다.

그 어떤 것도 속에 넣어두지 못하고, 배짱이 있으며, 힘들거나 궂은일을 가리지 않으며, 남이 추켜 세워주는 것과 승패에서는 무조건 승리하는 것을 좋아하고, 지는 것을 수치로 여기며, 목적을 위해서는 사람들, 즉 조직을 잘 활용하며, 권모술수의 차원이 높아 교묘하며 개방적이고 희로애락의 표현을 사실 그대로 표현하는 꾸밈없는 인간형이다.

무슨 말이건 가슴속에 넣어두지 못하는 성품과 과격한 행동이 때로는 큰 화근이 될 수 있으니 이 점을 특히 조심해야 할 것이다.

편관성은 책임이 강하며 신속하고, 고집이 세며 타인을 제압하는 강렬한 기운이 작용하기 때문에 역사에 이름을 남길 특출한 인물이 나오는가 하면, 정반대로 노동자, 불량배 등 귀한 것과 천한 것의 양극단을 나타난다.

또한 편관성은 경우에 맞는 법은 모범적으로 지키지만, 합당치 않을 때는 철저히 저항함으로써 지사, 의사, 열사, 혁명가 등이 배출된다.

또, 편관성은 무인, 관리, 문장, 예술, 기술 등 다각적인 기운이 작용하는 특성이 있는데 용기가 있고 진취적인 면이 있지만, 조직이나 단체의 환경상태나 상사의 일 처리나 언행이 납득되지 않을 때는 상대방의 직위가 아무리 높아도 그 앞에서 화를 내고 큰 소리를 치며 거칠게 행동함으로써 괘씸죄에 걸리기도 하는 특성도 있다.

그러므로 참모역이 있어 이런 특성을 잘 조절만 할 수 있다면 성공과 출세는 받아놓은 밥상이다.

금전보다 명예를 앞세우므로 만약 명예에 손상이 가는 일이 있을 때는 아무리 큰 거액의 재물이 될지라도 헌신짝 버리듯 하는 성격은 가족들에게는 무책임한 가장이라는 말을 듣게 된다.

또, 솔직담백한 성격으로 자기의 노하우가 되는 특수한 비밀 및 특기도 곧잘 친구, 형제, 후배 등과 같은 제자나 친분이 있는 사람에게 가르쳐주는데, 결과적으로는 믿던 도끼에 발등을 찍히는 격으로 밑에 있던 사람이 자신보다 더욱 크게 출세하는 비운을 맛보게 된다.

과격한 성격과 흥정을 못하는 그러한 기질을 뼈를 깎는 고통을 참으며 수양하기만 한다면 다방면에서 크게 출세 성공할 수 있다.

또한 초년시절에 가난하게 성장한다면 대기만성으로 크게 성공하지만 어린 시절에 부유하게 지냈다면 중년에는 한 번 이상 크게 좌절을 맛보게 되며, 그러한 모든 것을 꿋꿋하게 참고 견디면서 불행을 딛고 다시 일어서기만 한다면 크게 성공하게 된다는 점이 가장 중요하다.

여자는 남자와 같은 역할을 하여야 하며 생활전선에 나가 활동하게 된다. 나의 일보다 남의 일을 더욱 잘 보아주기 때문에 항상 잔 근심이 많아 심신이 피곤하다.

결혼생활은 30세가 넘거나 흠이 있는 남자와 배필이 되는 것이 좋으며, 만약 그렇지 않을 때는 결혼에 실패한다.

남자도 첫 번째 만난 사람과 결혼하는 예가 적으며 눈치나 체면에 구애되지 않고 생각한 것을 그대로 말해버리므로 시원한 성격이란 말을 듣기도 하지만, 반대로 비난도 크게 받으며 인덕이 없는 편이다. 감정에 따라 말하고 행동하므로 실수와 실패가 많고, 그 언행을 지키기 위해 물심양면으로 실제적인 손해가 많은 편이다.

고로 편관성은 남녀를 불문하고 범사를 깊이 생각하고 행동으로 옮기는 습관을 갖도록 평소 노력해야 대길하다. 항상 TNT 같은 폭발물을 머리에 이고 다니는 위험성이 높은 성격의 편관성은 일상적인 일인데도 어린 시절에 장난을 하다가도 항상 몸을 잘 다치고 깨지며 가지고 노는 장난감도 위험성이 높은 총, 칼, 폭약, 독약 등을 좋아하므로 부모의 속을 많이 태우면서 성장한다.

여성은 남자에게 배신을 잘 당한다. 남녀 모두 모든 일이 자신이 원하는 대로 잘 안 될 때, 마음에서 오는 화병(우울증, 조울증)에 항상 조심해야 한다.

월지에 이 별이 있으면 형제가 어릴 때에 일찍 세상을 떠난 사람들이 있거나 불행하게 사는 사람이 있게 된다.

◆ 남자: 자녀, 조카姪, 군인, 경찰, 법관, 검사, 형무관, 조사관, 감사관, 세관원, 정보원, 실권자, 특무기관원, 집달리 책임자, 수위, 경비,

세무관리, 강제노동자, 노무사, 흉폭인, 도적, 죄수, 환자, 시체, 귀신, 천재지변

◆ 여자: 부군, 정부, 형부, 애인, 시숙, 제부. 기타 남자와 동일
◆ 학문: 법학, 국방과학, 군사학, 세정학, 의학, 노동문제연구

편관偏官은 권력을 믿고 행패를 부려 모든 사람들에게 비난을 받는 경향이 현저한데 사주四柱 중에 식신食神이 있으면 그 식신이 편관을 극하여 성급하고 흉폭한 편관의 특성을 억제하므로 좋은 방향으로 편관을 유도하여 편관의 좋은 특성이 더욱 증가하게 된다.

편관偏官은 일간日干을 극剋하는 오행五行으로 일간日干과 음양陰陽이 동일한 것으로 이러한 이치는 음陰이 음陰을 만나고 양陽이 양陽을 만나는 것으로서 음양陰陽의 배합을 이루지 못한 것 때문이다.

그러므로 편관偏官이라고 하며 일명 칠살七殺이라고도 하는데, 왜 칠살七殺이라고 부르는가 하면 갑일주甲日主가 경자庚字를 만나는 경우 천간의 순위로 볼 때 갑일주甲日主에서 경자庚字까지는 일곱 번째에 해당하고甲, 乙, 丙, 丁, 戊, 己, 庚 그 경자庚字가 나를 갑甲극충剋冲하기 때문에 칠살七殺이라고 하게 된다.

이 칠살七殺은 음양陰陽이 배합을 이루지 못했을 뿐만 아니라 일주日主를 정면正面으로 극살剋殺한다.

다시 말해서 살신殺身한다는 뜻이 된다. 고로 칠살七殺은 나를 살해殺害하는 자이니, 이것을 제복制伏함은 당연히 기쁜 일이지만 그렇다고 너무 지나치게 제복하면 오히려 마땅치 않다고 하였다.

그래서 고서古書에 보면 "칠살희제복七殺喜制伏이나 불의태과不宜太過"

라고 하였다. 쉽게 말하면 "나를 공격하는 것을 복종하도록 하여 이용하는 것은 좋으나 아주 죽여 버리면 쓸모가 없다"는 뜻과 같다고 하겠다.

8절. 정관正官

정관성의 특성은 정의파 타입으로 정직하여 삐뚤어진 것은 질색이다. 객관적으로 보았을 때 "저런 경우 약간의 융통성을 보여도 되지 않을까?" 하는 일까지도 완강하게 거부한다.

부정이나 게으름뱅이 같은 것은 당치도 않다고 하며, 고지식하고 착실하며 온화한 성품을 지니고 있으며, 세밀한 곳까지 신경을 쓰므로 사람에 따라서는 답답하다고 생각하는 사람도 있게 된다.

여자는 정관성이 다른 곳에 또 있으면 여러 남자를 만나게 되는 특성도 있다.

정관성은 윤리와 도덕을 지키고, 예의와 법을 준수하고, 자신의 소임을 충실히 완수하는 일이 질서를 유지하고 사회를 영위하는 일이다. 이렇게 인간생활을 절도가 있게 살기 위하여 기본이 되는 모든 규범이 정관성의 특성이니만큼 준법정신과 책임감이 투철하며, 명예를 수반하는 관료사상과 공정 무사한 결백성과 정의감과 의협심에서 부정부패를 척결하여 질서와 기강을 확립하고, 상명 하종하는 관기를 존중하고 충성심과 공익정신, 관료적 사명심과 권위의식, 우월감과 강직성, 자존심과 체통 등은 모두 정관성의 특성이다. 또한, 매사 판단과 관찰시행 적응이 결과에 있어서 정확하며 약간의 보수적 사상과 명예 및 체통을 앞세워 가문의 명성과 일신의 영달을 치중하는 면도 있다.

특히 범법행위를 혐오하고 규율을 지키지 않거나 공부를 못하거나 적당히 부정으로 처세하는 사람을 무시하며 실력을 토대로 독선적 지배의식을 갖고 제압 통솔하려는 특성도 있다.

또한 물질적 우세를 배격하며 명예욕과 입신양명하는 출세욕이 강한 까닭에 어린 시절에는 학교 성적에 치중하여 열심히 공부하며 돈보다는 위신과 자존심을 내세워 명예를 손상케 하는 일에는 결사적으로 항거하며 쉽게 타협하는 사람을 경시하는 특성도 있다.

정관은 용모가 단정하고 매우 꼼꼼하며 남달리 깨끗한 것을 좋아하는 성격으로 지위가 높은 사람과 나이 많은 어른들을 존경하며, 명예를 존중히 여기고 신용을 지키며, 자비심이 많고 인품이 바르고 순박하다.

높은 긍지를 갖고 책임감이 강한 점은 있으나 행동은 대담성이 없으며, 나설 때와 물러설 때의 분별심이 심하여 불리한 입장에서는 발뺌을 하므로 지나치면 욕을 먹고 비난을 받는다.

고로 이런 일면 때문에 믿을 수 없는 사람으로 보이게 하며, 경솔한 점이 없기 때문에 인생행로에 큰 과오가 없거나 적고 안정된 길을 가게 된다.

정관성의 특성이 관리 품격으로 나타나 무슨 일이건 책임을 지워 일을 맡기면 훌륭히 처리하지만 책임이나 지위가 주어지지 않을 때는 기분이 내키지 않아 별로 신경을 쓰지 않고 중도에서 포기하기도 하는 명분과 감투를 좋아하는 형이다.

그러나 화가 미칠 것 같으면 몸을 사리고 모르는 체 그냥 넘어가려는 기피하는 마음이 있는 것은 명예에 손상이 가는 것을 싫어하는 특성 때문이다.

깔끔하고 결백하며, 반발이나 반항심을 자제할 줄 알고, 기억력이나 관찰력이 남보다 뛰어난 점은 출세에 도움이 되며, 간혹 잠시 잠깐이지만 불뚝하는 성질은 신경질적인 사람으로 보이게도 한다.

공격의 본능은 강하지만 평화로울 때 그 힘을 발휘하며 대담성은 없지만 임기응변의 재능을 가졌으며, 다소 호색好色하는 마음은 있으나 내색하지 않는다.

매사에 조심성이 많고 빈틈없이 일을 처리하지만 귀가 얇아 남의 말을 잘 들어 투자 및 보증 등을 서서 고통을 겪을 때가 많으며, 치질, 혈압, 당뇨병, 심장병 등으로 고통을 겪기도 하며 간혹 건망증, 치매증상 등이 있는 사람도 있다.

직장이나 어느 단체의 한 부서의 책임자라 해도 결정된 방침과 내용이 어찌 되었던 간에 그 체제에 순응하고 실행하므로 일부의 반항적인 사람들에게는 비난을 받기 쉽다.

정관성은 여자에게는 남편에 관한 별인데 국가에서 법률을 만들어 국민을 평안하고 태평하게 하며, 가정에서는 남편이 집안을 관장하며, 그의 방침 아래서 가정의 안정을 기한다. 치국治國의 기본이 되며 국가적으로는 수상首相이 되고, 가정에서는 존장 또는 호주 및 세대주가 되는 정관은 복신, 권위신, 관록이라고 말하는 귀중한 별이므로 중용을 지키고 화순하고 용모가 수려하며, 자성이 총명하고 강유가 겸전하며, 현처와 인연이 있는데 태평한 시대에는 큰 덕망과 존경을 받는다.

직업에서는 근면 성실한 것 등에는 모두 적합하며 특히 봉급생활자로 출세하는 사람이 제일 많다.

특히, 혼란한 시기에 발탁되는 사람은 무능한 존재로 시비구설의 대상이 된다.

여자는 남자와 거의 비슷한 성격을 소유하며, 사교적인 면은 부족하며, 아첨할 줄 모르나 책임감이 강한 편으로 고지식하고 꾸밈이 없어 아부를 좋아하는 사람들에게는 미움을 사게 된다.

간혹 친정식구들로 인해 결혼이 늦어지는 사람도 있으며 인덕이 부족하다.

정관이란 별은 평화로운 분위기 속에서 안정을 추구하며 분쟁을 피하고 바른 도리대로 일을 처리하는 화평의 운기가 흐르기 때문에 과욕을 일삼거나 부정을 행하면 불행한 결과를 초래하고 그 이상의 큰 화액을 입게 된다.

남녀를 불문하고 모든 일을 처리함에 있어서 다각적인 면으로 관찰하고 생각하며 여러 사람들의 의견을 종합하여 결정하기 때문에 주위 사람들이 볼 때에는 판단과 결정함에 있어 신속함이 부족하다는 평을 듣는다.

여성들의 직업은 정치, 법률, 교육, 군, 경찰 등 다방면에서 능력을 나타내며, 사업 면에서도 성실성이 인정되어 여러 업종에서 성공하는 사람이 많은데, 다만 부드럽고 인정이 부족하고 냉정한 것이 결점이다.

남녀 다 같이 형제를 극하는 운기가 흘러 형제가 없거나 일찍 세상을 떠났거나 불행하게 살거나 소식이 없거나 서로 단절하고 사는 사람이 많다.

◆ 남자: 자녀子女, 조카, 행정관서에서 근무하는 모든 공무원 및 기타 공직인 국영기업 및 회사나 기업체 등에서 보수를 받고 생활하는 공직자

◆ 여자: 부군, 남자 애인, 형부, 제부. 기타는 남자와 동일

◆ 학문: 국어, 영어, 사학, 법학, 행정학, 정치학, 외교학, 정경학

9절. 편인偏印

편인성偏印星은 싫증을 잘 내는 타입으로 게으른 편이다. 오늘 일을 내일로 미뤄 끝에 가서는 고민하는 일이 있고, 두뇌회전은 빨라서 어떻게 하던지 끝마무리를 지으려고 하는 재능은 있어도 빨리 권태를 느껴 여러 가지를 모두 하고 싶은데 실천하기까지는 많은 시간이 걸린다.

사물을 끝까지 규명해보려는 자세가 부족하며, 무엇을 해도 끝까지 해내는 성품이 부족하다. 특히 편인의 별은 타협을 모른다. 자신의 비위에 거슬리면 어떤 사람이건 배척하고 사리에 어긋났을 때에는 백년친구라도 가차 없이 인연을 끊고야 마는 무서운 결단성이 내재하고 있다. 부모와 멀리 떨어져 있을 때는 부모의 정을 깊이 깨닫지만 가까이 있을 때는 부모의 사랑을 못 느끼고 지나치는 경우가 많다.

편인성이 유의해야 할 점은 사리사욕에 탐욕을 버리고 학문이나 기술 등 한 가지 일에만 평생토록 전심전력해야 크게 성공할 수 있다는 점이다.

남자는 처와 자식 간의 불길不吉, 여자는 남편 및 자식과의 관계가 불행한 경우, 재물의 복이 약한 면, 건강 및 수명에 지장을 초래하는 별로서 인생살이에 여러 고난을 겪는 사람이 많다.

편인의 별은 생모와 계모가 있다면 계모에 속한다. 계모는 비록 자식에게 사랑을 베푼다 할지라도 생모처럼 참다운 사랑을 줄 수 없는 것

이 특성이다.

계모가 먼저 어머니가 낳은 자녀에게 평소 진실로 잘 대해주어도 어쩌다가 조금만 소홀히 하게 되면 악덕 계모로 낙인 찍혀 난처한 입장에 처하게 된다.

따라서 겉과 속이 같아지지 않으며 마음속으로는 혐오하면서 외면상으로는 선량하게 처세하는 것이 특성이라서 어디서부터 어디까지가 진실이며 거짓인지 알기가 어렵다.

편인은 효신梟神이라고도 하는데 올빼미가 밤에는 잘 보고 낮에는 못 보아 다른 동물과는 정반대의 생리를 갖고 있으며, 한편 자신이 낳은 새끼를 잡아먹을 뿐만 아니라 그 새끼는 길러준 부모의 은덕을 저버린다 하여 불효의 대명사로 알려져 왔다.

여자가 효신梟神의 작용을 당하면 자녀를 잃거나 자녀에게 배신을 당하게 되어 고독하게 된다.

올빼미의 생리와 같이 매사 믿었던 일은 어그러지고 엉뚱한 일이 성사되는 경우가 많이 있으며, 대부분 믿었던 도끼에 발등을 찍히는 형상으로 배신과 실패, 방해와 재난이 뒤따른다.

그러므로 귀중한 식신을 극하여 권위와 명예를 추락시키며 현금과 재산을 손재케 하며 가정의 안정을 파괴한다.

또한, 편인은 밤에 활동을 많이 하게 되고 낮에는 잠을 자는 사람이 많기 때문에 잠을 새벽녘까지 자지 않거나 불면증으로 고생을 많이 하고 낮에는 졸거나 하는 현상이 생겨 신경쇠약증세가 오고 음식을 먹으려 하면 입맛을 잃어 편식을 하게 되면서 자연히 영양실조로 소화기계통의 질병이 생긴다.

표면은 좋아 보이나 속마음에는 칼을 품고 있으며 임기응변과 임시방편으로 항상 처신하게 된다. 가면을 쓰고 처세하므로 사기성이 따르고 감언이설을 잘 활용한다.

항상 판단착오와 계획의 결과가 차질이 생겨 약속이나 희망이 좌절된다. 고로 어떤 것이 먼저이고 어떤 것이 나중이며, 어떤 것이 진실이고 거짓인지 분별하기 어려운 생활을 한다.

성격은 대체적으로 도량이 넓고 표면적으로는 문장이 뛰어나며, 타인에게 친절하고 언변이 좋으며, 총명하나 결말을 맺지 못하여 시작은 있으나 끝이 없기 쉽다.

임기응변의 타고난 재능과 가슴속에 남이 알지 못하는 지략이 있어 좋은 기회를 잡으며, 모든 일에 처음은 열심히 하나 종래에는 태만하여지기 쉽고, 학문과 예술은 좋아해도 집중력이 부족하여 성공에 지장이 생기게 된다.

집단 속에서 남의 지배를 받고 복종하는 것을 싫어하며 남의 명령과 속박도 철저하게 반대하지만 그 마음을 내색하거나 표면에 나타내지 않고 항거하지도 않아서 그 심중을 남이 알기 힘든 사람으로 보이게 한다.

몸과 마음이 나태하지만 본인이 어떤 면에서만큼은 참으려고 한다면 와신상담臥薪嘗膽의 고통과 인내심이 강하며 그러한 노력성이 뛰어나다.

고독한 마음의 소유자로서 항상 개척자의 정신이 철저하여 초면인 사람들과도 쉽게 대화를 나눌 수 있는 적극성과 대담성을 가졌으며, 변덕이 심하고 거만하게 보이나 체재와 전통 관습 등에 구애됨을 싫어하며, 구습이나 낡은 것을 파괴하고 새로운 것을 창조 개선하려는 성품이 강하다.

따라서 밑바닥에서부터 기어오르는 저력이 있으므로 혼란시대에는 무장으로 희대의 영웅호걸이 나타난다.

체제와 규율에 영합하기 싫어하므로 세상에서 손가락질 받는 불량한 건달이 되지 않도록 어려서부터 지도해야 한다.

너무 지나친 맹렬한 성품이지만 영구성이 없으며, 모든 것을 새롭게 하고자 하는 개척의 힘이 충만하다. 과도기나 불안정한 전란기인 난세에는 그 힘을 발휘하지만 안정된 평화 시에는 그 능력을 펴지 못한다. 따라서 국가나 사회, 가정 등 어느 집단 속에서도 혼란기에 그 능력을 십분 발휘하며 그 재능을 인정받는다.

편인성은 방랑의 기질도 있어 모험을 좋아하고, 내면으로는 온화한 기운을 소유하고 있으며, 지식욕과 창의력 그리고 연구심이 강하여 독창성을 갖춘 아이디어가 풍부한 특성이 있으며, 모든 일이 순조롭지 않고 재물의 손재와 신병身病이 따르며, 조실부모하기 쉽고, 배우자와의 관계가 불행을 암시하고 있으며, 조난, 단명, 관재구설, 도난, 등이 따르며, 항상 의식주의 불안이 따르고, 형제로 인한 애로를 겪기도 한다.

일생 동안 재물상의 성패가 다단하며, 칠전팔기의 고통이 따르며, 일신상의 신액으로 인하여 성공하는 데 지장이 생기고, 가정도 불행한 생활 속에서 허덕이고, 자신이 태어난 고향을 떠나 객지에서 생활하게 된다.

그러나 어떠한 난관에도 불구하고 부단한 수양을 통해 영웅, 대부호, 권력자, 지사, 열사 등의 불세출의 영웅호걸 등이 많이 배출되는 것은 난세에 대처하는 역량이 남다르기 때문이다.

남의 지배나 지시를 받기 싫어하는 성격 때문에 직장생활에 불만을 가지며 유별나게 편업에는 적합하므로 학자, 예술가, 의사, 종교가, 역술가, 세탁업, 이용, 미용업, 정치, 정치가, 군경, 법률, 스포츠 계통 등에서 활동하는 사람이 많다.

간혹 투전놀이로 소일하거나 교통사고로 인한 불행 또는 정신신경계의 환자가 되어 불행한 최후를 맞는 사람도 있다. 여하간 목숨이 다하도록 인격수양을 쌓고 자신과의 싸움에서 이겨낸 사람들은 큰 인물로 부각된다.

여성은 부드러우면서도 강한 일면이 있고 인덕이 없으며 게으르고 고지식한 편이다. 의식주와 연관된 운기가 작용하여 특히 타인들을 먹이는 것과 잠을 자게 하고 옷을 입히는 것들과 인연을 맺는 사람이 많은 편이다.

남녀불문하고 위장병이나 식도 및 기도에 지장을 초래하며 사망 시에는 굶어 죽는 사람도 있다.

직장에 나가서 받는 수입은 가정에서 부모형제를 위해 쓰이는 편이며, 다방, 식당 등 요식업계로 진출하는 여성들이 많다.

특히 결혼 후에는 가정살림에 여유가 생기며 수단이 좋을 뿐만 아니라 활동적이고 마음에 도량이 넓은 사람이 많다.

고생은 죽도록 하고 공은 없어서 벌어서 남 좋은 일만 하는 결과가 따르며, 남편과 자식의 인연이 부족한 면과 자궁 외 임신이나 자궁병 유방 등 병에 걸리는 사람이 많다.

특히 편인의 별은 두뇌 및 학문과 인연이 많아 독창적인 아이디어가 특출하여 법의 테두리를 벗어난 직업에 종사하는 것이 특징이다.

◆ 남자: 계모, 서모, 조부, 모친의 형제, 이모, 각종 기술자, 연예인, 교육자, 배우, 작가, 지사志士, 의사, 점술가, 철학가, 보도인, 각종 오

락잡기인, 청소부, 상주, 도적, 도박꾼, 소매치기, 고등 사기꾼, 병자, 불구자, 각종 중독자

◆ 여자: 편모, 계모, 서모, 어머니의 형제, 이모. 기타는 남자와 동일

◆ 학문: 이공계, 교육계, 예체능계, 각종 기능기술과 연관된 공학, 의학, 연극영화, 미술음악과 연관된 학문, 건축토목공학 등

10절. 정인正印

명예를 존중하는 지식인의 타입이며, 많은 지식을 가지고 있으며, 생각도 깊고 온화한 성격의 소유자이다.

총명하고 착하며 온순하고 사물 하나하나를 착실하게 처리하여 필히 성사시킨다. 행동에 치우침이 없어 인격자로서 세상에서 신뢰를 얻는데, 다만 개성이 별로 강하지 않아 재미있는 인물은 아니다.

또, 다소 자기중심적 면이 강하게 나타날 때도 있다. 인성이 강하거나 많이 있으면 어릴 때 몸이 약하거나 부모의 운이 나빴다고 본다. 자비심이 있으면서 지혜롭고 총명하며 학문과 예술에 여유가 있으면서 의리를 중히 여기고 신선한 성인의 기품이 있다.

남성은 신사요, 여성은 요조숙녀의 기품을 갖추어 선량하고 말과 행동이 바르며 솔선수범하는 사람이다.

사람에 따라 때로는 재물에 대해 인색하고 이기적인 면이 강하면서도 자존심이 강하고 게으른 편이다.

또한, 정인성은 자연이나 부모가 무조건 만물을 성장 발육시키며 자

녀를 양육하는 진리에 해당하므로 윗사람, 부모, 상사 등 유력한 사람으로부터 혜택을 받거나 도움을 받아 어려운 난관을 해결하거나 권익을 보장받는 일이 생긴다.

현 시대와 같이 각박한 사회에서는 이해가 잘 안 되는 모든 재앙이 소멸되어 처음은 어렵지만 나중에는 오히려 복이 되는 전화위복의 기적 같은 일이 생긴다(그 이유가 무엇일까? 지금부터 복을 심어 잘 가꾸면 직접 느껴지시게 된다).

또한, 항상 타인이나 그 무엇인가로부터 혜택을 받고자 하는 마음이 내재하고 있다. 평소 윗사람, 선배, 상사를 존경하고 따르며 이들로부터 무엇인가 도움이 있기를 기대하는 심리가 강하고, 타인에게 베풀기도 잘하지만 받는 것을 더 좋아하는 경향이 있다.

나를 낳아주고 기르시는 생모生母의 참다운 모성애와 천륜으로 이어진 애정과 인간성 그리고 진실을 밑바탕으로 한 애호와 육성, 전통의 계승과 조상숭배정신 또한 무無에서 유有, 고苦에서 낙樂, 병病에서 건강健康, 거짓에서 진실을 찾는 것이 특징이다.

또한 무지無知를 퇴치退治하고 학문을 숭상하는 까닭에 부富보다는 귀貴를, 힘보다는 지혜를 으뜸으로 생각하며 돈의 힘이나 권세의 힘을 은근히 증오하고, 진리도덕을 바탕으로 지성을 갖춘 학자나 지식인을 우러러 평가한다.

또한, 철저한 가정교육과 예의, 자제력, 악습의 시정, 계율준수 등으로 탈선행위나 무례, 교만, 불손한 행동을 하지 않음으로써 스스로 구함을 받게 되는 특성이 있다.

정인성은 또한 복록과 장수를 뜻하며, 유복한 생활과 주위 사람들의 존경을 받으며, 건강과 장수를 누리는 운기가 작용하며, 따지기도 잘하여 사물에 대한 비평과 판단이 좋으며, 이론적 토론을 합리화시키려는 습성 때문에 이론에만 치우치는 말뿐인 사람이란 비평을 받기도 한다.

지혜가 뛰어나고 총명하며, 인의를 알며, 자비심이 있고 학문과 기술 습득의 능력이 뛰어날 수 있다. 자기 멋대로 하는 고집성도 강하며, 종교의 신앙심이 깊고, 군자 및 대인의 품격을 갖추었으며, 조용하고 차분한 한편 예술을 사랑한다.

특히, 고전적인 분야에 취미가 많고 자질이 온후 단정하며 바른 인간으로 성장하기를 원하며 신망이 두텁다.

자녀를 가르치는 부모의 훈육적인 에너지로는 맵고 냉정한 인상을 주기도 하지만, 육친형제를 아끼는 사람으로서 이해타산이 분명하여 때로는 불만과 비난의 대상이 되기도 한다.

강함과 부드러움이 함께하면서도 지혜와 학문을 나타내는 정인성은 매사에 무리가 없으므로 뛰어난 학문능력을 바탕으로 출세하며, 비천한 가문에서 태어난 사람일지라도 일가一家를 일으키는 인물이 된다.

지성적이고 평화를 사랑하며, 전통을 지키려는 집념이 강하여 시대 감각이 둔하며, 임기응변의 재능이 없고 고지식하며, 고집이 세어 최상인最上人으로서의 긍지와 자부심이 강하기 때문에 특출한 지도자가 많이 배출된다.

학업성적이 우수하고 수재가 많다. 또 용모단정하고, 관에 진출하여 고관이 되고, 마음이 풍후하여 복수쌍전福壽雙全함은 물론 나이가 들면서는 질병이 침범하지 못하며 재앙이 없어 가문이 번영하고 생애가 안락하게 된다.

유순한 성격과 매사에 지나침이 없어 난세亂世에는 무력無力하지만 인생행로에서는 강자가 되는데, 이는 모성본능이 강한 정인성만의 특성이기 때문이다.

가르치고 기르려면 절약을 생활신조로 살아야 하므로 인색할 수밖에 없으며, 근검절약, 검소해야 할 것은 당연하다.

이러한 장점 때문에 정인은 평생을 통하여 재난이 적고 고독한 경향은 있으나 다른 사람의 존경을 받기 바라며, 구시대와 기성시대의 학문이나 제도 및 규율에 대해서는 해박한 지식을 갖고 그 범위에 맞춰 사물을 처리하는 반면 구세대와 정통성에서 탈피되는 신학문, 신제도, 새 규율에 대해서는 지나친 고정관념으로 인하여 쉽사리 받아들여지지 않으므로 반대 입장을 고수하기도 한다.

이러한 경향은 사회생활에서도 두드러지게 나타나면서 집단 속에서도 큰 영향을 미친다. 생각이 깊고 행동이 바르며 사람을 존경하며 사랑할 줄 알고, 또한 자기를 유익하게 할 줄도 알기 때문에 돈에 관한 한 인색한 사람이라고 보지만 삿된 이익에는 관여하지 않는다.

복록과 교양을 나타내고 존귀와 생기를 의미하며 복福과 귀貴를 나타내며, 장남이 되거나 그 역할을 하기도 한다.

정인正印의 별은 복잡하고 치열한 경쟁사회에서는 그의 능력을 발휘하지 못하지만 평화를 갈구하므로 환경에 순응하며 따르는 것이 좋다.

밝고 뛰어난 지성을 갖추었으므로 학문과 예술발달(인터넷과 연관된 모든 것들도 포함)에 특수한 장점이 있으므로 명예를 얻는 직업으로는 교육자가 많고 예능방면에서도 두각을 나타내며 정치, 종교, 의약, 군경, 법률, 고전, 역사, 지질학 등에 적합하며 의류계통은 한복을 예로 들 수 있다.

정인성은 두루 다방면에서 명성을 얻고 있으며, 직장인도 환경에 순응하면서 자신의 전공분야에서 학문에 의한 역량을 발휘해 나가는 것이 좋겠다. 오늘날과 같은 치열한 경쟁사회에서는 구시대적인 사고방식에만 고집하지 말고 새로운 시대의 물결도 탈 줄 안다면 출세의 지름길을 더욱더 쉽게 찾을 수 있겠다.

정인正印이 여러 분야에서 통솔적인 지도자가 많은 것은 평화롭고 자애로운 모성의 품성을 나타내기 때문이다.

여성은 모성본능이 강하며, 순박하고 선량하며 재주가 좋고 원만하며, 단순한 한편 명랑하고 춤과 노래를 즐길 줄 안다. 평생 병이 적고 음식을 잘하며 이기적인 일면도 있어서 따질 때에는 잘 따진다.

손재주를 필요로 하는 직업 등에서도 성공하는 사람이 많다.

남녀를 막론하고 이론만 내세우는 주장으로서 모든 사람들을 상대로 하기보다는 직접적인 행동으로 모범을 보이는 실천하는 자세로 처세하는 습성을 기른다면 크게 성공하게 될 것이다.

◆ 남자男子: 모친, 장상인長上人, 성현聖賢, 선생先生, 선배, 은인, 귀인貴人, 성직자, 철학자, 도인道人, 지도자, 협력자, 학자, 교육자, 관리官吏, 문필가文筆家, 언론인, 의사, 학생, 저술가, 창업자, 농민

◆ 여자女子: 모친, 사위, 산모. 기타는 남자와 동일

◆ 각종 문서, 서적, 고서古書, 종교의 경전, 역사, 증명서, 허가증, 인가장, 자격증, 각종 등록증, 모든 유가증권, 권리증, 호적, 보도, 도장, 사령장, 계급장, 훈장, 선대先代의 유물遺物 유적지, 조상의 묘소, 교육의 전당, 도서관, 관상대, 사당, 측량 기준점, 신문방송국, 등기소, 교회, 사찰 등

◆ 학문學問: 천문지리학天文地理學, 기상학氣象學, 인문사회학계열人文社會學系列, 국어, 역사, 철학, 고고학考古學, 심리학心理學, 윤리학倫理學, 교육학 등

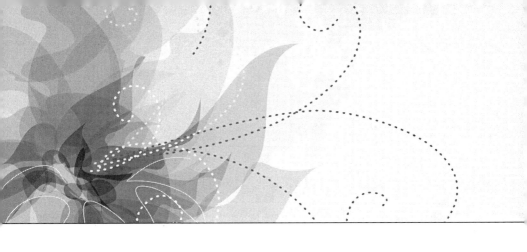

10부

신살론神殺論

1장 신살의 원리와 종류

1절. 삼형三刑의 구성원리構成原理

삼합국三合局은 신자진申子辰, 인오술寅午戌, 사유축巳酉丑, 해묘미亥卯未이며, 방합국方合局은 인묘진寅卯辰, 사오미巳午未, 신유술申酉戌, 해자축亥子丑이다.

인묘진寅卯辰이 동방東方 목국木局인데 신자진申子辰, 수국水局을 만나면 수생목水生木하여 왕한 목木이 더욱 왕旺해져 중화中和를 잃게 되므로 신申이 인寅을 형刑하고 자子가 묘卯를 형刑하며 진辰이 진辰을 형刑하는 것이다.

사오미巳午未는 남방南方 화국火局인데 인오술寅午戌 삼합국三合局을 만나면 왕旺한 화火가 더욱 왕旺해지므로 인寅이 사巳를 형刑하고 오午가 오午를 형刑하며 술戌이 미未를 형刑하는 것이다.

신유술申酉戌은 서방西方 금국金局인데 사유축巳酉丑 삼합금국三合金局을 만나면 왕旺한 금金이 더욱 왕성旺盛해지므로 사巳가 신申을 형刑하고 유酉가 유酉를 형刑하며 축丑이 술戌을 형刑한다.

해자축亥子丑은 북방北方 수국水局인데 해묘미亥卯未 삼합목국三合木局과 만나면 왕旺한 목木이 더욱 왕旺해져서 해亥는 해亥를 형刑하고 자子는 묘卯를 형刑하며 축丑은 미未를 형刑한다.

금金과 화火는 성질이 강렬하기 때문에 금국金局의 형刑은 서방西方에 있고 화국火局의 형刑은 남방南方에 있어서 서로 성질이 같은 것끼리 형刑을 하는 것이다.

그런데 목木은 낙엽이 지면 기가 뿌리로 내려가고 해亥는 목木의 뿌리이 며, 해자월亥子月에 목木의 기기氣가 다시 뿌리로 돌아간다.

그러므로 인묘진寅卯辰 목국木局과 해묘미亥卯未 목국木局은 모두 북 방北方에서 형刑을 하게 된다.

운運에서 삼형三刑을 만나면 관재구설, 교통사고, 수술 등의 재난을 입 게 된다.

그러나 형살을 명命에 갖고 있는데 직업이 타인을 법으로 다스리는 업종 이나 구속권이나 생살여탈권을 부여받은 사람은 그렇지 않다.

자묘형子卯刑은 무례無禮하고 여자 명에 삼형살三刑殺이 있으면 유산을 잘한다. 『적천수』에서는 형刑이란 원리는 채택할 바가 못 된다고 하였다.

그 연유는 자형自刑이란 같은 것끼리 오午-오午, 유酉-유酉, 해亥-해亥, 진辰-진辰 글자끼리 형刑하는 것이니 말이 안 되고, 축丑-술戌-미未는 같은 토土인 오행五行끼리 형刑한다는 것이 말이 안 된다.

인寅은 사巳를 목생화木生火로 생生하여주고, 사巳와 신申은 합合인데 어찌 형刑할 수가 있을 수 있겠는가? 그러므로 형刑이란 적용할 가치가 없 다고 말하고 있다.

인사신寅巳申 삼형三刑에서 이들 지지地支는 모두가 오행五行이 장생長 生이 되는 지지地支가 된다.

그러므로 강한 것끼리 형刑하므로 지세지형持勢之刑이라고 하는 것이다.

축술미丑戌未는 모두 토土이고 같은 형제이니 형제간에 우애가 더 좋아 야지 어찌 그 반대인 무은지형無恩之刑이라고 하며,

자묘子卯에서 자子는 묘卯의 어머니인 인성印星이 되는데 어찌 무례지형이 되는가?

『적천수』 이후 많은 학자들이 이 형刑에 대하여 연구에 연구를 거듭했을 것이다.

필자의 견해로서는 모든 법은 경우이니 진리는 간단하고 쉬운 법이어야 한다는 확신을 갖고 있다.

그러므로 삼형살三刑殺도 오행五行에 의한 중화中和를 이루지 못하였을 때에 작용하는 살殺로서 상생相生과 상극相剋에 그 근본을 두고 있다는 점을 간과하지 않는다.

너무 신비주의로 빠져버리면 진리와 멀어질 뿐 현실에 전혀 도움이 안 되고, 스스로 소멸되며, 사회를 어둡고 불행한 쪽으로 이끌어갈 소지가 높다고 사료된다.

자형自刑의 예를 들어 설명해보면 진자辰字가 명命에 있는데 다시 운運에서 진辰을 또 만나거나 年에서 또 만난다면 과연 이 명조命造가 중화中和를 얻었다고 보는가? 잃었다고 보는가?

하물며 원명에 진辰, 진辰 두자가 모두 있다고 하자 중화中和를 이루기가 여간하여 쉽지 않게 된다. 그래도 이해가 가지 않는가?

무기토戊己土 일주日主에 진월辰月 진일辰日에 출생한 사람일 경우 무기토戊己土가 너무 왕旺하니 중화中和를 잃어 스스로가 형刑을 할 수밖에 없는 것이 당연한 이치가 아닌가?

자子와 묘卯의 형刑도 마찬가지인데 음양오행陰陽五行 상생相生 상극相剋 법칙을 모두가 기본으로 하고 있다고 굳게 확신하기만 한다면 쉽게 도道를 구할 수 있는 것이니, 묘卯는 자식이요, 앞에서 자子는 어머니인 인성印星이 된다고 하였는데 당연하지 않은가? 자수子水는 묘목卯木을 생生하는데……

예를 들어 갑을목일주甲乙木日主가 묘월卯月에 자일子日에 태어난 사람이라면 목木이 강왕强旺한데, 다시 자수子水가 상생相生을 하고 있으니 무례한 사람이 될 가능성이 높은 것이다.

바른 사람이 되도록 교육을 자수子水가 시키려면 관성금官星金이 있어야 하고, 현실을 직시할 수 있는 경우를 아는 판단력의 토재성土財星이 있어야 하며, 받기만 하는 습성에서 남에게 아낌없이 주고자 하는 화火인 식신성食神星이 있어야 균형이 이루어지는 것이 당연한 이치가 된다.

그러나 특별히 자묘子卯의 무례지형이 필요한 검사, 의사, 군이나 경찰 등과 같은 직업을 타고난 사람들은 생살生殺의 권한을 부여받아야만 하는 것이다.

물론 다른 지세지형이나 무은지형 등도 모두 같은 이치에서 생각하면 된다고 본다.

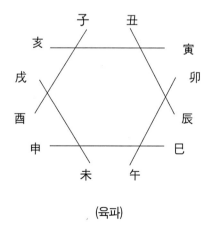

(육파)

2절. 육파六破

地支	子	丑	寅	卯	辰	巳	午	未	申	酉	戌	亥
破殺	酉	辰	亥	午	丑	申	卯	戌	巳	子	未	寅

양陽은 뒤로 4위位를 가고 음陰은 앞으로 4위位를 간다.

즉, 양자수陽子水는 뒤로 4위位를 가면 유酉가 파살破殺이 된다. 또 음 축토陰丑土는 앞으로 4위位를 가면 진辰이 파살破殺이 된다.

십이지지十二地支가 두 자씩 짝이 되므로 육파六破라 하고 자유子酉, 축진丑辰, 인해寅亥, 묘오卯午, 진축辰丑, 사신巳申, 오묘午卯, 미술未戌, 신 사申巳, 유자酉子, 술미戌未, 해인亥寅이 서로 파破하는 것이 된다.

파破란 행복과 발전의 기운을 파괴, 분리, 절단, 이동하는 작용을 한다.

3절. 육해六害

地支	子	丑	寅	卯	辰	巳	午	未	申	酉	戌	亥
六害	未	午	巳	辰	卯	寅	丑	子	亥	戌	酉	申

손바닥을 펴놓고 보면서 모든 신살을 이해하려고 하면 쉽게 납득이 되는데, 일정한 리듬과 파장 그리고 규칙이 있게 마련이니, 우주자연인 신불神佛께 항상 감사 드려야 할 것 같다. (329쪽 도표 참조)

육해六害는 원진怨嗔과 귀문관살鬼門關殺과도 유기적인 관계로 연결되어 여러 가지 형태를 갖추고 있기 때문에 이 특성이 일어나는 성질은 때로는 변덕스럽고, 포악하며, 나쁜 성질도 포함되어 있으며 미치광이처럼 될 때도 있다.

앞 장에서 합과 충에 대하여 충분한 설명을 드린 바와 같이 육해는 충沖에서 약간 빗겨 가므로 그 작용이 충沖과 같이 확실한 작용은 아니지만 은근하면서 간혹 이해할 수 없는 반응을 보일 때가 있다.

지지地支의 합은 가로로 만나고 있는 데 반하여 육해六害는 세로로 마주하고 있는 것이 특징이다.

예를 들어 자子와 오午가 서로 충沖을 하면 자子와 축丑이 합슴을 못하며, 역시 오午와 미未가 합슴을 할 수 없게 된다. 나머지 해害도 손바닥을 펴고 생각해보면 모두 이와 같다. 그래서 자子와 미未는 해害요, 역시 축丑과 오午가 해害가 되며, 그 작용력이 간혹 이해할 수 없는 반응을 보인다는 것이다. 나머지 다른 것도 이와 같은 원리에 입각한 것이라고 이해하면 될 것이다(왼손을 펴서 자세히 살펴보면 이해가 빨리 갈 수 있다).

4절. 원진怨嗔(역시 왼손을 펴놓고 이해하면 된다.)

地支	子	丑	寅	卯	辰	巳	午	未	申	酉	戌	亥
怨嗔	未	午	酉	申	亥	戌	丑	子	卯	寅	巳	辰

원진살怨嗔殺이 인성印星에 임하면 부모에게, 비겁比劫이 임하면 형제에게, 재성財星에 임하면 처妻에게, 식신이나 관성官星에 임하면 자식의

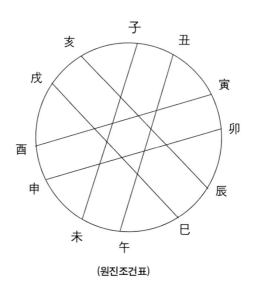

(원진조건표)

신변에 이변異變이 있을 수 있다.

일日과 시時가 원진怨嗔이면 처妻와 자식의 인연이 박하고, 일日과 월月이 원진怨嗔이면 부모형제, 시어머니와 며느리 사이가 불화不和하며, 년年과 월月이 원진이면 할아버지와 아버지가 불화不和하였고, 어려서 애정 없이 성장하였다고 보는 견해가 많다.

만약 상관성傷官星에 원진怨嗔이 임하면 속과 겉이 다르며 독설가毒舌家가 되는 수가 있다.

고서古書에 이르기를 원진의 성립에 대한 설명은 다음과 같다.

자미원진-쥐는 양머리에 뿔난 것을 미워한다. 축오원진-소는 말이 밭을 갈지 않고도 주인의 사랑을 받는 것을 미워한다.

인유원진-범은 닭울음소리를 미워한다. 묘신원진-토끼는 원숭이 엉덩이가 붉은 것을 미워한다.

진해원진-용은 돼지가 얼굴이 검은 것을 미워한다. 사술원진-뱀은 개가 짖는 소리를 미워한다(아직은 더 연구해야 할 사항이다).

5절. 귀문관살鬼門關殺

地支	子	丑	寅	卯	辰	巳	午	未	申	酉	戌	亥
鬼門	酉	午	未	申	亥	戌	丑	寅	卯	子	巳	辰

앞에서 설명한 바와 같이 모두가 충冲에서 약간 빗겨간 것들로서 육
해살六害殺과 원진살怨嗔殺 및 귀문관살鬼門關殺이 비슷한데, 다만 귀문
관살의 특성은 너무 섬세한 신경을 타고났으므로 머리가 영민하고 총
명하지만, 너무 지나치면 정신분열증 및 정신이상 현상이 오는 사람들
이 많이 있는 살이다.

원진살과 비교해보면 모두 같은데 자미子未 원진이 자유子酉 귀문관
살로 바뀌므로 인유寅酉 원진이 인미寅未 귀문관살로 바뀐 것밖에 다른
변동은 없다. (이러한 모든 것들을 잘 음미해보면 일정하면서도 규칙적인 리듬이 있는 것
을 발견할 수 있다.)

6절. 공망空亡

12개의 지지地支에 비해 천간은 10개이니 짝을 맞추다보면 2개의 지
지가 남는다.

이것은 하늘이 없는데 땅만 있다면 어떻게 만물을 생성生成시킬 수 있
으며 여자는 있으나 남자가 없으면 어떻게 자손을 얻을 것인가?

이와 같은 현상은 꽃이 필 수 없는 형상이요, 짝 잃은 원앙이 새끼를

낳을 수 없는 형상인 것이다.

양지陽支의 공망空亡은 '공空'이라 하고 음지陰支의 공망을 '망亡'이라 한다. 공망空亡의 표출법表出法은 일간지日干支에서 표출하는데, 예를 들자면, 일간지日干支가 갑자甲子라면 60갑자순甲子旬으로 헤아려 나가다가 다시 11번째와 12번째 갑을甲乙이 닿는 지지地支가 공망空亡이 된다.

실례를 들어 설명한다면, 일간지日干支가 갑자甲子라면 갑자甲子부터 앞으로 헤아려나가 보면 을축乙丑, 병인丙寅, 정묘丁卯, 무진戊辰, 기사己巳, 경오庚午, 신미辛未, 임신壬申, 계유癸酉 다음이 갑술甲戌과 을해乙亥가 되는데, 갑을甲乙이 닿는 지지地支 두 자리가 술해戌亥이므로 술해戌亥가 공망空亡이 된다.

또, 일간지日干支가 병자丙子라면 병자丙子, 정축丁丑, 무인戊寅, 기묘己卯, 경진庚辰, 신사辛巳, 임오壬午, 계미癸未 다음에 갑신甲申, 을유乙酉가 되는데, 갑을甲乙이 만나는 지지地支인 신유申酉가 공망空亡이 되며, 일간지日干支가 병진丙辰이라면 병진丙辰, 정사丁巳, 무오戊午, 기미己未, 경신庚申, 신유辛酉, 임술壬戌, 계해癸亥 다음이 갑자甲子, 을축乙丑인데 병화丙火에 갑甲과 을乙이 지지地支와 만나는 것이 공망空亡이 되니 자축子丑이 공망空亡이 되는 것이다.

공망空亡이란 천중살天中殺이라고도 한다.

'년年'에 공망空亡이 들면 조상祖上의 음덕陰德이 부족하고 어린 시절 성장 형편이 불우했다고 보며, 월지月支 공망空亡이면 부모형제가 무력하고, 중년에 풍파가 많이 있고, 시지時支가 공망空亡이면 자식이 무력하고 말년에 불우하며 죽을 때 관棺이 없는 형상이다.

비견比肩 겁재劫財가 공망空亡이 들면 형제와 친구, 동료 간의 우애가 없고 특히 길신吉神에 해당되는 비겁比劫 모두가 공망이 들면 사람을 배신하고 이기적이며, 타인他人을 이용하려는 정신이 강하고, 사리사욕으로 욕심 많고 질투심이 강하며, 자기가 자기를 믿지 못하고 의혹이 많으며, 은혜를 원수로 갚는 사람도 간간이 있다.

인성印星이 공망空亡 들면 학문學問을 하고자 하는 지식욕구가 강렬하게 작용한다. 그러므로 대운大運(대운을 보는 법은 너무나 중요하다. 특별히 강도 높게 별도로 많은 연구를 필요로 하는 부분이다)이 좋은 사람은 학문을 하는 길이 열린다. 뼈와 살을 깎는 노력努力으로 성공成功하지만 대운大運이 좋지 못하거나 학문으로 성공하지 못할 사주명四柱命으로 대운이 다른 길로 가면 소망하고 염원하는 것으로 끝난다.

인성印星이 공망空亡 든 사람은 대체로 부모덕이 적다. 또한, 인성印星이 공망空亡 들면 지식욕구가 강하므로 인성印星이 하나만 공망이 들어도 희신喜神일 경우에는 학자學者가 된다(둘인 경우는 대학자가 된다).

관살官殺이 공망空亡 들면 남자男子는 관운이 없다. 아들도 없고 공명功名할 수도 없다. 또한 재성財星이 약弱한 사람이 관살공망官殺空亡이면 본인이 원하는 것만큼은 평생 관직이나 사회적인 직위에서 승진하지 못한다(대운과 연결시켜보되 보는 방법과 차원이 문제가 된다).

여자에게 관살官殺이 공망空亡 들면 평생 좋은 남편을 만날 수 없을 뿐만 아니라 사주명四柱命이 부적절하거나 그 시절, 그 인연과 대운이 서로 조화를 이루지 못하면 평생 고독하고 고생을 면하지 못한다.

남녀간에 재성財星이 공망空亡 들면 희기신喜忌神을 막론하고 일단 경제적 고난을 면하기 어렵다. 역시 물질적·육체적肉體的인 면에 모두 빨간 불이 켜진 것이다.

여자는 남편에 대하여, 남편은 아내에 대하여 상처喪妻, 이혼離婚, 사별死別, 별거別居하든지 가정적 파산을 면하기 어렵다.

식신食神 상관傷官에 공망空亡이 들면 남녀 간 매사가 순조롭지 못하다. 괴로움이 따르며 건강이 좋지 못하고 처자간妻子間 자식들에게도 가정적인 면에서 파란이 많다. 아주 소소한 일인데도 말썽이 생긴다.

여자에게 식상食傷이 공망空亡이면 자식이 없거나 아들로 인한 고민이 생기거나 병病이 생긴다.

자식으로 인하여 갖은 역경과 고난 수모를 당하게 될 뿐만 아니라. 하체下體나 수족手足에 신경이상神經異常이 온다.

공망空亡 조견표

六十甲子										空亡
甲子旬	甲子	乙丑	丙寅	丁卯	戊辰	己巳	庚午	辛未	壬申	癸酉	戌亥
甲戌旬	甲戌	乙亥	丙子	丁丑	戊寅	己卯	庚辰	辛巳	壬午	癸未	申酉
갑신순	甲申	乙酉	丙戌	丁亥	戊子	己丑	庚寅	辛卯	壬辰	癸巳	午未
甲午旬	甲午	乙未	丙申	丁酉	戊戌	己亥	庚子	辛丑	壬寅	癸卯	辰巳
甲辰旬	甲辰	乙巳	丙午	丁未	戊申	己酉	庚戌	辛亥	壬子	癸丑	寅卯
甲寅旬	甲寅	乙卯	丙辰	丁巳	戊午	己未	庚申	辛酉	壬戌	癸亥	子丑

2장 신살神殺의 현대적 고찰

사주명리학四柱命理學은 음양오행陰陽五行의 생극제화生剋制化로 길신吉神과 용신用神을 찾아 판단하는 최상의 학문이므로 그냥 신비주의적인 신살에 치중하면 판단이 빗나가게 마련이다.

신살의 종류는 약 200여 종류로 많은데, 대체로 분류해보면 년年을 중심으로 해서 다른 천간지지를, 천간을 천간과 대조하는 것, 천간에 지지를 대조하는 것, 지지地支에서 지지地支를 대조하는 것, 하나의 주柱 자체를 보는 것, 일주에서 다른 어떤 간지干支를 보는 것, 일간에서 다른 천간과 지지를 보는 법, 납음 오행으로 보는 것 등으로 나눌 수 있다.

그러나 결국 신살神殺은 음양오행陰陽五行의 상호관계를 연구한 것이며, 여기에다 이름을 붙인 것에 불과하다고 사료된다.

지지地支 글자 하나에 수없이 많은 살殺 이름이 붙게 되는 결과가 나타나는데, 혼란만 가중시키며 혹세무민할 여지가 많게 된다.

용도에 따라 분류해보면 남녀의 혼인에 관계된 살殺, 소아에 관계된 살殺, 길신吉神에 관한 것, 흉살凶殺에 관계된 것의 크게 4종류로 대별해볼 수 있는데, 결론적으로 사주四柱에서 종합해보면 190종류가 있지만 21세기를 살아가는 지금 우리에게 적용되는 것은 그리 많지 않다고 생각된다. 학리적인 근거가 있는 것 외에는 구조조정을 할 필요가 있으며 비록 그것이 수천 년 이상 전래되어왔다고 하는 격국론格局論에 의한 것일지라도 필요충분조건이 성립되지 않는 것이라면(그 근본은 계승하면서) 과감히 고서 박물관에 보관해놓고 현실에 적용되는 합리적인 것들만을 연구 분석해야 한다고 사료되는 바이다.

지금으로부터 약 3,000년 전 이상인 그 옛날에는 절대적으로 필요한 것들이었겠지만, 오늘날 초고속을 넘어 광속을 넘나드는 이 시점에서 사주 하나를 놓고도 격국론과 용신론의 답이 학자마다 다르다면 삼척동자도 비웃을 것이 뻔한데 더 무엇을 말하리오.

학문이라면 필요충분조건이 제시되어야 한다. 정육면체를 놓고 좌측에서 보는 것이나 우측에서 보는 것이나, 어느 쪽 방향에서 보든 그 답은 같아야 한다고 필자는 굳게 믿고 있다.

예를 들어 냉장고를 놓고 여섯 사람이 본다고 하자. 어떤 사람은 위에서 냉장고를 내려다보는 사람도 있을 것이고, 어떤 사람은 동쪽에서 보며, 또 어떤 사람은 서쪽에서, 또 어떤 이는 남쪽에서 보았다고 하자. 4방 8방 상하 10방에서 보았어도 답은 오직 하나! 냉장고라고 해야 한다는 것이다.

우리가 살아가는 데 모든 사람이 믿고 지키는 시계는 고장 난 시계가 아닐진대 우리나라 시간으로 정오 12시면 그 누구도 우리나라에서는 정오 12시로 보고 믿고 따르는 법이다.

왜 시계를 예로 드느냐 하면 시간이란 천문학적으로 규명하고 정한 것으로 여러 사람들이 믿고 지키므로 편리한 생활을 영위할 수 있기 때문이다. 결국 진리란 편한 것이요, 편한 것은 간단한 것이며, 누구에게나 쉽게 접할 수 있으며 경우에 맞는 것이니, 경우는 법法, 즉 진리이니 우리가 시간을 믿고 지키는 것이 곧 法이 아니겠는가?

인간이 살아가는 곳에는 경우가 있고, 그 경우가 곧 법이므로 법은 곧 진리요, 진리는 하나로 통하므로 우리가 시계를 믿고 따르는 것이다.

사주명리학四柱命理學도 결국 천문을 기점으로 하여 음양오행陰陽五行의 관계상황을 유추하는 추명학 이므로 시계와 같이 어느 누가 보고 판단하더라도 똑같이 정오 12시처럼 답이 나와야 한다는 것이 필자의 견해다.

그러므로 근거가 미약하거나 필요충분조건이 성립되지 못한 부분을 연구하고 발표하여 발전에 발전을 거듭하도록 박차를 가해야 한다. 이 사명은 모든 역학자들이 함께 해야 할 몫이라고 생각된다.

11부

격국格局과 용신론

1장 21세기에 합당한 생활용신 처방에 대하여

역학계易學界에서는 예부터 후학들을 위한 금언金言이 있는데 격국格局 10년, 용신 10년, 통변 10년이라는 말로서 30년은 해야 큰 실수를 하지 않는다는 것이다.

일반적인 통례를 보면 10년이면 어떠한 일이건 한 가지 방면에 통通한다는 것은 상식적인 일인데, 어찌하여 역학계易學界에서는 30년 이상을 각고의 노력이 있어야 통한다고 했을까?

아마도 잘못 판단해서는 많은 사람들에게 불행을 안겨주는 결과를 초래하는 원인이 되기 때문이라고 생각된다.

필자의 경험으로는 부정적인 견해를 갖고 있는 사람들도 많이 만났는데, 그분들은 자기 자신을 부정하고, 미워하며, 우울증에 시달리고 있었으며, 나아가 현실에 처한 사회 환경을 일그러진 마음으로 보고 있었으며, 잠시 잠깐 흥분하면 자살할 생각까지도 있었으므로 너무나 안타까웠다.

어떤 사람이건 년年, 월月, 일日, 시時에 출생하는 것은 자기 자신이 선택한 것이 아닐진대, 그 사주를 놓고 그 사람의 잠재의식에 부정적인 마음의 병과 형벌을 가하는 것은 큰 죄업을 짓는 것이 된다.

그러므로 어느 년年, 월月, 일日, 시時에 태어난 것도 중요하겠지만, 더욱더 중요하고 꼭 필요한 것은 어떻게 행동하고 어떤 직업과 어느 환경 속에서 노력하고 살아갈 것인가를 연구하고 대책을 강구하는 방법이 가장 필수적인 조건일 것이다.

그래서 이러한 대책을 강구하고 그 방법을 실질적인 생활에서 찾아주는 높은 자질을 갖춘 역학자가 되려면 격국格局 10년, 용신用神 10년, 통변通辯 10년으로 30년 이상을 연구해야 한다는 숭고한 뜻을 옛 성현들과 선배 역학자들이 말씀하셨을 것으로 사료된다.

어떤 길신吉神과 흉살凶殺이 있으니 어떻다고 결론을 짓는 것보다는 어떻게 살아가면 좀 더 진취적이고 행복할 수 있으며 성공할 수 있다는 대책과 대안이 연구되고 제시되어야 한다고 이 필자는 주장하는 것이다.

단 한 번밖에 없는 우리의 인생, 연습할 시간이 없는 우리의 삶, 그 누가 대신할 수도 없는 이 귀중하고도 고귀한 만물의 영장인 사람이 이 세상에 태어난 이상, 행복할 권리가 있으며 그렇게 되기 위해서는 그 각자각자의 잠재되어 있는 능력을 찾아내어 개발하게 하여 진취적이고 행복한 삶으로 안내해주기 위해서는 하늘로부터 부여받은 특성과 사명감을 갖고 인생 상담에 경건한 마음으로 응해야 할 것이다.

그러므로 옛 선현들께서 내려주신 격국格局, 용신用神을 오늘의 현실생활에 적용하여 좀 더 현실에 부합되는 용신법用神法을 연구 개발해 나가야 할 것이므로 먼저 기존의 격국格局, 용신用神을 간단명료하게 강술한 뒤에 실생활에 적용하여 운명을 개척할 수 있는 생활용신 처방법을 논하고자 하는 바이다.

2장 논명論命의 방법方法 및 순서

오준민 선생의 명리신론命理新論에서 선현들의 논명적 방법論命的方法에 관하여 선현先賢 만육오설萬育吾設과 성평회星平會 해제, 진소암설陳素庵設, 삼명통회간명三命通會看命 구결설口訣設 등을 인용하여 강술하기를 다음과 같이 하였다.

명命을 논論하는 사람들은 흔히 자평이란 말을 거론하고 있다. 그렇다면 자평이라는 용어는 도대체 어디에서 그 뜻을 취해 왔을까? 천天은 자子에서 열렸는데 자子는 수水의 전위傳位이고 지지地支의 시초이며 오행五行의 으뜸이며 하늘이 처음 생한 것이다.

수水는 북방北方에서 모여 흘러내리다가 평지를 만나면 흐름을 멈춘다. 그러나 평지가 아닌 곳에서는 계속 흘러가는 속성이 있다.

이렇듯이 균형을 맞추려는 속성이 바로 자子의 속성이니 수水는 수평을 원하는 특성이 있는 것이다.

자연세계自然世界에 수水가 있어 수평과 균형을 이루는 것처럼 인간세상에도 자평子平이라는 수평을 맞추는 저울이 있는데, 약간만 무게가 차이가 나도 한쪽으로 기울어지므로 추를 가지고 균형을 맞추고 수평을 이루게 하는 것이 천칭저울이다.

사람들의 팔자八字는 일간日干을 기준으로 하여 재財, 관官, 인印, 식食이 왕상旺相하고 평형과 중화를 잃으면 빈천한 것이다.

즉, 재財, 관官, 인印, 식食이 휴수休囚하고 일간이 왕상旺相하다면 이것 또한 중화를 잃은 것이다.

또, 일주日柱가 휴수休囚되면 빈천하고 요절하니 이 모두가 형평을 잃었기 때문이다.

경經에서 말씀하시길 "사주에 태과한 것이 있으면 운運에서 이것을 감減할 것이고, 사주四柱에 부족한 것이 있으면 운運에서 이를 보충할 것"이라고 하였는데, 사주四柱와 운運이 태과太過하거나 불급不及하지 않으면 이것 역시 형평을 이루었다고 하겠다.

일주日柱가 지나치게 왕상旺相하면 운運이 휴쇠休衰의 방향方向으로 행하여 그 기세를 감소시켜야 하고, 일간이 휴수불급休囚不及하면 운運에서 왕상旺相으로 가서 일간日干을 생조生助해야 한다.

이처럼 자평子平이라는 말은 물이나 천칭저울처럼 중화中和를 이루어야 한다는 뜻에서 사주명리학四柱命理學을 자평학子平學이라고도 칭하는 것이다.

명命을 논論할 때는 일간日干을 위주로 하고, 년年을 본본本本으로 하며, 월月에서 격국을 론하고, 시時로서 보좌하는 것이다.

먼저 일간日干의 왕쇠旺衰를 분별하고 신왕身旺과 신약身弱을 가려낸 후에 사주팔자四柱八字 전체에서 어떤 격국을 이루었는가와 오행五行의 상태를 점검한다. 그리고 월지月支의 어떤 오행五行이 득령得令했는가를 살핀다.

그 후에 대운과 유년의 희喜와 기忌를 살핀다. 명리命理의 원칙은 생극억부生剋抑扶에 준한다.

먼저 사주를 뽑은 후에 일간日干이 어떤 오행五行인가를 보고, 월지月支와 일간日干의 관계에서 월지月支가 일간日干을 생生하고 돕고 있는지, 아니면 서로 극剋을 하는지, 또는 일간이 월지를 생生하는지 극剋하는지를 판단하고 월지月支의 본기本氣가 천간天干에 투출했는가를 살핀다.

예를 들어 인월寅月이면 인寅의 지장간은 무戊, 병丙, 갑甲인데 그중에 갑甲이 인寅의 본기本氣이니 갑甲이 천간天干에 튀어나와 있는지를 보고, 월지月支가 오午면 오午의 지장간인 병丙, 기己, 정丁 중에 본기本氣인 정화丁火가 천간天干에 투출되었는지를 본다.

그런 연후에 천간에 튀어나온 월지月支의 본기本氣 오행五行과 일간日刊의 오행五行과의 관계로서 격格을 정한다. 격格이란 사주四柱의 이름으로 사람의 성명과 같은 것이다.

그리하여 투출된 월지의 본기가 일간에게 정관正官, 식신食神, 정인正印, 재성財星 등의 길신吉神이면 이 길신을 생조生助하는 오행을 용신用神으로 삼고, 투출된 월지月支 본기本氣가 일간日干에서 보아 칠살七殺, 상관傷官, 편인偏人, 겁재劫財 등의 흉신凶神이면 이 흉신을 제制 또는 화和하는 오행五行으로 용신用神을 삼는다.

만약 월지月支 본기本氣가 천간天干에 투출하지 않았거나 투출되었다 하더라도 극剋을 받거나 합하여 무력하다면 월지月支에서 격格을 정하지 않고 다른 천간 또는 지지에서 세력이 가장 왕성한 오행五行을 일간日干과 대조하여 격格을 정定한다.

건록建祿, 제왕帝旺, 비견比肩, 겁재劫財는 아무리 월지月支에서 있고 투출하고 세력이 강하여도 격格을 이루지 못하고 그저 일간日干의 역량을 강하게 하는 데 이바지할 뿐이다.

일간日干의 역량과 격格을 이룬 오행五行의 역량을 비교하여 강한 쪽을 억제하고 약한 쪽을 생조生助하는 것이 용신用神이 되는데, 사주에서 용신用神을 찾을 수 없거나 있어도 역량이 부족하다면 운運에서 용신用神을 돕는 오행五行이 와야 한다.

이것이 일반적인 원칙原則인 것이다. 그런데 특별 격국을 이루어 합화격合化格, 일기격一氣格, 양신격兩神格, 암충격暗冲格, 암합격暗合格 등을 이룬다면 특별한 법에 따라 용신用神을 정정定해야 한다.

사주四柱가 청청淸하고 용신用神이 역량이 있는 사주四柱는 귀귀貴하고, 사주四柱가 탁탁濁하고 용신用神이 무력無力한 사주四柱의 출생인出生人은 재앙이 많고 천하게 된다.

추명할 때는 가장 먼저 일간日干이 득령得令했는가? 실령失令하여 때를 못 만났는가, 득지得支했는가, 실지失支했는가, 득세를 했는가? 세력을 얻지 못했는가를 보고 년천간年天干 및 월간月干과 시간時干의 천간天干은 무엇인가? 등을 보고 일간日干의 생극生剋 여부를 분별해야 한다.

그리고 나서 일간日干과 삼간三干 사지四支의 관계에서 생극억부生剋抑扶를 받는 상태를 분별해야 한다. 아울러 각각의 간지干支의 역량과 상호 관계를 파악한 연후에 용신을 배정하고 그 강약과 왕쇠를 분별해야 한다.

결코 용어에 얽매이지 말 것이니 정관격에도 작은 그릇의 사람이 있고, 편관격과 상관격에도 큰 그릇의 사람이 있을 수 있으니 오로지 제화制和가 적절하고 중화中和를 이루었는가를 보아야 할 것이다.

사주팔자四柱八字에서 일간日干은 자기 자신이요, 년年은 근根이요, 조상祖上이니 조상의 가문과 혈통을 보며, 월月은 묘苗이며 부모 형제 궁이니 덕이 있는지를 보고, 일지日支는 처 궁이나 남편 궁이니 배우자의 덕이 있는지를 보며 시時는 화실花實이니 자식 덕이 있는지를 본다.

천간天干에 재財, 관官이 있으면 반드시 신왕身旺해야 한다. 신약身弱한데 재財가 왕旺하면 파재破財, 상처喪妻, 극부剋父하고 신왕재왕身旺財旺하면 부자富者가 된다.

모든 조화는 통변에 있다. 사주四柱를 볼 때는 월지月支를 가장 중요시한다. 월지月支가 정관正官이고 사주에 재성財星이 있으면 봉관간재逢官看財라고 하고 월지月支에 칠살七殺이 있고 사주四柱에 인수印綬가 있으면 봉살간인逢殺看印이라 하며, 월지月支가 인수印綬인데 관官이 있으면 봉인간관逢印看官이라 한다.

봉관간인逢官看印 봉관용인逢官用印이면 다시 칠살七殺이 있어도 두렵지 않으니 그 이유인즉, 살인상생殺印相生이 되기 때문이고 봉인간살逢印干殺이 되면 정관이 있고 운運에서 관살官殺이 와도 귀貴로 보는 것이다.

월지月支가 정관正官이고 사주四柱에 재財가 있으면 재생관財生官이니 부귀富貴하는데, 만약 사주四柱에 재財가 없으면 재운財運에서 발복發福한다.

월지月支에 칠살七殺이 있거나 정관이 있는데, 또 정관正官이나 칠살七殺이 있을 때, 인수印綬가 없으면서 재財가 있거나 재운財運이 오면 재생관살財生官殺하여 흉하며 빈천하게 된다.

명命을 논論하는 순서를 다시 요약해보면 다음과 같다.

첫째, 격국格局을 정한다. 둘째, 용신用神을 정定하고 셋째, 희기喜忌를 분별한 후 넷째, 판단을 내린다. 이 네 가지 단계를 거치게 되는데 기타의 모든 사주명리학四柱命理學의 이론理論은 이 네 가지 과정을 위한 보조적인 역할을 하는 것이다.

3장 격국을 정함

  사주에서 생년은 조상이고, 월은 부모 형제 궁이며, 일지는 자기와 배우자 궁이고, 시는 자식 궁이다. 일반적인 사주의 종류는 남녀 모두 1,036,800가지나 된다(60년 12달이면 720(년과 월은 지구의 공전 외괘[外卦] 60갑자일 12시진이면 720(일과 시는 지구의 자전 내괘[內卦]) 외괘와 내괘를 곱하면 518,400가지의 사주가 나오고, 또 남녀2를 곱한 수치는 위와 같이 된다).

  이것을 다시 21세기 현 시점에 세분하고자 하려면 3,110,400가지가 된다. 이 수치는 고대인들이 사용해오던 12시각에다 3을 곱한 수치다. 즉, 1시진=120분을 40분씩 나눈 수치이다.

  이 많은 사주를 일일이 설명하려면 너무나도 많은 분량으로서 헤아리기도 곤란하므로 선현들께서는 기존된 공식을 만들어 응용하고 해석하였던 바, 그 대표적인 공식이 바로 격국格局에 관한 이론理論인 것이라고 사료된다.

  격국格局은 크게 보통 격국과 특별 격국으로 구분하는데, 각각의 격국은 공식에 따라 성격成格과 파격破格으로 구분된다.

  성격이 되면 부귀富貴하고 파격破格이 되면 빈천한 것이 된다. 격국으로 그 사람의 그릇을 알고 용신으로 그 사람의 운세의 길흉을 알게 된다.

  격국格局의 종류 및 각각의 격국 작용에 관해서는 뒤에 설명할 기회가 있으면 그때 자세히 논하기로 하고 여기에서는 명命을 논論하는 순서에서 제일 첫 번째 과정인 격국을 정함에 대하여 간단히 예를 들어 설명하기로 하겠다.

4장 일반적인 보통 격국론(실례)

보통 격국을 정격正格이라고도 하는데 여기에서 예를 드는 것은 정격正格이다. 격국格局을 정하는 원칙으로는 월지月支의 지장간 중에서 본기본氣를 취하여 격을 잡는다.

그런데 월지月支의 지장간이 천간天干에 투출하고 다른 천간天干으로부터 극剋을 당했거나 합슴이 되어 작용作用하지 못한다면 그 투출한 것을 버리고 다른 곳에서 격格을 잡는다. 지지地支에서 삼합국三合局이나 방위합方位슴을 이루면 그것으로 격국格局을 정하기도 한다. 격국이란 사주에서 가장 강한 세력을 가진 오행을 찾는 것이다.

격格은 보통 월지月支 지장간 가운데 정기를 말하고, 국局은 격格과 관계를 맺은 여러 가지 육신을 말한다. 예컨대 월지月支 정기正氣가 정재正財이면 정재격正財格인데, 사주에 정관이 있으면 재격財格에 정관의 국을 이룬 것이며 재관격財官格이 된다.

甲　甲　庚　戊
子　子　申　辰

1. 이 사주는 칠살격七殺格이다.

일간日干 갑목甲木이 신월申月에 출생出生하고 월지 중月支 中에 지장간 경庚, 무戊가 투출하였다. 투출한 경庚, 무戊 중에서 경庚의 역량이 가장 강하다.

왜냐하면 월지月支의 본기本氣일 뿐만 아니라 무진戊辰이 경금庚金을 생생生生하기 때문이다. 지지地支가 신자진 수국申子辰 水局이 되어 경금庚金의 기운을 금생수金生水로 돌려 다시 수생목水生木으로 생생生生하게 되므로 칠살七殺의 기氣가 결국은 목木을 생생生生하는 형세가 되었다.

고로 오행五行이 상생相生하여 유정하다. 또한 이 사주는 살중용인격殺重用印格으로서 살殺이 거듭 있는데 인수印綬를 용신用神으로 쓰는 것이다.

丁　戊　辛　戊

巳　午　酉　子

2. 이 사주는 상관격傷官格이다.

일주日柱 무토戊土가 유월酉月에 출생出生하고 월지 유月支 酉의 지장간 신금辛金이 천간天干에 투출하였으므로 신금辛金의 세력이 강하다. 무토戊土에서 신금辛金을 보면 상관傷官이다. 그러므로 상관격이 된다.

그런데 무토일간戊土日干이 지지地支 사오巳午에 통근했는데 사巳 중 무토戊土와 오午 중 기토己土에 뿌리를 박았으니 약弱하지 아니하다.

더욱더 연간年干 무토戊土가 있고, 시간時干에 정화丁火가 사오巳午에 통근한 상태에서 무토 일간戊土 日干을 생조生助하니 왕旺하다. 그러므로 년지年支의 자수子水인 재성財星이 용신用神이 된다.

재財가 상관傷官의 힘을 흡수하면서 인성印星을 극제剋制하여주고 있다. 고로 이 사주四柱는 상관 용재격傷官用財格이 된다.

언제나 특별한 경우를 제외하고는 상관격傷官格이 될 때는 대체적으로 인印 또는 재財가 용신用神이 된다.

신왕身旺하면 재財를 용신用神으로 삼고 신약身弱하면 인印을 용신用神으로 삼는 것이다. 상관격傷官格에서 관官을 용신用神으로 삼는 경우가 있는데 이 경우가 금수상관격金水傷官格일 때다.

그것은 격국格局의 용신用神이 아니고 사주가 너무 한냉寒冷하기 때문에 태양太陽과 불이 필요하기 때문에 조후용신법을 쓰는 것이다. 법에서도 특별법이 일반법에 우선하는 것과 같은 이치인 것이다.

$$丁 \quad 丙 \quad 丁 \quad 辛$$
$$酉 \quad 寅 \quad 酉 \quad 巳$$

3. 이 사주는 정재격正財格이다.

일주 병화日柱 丙火가 유월酉月에 출생出生했다. 월지 유月支酉의 지장간 신금辛金인 정재正財가 연간年干에 투출했으며 사巳, 유酉가 반삼합半三合을 이루어 금기金氣가 왕旺하다.

천간天干의 신금辛金은 정화丁火의 극剋을 받아 못쓰고 유중 신금酉中辛金을 취하여 정재격으로 정한다. 천간天干의 신금辛金 정재正財가 병정丙丁정화丁火의 다극多極을 받아 격격이 떨어진 사주四柱가 되었다.

5장 용신을 정함(실례)

격국格局이란 사주 명칭 중의 일부를 표현한 것에 불과하다. 격국格局만 가지고는 그 사주가 좋은 사주인지 나쁜 사주인지 밝혀지지 않는다. 일단 성격成格이 되어야 좋고 파격破格이 되면 나쁜데, 용신用神이란 정격이 되는지 파격인지를 분별分別하는 기준이 되면서 열쇠가 된다.

용신用神이 있고 활기차고 강하면 부귀와 장수를 누리고 용신用神이 사주四柱에 없거나 있어도 미약하면 빈천하고 요절하는 것이다.

격국格局의 이름만 가지고 정관격正官格, 정재격正財格, 정인격正印格, 식신격食神格은 좋고, 칠살격七殺格, 상관격傷官格, 편인격偏印格은 나쁘다고 단정해서는 안 된다.

중요한 것은 파격破格이 되면 길신도 흉신으로 변하고, 성격成格이 되면 흉신凶神도 길하게 되기 때문이다.

고로 군자의 명命에도 칠살격七殺格이 있고, 소인의 사주四柱에도 정관격正官格이 있지만, 격국格局의 성파成破는 용신의 유有, 무無에 달려 있다.

그러면 어떻게 용신用神을 찾아낼 수 있는가? 사주명리학의 대부분의 이론은 용신用神을 찾아내기 위해 개발된 것이므로 용신을 찾아내는 것은 쉬운 일이 아닌 것이다. 그래서 용신用神을 찾아내는 가장 좋은 방법이 바로 격국格局 이론인 것이다. 격국을 모르고 용신을 찾으려고 하면 헛고생하는 결과가 되기 쉽다.

일반적으로 용신을 정하려고 하면 먼저 격국을 분석하고, 격국을 분석하기 위해서는 일간日干의 왕쇠강약과 천간天干의 생극합화生剋合和 및 지지地支의 충합회형冲合會刑 등의 상태를 살펴야 한다.

그런 연후에 보통 격국인지, 아니면 특별 격국인지를 분간하고 보통 격국이면 일반법칙에 적용하고 특별 격국이면 특별법칙에 의해 용신用神을 찾아내야 하는 것이다. 보통 격국의 일반법칙은 약자弱者를 생부하고 강자强者를 억제하는 억부법과 격국格局의 순용과 역용 조후용신이 주축이다.

그리고 통관通關, 병약病藥, 종왕從旺 등의 법칙이 있는데 뒤에서 설명한다. 특별 격국의 용신을 찾는 특별법칙은 일행득기격一行得氣格, 양신성상격兩神成象格, 화기격和氣格, 종격從格 등에 따라 각각의 법칙이 있다. 사주四柱에서 용신이 힘이 있으면 상격上格이고 성격成格이 되므로 부귀하고, 용신用神이 무력無力하면 하격下格이고 빈천하다.

용신이 아예 없는 사람은 더욱 천격이니 빈천하고 흉하며 요절한다.

격국은 신체에 비유하고 용신用神은 정신에 비유하는데, 누구나 신체는 가지고 있지만 정신은 각자 다른 것과 같다.

용신用神을 정定하는 법은 복잡다단하므로 뒤에서 설명하기로 하고 여기에서는 우선 용신을 찾아내는 일반적인 방법 몇 가지를 예로 들어 설명한다.

癸 辛 丁 丙

巳 巳 酉 午

1. 이 사주는 건록격이다.

일주日柱 신금辛金이 유월酉月에 출생出生하였으니 건록격建祿格이다.

지지地支에 사유巳酉가 반합 금국半合 金局을 이루고 있어서 일간日干이 약弱하지 않다. 그러나 년年, 월月의 병丙, 정丁의 관살官殺이 천간天干에 투출했고, 지지地支 사巳, 오午에 통근하고 있으니 일주日柱보다 더욱 세력이 강하다.

화성금쇠火盛金衰하니 시간에 계수癸水 식신食神으로 정화丁火 칠살七殺을 제制하니 이름하여 식신제살격食神制殺格이다.

이 사주四柱의 용신用神은 계수癸水이다. 가을의 금金이 수水를 생生하니 수원水源이 마르지 않아 능히 칠살七殺을 제복制伏시킬 수 있다. 금수운金水運에서 형통亨通하여 한 나라의 참모총장이 되었다. 무릇 식신이나 상관傷官으로 제살하는 사주四柱는 무관武官으로 출세出世하는 사람이 많은 편이다.

己　丙　甲　癸

亥　戌　子　未

2. 이 사주는 정관격이다.

일간日干 병화丙火가 자월子月에 출생出生했고 자子의 지장간 계수癸水가 투간하여 년年에 있으니 정관격正官格이다. 또 시지時支에 해수亥水가 있어 무리를 이루니 수水가 왕旺하다. 일주日柱 병화丙火가 비록 일지 술戌인 화고火庫에 뿌리를 두고, 역시 미토未土에 정화丁火를 깔고 도움을 받고는 있지만 수水와 화火의 두 세력을 비교할 때 수성화쇠水盛火衰하다.

그러므로 월간月干 갑목甲木 편인이 수水를 흡수하면서 다른 한편으로는 화火를 생조生助하니 용신用神이 된다.

辛 丁 丁 丙
亥 酉 酉 子

3. 이 사주는 편재격이다.

일주日柱 정화丁火가 유월酉月에 출생出生하고 유酉의 지장간 신금辛金 편재가 시간時干에 투출했으니 편재격偏財格이다. 병정화丙丁火가 천간天干에서 무리를 지었다고는 하나 지지地支에서는 금수金水가 떼를 지어 세력이 강하다. 비록 월지 유月支 酉가 정화丁火의 장생지長生地라고는 하지만 편재이니 도움이 안 되며, 금수金水에 비해 화火가 약하니 재관財官이 왕旺한 형세다. 그러므로 해亥의 지장간 인원人元 갑목甲木과 천간天干의 병화丙火를 용신用神으로 한다.

이상의 예에서 격국과 용신이 어떻게 관련이 되는지 살펴보았다. 정관격正官格의 재財 또는 인印을 대동하고 있을 때에 재財가 있고 재財가 용신用神이 될 때는 정관용재격正官用財格이라 부르고 정관격正官格에 인印이 있어서 그 인印을 용신으로 쓸 때는 정관용인격正官用印格이라고 한다.

신약身弱하면 인印을 쓰고 신왕身旺하면 재財를 쓴다. 상관격傷官格에서 인印을 용신用神으로 하면 상관용인격傷官用印格이고, 상관격傷官格에 재財를 용신用神으로 하면 상관용재격傷官用財格이라고 부르는데, 다른 격국格局도 이렇게 응용하여 부른다.

6장 희기喜忌를 분별함

희기喜忌를 분간하는 것은 두 방면으로 나누어 고찰한다. 1. 사주의 희기喜忌 2. 운運의 희기喜忌가 그것이다. 사주에서 용신用神을 생조生助하는 것은 희喜고 용신을 극제剋制하는 것은 기忌다.

己 丙 甲 癸

亥 戌 子 未

1. 이 사주四柱는 월간 갑목月干 甲木이 용신用神이 된다. 왜냐하면 일주日柱 병화丙火는 신약身弱하고 관살官殺 임계수壬癸水가 왕성旺盛하므로 반드시 목화木火로서 일주를 도와 강하게 해야 하기 때문이다. 갑목甲木을 용신用神으로 삼으면 수생목水生木, 목생화木生火하여 수水가 화火를 직접 극剋하지 못하는 이로움이 있는 것이다.

사주의 년지年支 속에 정화丁火와 을목乙木, 그리고 시지時支 해亥 속에 갑목甲木과 일지 술日支戌 속에 정화丁火는 희신喜神이 된다. 가장 꺼리는 것은 금수金水가 용신用神과 희신喜神 및 일주日柱를 극剋하는 것이다.

그러므로 금수金水가 기신忌神이 된다. 이 사주四柱는 동남東南 목화운木火運에서 크게 좋고 서북西北 금수운金水運에는 불리不利하다.

총체적으로 말해서 희신과 기신을 분별分別하는 것은 용신用神을 찾고 나서 가능한 것이다.

대운과 운運을 보는 요령도 사주四柱에서 희기를 가려내는 것과 마찬가지다. 다만 사주원명을 보는 것보다 복잡할 뿐이다. 즉, 희기를 분별하는 것은 용신을 찾는 것보다는 쉬운 과정이라고 볼 수 있겠다.

$$
\begin{array}{cccc}
戊 & 甲 & 庚 & 庚 \\
辰 & 子 & 辰 & 子
\end{array}
$$

2. 이 사주는 일주日柱 갑목甲木이 진월辰月에 출생出生하고 진辰의 본기 무토本氣戊土는 시간時干에 투출하고 있고 무토戊土는 시지時支에 통근通根하고 있다.

그러므로 편재격偏財格이다. 무토戊土는 일주日柱 갑목甲木의 편재이기 때문이다. 진辰이라는 습토濕土가 경금庚金을 생조生助하니 경금庚金 역시 왕旺하다.

그러므로 재財와 칠살七殺이 모두 왕旺하다. 다행히 지지地支가 자진자辰으로 반합半合하여 수국水局을 이루어 칠살七殺의 왕旺한 기운氣運을 금생수金生水하여 설기시켜 수생목水生木하니 살인상생殺人相生의 형국이 되었다.

그러므로 자수子水가 일주日柱의 용신用神이 된다. 다시 말해서 이 사주四柱의 용신用神은 자子 속에 계수癸水가 된다.

그러므로 수水와 목木이 필요하다. 토土는 수水를 극剋하니 가장 흉凶한 기신忌神이고 금金 역시 목木을 극剋하니 기신忌神이 된다. 오로지 수水와 목木을 써서 일주日柱를 생조하고 부축해야 한다.

$$
\begin{array}{cccc}
丙 & 乙 & 乙 & 甲 \\
子 & 亥 & 亥 & 午
\end{array}
$$

3. 이 사주는 을목乙木이 해월亥月에 출생出生하고 천간天干에 갑을甲乙이 있고 지지地支에 두 개의 갑목甲木이 해亥 속에 들어 있다. 해자수亥子水가 왕旺하여 목木을 생조生助하니 사주四柱에 목木과 수水가 지나치게 많다. 금기金氣는 전혀 없다. 당연히 시간時干 병화丙火가 년지年支 오화午火에 통근하고 있으므로 용신用神으로 삼는다. 병화丙火는 강한 목木의 기운氣運을 설기하기 때문이다. 게다가 한겨울에 추우니 따뜻한 태양을 뜻하는 병화丙火가 있어야 한다. 그러므로 병화丙火는 조후 용신을 겸한다.

이 사주는 남방에서 크게 이롭고 동북방에서 해롭다. 그런데 용신用神과 기신忌神, 희신喜神이라는 용어는 결국 희신喜神과 흉신凶神을 말하는 것으로 용신用神을 돕는 것은 희신喜神이라 하고 용신用神을 극상剋傷하는 것은 기신忌神이라 하는데, 기신忌神을 돕는 것을 구신久神이라 하며, 용신用神을 병丙들게 하는 것은 병신이며, 그 병신病神을 극剋하는 것을 약신藥神이라고 하는데 희신喜神도 아니요, 약신藥神도 아니며, 기신忌神도 아니며, 구신久神도 병신病神도 아닌 것으로서 형편에 따라 길신吉神도 됐다가 또 어떤 때는 흉신凶神도 되는 어정쩡한 것을 한신閑神이라 하는데 식객食客과 같은 존재에 속한다.

그러나 아무리 용어가 많아도 결국 길신吉神이냐 흉신凶神이냐를 판단하면 되는 것이다.

7장 판단을 내림

사주를 적고 격국을 정하고 희기를 분별한 후에 최종적으로 판단을 내려야 한다. 사주를 보는 목적은 길흉의 판단을 내리기 위한 것이다. 그 사주의 육친, 개성, 체격, 지위 등을 판단하고 운과 대조하여 그 사람이 언제 길하고, 언제 흉한지 조목별로 판단해야 한다.

사주의 판단은 사주 간지干支의 위치와 오행五行의 희기喜忌를 위주로 한다.

연주에 희신, 용신이 있으면 조상의 음덕이 있다고 판단하고, 월주月柱에 희신, 용신이 있으면 부모 형제의 도움이 있다고 판단한다. 일지日支에 희신, 용신 있으면 배우자의 도움이 있으며 현숙하고, 시주時柱에 희신, 용신이 있으면 자식이 출세하고 효도한다고 판단한다.

비겁比劫, 식상食傷, 재財, 인印, 관官, 살殺의 육신으로 육친의 일을 판단한다. 재財가 희신, 용신이면 부친 덕이 있고 돈복이 많다. 관살官殺은 권력과 귀貴를 뜻한다.

그러므로 관살이 희신, 용신이 되면 상당히 고귀한 사회적 지위에 오르고 지도적 인물이 된다. 나머지도 이와 같다.

음양오행陰陽五行, 생극제화生剋制和를 보고 득실과 성패를 판단한다. 예컨대 갑목甲木이 득시得時 또는 득세得勢하고 무토戊土가 없거나 실시失時 또는 실세失勢하면 비위脾胃장의 질병이 있다고 판단한다. 신계辛癸가 왕상旺相하고 을정乙丁이 휴수하면 심장心腸이 쇠약하다고 판단한다. 일주日柱와 월지月支를 대조하여 보는 법도 있다. 금일주金日柱가 겨울에 출생出生하면 금한수랭金寒水冷하므로 화火를 얻어야 좋다. 이를 한금향양寒金向陽이라고 부르며 이렇게 되면 귀貴하다.

$$丁 \quad 丙 \quad 丙 \quad 丁$$
$$酉 \quad 子 \quad 午 \quad 巳$$

이 사주는 병화丙火가 오월午月에 출생出生하고 건록建綠과 제왕帝旺이 집결해 있고 천간에 병정丙丁이 있으니 화기火氣가 만물을 태우고 있는 형상이다. 토土를 용用하여 왕한 화火의 기운을 설기시키면 좋으나 화다토초火多土蕉하고 천간天干에 토土가 없으니 쓸 수 없다. 일지日支 자수子水를 용신用神으로 쓴다. 왕旺한 오화午火의 충沖을 받으니 있으나 없는 것과 같으나 다행히 년지年支 사巳 속에 경금庚金이 있고 사유합巳酉合하여 금국金局을 이루어 약한 수水를 생조生助하는 입장이니 자수子水가 간신히 명맥을 유지하고 있다. 천간天干에 금수金水가 없으니 자중계수子中癸水가 용신用神인데 힘이 부족하다. 오직 운運에서 수水를 생조生助하는 금수金水가 오기를 기다려야 그때 가서 발복한다.

이 사주四柱의 주인공主人公은 고집스럽게 사치를 좋아한다. 육친 중에서 특히 아버지와 인연이 없었고, 몇 번 결혼했으나 실패했고, 자식도 한 명뿐이며, 그 자식의 모친은 죽었다.

총괄적으로 말해서 판단할 때는 육친, 개성, 체격, 지위를 대체적으로 알 수 있을지라도 사주에만 의지하지 말고 대운과 세운 및 후천적인 시간과 공간의 현상을 참작하여 확실한 결론을 내려야 한다.

특히, 대운과 세운과 월운을 보고 언제 어느 때 어떤 사건이 발생하는지를 정확하게 판단해야 한다.

8장 격국의 종류와 내격인 보통 격국을 정하는 법

격국格局을 정정할 때는 반드시 먼저 그 사주四柱가 특별 격국에 속하는가 아니면 보통 격국에 해당하는가를 분별하고 보통 격국이면 보통 격국의 용신用神을 정하는 일반법칙에 따라 용신用神을 정해야 한다. 이것은 명命을 논論하는 통칙이며 특별법은 일반법에 우선해서 적용한다는 법학의 원칙과 비슷하다. 즉, 보통 격국이 아닌 것은 모두 특별 격국에 속하는 것이다.

일반적인 격국을 정할 때는 통상적으로 월지를 관찰하는 것부터 시작한다. 팔정격인 보통 격국의 선정법은 다음과 같다.

1절. 본기가 천간에 투출한 경우

월지月支의 본기本氣가 년年, 월月, 일日, 시時 천간天干에 투출하면 투출한 오행五行이 일간日干 명주命柱에게 어떤 육신인가를 정하고, 그 해당된 육신의 이름으로 격국을 정한다. 예컨대 일간日干이 갑목甲木인데 진월辰月에 출생出生하고 진辰의 지장간 무토戊土가 연간年干 또는 월간月干 또는 시간時干에 투출했다면 무토戊土는 갑목甲木의 편재偏財이므로 편재격이 된다. 그런데 일간과 같은 오행五行은 투출해도 격국이 되지 않는다. 즉 비견, 겁재는 격국格局을 구성하지 못한다. 다시 말해서 비견격, 겁재격은 없다. 다만 월지月支가 일간日干의 건록이면 건록격 월지가 일간日干의 양인陽刃이면 양인격을 구성하지만, 건록격과 양인격은 보통 격국이 아닌 특별 격국의 범주에 속하며 따라서 건록격과 양인격은 보통 격국이 아닌 특별 격국이므로 독특한 용신 정하는 법에 따라 용신用神을 정해야 한다.

2절. 본기가 아닌 것이 투출한 경우

월지月支의 본기本氣가 천간天干에 투출하지 않았을 경우에는 월지月支 속에 본기本氣 이외에 지장간이 투출한 것으로 격국을 정한다. 예컨대 인월寅月의 갑목甲木이 투출하지 않았을 경우에 인寅의 지장간 병丙, 무戊 중에 어떤 것이 투출하면 그것과 일간의 육신관계를 가지고 격국을 정한다. 그리고 본기本氣 이외에 지장간 두 개가 동시에 천간에 투출했을 경우에는 둘 중에서 역량이 사주 전체와의 관계에서 보아 강한 것을 가지고 격국을 정한다.

3절. 천간에 투출하지 않은 경우

월지月支 본기本氣가 투출하지 않고 다른 월지의 지장간 역시 천간에 투출하지 않았을 경우에는 월지 속의 각각의 지장간을 사주 전체에서 살펴서 강약성쇠를 분별하고 그중에서 가장 역량이 강한 것으로 격국을 정한다.

4절. 실례로 14가지 경우로 격국을 정하는 법을 논함

월지月支가 일주日柱의 비견, 겁재, 건록, 양인인 경우에는 보통 격국이 아니고 일간을 보강하는 역할을 할 뿐이다. 월지月支가 비견比肩, 겁재劫財, 건록建綠, 양인陽刃이면 사주 전체의 상황을 볼 때 대체로 신약하지 않으므로 용신을 정하고 희기喜忌를 분별하는 원칙이 보통 격국의 일반원칙과 다르기 때문에 보통 격국으로 보지 않는다. 그러면 이제 14가지의 경우를 놓고 격국格局을 정하는 원칙을 알기 쉽게 설명해본다.

1. 일간 갑목日干甲木이 신월申月에 출생出生했을 때 경금庚金이 투출하면 경금庚金은 갑목甲木의 칠살七殺이므로 칠살격七殺格이 된다. 경금庚金이 투출하지 않고 무토戊土가 투출하면 편재격偏財格이고 신申의 지장간 임수壬水가 투출하면 편인격이 된다. 만약 경庚, 임壬, 무戊의 세 가지가 모두 투출하지 않았으면 각각의 지장간의 역량을 살펴서 가장 강한 것으로 격格을 삼는다. 모두 투출했으면 가장 세력이 큰 것으로 격국格局을 정한다.

2. 일간日干 을목乙木이 유월酉月에 출생出生하고 천간天干에 신금辛金이 투출했으면 신금辛金이 을목乙木의 칠살七殺이므로 칠살격七殺格이다. 신금辛金이 투출하지 않았다면 유酉의 지장간이 신금辛金이 제일 강하니 역시 칠살격七殺格이 된다.

3. 일간日干 을목乙木이 묘월卯月에 생生하면 묘卯는 을乙의 건록建綠이며, 같은 목오행木五行으로 비견比肩이 되므로 보통 격국으로 논하지 않는다.

4. 일간日干 병화丙火가 인월寅月에 생生하면 천간天干에 갑甲이 투출하면 편인격이고 무토戊土가 투출하면 식신격食神格이다. 무戊, 갑甲이 투출하지 않았다면 인寅의 지장간 무戊, 갑甲 가운데 사주 전체 상황으로 보아 비교적 강한 것을 취하여 격국을 정한다. 만약 병화丙火가 투출했을 경우에는 비견比肩이 투출한 것이므로 도외시한다.

5. 일간日干 정화丁火가 오월午月에 생生하면 오午는 건록이므로 보통 격국으로 보지 않는다.

6. 일간日干 정화丁火가 미월未月에 생生하고 기토己土가 투출했으면 식신격食神格이고, 을목乙木만 투출하면 편인격이다. 기己와 을乙이 투출하지 않았을 경우에는 비교적 역량이 강한 것을 택하여 격국을 정한다. 미未 속의 정화丁火는 일간日干의 비견比肩이 되므로 무시해버린다.

7. 일간日干 기토己土가 진월辰月에 생生하여 을목乙木이 투출하면 칠살격, 계수癸水가 투출하면 편재격이다. 을乙과 계癸가 모두 투출하지 않았으면 역량이 강한 것으로 격格을 삼는다.

8. 일간日干 경금庚金이 해월亥月에 생生하여 임壬이 투출하면 식신격, 갑甲이 투출하면 편재격, 임壬, 갑甲이 모두 투출하지 않았으면 둘 중에 역량이 강한 것으로 격格을 정한다.

9. 일간日干 신금辛金이 유월酉月에 생生하면 보통 격국이 못된다.

10. 신금辛金이 축월丑月에 생生하고 천간天干에 기토己土가 투출하면 편인격이고, 계수癸水가 투출하면 식신격이다. 둘 다 투출하지 않았으면 둘 중에서 역량이 강한 것으로 격국格局을 정정定한다. 축丑의 지장간 중 신금辛金은 일간日干 신금辛金의 비견比肩이 되므로 무시한다.

11. 임수壬水가 자월子月에 생생生生하면 보통 격국이 못된다.

12. 계수癸水가 사월巳月에 생생生生하고 병화丙火가 투출하면 정재격正財格, 무토戊土가 투출하면 정관격正官格, 경금庚金이 투출하면 정인격正印格이다.

   월지月支의 지장간이 모두 투출하지 않았으면 월지月支 지장간 중에서 역량이 가장 강한 것으로 격국格局을 정한다.

13. 계수癸水가 자월子月에 생생生生하면 보통 격국이 아니다.

14. 임수壬水가 해월亥月에 생생生生하면 보통 격국이 아니다.

이상 14가지 경우에서 알 수 있듯이 월지가 비견, 겁재, 건록, 양인이면 보통 격국이 아니고 특별 격국이다. 그러므로 갑일甲日은 인월寅月, 을일乙日은 묘월卯月, 병丙과 무戊일은 사월巳月, 정기일丁己日은 오월午月, 경일庚日은 신월申月, 신일辛日은 유월酉月, 임일壬日은 해월亥月, 계일癸日은 자월子月 이것들 모두가 건록격이 된다. 그러므로 본기本氣만을 취하고 기타의 지장간은 무시한다.

갑일甲日에 묘월卯月, 병丙과 무일戊日에 오월午月, 경일庚日에 유월酉月, 임일壬日에 자월子月 등은 모두가 양인격陽刃格으로 특별 격국이다.

을일乙日에 인월寅月은 보통 격국인데 병화丙火가 투출하면 상관격傷官格, 무토戊土가 투출하면 정재격正財格이고, 갑목甲木이 투출하면 무시한다.

병일丙日에 오월午月이면 양인격陽刃格이다. 기토己土로서 상관격을 삼지 않고, 정화丁火로서 양인격을 삼는다.

무일戊日 오월午月은 보통 격국이 아니다. 정화丁火를 취하여 정인격正印格을 삼지 않고, 기토己土를 취해 양인격으로 삼는다.

정일丁日 사월巳月은 보통 격국인 바 경금庚金을 취하여 정재격丁財格으로 하거나 무토戊土를 취하여 상관격으로 할 뿐이지 병화丙火를 취하여 비겁격으로 정定하지는 않는다.

신일辛日 신월申月은 보통 격국으로 논하는데 무토戊土를 취해 정인격으로 삼거나 임수壬水를 취해 상관격으로 삼을 뿐이지 비겁격으로 정하는 법은 없다.

계일癸日 해월亥月은 보통 격국인 바 갑목甲木을 취해 상관격으로 할 뿐이지 임수壬水를 취해 비겁격으로 삼지 않는다.

이 밖에도 갑일甲日 진월辰月에서는 을乙을 버리고 무戊, 계癸를 취해 격을 정하고, 을일乙日 해월亥月에서는 갑甲을 버리고 임壬을 취해 격格을 정하고, 병일丙日 오월午月이면 기己를 버리고 정丁을 취하여 특별 격국인 양인격을 정하고, 정일丁日 술월戌月이면 정丁을 버리고 무戊를, 신辛을 취하여 격을 정하고, 무일戊日 신월申月이면 무戊를 버리고, 기일己日 미월未月이면 기己를 버리고 을乙이나 정丁을 취하여 격국을 정하며, 경일庚日 사월巳月이면 경庚을 버리고 병丙, 무戊를 취하여 격국을 정하고, 신일辛日 축월丑月이면 신辛을 버리고 기己, 계癸를 취하여 격국을 정하며, 임일壬日 신월申月이면 임壬을 버리고 경庚, 무戊를 취하여 격국을 정하고, 계일癸日 축월丑月이면 계癸를 버리고 기己 혹은 신辛을 취하여 격국을 정한다.

이것은 모두 건록격과 양인격이 아닌 한 보통 격국에서는 비견比肩, 겁재劫財를 격국으로 채용하지 않기 때문이다.

여기서 오월午月의 지장간을 기己, 정丁으로 보기 때문에 병일丙日과 무일戊日의 오午월은 양인격陽刃格으로 채용하지 않는 사람도 있다.

양인陽刃은 양일간陽日干에만 해당된다. 병무丙戊는 오午, 갑甲의 양인은 묘卯, 경庚의 양인은 유酉, 임壬의 양인은 자子이다.

자子, 묘卯, 유酉의 지장간은 각각 두 개뿐인데 오午의 지장간은 병丙, 기己, 정丁의 세 가지다.

학계 일각에서는 오午의 지장간이 정丁 하나뿐이라고 보고 병일丙日 오월午月에 출생하면 양인격陽刃格으로 보기도 한다.

그러나 이 부분에 대해 공인된 학설은 오午의 지장간을 기己, 정丁으로 보는 것이다. 그리고 월지月支가 양인이 아닌 겁재劫財가 되면 월겁격月劫格으로 정하기도 하는데 이는 소수의 설이다.

이상에서 보통격국을 정하는 원칙을 살펴보았는데 보통 격국의 종류는 정관격, 칠살격偏官格, 정인격, 편인격, 상관격, 식신격, 정재격, 편재격의 8종류가 있다.

그렇기 때문에 팔정격八正格이라고 부른다. 팔정격八正格에서 재성(正財와 偏財)과 인성(正印과 偏印)은 작용이 대동소이하기 때문에 정과 편을 구분하지 않아도 큰 무리가 없다.

그래서 재격, 인격으로 부르기도 한다. 이렇게 되면 재격財格, 인격印格, 정관격正官格, 칠살격七殺格, 상관격傷官格, 식신격食神格의 6가지 격格이 된다.

그에 따라 팔정격을 육정격六定格이라고 부르기도 한다. 혹자는 양인격陽刃格과 건록격建綠格을 보통 격국에 넣어서 십정격十定格이라고 부르기도 하지만 소수의 학자들의 설일 뿐이다.

12부

생활용신통변론

모든 것을 얻으려면 천지자연과 한 몸이 되도록 노력하시라.
모든 스승은 자연 속에 있는 법.

여기에서 강술하는 내용은 곧이어 출판할 2권〈제목 : 천하통일 사주
팔자 생활처방 용신법〉의 내용 일부를 발췌한 것이다.

이 내용은 필자는 생전에 단 한번도 만나 뵙지 못했던 고 옥승혁 (대
사님)의 학술비법으로서, 필자는 이 문하에 손자가 된다. 필자에게 이 비
법과 인연을 닿게 해주신 분은 1983년 당시에 침구鍼灸계의 高手였던 고
심재만 선생님이셨다. 오늘도 두 어르신과 영적靈的 만남이라도 성취되
길 간절히 기원하면서 후학들을 위하여 이 비법을 공개한다.

1장 사주명리학 생활처방 용신법

앞에서 배운 지식으로 사주팔자와 대운을 뽑고 전반적으로 살펴본다면 학리적인 개념정리가 되었을 것이다.

그러므로 실제로 상담할 때에도 적중률을 높일 수 있다고 하였다.

일간은 자신이요, 일지는 그의 정신으로 본다. 연간지, 월간지, 시간지 등은 주변 환경이요, 신체의 조직으로 본다.

천간은 사회요, 지지는 가정으로 본다. 또, 천간은 자연적인 것이요, 지지는 인위적인 것으로 본다. 천간은 외면 표정이며 지지는 내적 성격으로도 본다.

대운은 일평생을 살아가는 자기만의 자전궤도로서 태어나서 죽을 때까지 스스로가 가야 할 길로서 싫다, 좋다라는 선택의 여지가 없는 길이다.

인간의 정신은 살아 있어도 신체의 생리 구조가 불량하면 그 부위에 질병이 오기 마련이다.

또한, 십신통변으로 그에 해당하는 육친에 관한 모든 일들이 발생하게 된다.

우주는 대자연계이므로 조금도 쉼이 없고 결함이 없는 순환운동을 함으로써 우리 인간들도 이 운행법칙에 따르게 된다.

예를 들어 비유해보면, 대운大運이란 버스의 정류소와 같다. 사주의 길흉吉凶과 관계없이 가난한 곳에 10년을 머물게 되면 자신도 가난한 환경에서 가난하게 처신하게 된다.

또, 부유한 사람들이 사는 곳에 머물게 되면 자신도 부유하게 행동하게 된다.

역시 귀한 사람들이 모여 사는 곳에 머물게 되면 자신도 역시 귀한 사람이 되려고 노력하며, 농촌에 머물게 되면 농민과 같은 생각과 생활을 하면서 살게 되는 이치와 같다.

그러므로 사주四柱에 관성官星이 용신用神이면 직장생활을 하면 용신用神의 길을 가고 있는 사람이기 때문에 행복이 약속돼 있는 것이며, 대운이 관성官星이면 명예를 드높이고 지위가 승승장구하게 되며, 높은 지위에 있는 사람들과 교제가 많게 되는 것이다.

반대로 식상운食傷運에 있게 되면 생산업체인 직장에 종사하게 되는데, 크게 승진이나 영전하지 못하고 불만족스럽고 불편하고 시원하지 못한 입장에 있게 된다.

또, 연운年運은 그해에 해당되는 일이 발생하게 되며, 그해에 해당되는 사람과 관계되는 일이 생기며, 그해에 해당되는 심리와 생각, 판단, 행동, 질병 등이 생기게 된다.

그러므로 용신의 운이 왔다고 기뻐만 하지 말고 용신의 운일수록 정신을 차려 그 용신이 인도하는 생활로 행동을 실천해야만 행복할 수 있게 된다는 것을 유념하길 바란다. (나는 사주명리학 전반에 관하여 논리가 합당하지 않은 부분에 대하여 약 30년 동안 많은 의구심을 갖고 있었다. 이러한 의문점들을 풀어보기 위해 2001년 3월부터 2003년 2월까지 원광대 동양학대학원에서 고동양천문학을 집중적으로 공부하고 연구하게 되면서 하늘의 이치를 이해하게 되었으며, 하늘의 이치는 궤변적인 억지 논리가 통하지 않는다는 것을 깨닫게 됨으로써 스스로 확신하게 되었다.)

인寅, 묘卯인 1, 2월月에 출생한 사주명四柱命에는 금金이 용신用神이 된다. 사주四柱에 화火가 있으면 수水가 보조 용신用神이다. 그러므로 금

金과 수水가 용신用神이다. 만약에 수水가 있으면 토土가 보조 용신用神이 되므로 금金과 토土가 용신用神이 된다.

사巳, 오午인 4, 5월月에 출생한 사주四柱는 수水가 용신用神이다. 토土가 있으면 토土를 극剋하는 목木이 보조 용신用神이다. 고로 수水와 목木이 용신用神이 된다. 만약 토土가 없고 목木이 있으면 수水가 용신用神 작용을 하지 못하므로 목木을 극剋하는 금金이 보조 용신用神이 된다. 그러므로 이럴 때는 수水, 금金이 용신用神이 된다.

신申, 유酉인 7, 8월月에 출생한 사주四柱는 화火가 용신用神이 된다. 수水가 있으면 토土가 보조 용신用神이다. 만약에 수水가 없고 토土가 있으면 화火가 용신用神작용을 못하므로 토土를 극剋하는 목木이 보조 용신用神이므로 이럴 때는 화火, 목木이 용신用神이 된다.

진辰, 술戌, 축丑, 미월未月 즉, 3, 9, 12, 6월에 출생한 사주四柱는 목木이 용신用神이다. 금金이 있으면 금金을 극剋하는 화火가 보조 용신用神이다. 그러므로 목木, 화火가 용신用神이다. 만일 금金이 없고 화火가 있으면 목木이 용신用神작용을 할 수 없으니 화火를 극剋하는 수水가 보조 용신用神이다. 그러므로 이럴 때는 목木, 수水가 용신用神이 된다.

해亥. 자子월月인 10월, 11월에 출생한 사주는 토土가 용신이 된다. 木이 사주에 많거나 강하면 토가 용신 역할을 못하니, 金이 목을 극하여 土를 보호함으로 금이 보조용신이 된다.

그러나 金이 많거나 그 힘이 강력하면 土가 삭풍朔風을 막아 낼 힘이 부족하게 된다. 이럴 때는 金을 극하는 火가 반드시 있어야 하므로 火가 보조용신이 되는 것이다.

2장 사주팔자를 수직적으로 보는 방법

생일천간(일간日干)에서 년주年柱인 생년의 천간과 지지, 또는 월주月柱인 생월의 천간과 지지에 어떤 글자가 있는가를 비교해 본다.

사주를 볼 때는 항상 생일천간生日天干은 자신이 되고, 생년의 천간지지天干地支, 생월의 천간지지天干地支, 생시의 천간지지天干地支 등은 자신의 신체 일부분을 뜻하면서 사회. 가정 및 주변의 환경과 자기 자신과 연관된 육친六親 등이 된다.

년간지年干支〈생년천간과 지지를 줄인 말〉와 월간지月干支〈생월천간과 지지를 줄인 말〉는 자신의 운명에 가장 강력한 작용을 하게 되며 시간지時干支는 배우자 및 자손과 나의 하체下體와 손아랫사람이 되며 노후老後와 미래에 전개될 사연들을 나타내는 곳이다.

출생일 천간으로 생년의 천간 지지〈년주年柱라고도 한다〉와 생월의 천간 지지〈월주月柱라고도 한다〉를 대조하여 생년천간 지지, 생월천간 지지 중 어떤 천간지지〈지금부터 줄여서- 간지干支라고 하겠습니다〉 중에서 하나만이라도 만나면, 아래에서 통변하는 설명 내용에 해당하는 것이다. 단, 생시의 천간 지지는 노후老後와 미래의 일을 예측하며 미래에 나타날 작용력이기 때문에 아직은 뚜렷하게는 나타나지 않는다.

대체적으로 사주명국에서 천간과 지지를 극剋이나 합合하는 천간과 지지가 옆에 있게 되면〈예: 財星이나 官星이 합이 되어 비견이나 인성 등으로 변하는 경우·등일 때는〉 통변 설명이 180도 전혀 다르게 되는 경우도 있을 수 있다. 비견은 (현실, 처, 돈, 경우, 판단)을 극하며, 식상은 (조상, 부모, 관록, 자손, 명예, 행복, 미래의 꿈)을 극하기 때문이다.

필자의 40년 상담경험과 명리학 고전古典들을 필자가 연구하고 분석한 통계에서 발견한 결과에 의하면 사주팔자에서의 간지干支가 합合·형刑·충沖·파破를 만나면, 四柱원국과 대운의 흐름을 볼 때, 일반적인 사주명국에서 특수한 명국名局으로 180도 변화되는 경우가 가끔 있었는데, 그때마다 한동안을 정신적으로 괴로워서 방황하곤 했었다.

그러나, 그럴 때마다 발견한 것은 오행五行의 본질本質은 변하지 않는다는 것이었다. 다만 사주팔자의 구성과 대운의 진행방향 및 성명 3글자에서 나타내는 뉘앙스 등과 여러 가지 환경에 따라서 삶의 목표와 가치관의 척도가 다소 변화한다는 점이었다.

1절 남자편

1. 일간 + 천간: 비겁 + 지지: 비겁

(실예: 甲日이나 乙日에 출생한 사람이 년주나 월주에서 갑인甲寅 또는 을묘乙卯를 만난 것)

일간(생일천간)	년주(생년천간 지지) 또는 월주(생월천간 지지)	
甲이나 乙	甲寅	乙卯
丙이나 丁	丙午	丁巳
戊 또는 己	戊辰, 戊戌	己丑, 己未
庚이나 辛	庚申	辛酉
壬이나 癸	壬子	癸亥

친구들 간에 의리로 대하고 이해관계를 따지지 않는다. 형제간에 서로 협조하려고 하며, 기쁠 때든, 슬플 때든, 조건이 없이 돕고 밀어주며 사이좋게 지내려고 하므로 물질적인 이해타산에 치우치지 않는다. 일반적으로 멋지고 짱이다.

친구를 새로 사귀어도 나의 것과 너의 것을 따지지 않고 내가 있으면 조건이 없이 도와주며 이해관계를 따지지 않는다.

그러하기 때문에 자연히 성격도 같고 이상과 목적이 같은 동지적인 사람을 선택하자니 당연히 친구가 많지 않게 되고 한 사람을 사귀더라도 형제 이상으로 지내려고 노력한다.

이러한 사주四柱의 명조를 타고난 사람들의 약 10 중 8, 9는 주색잡기酒色雜技를 좋아하게 된다.

예를 들자면 각종 오락 잡기 및 등산, 낚시 등을 좋아하며 놀이를 할 때는 결코 돈 쓰는 것을 아까워하지 않는 특성이 있다.

그러므로 재물이 모이지 않아 재물 복이 없다는 소리를 듣는다.

항상 바쁘게 사방팔방 객지로 분주하게 돌아다니나 실속이 없는 편이다. 그러므로 총각으로서 객지 생활을 할 때는 인기가 최고로 높지만, 일단, 결혼을 하게 되면 처궁妻宮과 재물財物궁이 좋지 못하여 2, 3차 결혼을 하든가, 아니면 형편상 떨어져서 생활하는 사람이 많다. 차라리 평생을 부부가 해로하고 살려면 직업상 떨어져서 생활한다면 행복하게 살 수 있다.(생활용신법)

특히, 부부간에 갈등이 심한 사람들이 많이 있다. 헛된 뜬구름 같은 망상을 버리고 현실을 직시하여 현실위주로 직장생활을 늙을 때까지 한 직장에서 근속하든지, 아니면 특기를 길러 타인보다 10배 이상의 피나는 노력을 하라. 그럴 수만 있다면 오히려 보통 사람을 초월한 최고의 특별한 대우와 인기 및 명예를 얻는 사람이 많이 있는 것이 특징이다.

경험에 의하면 딸의 덕을 보는 사람이 많은 편이다.(사주팔자와 대운의 흐름의 따라서 많은 차이가 있었음)

2. 일간 + 천간: 비겁 + 지지: 인성

(실예: 甲일이나 乙일에 출생한 사람이 년주나 월주에서 갑자甲子 또는 을해乙亥를 만난 것)

일간(생일천간)	년주(생년천간 지지) 또는 월주(생월천간 지지)	
甲이나 乙	甲子	乙亥
丙이나 丁	丙寅	丁卯
戊 또는 己	戊午	己巳
庚이나 辛	庚辰, 庚戌	辛未, 辛丑
壬이나 癸	壬申	癸酉

친한 친지에게 이용을 당하고 실속이 없는 사주四柱로서 형제와 사이 좋게 지내려고 하며 진실로 성심성의껏 이해관계를 떠나 평생토록 희생적으로 잘하려고 노력한다.

사람들과 교제를 하여도 성실하고 진실한 사람을 골라서 오래도록 사귀어 지내려고 하기에 인간적으로 인정은 좋으나 본인에게는 물질적으로는 이득利得이 없게 된다.

부모에게는 효성孝誠심이 지극하여 부모님에게 어떻게 해서라도 기쁘고 편하게 해 드리려고 항상 노력한다. 또한 나이가 많으신 사람들과 잘 어울리며 인기가 많아서 대체적으로 연장자와 친분이 있게 잘 지낸다.

서예에 소질이 다분하고 그림 그리기와 글 쓰는 것에 남과 다른 재주가 뛰어난 사람이 많으며, 문서작성 및 글을 잘 다루는 특기가 있어서 서예가, 화가, 작가, 저자, 편저자, 번역자 등으로 성공하는 사람들이 많은 편이다.

혹 학력이 짧거나 공부가 적어도 남달리 문장력이 좋아 편지를 쓰면 모든 사람들이 탄복하게 된다. 감격스러운 표현을 잘하고 감성 리듬이 높아 감동적인 환경에 당면하거나 그런 장면을 보면 자신도 모르게 눈물을 흘림으로, 주변 사람들에게 웃음을 자아내기도 한다.

옛 시대적인 감각이 감상적이어서 옛것에 집착하는 편이고, 노래를 불러도 항상 옛날 노래를 좋아하며, 그중에서도 슬픈 노래를 부르며 자기 스스로가 감동하고 눈물을 흘린다.

3. 일간 + 천간: 식상 + 지지: 비겁

(실예: 甲일이나 乙일에 출생한 사람이 년주나 월주에서 병인丙寅 또는 정묘丁卯를 만난 것)

일간(생일천간)	년주(생년천간 지지) 또는 월주(생월천간 지지)	
甲이나 乙	丙寅	丁卯
丙이나 丁	戊午	己巳
戊 또는 己	庚辰, 庚戌	辛丑, 辛未
庚이나 辛	壬申	癸酉
壬이나 癸	甲子	乙亥

아랫사람에게 인기가 있다. 특히 자식에게 지극정성으로 잘한다. 물

질적으로 없으면 모르되 조금이라도 있기만 하면 어떻게 하여서라도 잘하려고 무척 노력한다. 그러나 자기는 잘해주려고 노력하나 자식들은 기대한 것보다 크게 출세하고 성공하지 못한다.

四柱가 이러한 사람들은 특수한 기술이 있어서 남달리 인기가 있는 사람도 있고 자식과 같은 청소년들에게 인기가 높으니, 학생을 교육시키고 가르치는 선생님으로 진로를 선택하면 크게 성공한다.

또는 의사醫師 중에서도 소아과의사나 산부인과의사, 치과의사 등에 적합하다.

이 사주는 형제에 대한 불만 불평이 있는 운명으로 형제가 없든가, 있으면 어머니가 다른 형제 또는 아버지가 다른 형제를 둔 사람도 있다. 또, 형제가 있어도 화목하지 못하여 언젠가는 사이가 멀어져 서로가 오고 가지를 않는다거나 또는, 형제가 단명하여 요절하거나 너무 불행하게 되어 소식을 끊고 지내거나 여하튼 형제간이 불편하고 거리가 먼 사이가 된다.

친구를 사귀어도 정의와 의리로 대하다가 상대방이 의리를 벗어나는 행위를 하면 참지 못하고 그 즉시에서 불평하고 불만스러운 말을 하고야 만다.

대부분 신상에는 큰 흉터가 있게 되고 심한 사람은 크게 부상을 당하게 된다.

일반적으로는 작은 흉터는 많이 있게 된다. 위험성이 많은 장난과 오토바이 운전은 하지 않는 것이 상책이다.

4. 일간 + 천간: 재성 + 지지: 식상

(실예: 甲일이나 乙일에 출생한 사람이 년주나 월주에서 戊午나 己巳를 만난 것)

일간(생일천간)	년주(생년천간 지지) 또는 월주(생월천간 지지)	
甲이나 乙	戊午	己巳
丙이나 丁	庚戌, 庚辰	辛丑, 辛未
戊 또는 己	壬申	癸酉
庚이나 辛	甲子	乙亥
壬이나 癸	丙寅	丁卯

시대적 감각이 다른 사람보다 월등하게 좋고 빨라서 그 시절 그 당시에 적응되는 직업 선택을 잘하고 판단이 빠르며, 경우가 밝고 처세가 좋아서 일평생 동안 경제적으로 부유하게 사는 사람이 많다. 또한, 모험을 하든가 위험한 직업을 가지면 더욱더 발전하고 성공할 수 있다. 모험심이 크면 클수록 성공하는 차이가 크다. 따라서 항상 모험과 투쟁을 하여야만 좋다. 이 사주의 부인은 인자하고 인내력이 있으며 근면성실하고 이해력이 많은 사람을 만나게 되나, 자기 처의 성실함은 인정하면서도, 그 점을 못마땅하게 여기는 사람이 많다. 그래서 처에 대한 불만이 있어서 애인이나 첩을 두는 사람도 있다.

자식은 영리하고 똑똑하여서 무척 아끼고 사랑하기 때문에 자식들의 행복을 위해서 혼신을 다해서 출세 성공시키려고 열심히 돈을 벌어서 자식의 장래를 위하여 뒤 받침을 해주려고 최선을 다한다.

직업은 활인성活人性인 의사, 약사, 간호사나 병원 등과 유사한 것을 운영하는 사람도 있고, 또는 복지사업, 자선사업, 교육사업으로 학교를 운영하는 사람이 많이 있다.

여학생을 가르치는 선생님도 있으며, 많은 여자들을 고용해서 생산적인 사업을 해서 크게 성공하고 출세하는 사람도 많이 있다.

5. 일간 + 천간: 관성 + 지지: 재성

(실예: 甲일이나 乙일에 출생한 사람이 년주나 월주에서 庚辰이나 庚戌 또는 辛丑이나 辛未를 만난 것)

일간(생일천간)	년주(생년천간 지지) 또는 월주(생월천간 지지)	
甲이나 乙	庚辰, 庚戌	辛丑, 辛未
丙이나 丁	壬申	癸酉
戊 또는 己	甲子	乙亥
庚이나 辛	丙寅	丁卯
壬이나 癸	戊午	己巳

이 사주는 평생 직장생활이 좋다. 관청에 근무하는 공무원으로 나아가면 고급관리로 승진하여 명예를 국내외에 떨칠 수도 있다. 만약 큰 회사에서 있게 되면 지위가 지속적으로 높아져서 최고의 대우를 받는 사람이 될 수 있다. 만약에 본인 스스로가 사업을 할 때에는 관공서를 상대하는 사업으로서 납품을 한다든가, 하청을 받아 생산 제조하면 재산을 많이 모아 부유하게 살 수 있다. 그 외에 성공할 수 있는 직종으로는 주택이나 토지 등에 투자하면 이익을 볼 수 있다.

그러나 현금인 동산을 움직여서 사업을 경영한다면 10 중 8, 9는 실패하여 평생토록 죽음과 같은 곤란을 겪는 사람이 많다. 이 사주는 대체적으로 전생에 복을 지은 것이 많아 조상님들과 부모 형제, 자매의 덕과 다른 사람들의 덕으로 공부를 많이 하는 사람이 많다. 또 결혼을 하게 되면 부인을 잘 만나 처덕을 많이 본다. 만약 직장을 나와 사업을 하다가 실패하였을 때도 부인이 직접 상, 사업을 하여서라도 남편이 편안하도록 뒷바라지를 잘해준다. 부인은 대부분 현모양처가 시집을 와서 부인 스스로가 고생을 하게 되더라도 남편과 자식을 위해서 희생적으로 노력한다. 이 사주는 운명상으로 처덕妻德이 최고로 좋은 편이다. 직장 생활을 하지 않으려면 처를 앞장세워 상, 사업을 경영하되 뒤에서 도와준다면 크게 성공할 수 있게 된다.

6. 일간 + 천간: 인성 + 지지: 관성

(실예: 丙일이나 丁일에 출생한 사람이 년주나 월주에서 甲子나 乙亥를 만난 것)

일간(생일천간)	년주(생년천간 지지) 또는 월주(생월천간 지지)	
甲이나 乙	壬申	癸酉
丙이나 丁	甲子	乙亥
戊 또는 己	丙寅	丁卯
庚이나 辛	戊午	己巳
壬이나 癸	庚辰, 庚戌	辛丑, 辛未

이 사주의 운명은 최고의 양심가로서 원만한 성품이다. 타인들에게 잘 속고 잘 이용을 당하는 사람이다. 성실근면하고 희생심이 강하다. 인내력과 이해심이 깊으며 가정적이며 마음이 착하기가 비단결 같아서 다른 사람을 조금도 속이지 못하며 전혀 거짓말을 하지 못한다. 자기 스스로의 마음이 착하기 때문에 타인들도 자기의 마음과 같다고 생각하

고 서로 지내다가 자칫 잘못되면 남에게 자주 번번이 속아 넘어갈 때가 많게 된다.

세상에 법이 없어도 살아갈 수 있는 특이한 사람이다. 공부를 많이 하든가, 아니면 기술을 최고로 연마하여 직장생활을 하면 중류 이상의 평안하고 행복한 생활을 할 수 있게 된다.

어떠한 일이든지 한번 시작했으면 그것으로 평생토록 종사하도록 하여 그 일에 전문성을 가지도록 노력하면 부귀공명을 할 수 있다. 먼 앞날을 내다보고 장기적인 계획을 세우고 하나씩 점진적으로 목표를 향해서 나아가면 크게 성공할 수 있게 된다.

특히 부모님이 다른 사람들과 달리 착하고 성실근면하며 평생을 자녀들의 교육을 위해 성직자나 다름없는 생활들을 하면서 살아가기 때문에 그런 부모님 슬하에서 은연중에 보고 듣고, 착하게 사는 모습을 배워 왔기 때문에 이 사주는 종교가宗教家가 많고, 아니면 종교가들을 가르칠 만한 사람들이 많다. 다른 형제보다 유독 부모의 사랑을 더 많이 받게 된다.

7. 일간 + 천간: 비겁 + 지지: 재성

(실예: 丙일이나 丁일에 출생한 사람이 년주나 월주에서 丙申이나 丁酉를 만난 것)

일간(생일천간)	년주(생년천간 지지) 또는 월주(생월천간 지지)	
甲이나 乙	甲辰, 甲戌	乙丑, 乙未
丙이나 丁	丙申	丁酉
戊 또는 己	戊子	己亥

庚이나 辛	庚寅	辛卯
壬이나 癸	壬午	癸巳

　부모님에게 재산이 있든가 형제들이 재산이 있으면 그 덕을 볼 수 있게 된다. 그러나 자기 스스로는 출세 성공하기가 쉽지 않게 된다. 부모나 형제가 재산이 있어서 주면 주는 대로 낭비를 해버리고, 또 사업을 하게 되면 몇 번을 하든지 실패를 하고 만다.

　그러나 집안 형편이 넉넉하지 못한 환경에서 성장 해온 사람은 반대로 자수성가하여 성공할 수 있어서 큰 사업을 경영하는 사람들이 많이 있다. 그러므로 이 사주의 주인공은 우선 먼저 자신의 능력을 최대한 갖추는데 혼신을 다 받쳐 한 가지 일에 집중함으로써 반드시 다른 사람들보다 10배 이상의 노력이 필요한 것이다. 그래서 그 능력을 바탕으로 하여 점진적으로 꾸준하게 발전시켜 나아간다면 반드시 크게 성공할 수 있게 된다.

　만약 타인보다 월등한 자신의 능력이 없이 다른 사람의 돈을 얻어서 사업을 하면 대게가 실패로 끝나고 만다. 이러한 사주 중에는 신문, 방송, 언론, 출판, 교육사업 및 기예技藝 방면에 특출한 사람이 많고 그 밖에 음식과 연관된 일, 제과점 등을 경영하여 큰돈을 모아두는 사람이 있는가 하면 또는 운수업과 특수한 운전기사로 크게 성공하는 사람들과 최고의 세일즈맨들도 많이 있다. 단, 어느 정도 출세 성공하면 더 큰돈을 벌려고 무모한 모험을 하다가 실패하고 패가망신하는 사람도 종종 있으니, 기초를 탄탄하게 쌓아가면서 높은 산을 올라가듯 하면 성공과 행복이 보장된다.

8. 일간 + 천간: 식상 + 지지: 관성

(실예: 丙일이나 丁일에 출생한 사람이 년나 월주에서 戊子나 己亥을 만난 것)

일간(생일천간)	년주(생년천간 지지) 또는 월주(생월천간 지지)	
甲이나 乙	丙申	丁酉
丙이나 丁	戊子	己亥
戊 또는 己	庚寅	辛卯
庚이나 辛	壬午	癸巳
壬이나 癸	甲辰, 甲戌	乙丑, 乙未

올바른 일을 위해서는 불의와 타협하지 않고 정의를 위하여 불굴不屈의 투쟁을 하면 명예를 얻고 행복하게 된다. 그러나 쉽게 불의와 타협하면서 처세를 하면 반대로 발전이 없고 불행하게 살아가게 되는 사람이 많다.

의사, 약사 그중에서도 소아과의사나 치과의사가 많다. 여하튼 사람의 목숨과 생명을 관장하는 직업이나 군인, 경찰, 법조계 판사, 검사, 변호사 등의 직업과 예체능계의 운동선수 및 체육관과 연관된 업종 그리고 교육계에 투신하여 성공하고 명예가 높고 행복한 사람들이 많다.

단, 법에 위반되면 제재를 받는 직업을 택하면 이익은 있지만 평생토록 관재구설官災口舌이 뒤따르니 조심할 일이다.

또는 생산업 중에서는 위험성이 높은 기계를 다루는 업종 등에 종사하는 사람이 많은데, 위험성을 나타내기 때문에 수족의 상처나 절단切斷 등이 항상 도사리고 있으니 평소에 조심을 하여야 한다. 또 다른 방면으로는 운전기사가 많이 있다. 그 외에 후천 운명을 관장하는 이름이 사주팔자와 맞지 않아서 불량배로 평생을 보내는 사람도 있다. 대중을 위하여 올바른 모험과 의로운 투쟁을 하면 명예를 후대에 기리 남기게 되지만, 자신의 이익만을 위해서 불의와 타협하고 사는 사람은 후세에 더러운 이름만 남기게 되고 불행하게 살게 된다.

그래서 사주팔자가 같은 사람은 많으나 똑같은 사주팔자라고 하더라도 大人은 대길大吉이요, 小人은 대흉大凶하게 판단되는데, 후천운명을 관장하는 이름이 어떠하며, 부모님의 사주팔자가 어떠하며, 어느 곳에서 출생했으며, 어떠한 부모님 슬하에서 어떠한 영향을 받고 성장하는가와 어떤 생각과 어떤 일을 하면서 생활하고 있느냐와 체상體相과 골상骨相, 관상觀相과 기색氣色이 어떠하냐에 따라서 운명이 천양지차, 즉 하늘과 땅만큼 큰 차이가 나게 되는 것이니, 항상 올바른 생각과 올바른 자세로 살아가야 행복할 수 있는 것이다.

그러므로 이런 사주팔자를 타고난 사람은 위에서 강술한 바와 같은 진로를 선택하면 성공할 수 있을 것이다.

9. 일간 + 천간: 재성 + 지지: 인성

(실예: 丙일이나 丁일에 출생한 사람이 년주나 월주에서 庚寅이나 辛卯를 만난 것)

일간(생일천간)	년주(생년천간 지지) 또는 월주(생월천간 지지)	
甲이나 乙	戊子	己亥
丙이나 丁	庚寅	辛卯
戊 또는 己	壬午	癸巳
庚이나 辛	甲辰, 甲戌	乙丑, 乙未
壬이나 癸	丙申	丁酉

어떠한 일이나 급하게 하지 말고 꾸준하게 오래하면 할수록 성공할 수 있다. 공부하는 학생인 경우는 자기가 좋아하는 학과만을 선택하도록 하면, 침식을 잊을 정도로 밤과 낮을 가리지 않고 열심히 공부하여 크게 성공할 수 있으나, 부모가 마음대로 학생의 의견을 무시하고 강제로 행사하면은 대학교 입학시험에 수차 고배를 맞보는 고통을 겪게 된다.

이 사주명의 주인공은 이론과 논리가 밝아서 학력이 높지 않아도 논리가 정연한 이론을 펴나가는데 탄복할만한 천부적인 소질을 타고났다.

또한 사주의 특성이 학력이 높은 사람보다 학력이 낮은 사람이 많은 편이다. 대체적으로 인내하지 못하며, 느긋하지 못한 급한 성품이 단점이기는 하나 경우에 틀리는 것을 참지 못하며 자기 스스로도 경우에 맞지 않는 행동을 하지 않는 특성이 있다. 이러한 면에서 볼 때 조금 부족한 점을 보완하려고 노력한다면 일평생 동안 행복하겠다.

그러므로 자신에 맞는 특수한 문서나 기술을 꾸준하게 익히고 습득하도록 한다면 크게 출세하여 성공할 수 있게 된다.

한순간에 쉽게 일획 천금을 손에 쥐려고 하는 사람은 평생 동안 수차에 걸쳐 파란만장한 큰 실패의 쓰디쓴 고배를 마시게 될 뿐만 아니라 늙어서 처절한 고생을 면할 수 없는 형편에 처하게 되는 사람이 많다.

약간의 돈이 모이기만 하면 그때마다 작든지 크든지 땅이나 건물을 사두어서 그것으로 늙어서 세를 받고 여생을 살아갈 준비를 해야만 늙어서 편하다.

자식(아들)이 없는 사람이 많은 편이며, 혹시 있더라도 어떠한 환경이든지 자식의 덕을 보는 사람이 적은 편이다.

오히려 자식으로 인하여 고통을 받는 사람이 많은 편이므로 차라리 젊어서부터 근검절약하면서 돈을 한푼 두푼 모아 노후대책을 세우면서 살아가는 것이 이 주인공이 행복할 수 있는 조건이다.

10. 일간 + 천간: 관성 + 지지: 비겁

(실예: 丙일이나 丁일에 출생한 사람이 년주나 월주에서 壬午나 癸巳를 만난 것)

일간(생일천간)	년주(생년천간 지지) 또는 월주(생월천간 지지)	
甲이나 乙	庚寅	辛卯
丙이나 丁	壬午	癸巳
戊 또는 己	甲辰, 甲戌	乙丑, 乙未
庚이나 辛	丙申	丁酉
壬이나 癸	戊子	己亥

이 사주는 직장에서는 인기가 있으나, 독립하여 자신이 사업을 경영하게 되면 여러 번 실패하고 늙어서는 곤란한 역경에 처하게 된다. 그러므로 자기가 직접적으로 경영하는 것보다는 공직이나 일반 기업체에서 정년퇴직할 때까지 근속하고 있으면, 개인적인 자영업을 하는 것보다 재산도 많이 모을 수 있으며, 인기와 명예가 높게 되는 사람이 아주 많다. 명심하시라. 이것이 생활용신 처방이다.

이 명조는 조부모祖父母 때에는 할아버지가 처세를 잘하여서 크게 성공하고 행복했었던 사람이 많다. 그러나 부모님 대에 와서는 어쩔 수 없는 환경과 무능하게 처신하게 되어서 모든 재산을 탕진하는 사람들이 있는 편이다.

그러나, 그런 가운데서도 조부모님께서는 항상 이 손자를 고통에서 벗어나게 해 주려고 애를 쓰고 있다. 그러니 조부모님을 잘 섬기고, 제사를 지극정성으로 모시면, 복을 받을 수 있는 운명이다.

어린 나이 때에는 위험한 장난이 심하여 높은 곳에 올라가 뛰어내리다가 골절상을 당하여 불구자가 되는 사람도 있고, 아니면, 병들어 소아마비가 되어 고통을 받든가, 너무 심한 운동을 하여 신체가 불편하게 된다든가, 여하튼 여러 가지 형편에 의하여 몸이 불편하게 된다.

신체 중에서도 하체가 문제가 생기는 사람이 많게 된다. 이런, 저런 일 없이 그냥 지나면 중년에 이르러 신경통이나 관절통 등과 유사한 병病 등으로 고통받거나, 아예 노년에 중풍이나, 마비증세 등이 오기도 한다. 노후의 건강을 위하여 평소에 많이 노력해야 할 것이다.

11. 일간 + 천간: 인성 + 지지: 식상

(실예: 壬日이나 癸日에 출생한 사람이 년주나 월주에서 庚寅이나 辛卯를 만난 것)

일간(생일천간)	년주(생년천간 지지) 또는 월주(생월천간 지지)	
甲이나 乙	壬午	癸巳
丙이나 丁	甲辰, 甲戌	乙丑, 乙未
戊 나 己	丙申	丁酉
庚이나 辛	戊子	己亥
壬이나 癸	庚寅	辛卯

이와 같은 사람은 재간이 출중하고 두뇌가 천재라고 할 정도로 영리해서 무엇이든지 하면 모두 잘하는 특성이 있다. 그러나 옛 속담에 이르

기를 "10가지의 재주가 있는 사람은 끼니를 잇기 어렵다" 하였듯이 자기의 재주만을 믿고 헛된 세월을 보내는 사람이 많이 있는 편이다.

그러므로 한가지 특기를 중점적으로 습득해서 처세를 하면 성공하여 평생을 행복하게 살아갈 수가 있게 된다. 자존심을 세우고 자신의 재간을 너무 믿거나 부모님을 의지하여 시시한 것은 거들떠보지도 않고, 많은 사람들이 보기에 그럴듯한 일만 하려고 한다면 가정은 빈곤하게 되고 본인 자신은 폐인廢人이 될 가능성이 많게 된다. 경제적으로 궁핍한데도, 있는체 하고 약간의 재물이 생기면 경우 없이 타인들에게 퍼 주기 좋아하면서 아무 발전도 없는 쓸데없는 일들만 골라서 하고 또, 꾸준하게 한 가지 일을 지속적으로 하지 않으므로 무위도식하는 사람들이 많은 편이다.

그러므로 타인을 의지하지 말고 현실을 직시하고 생활이 어려울 때는 창피를 무릅쓰고 어떠한 일이든 간에 항상 근면성실한 자세로 꾸준하게 한다면 성공하여 잘살 수가 있게 된다.

대체적으로 자식을 낳은 후부터 경제적인 생활이 풍족하게 된 사람은 자녀가 정신적인 병이 아니면, 무조건 반항적인 성격을 갖고 있거나, 신체적인 결함내지는 질병疾病 치료를 많이 하게 되어 신경을 많이 쓰게 되는 편이다.

어찌 되었든 간에 양육하는 데 어려움이 많은 편이다.

아니면 아예 아들이 없는 사람(딸은 성장하면 타가로 시집을 가기 때문에 아무런 탈이 없이 성장하는 사례가 많음)이 많은 편이다.

간혹 어떠한 환경조건이든 그런 데로 무난하게 지나면서 잘 사는 사람들은 친인척과 주변에 있는 사람들에게 도움을 줄 일이 많이 있게 된다.

12. 일간 + 천간: 비겁 + 지지: 관성

(실예: 壬日이나 癸日에 출생한 사람이 년주나 월주에서 壬辰이나 壬戌 또는 癸丑이나 癸未를 만난 것)

일간(생일천간)	년주(생년천간 지지) 또는 월주(생월천간 지지)	
甲이나 乙	甲申	乙酉
丙이나 丁	丙子	丁亥
戊나 己	戊寅	己卯
庚이나 辛	庚午	辛巳
壬이나 癸	壬辰, 壬戌	癸未, 癸丑

　　많은 사람들을 통솔하는 명조로서 일생 동안 부침浮沈이 많고 기복起伏이 심한 편이다. 대중들을 즐겁게 하여 줄 수 있는 특수한 기능을 천부적으로 타고났기 때문에 각계각층의 많은 사람들을 상대하는 사업을 하든가, 이와 유사한 업종의 일을 하는 사람들이 많은 편이다. 사람들과 교제하는 능력이 좋아서 모든 사람들의 각자의 성미에 맞추어서 그 당시의 때와 장소를 요령이 있게 안배하면서 상대하여줌으로써 누구든지 좋아한다.

　　그러므로 예를 들어 건축업계(부동산)에 있거나, 또는, 연예계에 있거나, 대중을 많이 만나는 어떠한 일을 하여도 크게 성공할 수 있다.

　　이와 같은 四柱명조는 많은 사람에게 이익을 주면서도 자기 자신의 이익도 동시에 얻게 되는 이 세상 모든 일들 즉, 부처님께서 말씀하신 자리이타행自利利他行을 다양한 형태로 실천하며 살아가는 사람들인데 일반적으로 보면 운수업. 광산업, 무역업계 등에도 많이 있다. 또한 필자와 같은 일을 하는 사람들도 여기에 포함된다.

단, 이 명조는 부침이 높고 깊어서 기복이 심한 특성이 있으므로, 대운이 어떤 일을 해야 한다고 하늘이 명시해준 것을 판단한 뒤, 결정함에 따라서 하늘과 땅 차이만큼의 성공과 실패의 길로 나뉘어지게 되므로, 대운을 보는 법 또한 자연과 사람이 하나로 된 눈으로 보는 법이 절대적으로 꼭 필요하다. 휴- 우-! 〈필자의 경우, 대운을 보는 법을 터득하려고 노력해 온 세월이 최하 30년 이상 흘러갔으니, 세상에 쉬운 일이 어디 있기는 할까? 항상 매일 24시간을 함께 하고 있는 신불神佛께, 우리들의 영혼과 육신을 몽땅 맡겨서, 신인합일神人合一 되도록 하는 정성이 지극해지면 조금은 보일는지? 이 필자를 포함해서 우리 모든 중생들은 아집이 강한 편견으로 똘똘 뭉쳐 있으니 한 차원만이라도 뛰어오르고 이치를 터득하기가 쉽지는 않다.〉

여하튼 위와 같은 사주팔자는 집은 없어도 가장 좋은 승용차는 있어야만 하는 특성으로, 오라는 곳은 없어도 찾아갈 곳이 많다.

그러한 특성 때문에 교통사고로 생生과 사死를 가름할 피해를 많이 입든가, 아니면 타인에게 치명적致命的인 가해를 입히게 되니, 이 점을 꼭 평생토록 명심하고 조심해야 할 것이다.

급한 특성(비견 겁재의 통계를 참고하여 보면, 土性만 제외하고는 바람처럼, 불처럼, 전광석화電光石火처럼, 노도怒濤와 같은 특성들이 있는 편이었다.)을 타고났음으로 성공과 실패가 급속하게 빠르면서도 각종 매스컴에 알려지는 특성이 있다.

이러한 비견겁재의 특성상 성공했다는 소문이 너무나도 빨리 나서 집 대문 앞에는 항상 사람들이 구름처럼 몰려드는가 하면, 정반대로 실패하는 것도 역시, 전광석화라서 소문이 빠르게 나기 때문에 집 앞에 개미의 그림자도 보이지 않게 된다.(예를 들자면 연예계 사람들이나 정치계 및 그와 유사한 인기를 받고 사는 사람들이 제일 많다.)

이와 같은 일을 일생을 통해서 여러 차례 치르게 된다. 대체로 40세 전에 크게 성공과 실패를 거듭하는 사람이 많이 있다.

이 사주의 주인공은 일가친척들에게 도움을 많이 베푸는 입장이나, 반대로 인덕이 없어서 도움을 받지 못하는 외로운 명조다.

그러나 대체로 이런 사주팔자의 명은 부인이 남편을 잘 받드는 편이다.

13. 일간 + 천간: 식상 + 지지: 인성

(실예: 壬日이나 癸日에 출생한 사람이 년주나 월주에서 甲申이나 乙酉를 만난 것)

일간(생일천간)	년주(생년천간 지지) 또는 월주(생월천간 지지)	
甲이나 乙	丙子	丁亥
丙이나 丁	戊寅	己卯
戊나 己	庚午	辛巳
庚이나 辛	壬辰, 壬戌	癸未, 癸丑
壬이나 癸	甲申	乙酉

천재적인 두뇌와 머리가 영리하다. 배움에 대한 열의가 대단하여 더 많은 것을 배우고 익히면서도 더 많은 것을 습득하려고 한다. 공부하는 데 다른 사람보다 더 많이 알려고 한다. 공부하는 데 많은 장애를 거쳐서 굳건한 의지로 난관을 넘어서 크게 발전하려고 꾸준하게 노력한다.

이러한 성품이므로, 자식들을 양육함에 있어서도 어떻게 하면 자식들을 고생시키지 않고 출세 성공시키며, 착하고 올바르게 기르는가에 대하여 무척 고심하고 최대한의 노력을 한다.

이 사주의 명운은 불우한 환경을 개척하면서 성장한 사람들이 많은 편으로, 불우한 사람들만 보면 도와주려고 하고 동정을 많이 한다.

직업으로는 활인성活人性 업 즉, 교육자·의사·약사·간호사·간병사 등의 직군과 복지사업 및 자선사업 등에 적합하며, 진실하고 의로운 일을 행하는 사람으로서 타인들에게 많은 존경과 칭찬을 받고 살아간다. 이런 사주의 명조는 일가친척들이 많이 기대어 사는 편이다.

14. 일간 + 천간: 재성 + 지지: 비겁

(실예: 壬日이나 癸日에 출생한 사람이 년주나 월주에서 丙子나 丁亥를 만난 것)

일간(생일천간)	년주(생년천간 지지) 또는 월주(생월천간 지지)	
甲이나 乙	戊寅	己卯
丙이나 丁	庚午	辛巳
戊나 己	壬辰, 壬戌	癸丑, 癸未
庚이나 辛	甲申	乙酉
壬이나 癸	丙子	丁亥

금전金錢을 많이 다루는 四柱의 명이다. 금융계에서 종사하는 사람이 많은데, 사주팔자에 따라서 아주 크게는 국가의 감사원 및 국세청이나 경제부처, 재무부, 은행 및 보험과 연관된 부서에서부터, 작게는 어떤 일을 하는 곳이든, 또는 어느 부서이든 간에 금전을 취급하는 일로써 경리經理를 맡아 보는 사람이 많다.

또한, 여자가 잘 따르는 편으로 여자의 속마음을 잘 아는 천성을 타고

나서 그런지 여자에게 인심 좋게 돈을 잘 쓸 줄 알고, 어떻게 하면 여자를 잘 대접하는지 잘 알아서 어느 계통이든 간에 여자를 상대하는 업종에 종사하여 성공한 사람들이 많은 편이다. 예를 들자면 교육계라면 여학교 선생님. 생산공장 같으면 주로 여성이 많이 근무하는 곳의 기술자나 관리자. 또는, 여자와 연관된 일이면 성공한 사람들이 많다.

또 상, 사업을 하는 사람은 돈이 들어올 때는 많이 들어오나, 돈이 나갈 때는 한 번에 큰돈이 몽땅 나가버리는 특성이 있어서 그 굴곡이 크고 심한 편이다.

대부분 현명하고 자랑할 만한 부인과 결혼을 하게 되고, 본인 스스로도 부인을 아끼고 무척이나 사랑하며 떠받들어 주면서 부인의 마음에 들게끔 비위를 잘 맞추어 준다.

단, 이런 사주팔자를 타고난 남자들은 중년, 말년에 처와 생사 이별을 하는 사례가 많은 편이다.

상처喪妻를 한 뒤에 다른 여자와 재혼을 하기는 하나, 먼저 생사이별을 한 본처보다 모든 것이 부족하다는 생각이 들어 헤어지고 또, 다른 여자와 살아보아도 역시 본처本妻보다 못하다는 판단 때문에 몇 번이고 이별하게 되어 가정적으로 행복하지 못한 삶을 살아가게 되는 사람들도 있다.

15. 일간 + 천간: 관성 + 지지: 식상

(실예: 壬日이나 癸日에 출생한 사람이 년주나 월주에서 戊寅이나 己卯를 만난 것)

일간(생일천간)	년주(생년천간 지지) 또는 월주(생월천간 지지)	
甲이나 乙	庚午	辛巳

丙이나 丁	壬辰, 壬戌	癸丑, 癸未
戊나 己	甲申	乙酉
庚이나 辛	丙子	丁亥
壬이나 癸	戊寅	己卯

　어른들과 상관을 잘 받들어 모시는 특성 때문에 다른 사람들보다 윗사람의 총애寵愛를 많이 받는다. 그래서 타인들보다 출세가 빠르게 된다. 공직公職으로 입신하면 상관(上官)의 신임을 받아 불과 몇 년 안에 빠른 속도로 승진陞進하고 영전榮轉되어 과장 또는 국장의 지위까지 올라가게 된다.

　그러나 그렇게 고속 승진을 하다가 돌보아 주던 상관이 퇴직을 하게 되면, 동시에 본인도 그 영향을 받게 되어 퇴직을 당하거나 사퇴해야만 할 환경에 놓이게 됨으로서 부귀영화가 오래가지 못하는 특성이 있다.

　또, 이 사주팔자의 명은 자녀에 관한 걱정을 많이 하게 된다. 아들이 잘되면 며느리가 불행하게 되는 환경에 놓이게 되는 사람이 많다. 좌우左右지간에 생리사별을 하는 자녀들이 많은 편이다.

　딸이 있으면 그 딸이 시집을 가서 불행하게 살아서 항상 아들, 딸 자녀 걱정을 하게 된다. 극심한 사람은 자녀가 성장하여 결혼 말이 오고 갈 때, 결혼할 시기가 임박했는데 그 자녀가 사망하거나 아니면 며느리나 사위, 또는 본인이 심장병이나 혈압, 또는 뇌일혈이나 뇌졸중 등, 불치의 병으로 고생을 하거나 아니면, 아예 타계他界하는 사람도 있으니 본인도 평소에 건강에 조심해야 할 것이다.

16. 일간 + 천간: 인성 + 지지: 재성

(실예: 戊일이나 己일에 출생한 사람이 년주나 월주에서 丙子나 丁亥를 만난 것)

일간(생일천간)	년주(생년천간 지지) 또는 월주(생월천간 지지)	
甲 또는 乙	壬辰, 壬戌	癸未, 癸丑
丙이나 丁	甲申	乙酉
戊나 己	丙子	丁亥
庚이나 辛	戊寅	己卯
壬이나 癸	庚午	辛巳

이 사주의 명은 특히 늙어서 행복하게 살아가려면 젊어서부터 대비하여 열심히 노력해야 할 것이다. 성격이 온순한 것 같으면서도 갑자기 폭발하는 성품을 갖고 있다. 집념이 강하여 무엇이든지 이루고자 할 때면 밤낮을 가리지 않고 열중하는 것이 특징이다. 그러나 반면에 싫어지고 틀렸다 하면 빨리 포기해 버린다.

직업으로는 문서를 다루는 일을 하든가 그렇지 않으면 기술을 익혀서 취업을 하면 남달리 빨리 성공할 수 있다.

종교가 중에는 이런 사주의 명을 타고난 사람들이 진실한 종교가가 많이 있는 편이다.

그러나 너무 지나치게 한쪽으로만 치우치는 특성이 있어 균형감각을 잃은 맹신자가 많이 있다, 또 운명철학을 하는 사람들도 많은데 신통력을 발휘하여 이익을 보고 부적의 효과를 많이 보는 편이다.

대부분 결혼하기 전까지는 정신적으로 불효하지만 일단 결혼하고 난 뒤부터 효도를 하게 된다. 너무나 집념이 강하여 무슨 일이든 간에 열중하게 되면 당분간은 돌이킬 수 없을 정도가 된다.

혹시나 주색이나 오락에 깊이 빠지게 되면 마치 미친 사람처럼 행동하게 된다. 극심한 사람은 가재도구와 살림살이를 파괴하며, 자기의 아내를 구타하면서 폭력을 휘둘러서 못살게 한다. 그러므로 이런 사주팔자의 주인공은 한 가지 일의 업종으로 평생 동안을 변동하지 말고 꾸준하게 생활한다면 크게 성공하고 행복할 수 있다.

이 사주팔자는 대체적으로 늙어서 불행하게 살아가는 사람이 적지 않은 편이다. 그러므로 반드시 매사에 참고 견디며 인내하면서 한 가지 일에 전문성을 갖고 노력해야만 늙어서의 삶이 보장받게 된다.

대체적으로 늙어서는 자손이 없든가, 있다고 하더라도 있으나 마나 한 불효한 자식이 있는 사람도 있다. 그러므로 반드시 늙어서는 여유가 있는 돈이 있어야만 편안하게 지낼 수가 있는 명이다. 꼭 명심하시라, 늙음은 순식간에 찾아온다.

17. 일간 + 천간: 비겁 + 지지: 식상

(실예: 戊일이나 己일에 출생한 사람이 년주나 월주에서 戊申이나 己酉를 만난 것)

일간(생일천간)	년주(생년천간 지지) 또는 월주(생월천간 지지)	
甲이나 乙	甲午	乙巳
丙이나 丁	丙辰, 丙戌	丁丑, 丁未
戊나 己	戊申	己酉
庚이나 辛	庚子	辛亥
壬이나 癸	壬寅	癸卯

형제들 가운데 불행한 사람이 있는 운명이다. 본인은 활동력이 좋아서 가는 곳마다 위험성이 높은 환경을 즐기면서 생활하는 사람이다. 어린 시

절에는 장난이 심하여 높은 곳에 올라갔다가 뛰어내리는 놀이와 위험성이 높은 놀이 기구나 장난감을 가지고 놀다가 몸을 다치거나 상처를 입어서 부모님의 마음은 불안하여 잠시도 마음이 편안할 수가 없게 된다. 성년成年이 되어서 만약 군에 입대하여서도 비교적 위험성이 높은 보직과 임무가 주어지며 또, 그러한 일로 항상 돌아다니는 것을 즐기는 편이다. 그래서 일평생을 살아가면서 모험성이 많은 관계로 여러 번 죽을 고비를 넘기게 된다. 여하튼 대부분 위험한 직업을 갖게 되는 사람이 많다.

또한 상대방과 대화를 하는 데 있어서도 언어言語에 살기殺氣가 있어서 평생 구설수口舌數가 따르게 되니 후천적으로 인격수양을 위한 각별한 노력을 많이 해야만 행복할 수 있다. 형제간에는 어떠한 경우든 간에 불화不和하게 되어 일평생 담을 쌓고 살거나 본인이거나, 형제가 정신적(떨어져 사는 것 포함)불구자이거나, 아니면 신체적인 결함내지는 불구자不具者가 되거나, 아니면 단명短命하거나, 행방불명되거나, 서로 헤어져 오고 가지 못하기도 하며, 어머니가 다른 형제나 아버지가 다른 형제가 있는 경우도 있다.

18. 일간 + 천간: 식상 + 지지: 재성

(실예: 戊일이나 己일에 출생한 사람이 년주나 월주에서 庚子나 辛亥를 만난 것)

일간(생일천간)	년주(생년천간 지지) 또는 월주(생월천간 지지)	
甲 또는 乙	丙辰, 丙戌	丁未, 丁丑
丙 또는 丁	戊申	己酉
戊 또는 己	庚子	辛亥
庚 또는 辛	壬寅	癸卯
壬 또는 癸	甲午	乙巳

이 운명은 머리가 영리하여 특수한 기술이 있고, 그 기술로써 늙어서까지 한길로 가면 재수도 좋고 성공할 수 있다. 과감한 모험을 하여야 성공할 수도 있으며 법적으로 저촉을 많이 받는 감독관청이 많은 직업 등은 특히 더욱 좋다. 즉, 의사, 약사, 간호사, 한의사, 침술사 등은 명의名醫 소리를 들을 정도로 효험이 있고, 약효를 낸다.

또는 아이들을 상대로 하는 직종으로서 교육계의 교사 등이 있고, 장사로는 운동구점, 완구점, 서점, 문방구 등이 많이 있다.

또 다른 방면으로는 자기 자녀와 같은 청소년, 젊은 사람이나 불행한 사람들을 고용하여 돈을 버는 화류계, 유흥업, 요정, 댄스홀, 큰 술집 등을 운영하여 큰돈을 버는 사람들도 있다.

또, 기술직으로 나가되 법적으로 저촉을 받는 직종職種도 많이 있는 편이다.

대부분 이런 운명으로 타고난 사람은 부모님의 운이 좋지 않아서 초년부터 고생을 많이 하든가, 아니면 아버지와 초년에 생사生死이별을 하든가, 아니면 두 부모님의 사이가 화목하지 못한 사람도 많이 있는 편이다.

또 처가의 부모님인 장인과 장모님의 사이도 유사한 편이다.

부인은 인자하고 이해심이 많은 사람을 만나게 된다. 그러나 남편의 입장에서 보면 부인의 사람됨이 너무 좋기는 하나, 너무 아기자기한 맛인 애교가 없는 것이 불만스러워 가끔 색다른 여자와 바람을 피우려고 한다.

19. 일간 + 천간: 재성 + 지지: 관성

(실예: 戊일이나 己일에 출생한 사람이 년주나 월주에서 壬寅이나 癸卯를 만난 것)

일간(생일천간)	년주(생년천간 지지) 또는 월주(생월천간 지지)	
甲 또는 乙	戊申	己酉
丙 또는 丁	庚子	辛亥
戊 또는 己	壬寅	癸卯
庚 또는 辛	甲午	乙巳
壬 또는 癸	丙辰, 丙戌	丁未, 丁丑

이 운명은 대체적으로 명예가 있고 재수가 있는 명이다. 관청 회사 공공 기관을 상대하는 사람으로서 하청을 받아 납품을 하든가 하면 크게 성공할 수 있다. 즉 돈을 벌려면 관공서를 상대하라는 뜻이다.

꼭 그렇지 않다면 안전한 곳, 부침浮沈이 없는 업종을 선택하여 사업을 하면 이익을 볼 수 있다.

그것도 아니면 동산이 아닌 것, 즉, 부동산인 주택이나 토지 등을 이용하면 크게 성공할 수 있다.

일반적으로는 공직에 근무하거나 직장 생활을 하면 성공할 수 있다. 그런 중에서도 금융金融계열과 연관된 부서에서 근무하면 명예까지 얻을 수가 있게 된다.

그러나 일반적인 동산, 즉 현금을 움직이는 상업이나, 사업을 스스로가 자영하게 되면, 10 중 8, 9는 실패의 연속으로 이어진다.

위에서 열거한 일을 하는 사람들은 평생 재물의 운이 좋아서 대부분 풍족한 생활을 하고 살게 된다.

이러한 운명들은 어려서 부모님들이 고생을 해서라도 자녀가 평안하게 살아가게 하고자 노력한 덕분으로 중년 이후부터는 잘살게 된다.

간혹 아무런 일도 하지 않아도 이 운명의 주인공은 조상대에서 복을 지은 업보 중에 재물의 복을 받아서, 현명한 처妻를 만나게 되므로 부인婦人의 덕으로 아무런 걱정이 없이 금전적으로 유족裕足하게 살며, 또한 늙어서는 자녀가 효도를 잘하니 일평생 경제적인 고통은 모르고 사는 사람이 많은 편이다.

20. 일간 + 천간: 관성 + 지지: 인성

(실예: 戊일이나 己일에 출생한 사람이 년주나 월주에서 甲午나 乙巳를 만난 것)

일간(생일천간)	년주(생년천간 지지) 또는 월주(생월천간 지지)	
甲 또는 乙	庚子	辛亥
丙 또는 丁	壬寅	癸卯
戊 또는 己	甲午	乙巳
庚 또는 辛	丙戌, 丙辰	丁未, 丁丑
壬 또는 癸	戊申	己酉

공무원이나 직장에 오랫동안 근무하면 출세하고 성공하는 명이다.

이러한 운명은 성격이 온순하고 성실 근면하며 이해심과 양보심이 많은 사람이다. 마음이 너무 착하여 타인에게는 조금도 피해를 주지 않는다. 남들도 자신의 마음과 같을 것이라고 믿다가 속임을 당하여 사기를 당하는 사람이 많은 편이다.

즉, 특별히 현실과 사회를 보는 눈이 너무나 어둡다.

직업으로는 공무원이나, 사무직을 맡아보는 직장이 적합하다. 아니면 기술과 연관된 직장에 근무하든가 또는 기술적인 사업을 하면 명예를 얻게 되고 행복하게 살 수 있다. 대체로 부모의 덕을 보고 그 부모는 어떻게 해서라도 이 사주의 주인공인 아들을 위하여 착하고 올바르게 살도록 최고의 가정교육과 함께 조건이 없이 사랑으로 감싸준다.

어떠한 고통스런 환경에 처하더라도 참고 견디어 장기長期적으로 꼭 한 가지 일에만 몰두하여 직업을 변경하지 말고 늙고 죽는 순간까지 꾸준하게 한다면 모든 것을 다 얻고 행복하게 살게 된다.

21. 일간 + 천간: 인성 + 지지: 비겁

(실예: 庚日이나 辛日에 출생한 사람이 년주나 월주에서 戊申이나 己酉를 만난 것)

일간(생일천간)	년주(생년천간 지지) 또는 월주(생월천간 지지)	
甲 또는 乙	壬寅	癸卯
丙 또는 丁	甲午	乙巳
戊 또는 己	丙戌, 丙辰	丁丑, 丁未
庚 또는 辛	戊申	己酉
壬 또는 癸	庚子	辛亥

글과 그림, 사진, 영화 등에 소질이 뛰어나고 부모에게 효행孝行심이 많은 운명으로, 어떻게 해서라도 부모님을 즐겁게 해 드리려고 최선의 노력을 다하는 사람으로 부모에게 조금도 속을 태우는 일이 없다. 혹시나 부모님에게 걱정과 근심을 드릴까 노심초사한다. 글과 그림에 탁월한 소질을 타고나서 타인보다 월등하게 글을 잘 쓰거나 그림을 잘 그린다.

이러한 특수한 기능을 타고나서 작가가 되거나 출판, 언론, 방송계에 종사하면 능력을 발휘한다. 일반적으로 다른 직종에 종사하는 사람들이라도 일단 편지를 쓰면 다른 사람보다 월등하게 문장의 표현이 좋아서 편지를 받는 사람들로부터 감격에 찬 칭찬을 자주 듣게 된다.

대체로 착하게 살려고 노력하는 사람으로 큰 부자는 없으나 일생을 통해서 보면 중류의 생활을 평탄하게 살아가는 사람들이 많이 있다.

22. 일간 + 천간: 식상 + 지지: 식상

(실예: 庚日이나 辛日에 출생한 사람이 년주나 월주에서 壬子나 癸亥를 만난 것)

일간(생일천간)	년주(생년천간 지지) 또는 월주(생월천간 지지)	
甲이나 乙	丙午	丁巳
丙이나 丁	戊辰, 戊戌	己未, 己丑
戊나 己	庚申	辛酉
庚이나 辛	壬子	癸亥
壬이나 癸	甲寅	乙卯

겉으로 보기에는 내성적이다. 평소에 얌전하고 차분하게 보이지만 내적으로는 정의심이 강하여 정의正義를 위해서는 목숨도 아끼지 않는 사람으로서 불의에 직면하면 직위 고하를 막론하고 투쟁을 한다. 항상 세심하고 빈틈이 없으며 아주 정밀하고 세밀한 것까지도 분석하여 이공업계에 투신하여도 좋고 무엇이든지 연구발명을 하든가 하여 과학자, 의학자, 각종 연구가 등으로 명성을 얻을 수 있는 특수한 두뇌를 가진 사람이 많다.

또는 정치가들도 있는데 대부분 야당에 있는 사람들이 많고, 분석하고 비판하는 언사를 타인들보다 월등하게 잘 표현하여 많은 인기도 얻는다.

비록 정의를 주장하지만, 때에 따라서는 개인적인 욕심이 앞서 일이 잘못되는 경우가 있을 때는 형벌을 면할 수가 없게 된다.

이 세상에는 모든 것이 양면성이 있어서 그러한 것이므로, 평소 선의

의 경쟁을 하는 스포츠맨이라든가, 아니면 정의를 위한 사회 운동가 등 이라면 크게 출세하게 되고 많은 사람들에게 존경을 받을 수 있게 된다.

여하튼 이러한 사주팔자의 소유자는 정의를 위한 투쟁을 하므로 크게 성공하여 행복할 수도 있으나, 개인 즉, 사적인 일로써 사회를 부정적으로 비판하고 반항하게 되면 평생을 불행하게 살게 된다.

또 자녀에게는 잘한다고는 하나, 그 자녀가 불행하게 되든가, 아니면 성년이 되어도 부모를 부모로 잘 대접하지 않는 경우가 많다. 그래서 본인은 자녀에게 불만 불평이 많게 되는데, 보편적으로 보면 자녀의 복이 부족한 사람이 적지 않은 편이다. 그러므로 평소에 조건이 없는 음덕의 복을 쌓아 놓으시라. 노후에 필히 존경받게 된다.

23. 일간 + 천간: 재성 + 지지: 재성

(실예 : 庚日이나 辛日에 출생한 사람이 년주나 월주에서 甲寅이나 乙卯를 만난 것)

일간(생일천간)	년주(생년천간 지지) 또는 월주(생월천간 지지)	
甲이나 乙	戊辰, 戊戌	己丑, 己未
丙이나 丁	庚申	辛酉
戊나 己	壬子	癸亥
庚이나 辛	甲寅	乙卯
壬이나 癸	丙午	丁巳

재물이 잘 따르고 부유하게 잘살 수 있는 사주팔자다.

시국관찰력이 좋아 자기의 자신을 잘 알고 그때그때의 상황을 판단하여 알맞게 잘 선택하여 직종을 정한다. 일획 천금을 도모하지 않고 착실하게 기초부터 탄탄하게 다져나가는 성품이기 때문에 절대로 실수하지 않는다.

경우가 밝고 실수를 하지 않으므로 계획적으로 틀림없이 처리하는고로 어떠한 말이든지 일단 했으면 꼭 실천하고야 마는 세심한 성품을 갖고 있다.

반대로 부인된 사람은 활발하고 통이 크며 여자로 여걸과 같은 사람을 만나서 살게 된다. 그러므로 부인과 모든 일을 상의하게 되고 처세하게 되므로 재산이 늘고, 평생 돈 걱정은 하지 않으며 살아가게 된다.

그러나 대부분 젊어서는 부인과 상의하지 않고 자기의 주장대로 큰돈을 벌려고 생사를 걸고 해나가다가 크게 실패를 맛보았을 때는 속수무책으로 깊은 실의에 빠져 생사의 갈림길에서 허덕이게 되는 사람들이 많이 있다.

사람은 열 번 잘하다가도 단 한 번의 실수로 일생을 그르치는 경우도간혹 있다. 아무리 찬스가 온 것 같다고 판단되더라도 단 한 번에 큰돈을 벌려고 무지막지하게 모든 수단과 방법을 총동원하여 비싼 이자 돈으로 투자하게 되면 10 중 8, 9는 실패하고야 마는 법이니, 무리하게 투자하지 말고 하나하나씩 돌다리도 두드려 보고 건너가듯이 점진적으로기초를 쌓아가면서 재물을 모아야 늙어서 여유롭게 살게 된다.

24. 일간 + 천간: 관성 + 지지: 관성

(실예: 庚日이나 辛日에 출생한 사람이 년주나 월주에서 丙午나 丁巳를 만난 것)

일간(생일천간)	년주(생년천간 지지) 또는 월주(생월천간 지지)	
甲이나 乙	庚申	辛酉
丙이나 丁	壬子	癸亥
戊나 己	甲寅	乙卯
庚이나 辛	丙午	丁巳
壬이나 癸	戊辰, 戊戌	己未, 己丑

명예가 있고 부귀할 명을 타고났다. 국가와 사회에 이름을 떨칠 수 있는 사람으로서 어떠한 방면으로 나아가든지 입신양명하여 그 부분에서 상위 상류에 속하게 되는 운명이다. 부모의 힘이든 또는 부인의 도움으로 명예를 얻고 행복할 수 있는 명이다.

그러므로 관록으로 입신하여 크게 이름을 떨치고 많은 사람들에게 존경받는 대상이 된다. 사업을 하게 되면 많은 사람들이 우러러보는 높은 위치에 올라가 회장, 사장 등의 자리에서 있게 되는 사람이 많다. 조상을 빛나게 하며 가문과 명예를 높이게 되는 사람들이 많다. 아무리 못나도 그 사회 무리들 중에서는 우두머리가 되는 수장首長이 된다.

단 행동과 판단이 느려서 좋은 찬스를 몇 번이고 놓치고 후회하기도 하지만 한번 판단하여 실행하면 전혀 실수가 없으므로 고용주〈주인: 백성을 포함〉에게는 이익이 많고 편안하며, 본인 자신과 주변 모든 사람들에게도 함께 이익이 많다.

25. 일간 + 천간: 인성 + 지지: 인성

(실예: 庚日이나 辛日에 출생한 사람이 년주나 월주에서 戊辰이나 戊戌 또는 己丑이나 己未를 만난 것)

일간(생일천간)	년주(생년천간 지지) 또는 월주(생월천간 지지)	
甲이나 乙	壬子	癸亥
丙이나 丁	甲寅	乙卯
戊나 己	丙午	丁巳
庚이나 辛	戊辰, 戊戌	己丑, 己未
壬이나 癸	庚申	辛酉

종교인 또는 종교지도자처럼 더 착한 사람으로서 다른 사람들로부터 존경을 받고 사는 사람이다. 그러므로 종교가로 진출하거나 특수한 기술자로서 대성大成할 수 있는 명이다.

대체적으로 조직력이 좋다. 나이가 어려도 어른 같고, 식견이 높아 아는 것이 많고 직접적인 이거나 간접적이거나 경험이 많은 사람처럼 보인다. 비록 학교 공부가 적어도 공부를 한 것이 많은 사람처럼 보이고 또한 유식하고 아는 것이 많다.

종교를 깊이 있게 공부한 사람도 많고, 깊게 공부를 하지 못하였어도 착하고 선하기가 종교가만큼 선하고 착하며 인자하다. 그렇기 때문에 아무리 악한 사람을 만나도 이런 사람은 누구든지 만나서 약간의 시간 동안 함께 있기만 하면, 은연중에 저절로 이 사람의 정신적인 감화를 받게 된다.

어려서부터 기술자의 길로 나가는 사람은 일생의 목표를 확고하게 설정하여 놓고 오로지 한길로만 가기를 일관되게 생활하기 때문에 누구나 자기가 이룩하고자 하는 방면에서 크게 성공하고 만다. 자기 스스로의 부귀영화와 영달을 위하여 살기보다는 타인들을 위하여 성실하게 노력한다. 크게는 大종교가로서 세파에 시달리고 방황하는 중생들의 길잡이가 되려고 헌신적으로 노력하는 사람들도 있고, 大교육자로서 많은 사람들을 옳은 길로 인도해 주기 위하여 열심히 가르치며 노력하는 사람들도 많은 편이다.

희생정신이 누구보다도 엄청나게 크고, 많아서 어떠한 고통이나 근심 걱정도 이겨 낼 수가 있다.

마음이 비단결 같아서 타인을 조금도 속이지 못하는 특성이 있다. 그러나 다른 사람들도 자기의 마음과 같을 것이라고 믿어 버리는 관계로 가끔 사기를 당하고 잘 속아 넘어간다.

대개는 종교가가 많고 그것이 아니라고 하여도 종교가보다도, 더 좋은 마음씨를 갖고 있다.

2절 여자편

출생 일간(생일천간)에서 년주 또는, 월주를 비교 분석한 통변설명.

1. 일간 + 천간: 비겁 + 지지: 인성

(실예: 甲일이나 乙일에 출생한 사람이 년주나 월주에서 甲子나 乙亥를 만난 것)

일간(생일천간)	년주(생년천간 지지) 또는 월주(생월천간 지지)	
甲이나 乙	甲子	乙亥
丙이나 丁	丙寅	丁卯

戊 또는 己	戊午	己巳
庚이나 辛	庚辰, 庚戌	辛丑, 辛未
壬이나 癸	壬申	癸酉

친정 형제들에게 잘하며 성심성의껏 돌보아 주려고 늘 항상 노력한다. 또한, 친한 친구들이나 가까운 친인척들에게도 이해타산하는 마음이 없이 편하게 대하여 항상 화목하게 지낸다. 사람들과 교제하는 데도 자신이 성실하므로 다른 사람들도 그럴 것 같아 진실로 믿고 지내다가 가끔, 상대편에게서 다양한 종류의 속임으로 재물과 정신적으로도 종종 손해를 볼 때가 있게 된다. 사회와 사람을 보는 눈이 어둡고 어리석은 편이다. 현실을 늘 직시하고 매사 흑백과 시시비비를 따지고 가리는 습관을 생활화하면서 살아가야 늙어서 노후가 편안하다.

직업은 남녀 모두 서예가, 서화가, 작가, 작곡가 등이 있는 언론계, 방송계, 출판계, 교육계, 예술계 등에 많이 있다.

2. 일간 + 천간: 식상 + 지지: 비겁

(실예: 甲일이나 乙일에 출생한 사람이 년주나 월주에서 丙寅이나 丁卯를 만난 것)

일간(생일천간)	년주(생년천간 지지) 또는 월주(생월천간 지지)	
甲이나 乙	丙寅	丁卯
丙이나 丁	戊午	己巳
戊 또는 己	庚辰, 庚戌	辛丑, 辛未
庚이나 辛	壬申	癸酉
壬이나 癸	甲子	乙亥

자녀에게는 혼신을 다 받쳐 잘 양육한다. 정조 관념이 특히 강하다. 자녀에 대한 사랑은 바다와 같이 깊고 넓어서 자기 스스로는 안 입고 못 먹어도 자린고비처럼 아끼고 모아두었다가 자식에게는 있으면 하나라도 더 먹이고 입혀서 자녀들이 행복하도록 자신의 모든 것을 희생한다. 또한 남편에게도 성심성의껏 알뜰하게 잘 보살펴 받들어 모시려고 혼신의 노력을 다한다.

친정 형제와는 시집을 간 뒤부터 멀어지기 시작한다. 형제가 있어도 없는 것보다 못한 형편에 놓이게 된다. 혹시 남자 형제가 불구자가 된 사람도 있게 되든가 아니면 그 형제가 단명하여 일찍이 세상을 등진다든가, 아니면 다른 이유로 소식을 끊고 살게 되든가 하여 왕래하지 못하고 살게 되는 사람들도 종종 있는 편이다.

직업은 남녀 모두 활인성 업종인 교육계 및 의학계(특히 소아과, 치과, 산부인과) 종사자, 특수기술자, 각계 연구가, 운동가(각종 체육) 등이 많다.

3. 일간 + 천간: 재성 + 지지: 식상

(실예 : 甲일이나 乙일에 출생한 사람이 년주나 월주에서 戊午나 己巳를 만난 것)

일간(생일천간)	년주(생년천간 지지) 또는 월주(생월천간 지지)	
甲이나 乙	戊午	己巳
丙이나 丁	庚辰, 庚戌	辛丑, 辛未
戊 또는 己	壬申	癸酉
庚이나 辛	甲子	乙亥
壬이나 癸	丙寅	丁卯

재물이 잘 따르고 시부모님을 잘 공경하는 명으로 재산이 많은 시댁으로 출가를 하게 되든가, 아니면 재산이 전혀 없는 시댁으로 시집을 가게 되어도 점차적으로 재산이 늘어나 부유하게 살게 된다.

판단력이 좋고 영리하고 경우가 반듯하다. 또한 어떠한 일을 하든 간에 재물이 잘 따라서 부유한 생활을 한다.

직업으로는 남녀 모두 의사, 약사, 교사 등의 활인活人성 직업이 많은데, 이러한 직업으로 인하여 재수가 더욱 좋아진다.

시부모님과 관계에 있어서는 서로가 불만이 있게 되는 환경에 처하게 되어 시부모님을 잘 받들어도 시부모님은 달갑게 받아들이지 않거나, 또는 서로 간에 성격이 조화를 이루지 못하여 불편함이 있게 되는 경우도 있다.

그러니 서로 떨어져 살면서, 지극정성으로 시부모님을 봉양하면 시간이 흘러감에 따라 서서히 서로를 이해하게 되므로 행복한 삶으로 발전하게 된다.

4. 일간 + 천간: 관성 + 지지: 재성

(실예: 甲일이나 乙일에 출생한 사람이 년주나 월주에서 庚辰이나 庚戌 또는 辛丑이나 辛未를 만난 것)

일간(생일천간)	년주(생년천간 지지) 또는 월주(생월천간 지지)	
甲이나 乙	庚辰, 庚戌	辛未, 辛丑
丙이나 丁	壬申	癸酉
戊 또는 己	甲子	乙亥
庚이나 辛	丙寅	丁卯
壬이나 癸	戊午	己巳

성실한 남자와 만나 결혼을 하게 되는 운명이다. 결혼할 시기가 되면 너무 고르고 따지므로 배우자감을 정하는 데 신중하게 처신한다.

일단 남편감을 선택하면 잘 고른 덕분으로 평생을 행복하게 살아갈 수가 있게 된다.

대체적으로 남편은 이해력이 많으면서 어질고 착하며 성실하고 근면한 남자를 만나게 된다. 남녀 모두 직장에서 타 직원들보다 위 上官들이 신뢰하고 총애함이 특별하기 때문에 영전, 승진이 빠르게 된다.

5. 일간 + 천간: 인성 + 지지: 관성

(실예: 甲일이나 乙일에 출생한 사람이 년주나 월주에서 壬申이나 癸酉를 만난 것)

일간(생일천간)	년주(생년천간 지지) 또는 월주(생월천간 지지)	
甲이나 乙	壬申	癸酉
丙이나 丁	甲子	乙亥
戊 또는 己	丙寅	丁卯
庚이나 辛	戊午	己巳
壬이나 癸	庚辰, 庚戌	辛未, 辛丑

부모덕이 있고 남편과 서로 도와가며 늙을 때까지 해로偕老하면서 살아가게 된다.

마음씨가 비단결 같아 타인에게는 조금도 피해를 주지 않으려고 노력한다. 자신의 마음이 착하므로 다른 사람들도 자신의 마음과 같을 것이라고 생각하기 때문에 가끔 다른 사람들에게 잘 속아 넘어가 손해를 보는 수가 많게 된다. 또 알면서도 사기를 당하기도 한다.

누구나 일생을 살아가는 동안에 환경적으로 도저히 살아가기가 어려운 때를 만나게 될 때가 있게 되는데, 이 사주의 운명은 어떠한 곤란한 입장이 되어도 본성이 착하고 인내력이 강하므로 잘 참고 견디어 나간다.

경제적으로 곤란을 당할 때는 몸소 사회활동을 하여 돈벌이를 하면서 가정을 지키고 자녀들에게는 어머니의 도리를 다하려고 자신의 몸을 모두 던져 최선의 노력을 다한다.

이런 사주의 운명은 이해관계에 너무나 무디고 세상살이에는 어둡고 어리석다.

이러한 운명은 속세에서 고통을 받고 사는 이 세상에 많은 사람들을 구제하기 위하여 하늘에서 내려온 천사(기독교)나 보살(불교적 천사〈그런데 세속사회에서 알고 있기를 보살이란, 조상신이나 떠도는 영혼과 접신接神되어 신병神病으로 고생하다가 신점神占을 치는 여자 무속인으로 잘못 알고 있음〉. 즉, 천사와 보살은 종교적으로 표현이 다를 뿐, 유사하다고 보면 쉽게 이해가 갈 것 같다.)처럼 인간들이 원하고 구하는 것을 이루어 주려고 하는 특성 때문에 다른 사람들에게는 조건이 없이 모든 것을 주지만, 반대로 자기 자신은 남에게 도움을 받지 못하므로 세속인들이 보는 눈높이에서 보면 인간의 덕이 없는 편이다. 그러나 그러한 과정에서 복이 쌓이고 쌓여서, 그 음덕으로 늙어서는 평안하고 행복할 사주의 운명이 된다.

그러므로 이러한 사주의 명을 타고난 사람은 청소년 시기부터 남녀 모두 교육계나 의학계 또는 종교계로 진출하도록 지도하면 자신의 잠재 능력을 최대한 발휘하여 세상에 이름을 날리면서 보람되고 행복한 일생을 살 수 있게 된다.

6. 일간 + 천간: 비겁 + 지지: 비겁

(실예: 丙일이나 丁일에 출생한 사람이 년주나 월주에서 丙午나 丁巳를 만난 것)

일간(생일천간)	년주(생년천간 지지) 또는 월주(생월천간 지지)	
甲이나 乙	甲寅	乙卯
丙이나 丁	丙午	丁巳
戊 또는 己	戊戌, 戊辰	己未, 己丑
庚이나 辛	庚申	辛酉
壬이나 癸	壬子	癸亥

형제끼리 잘하려고 무척이나 노력한다. 누구에게나 인기가 있는 사주의 명으로 교제하는 능력이 뛰어나다. 한 사람의 친구라도 이해타산利害打算을 떠나 순수한 우정을 지킬 수 있는 사람과 사귀려 하니 정말로 친한 친구는 많지 않다. 그러나 한 번 사귀면 물심양면物心兩面으로 상대방을 돕고 친형제 이상으로 우정을 나누려고 최선의 노력을 한다.

직업은 남녀를 막론하고 예체능계에서 인기 높고 여러 방면에서 활동하는 사람들이 많이 있다.

7. 일간 + 천간: 식상 + 지지: 식상

(실예: 丙일이나 丁일에 출생한 사람이 년주나 월주에서 戊辰이나 戊戌 또는 己丑이나 己未를 만난 것)

일간(생일천간)	년주(생년천간 지지) 또는 월주(생월천간 지지)	
甲이나 乙	丙午	丁巳
丙이나 丁	戊辰, 戊戌	己未, 己丑

戊 또는 己	庚申	辛酉
庚이나 辛	壬子	癸亥
壬이나 癸	甲寅	乙卯

이 사주는 영리하고 얌전하며 냉정한 성품의 소유자다. 겉으로 볼 때에는 좀처럼 가까이하기가 어렵다. 대체적으로 상대방을 존경할 수 있는 사람 또는 사랑하고 싶은 사람이 나타나면, 물불을 가리지 않고 정열적으로 사랑을 하여 자기의 모든 것을 몽땅 다 주어도 아까워하지 않는다.

그러나 자신의 마음에 들지 않고 싫으면 그 순간이 끝장이다. 역시 친구를 사귀어도 똑같은 입장이다.

처녀 시절에는 꿈이 많고 이상이 높아 특정한 사람만을 존경하고 사랑한다.

운명적으로는 자기가 좋아하는 사람은 멀리 보내 버리고, 그 사람보다는 약간 부족하거나 또는, 별로 좋아하지 않는 다른 사람과 결혼하여 살게 되는 여성도 있는 편이다. 그래서 모든 일에 불평불만이 있을 수도 있다.

어떤 사람은 몸 건강에 불만족해서 불편하거나, 아프거나, 또는 고질병이나 난치병 등으로 고생하는 사람도 있는 편이다.

겉으로는 명랑하게 보이나 속으로는 쓸쓸하고 고독하며 우울함을 간직하고 있는 사람이 많다.

직업은 남녀 모두 발명가, 연구가, 과학자, 의학자, 스포츠계 종사자, 환경운동가, 야당 정치가 등이 많이 배출된다.

8. 일간 + 천간: 비겁 + 지지: 재성

(실예: 丙일이나 丁일에 출생한 사람이 년주나 월주에서 丙申이나 丁酉를 만난 것)

일간(생일천간)	년주(생년천간 지지) 또는 월주(생월천간 지지)	
甲이나 乙	甲辰, 甲戌	乙丑, 乙未
丙이나 丁	丙申	丁酉
戊 또는 己	戊子	己亥
庚이나 辛	庚寅	辛卯
壬이나 癸	壬午	癸巳

남편이 어떤 직업을 갖고 있든지 또 돈을 많이 벌든, 적게 벌어서 오든 간에 자신이 적극적으로 경제활동을 하여 돈을 벌면 부유하게 잘살아갈 수가 있는 운명이다. 교제하는 능력이 좋고 사람들이 잘 따르기 때문에 어떤 직업을 가져도 단골이 많이 생기고 장사를 하면 돈을 잘 번다.

가정에서는 경제권을 쥐고 자기의 뜻대로 가정일에 모든 것들을 경우가 있게 잘 처리하여 이웃 친지들과 화목하게 지내므로 그들에게 환영을 받으며 살아간다. 이와 같은 사주명四柱命의 여성은 부잣집의 며느릿감으로 적격이다.

그러나 남편이 혼자서만 돈을 벌게 되면, 가정을 이끌어 가기가 어렵고 집안에 돈이 잘 돌아가지 않게 되어 항상 경제적으로 곤란하게 된다.

그러니 어떤 일을 하든지 사회에 나가 활동을 하는 것이 행복하게 된다.

직업으로는 남녀 모두 연예계演藝界, 언론계, 방송계, 출판계, 제과업계, 음식업계, 운수업계, 최고의 인기와 대우를 받는 세일즈 업종 등에 많이 있다.

9. 일간 + 천간: 재성 + 지지: 재성

(실예: 丙일이나 丁일에 출생한 사람이 년주나 월주에서 庚申이나 辛酉를 만난 것)

일간(생일천간)	년주(생년천간 지지) 또는 월주(생월천간 지지)	
甲이나 乙	戊辰, 戊戌	己未, 己丑
丙이나 丁	庚申	辛酉
戊 또는 己	壬子	癸亥
庚이나 辛	甲寅	乙卯
壬이나 癸	丙午	丁巳

이러한 팔자에 속하면 일평생 동안 돈, 금전 걱정을 하지 않고 살게 되는 사람이 많다.

관찰력과 판단력이 좋아서 옳고 그른 것을 잘 가려내며 깨끗하고 단정하고 경우가 밝으며 엄숙 쌀쌀하면서 분명하게 만사를 처리하므로 그 누구도 쉽게 상대하지 못하는 특성이 있다.

이론이 밝고 앞과 뒤를 잘 살피므로 실수가 없는 편이다. 판단력이 좋으므로 실수하는 일이 별로 없는 편이다. 또한, 한번 판단했으면 꼭 실행에 옮기는 성품으로서 이러한 명의 주인공들의 고집은 말리지를 못한다.

재물복이 있어서 경제적으로 잘사는 집에서 태어나든가 아니면 태어나면서부터 부모님들의 운이 좋아져서 경제적으로 윤택해진다.

평소에는 단 한 푼이라도 아껴서 쓰는 습관이 있어서 깍쟁이 소리를 듣지만 꼭, 돈을 써야 할 입장이 되면 180도로 마음을 바꿔서 아낌없이 멋있게 큰돈을 쓸 줄 아는 장점도 있다.

그러나 이렇게 타고난 사주팔자의 여자는 시집을 가고 난 뒤부터는 친정의 모든 사정이 바뀌기 시작하여 경제적인 어려움 때문에 부모님의 사업이 쇠퇴하기 시작하든가 아니면 몸이 쇠약해지거나, 또 아니면 친정의 남자 형제들이 무능해지거나, 또는 병들거나 일찍이 세상을 떠나는 경우도 생기게 된다.

그러나 이와는 반대로 시집이 아무리 가난해도 시집을 간 뒤부터는 경제적인 살림이 늘어나기 시작하여 나날이 갈수록 부유하게 된다. 남편이 된 사람은 대부분 근면하고 성실하여 부모에게 효도하며 맡은 소임에 대하여 최선을 다하는 사람이다.

이러한 사주명의 여자들은 가정 살림을 알뜰하게 하므로 끊고 맺는 것이 정확하여 일가친척들에게 냉정하고 차며 인색하다는 말을 듣고 사는 사람이 많다.

직업으로는 남녀 모두 금융업계 등에 많이 있다.

10. 일간 + 천간: 인성 + 지지: 인성

(실예: 丙일이나 丁일에 출생한 사람이 년주나 월주에서 甲寅이나 乙卯를 만난 것)

일간(생일천간)	년주(생년천간 지지) 또는 월주(생월천간 지지)	
甲이나 乙	壬子	癸亥
丙이나 丁	甲寅	乙卯
戊 또는 己	丙午	丁巳
庚이나 辛	戊辰, 戊戌	己未. 己丑
壬이나 癸	庚申	辛酉

부모에게 효성스럽고, 참을성이 많은 사람이다. 나이가 어려도 어른과 같고 학생일 때는 공부도 잘하고 부모와 일가친척, 그리고 이웃 사람들에게 칭찬을 받으면서 성장한다.

결혼을 하고 난 뒤에는 시부모와 남편과 자식을 위하는 성품 때문에 좋은 것을 못 먹고, 못 입으며 알뜰살뜰 아끼면서 지극정성으로 잘 받들어 모신다는 표현이 적합할 것 같다. 한평생을 살면서 어떠한 난관을 만나게 되더라도 극복할 수 있는 인내력이 있고, 자녀 교육에도 최선을 다할 각오로 뼈가 가루가 될지라도 자신을 희생할 각오가 되어있는 사람이다.

또한 인정이 많아서 일가친척이나 인근에 사는 사람이 금전적으로 부탁을 하면 거절하지 못하고 본인에게는 현금이 없을지라도 옆집 사람에게서 돈을 빌려서라도 꼭 손에 쥐어주는 착한 성품이다.

그러나 빌려간 사람들은 무쪽을 잘라서 먹듯, 빌려간 돈을 주지 않고 '나 모른다'고 하는 식이지만, 또 다른 사람이 비슷한 부탁을 하면 역시 또 하고, 또 하고, 또 하게 되어 수없이 반복하면서 다시는 그와 같은 멍청한 바보짓을 하지 않겠다고 결심하고 또, 다짐을 하건만, 작심삼일作心三日로 끝나고 만다.

항상 매사에 흑백을 분명히 하고 금전에 있어서는 줄 것과 받을 것을 확실하게 칼처럼 해야만 노후에 행복할 수 있겠다. 즉, 부모형제 자매라고 하더라도 담보 문서 잡고 돈을 빌려주는 것을 생활화(생활용신)하지 않으면 늙어서 금전적 고통을 받고 살아가야 하기 때문이다.

그러므로 필자가 꼭! 당부를 하고 싶은 말이 있는데, 착하게 사는 것도 좋지만, 또 가장 중요한 것은 항상 타인에게 줄 것은 확실하게 주고, 받을 것이 있다면, 그 상대가 부모 형제일지라도 정확하게 받는 습관을 길러야 한다.

즉, 경우를 분명히 하시라! 착한 것은 그대만 착하지 않다. 이 세상 모든 사람은 근본적으로 착하게 태어난다.

그러니 줄 것은 반드시 주고, 받을 것은 꼭 받으면서 살아야 한다.

경험에 의하면 이렇게 경우가 확실하지 않는 사람들은 늙어서 가난하게 고생하면서 사는 사람들이 많이 있었다. 가슴이 답답했었다.

직업으로는 남녀 모두 교육계. 종교계. 특수 기술계에 많이 있다.

11. 일간 + 천간: 식상 + 지지: 관성

(실예: 戊일이나 己일에 출생한 사람이 년주나 월주에서 庚寅이나 辛卯를 만난 것)

일간(생일천간)	년주(생년천간 지지) **또는** 월주(생월천간 지지)	
甲이나 乙	丙申	丁酉
丙이나 丁	戊子	己亥
戊 또는 己	庚寅	辛卯
庚이나 辛	壬午	癸巳
壬이나 癸	甲辰, 甲戌	乙未, 乙丑

가문을 생각하여 올바르게 살려고 최선을 다하여 노력하는 사람이다. 예절이 바른 성품이나 전생의 업장이 두터워서 그러한 것인지 아니면, 무슨 운명의 탓인지 평안하고 행복 된 일은 많지 않은 편이다.

특히 결혼하면서부터는 행복하게 해주는 남편을 만나면 그 남편이 단명하여 일찍이 세상을 떠나 사별을 하게 된다.

아니면, 그 남편이 아예 속세를 떠나 종교가가 되든지, 또는 행방불명이 되어 소식이 없이 단절되어 살아가게 된다.

또는 모든 사람들이 인정할 만한 능력이 있던 남편이 어느 날 갑자기 불치의 병이 들거나 아니면, 각종의 사고로 인하여 무능한 남편이 되어 버린다.

혹은 어떤 사람은 남편이 하려고 하는 일마다 실패하여 성사되는 일이 하나도 없게 되어 아내를 미워하고 저주하면서 세상을 비관하고 매일 밤과 낮으로 하루종일 술만 마시고 만취하여 살인적인 욕설과 폭행을 밥을 먹듯 행동하는 남편은 수명이 긴 편이다.

그러므로 죽어서 이별을 하거나, 살아서 이별을 하게 되는 것은 인간의 힘으로는 어쩔 수 없게 되는 것을 경험하게 된다.

그 밖에도 시시때때로 괴롭히는 인간들이 나타나 그들의 시중을 들지 않으면 안 될 처지에 놓이게 된다.

그러므로 이러한 사주팔자는 "인생은 고해苦海"라고 하는 말이 딱 맞는 것 같다. 그러나, 어찌하랴! 현실은 현실로서 인정하고 받아드려야만 미래를 대비하여 노후에는 행복할 수 있는 것이니, 옛날 한석봉의 어머니처럼 약 30년 동안 절개를 지키고 자식을 훌륭하도록 교육을 시키기만 한다면 자녀들은 모두 국가의 동량으로서 부모에게도 지극정성을 다하는 효성스런 큰 인물들이 될 수 있는 사주팔자의 명命이기도 하다.

그러므로 생활용신 처방으로 자식들이 성장할 때까지는 죽음을 무릅쓰고 절개를 지키고 가문을 바로 세우기 위해서는 올바르게 살아가느냐 아니면, 험난한 세파를 이기지 못하고 대충 현실과 타협하면서 살아가느냐에 따라서 똑같은 사주라고 할지라도 그 결과는 하늘과 땅 차이가 되는 것을 필자는 40년 이상을 이러한 사주의 주인공들을 많이 상담하였으며, 통계를 내오는 동안에 많이 경험하고 있는 중이다.

결코 불의와 타협하지 않고 성실하게 살면서 자녀를 양육할 때, 훗날 노력해온 만큼 그 자녀의 인물됨이 너무나 격차가 큰 것을 보아 왔다.

그러므로 어떻게 살아가야 할 것인지 이것이 바로 필자가 주장하는 생활용신 처방법이다.

단, 남편이 출세하고 크게 성공하는 사람이라면, 자녀가 정신적이든 아니면, 육체적으로 불구가 되는 경우도 간혹 있게 된다.

그러므로 평소 모든 일에 있어서 하늘을 우러러 부끄럽지 않은 삶을 살아간다면 조상과 가문을 빛내고, 일가친척의 모든 사람이 행복할 수 있으니 꼭 실천하기를 간절히 바라는 바이다.

직업으로는 남녀 모두 군인, 경찰, 형무관, 검사, 법원공무원, 판사, 의사, 약사, 간호사, 한의사, 교육가, 체육관장, 건강과 연관된 업종 종사자, 시민환경단체 종사자, 특수 운전기사 등이 많다.

12. 일간 + 천간: 관성 + 지지: 관성

(실예: 戊일이나 己일에 출생한 사람이 년주나 월주에서 甲寅이나 乙卯를 만난 것)

일간(생일천간)	년주(생년천간 지지) 또는 월주(생월천간 지지)	
甲이나 乙	庚申	辛酉
丙이나 丁	壬子	癸亥
戊 또는 己	甲寅	乙卯
庚이나 辛	丙午	丁巳
壬이나 癸	戊辰, 戊戌	己丑, 기미

위 사주는 가문이 좋은 집의 후손이다. 예절이 바르고 도덕심이 깊으며 타인을 존경한다. 그래서 항상 자신 스스로의 인품을 높이게 되는 사람이다.

대체적으로 부모를 잘 만나 부모의 지극한 사랑을 받는다. 또 부모님은 보배를 다루듯이 무척이나 아끼고 사랑하며 장래를 위해서 지극정성을 다한다.

결혼을 할 때는 부모님이 정해주는 시댁으로 시집을 가기만 하면 시댁의 모든 사람들과 남편의 사랑을 받고 평생을 행복하게 살아갈 수가 있게 된다.

그러나 연애를 하고 자기 스스로가 선택해서 결혼을 하게 되면 평생을 부모님에게 근심 걱정을 안겨주게 된다.

결혼 초기에는 일시적으로 행복한 것 같으나, 인생살이는 길다면 긴 시간인데, 그 행복은 짧은 순간에 불과해 장기적이지 못하게 된다.

또한 부모가 반대하더라도 자기 고집대로 연애로 결혼을 하게 되면 결국에는 친정과는 영원히 단절하고 살게 된다.

대체적으로 이 사주팔자의 주인공들은 아름답고 애교가 많은 편이다. 또는 별로 예쁘지도 않은 사람들은 본인 스스로가 몸치장을 남성들이 접근하기 쉽게 하거나 평소에 행동이 꼭 남성을 유혹하는 것으로 착각하게 한다.

또는 여자들끼리 보면 별로 예쁘지도 않은데, 남성들이 보면 색기色氣를 느끼게 하여 섹시하게 보인다.

그러므로 남성들은 이러한 여성들을 보면 어떠한 방법이나 수단을 모두 동원해서라도 접근하며 감언이설甘言利說로 유혹을 하고야 만다.

그래서 연애결혼을 많이 하게 되는데, 약간의 세월이 흐른 뒤, 되돌아보면 결과는 행복하지 못하다는 것을 뒤늦게 알게 되는 사람들이 많이 있는 편이다. 이런 사주팔자의 주인공들은 생활용신 처방법으로 평소에 노력하기를 절대로 화장하지 말 것이며(남성들에 눈에 잘 보이면 안됨) 또 몸치장과 언행은 엄숙하고 단정하게 하여 항상 절개와 정조를 지키려는 마음속에 날카로운 칼을 지녀야만 본인 스스로와 부모님, 그리고 시댁의 모든 분들과 일가친척 모두 행복할 수가 있게 된다. 이러한 모든 당부가 바로 생활용신법인 것이다.

직업으로는 남녀 모두 각종의 공무원이 제일 좋으며, 많이 있다.

13. 일간 + 천간: 재성 + 지지: 인성

(실예: 戊일이나 己일에 출생한 사람이 년주나 월주에서 壬午나 癸巳를 만난 것)

일간(생일천간)	년주(생년천간 지지) 또는 월주(생월천간 지지)	
甲이나 乙	戊子	己亥
丙이나 丁	庚寅	辛卯
戊나 己	壬午	癸巳
庚이나 辛	甲辰, 甲戌	乙丑, 乙未
壬이나 癸	丙申	丁酉

이 사주팔자의 주인공은 재물은 항상 넉넉하나 자녀를 늘 걱정하는 운명으로서 판단력이 매우 좋다. 일단 판단했으면 당장 실행으로 옮기는 성격을 타고났다.

만일 본인이 판단하기를 안 되겠다 하고 생각이 되면 단호하게 행동함으로써 누가 뭐라고 하든지 절대로 흔들리지 않고 목숨을 걸고라도 단행하는 특성이 있다. 부모님의 덕이 있는 사람보다도 별로 없는 사람이 많다. 학교공부를 많이 하지 못한 사람들이 많이 있다.

그러나 부모님은 자나 깨나 이를 사랑하고 걱정하며 장차 커서 잘 살게 하기 위하여 노심초사한다.

사회에 일원으로 나와서는 특수한 기술로서 근면성실하게 노력을 많이 하여 돈을 벌어도 낭비하지 아니하고 근검절약하며 부모님에게 지극하고 정성스런 마음과 함께 경제적으로도 효도하려고 노력한다.

대체적으로 친정과 시부모님이 살아 계실 때는 돈벌이는 그런 데로 잘되나 일단, 양가 부모님이 돌아가시고 안 계시면 돈벌이가 그전처럼 순조롭지 못한 특성도 있다.(이것은 글이나 말로서 표현하기가 쉽지 않은 부분이다. 왜냐하면 우리가 살고 있는 이 우주는 모든 것이 근본적으로 보면 별빛들의 에너지와 파장으로 형성되어 있는데, 그러한 이치를 존귀한 부모님의 에너지로 바꾸어 표현할 수가 없기 때문이다. 이 부분에 대해서는 마음의 파장인 이심전심으로 전달되어야만 할 것 같다.)

필자가 경험한 바에 의하면 조건이 없이 시가와 친정 모두 부모님이 계실 때 최대한 장수하시도록 하면서 효도를 지극정성으로 다 하면 좋겠다. 이 사주는 재성이 천간에서 지지의 인성을 극하고(剋하는 것은=관리하는 것) 있는 상태이므로 여자는 결혼 전에는 재성이 아버지의 별이 재성이다.

결혼은 부모님, 또는 일가친척이 소개한 중매결혼을 해야만 행복할 수 있게 된다.

그런데도 불구하고 대부분 연애결혼을 많이 한다. 남편감을 잘 선택한 사람은 행복하기는 하나, 그러나 그런 사람들은 자녀(아들)가 없어서 마음고생을 많이 하고, 또 어떤 사람은 남편감을 잘 선택하지 못한 탓으로 그 남편이 불량하여 고통을 받기도 한다.(불량이란 표현은 여러 가지 차원에서 언급해야 한다. 불량이란 일반 보편타당성인 여자의 입장에서 볼 때, 본인의 마음에 만족하지 않은 직업이나 또는, 그 직업으로 인하여 남편으로서 해야 할 근본적인 도리를 다하지 못하는 것까지도 뜻한다. 그러므로 여자의 복잡다단한 마음을 그 누가 알리요?)

또 이 사주팔자의 주인공들은 다른 어떤 사람들의 부류에서는 부모님의 입장에서 보면 시집을 가야 할 나이가 지나 30세 이상 40살이 넘었는데도 정상적인 결혼을 하지 못해서 늙은 노부모에게 너무나 많은 정신적인 고통을 주는 불효막심한 딸자식이라고 여기기도 한다.

그러나 금전적으로는 부모님에게 잘하기는 하나 그 부모님의 입장에서 보면, 가끔 정상적인 사람이 아닌, 이해가 안 되는 약간 부족하거나, 미친 사람과 같은 행동과 습관 및 생각으로 속을 뒤집어 놓을 때도 있다. 그러므로 어린 아기 시절부터 일생 동안 정서적인 안정감이 필요한 여성도 있다.

14. 일간 + 천간: 관성 + 지지: 비겁

(실예: 戊일이나 己일에 출생한 사람이 년주나 월주에서 甲辰이나 甲戌 또는 乙丑이나 乙未를 만난 것)

일간(생일천간)	년주(생년천간 지지) 또는 월주(생월천간 지지)	
甲이나 乙	庚寅	辛卯
丙이나 丁	壬午	癸巳

戊나 己	甲辰, 甲戌	乙未, 乙丑
庚이나 辛	丙申	丁酉
壬이나 癸	戊子	己亥

남편에게 첩이나 애인이 있든가, 아니면 내가 두 남자의 여자가 되거나 두 번째의 여자가 되든가, 두 가지 중 하나가 된다. 자기 자신은 전혀 모르고 지낼 수도 있다. 그러나 우주의 이치는 자명하다. 그러니 내가 살아오는 동안에 알게 모르게 지은 잘못된 일과 업장(기독교 : 원죄)을 참회하고 살아간다면 "지성이면 감천"이라, 행복할 수가 있게 된다.

항상 근면 성실하고 겸허한 자세로 조심하는 자세로 생활하시라.

대부분 아름다운 여성이 많은 편이다. 아니면 남자들에게 유혹받기 쉬운 호기심이 발동하는 별들의 에너지를 많이 받고 태어난 것이라고 생각해야 한다. 사주 명리학적으로 보면 조상 윗대에서 양자로 내려왔거나, 아니면 조상 할아버지에게 할머니가 두 분 이상 계셔서 적자와 서자庶子가 있었다고 보아진다.

또는, 본인이 일생을 살다 보니까 조상의 권위를 손상시키는 행위를 하여서 조상님들의 명예를 실추시키는 죄를 짓는 입장에 처하게 되는 사람도 있다.

대부분 결혼을 함에 있어서 중매결혼을 하든, 연애결혼을 하든, 초혼에 실패하는 사람이 많은 편이다. 즉, 양단간에 사별을 하든지, 생별을 하든지, 여하튼 생사이별을 하게 된다. 그러므로 과거 50년 전에 이 사주를 보았다면, 차라리 후처의 자리로 시집가라고 생활용신처방을 내리게 된다.

그러나 여성과 성 경험이 없는 총각과 초혼을 하게 되면, 다정다감하고 행복할 것 같은 그 남편은 단명하여 일찍이 세상을 떠나든가, 그렇지 아니하면, 다른 여자를 본인보다 더 사랑하는 남편을 만나면, 이것 또한 가슴이 아픈 경험을 하게 된다.

그래서 자존심이 허락하지 않아, 이혼을 하게 되면 좋을 것 같은데, 운명에 소치인가? 또는 전생에서 지은 업보인가?

훗날, 결과적으로 보면, 어쩔 수 없이 후처나 첩이 되고야 마는 결과에 봉착하게 된다.

이것이 전생에 지은 인과응보의 결과(원죄)가 사주팔자로 나타나게 되는 것이다.

달마대사는 부처님의 말씀을 전파하기 위하여 인도에서 맨발로 걸어서 중국으로 와서 고통받는 모든 사람들에게 전파할 방편으로 동굴 속에서 벽만을 바라보면서 9년 동안 묵상하고 연구한 결과, 관상 및 명리학의 太祖가 되었다.

오늘날의 불교는 그러한 과정을 완전히 빼놓고, 불교는 高貴하고 차원이 높은 교리가 확립되어 있으므로 불교의 교세는 시절인연이 도래하는 어느 때 갑자기 천지개벽하듯 확대 팽창할 것으로 착각하고 있는 것이 크게 걱정이 된다.

가장 낮고 어두운 곳에서 살아가고 있는 뭇 중생들을 부처님의 가르침처럼, 그들을 찾아가서 어루만지고 사랑하지 못한다면, 그 불교는 이름만 불교지, 부처님의 말씀을 실천하는 불교가 될 수 없다.

가장 낮은 곳에서 생존하고 있는 모든 중생들, 그리고 가장 고통 받고 있는 모든 중생들을 모두 다 행복한 세상으로 인도하려면, 어떠한 신분으로 化神해야만 그들을 만나서 구원할 수 있을까? 이 시점에서 우리 모두는 회개하고, 참회해서 모든 사람들이 행복감으로 충만하고 누구나 평등하다고 느낄 수 있을 때까지 납작 엎드려 그들을 부처님처럼 모셔야 할 것입니다.

다시 본문을 이어서 결론은 나의 남편을 두 여자가 함께 모시고 살아야 되는 입장인 것을 어찌 싫다고 거부하랴?

내가 사랑하고 아끼는 남자는, 다른 여자들도 사랑하고 싶고 아끼고 싶은 남자라는 이치가 여기에 있는 것이다. 현실을 그대로 인정하고, 거부하지 마시라.

또, 사주는 같은데, 다른 부류의 사람들을 보면,

남자들을 상대하는 요정, 술집, 다방 등 화류계에 종사하는 사람들이 많이 있다. 자기 위에 상징적인 윗사람이 있어서 그 사람이 명령을 내리고 지도 감독하는 사람의 통제 및 명령과 지시를 받고 급여를 받는 입장이면 오히려 그러한 사장보다 더 많은 인기 및 명예와 수입을 얻고, 그 주인도 사업이 잘되어 본인을 복덩이라고 총애하고 신뢰하니 누이 좋고 매부 좋은 격이다.

그러나, 자만하여 본인이 스스로 독립하여 자영하기 시작하면 수없이 많은 실패와 좌절 및 재물의 손실을 보게 되는데, 본인은 그러한 일을 지속적으로 평생 반복하면서도 그 근본 원인이 어디에 있는지 몰라서 계속하다가 늙어서는 너무나 슬픈 삶을 마감하는 사람이 많다.

연봉으로 정하는 월급사장이나 대표이사가 되는 것이 더욱더 가장 좋겠다는 조언을 하고 싶다. 즉, 조상을 잘 받들며, 항상 겸손한 자세로 몸을 낮추고 살아가라는 뜻도 함께 포함된 것이다.(조상 할아버지가 두 여인과 살아 적자와 서자를 낳아 가통을 이어 왔거나 전혀 자손이 없어 양자로 가통을 이어 왔는지는 족보를 보면 확실하게 증명할 수도 있겠다. 사주팔자로는 최소한 두 가지 이상의 내용을 동시에 통변하기 때문이다.)

직업으로는 남녀 모두 정년에 퇴직할 때까지 직장생활하면 大吉하다.

15. 일간 + 천간: 인성 + 지지: 식상

(실예: 戊일이나 己일에 출생한 사람이 년주나 월주에서 丙申이나 丁酉를 만난 것)

일간(생일천간)	년주(생년천간 지지) 또는 월주(생월천간 지지)	
甲이나 乙	壬午	癸巳
丙이나 丁	甲辰, 甲戌	乙丑, 乙未
戊나 己	丙申	丁酉
庚이나 辛	戊子	己亥
壬이나 癸	庚寅	辛卯

이 사주팔자는 온순하고 성실근면하며 인내력이 있는 특성이 있다. 특별한 인생의 목표가 없다면, 모든 중생을 무명無明세상(어두운 곳에서 살고 있는 많은 대중들)에서 구제하는 여스님이나 수녀님 등 종교지도자와 같은 인생길을 가야만 행복하겠다.

또, 어린이 시절에 부모님 슬하에서 성장할 때에는 하나를 배우면 100을 깨우치는 총명한 사람이 많은 편이다. 주변에 있는 일가친척들과 사람들이 모든 방면에 있어서 천재라고 칭찬하기 때문에 부모님들은 큰 기대를 갖게 된다.

그러나 성장하는 과정에서 세월이 가면서 나이를 먹어갈수록 어릴 때에 총명함은 찾아보기 힘들고 중년이 되어 45세 정도에 이르면 총명함은 사라지고 완전히 멍청한 등신처럼 변하고 만다.

결정적으로는 결혼을 하고 난 뒤부터는 온갖 생활의 고초가 뒤따르게 되어 보통 사람들보다 너무나 빨리 노쇠하고 늙어 간다. 예를 들면 맏며느리로 시집을 가서 온갖 시집살이를 하다 보니 인생살이에 찌들고 지쳐버리는데, 시부모님 시동생 시누이 및 시집의 일가친척 등을 모시고 살아가는데, 어렵게 살아가면서도 시동생들과 시누이를 공부시키고 또, 결혼시키는 일까지 온갖 뒷바라지를 하다 보면 어린 시절에 총명함은 없어지고 만다.

그래서 자신의 몸치장을 위한 화장품이나 의복 등은 생각할 여유조차 없게 된다.

이러한 환경 속에서 살다 보니 자기의 자식을 낳기는 했으나 양육하는 데 소홀하게 되고 그러므로 자식은 정서가 불안하여 정신적인 문제아가 되거나, 아니면 육체적으로 이상이 있어 항상 고민하고 병 치료를 하며 보살펴야만 될 환경에 놓이게 된다.

또, 어떤 사람은 아예 자식을 낳지 못하여 다른 여자에게 남편을 빼앗기게 되거나, 아니면 다른 여자가 낳은 아이를 양육하느라고 평생을 고통 속에서 사는 사람도 있다.

또는, 어쩔 수 없는 환경에 의해 아예 후처로 다른 곳으로 시집가서 본처가 낳은 자식을 제 자식처럼 양육하느라 온갖 고초를 겪으면서 살다 보니 자연히 멍청해지고 등신처럼 살게 되는 사람들도 있다.

모든 것을 종합하여 볼 때, 일평생을 많은 사람들을 위하여 희생하고 봉사하며 인내하고 살아왔건만 되돌아오는 것은 비난과 욕설뿐이다.

그래서 지난날을 어리석게 살아온 것에 대하여 후회하고 통탄하지만 너무나 노쇠하고 늙어 버린 자기 자신에 대하여 가슴을 칠 뿐이다.

앞에서 언급한 바와 같이 전생에서 지은 업보(기독교에선 동양의 생활환경과 너무나도 차이가 많아 언어적으로는 표현하기가 어려워서 업보를 원죄라고 표현하는 것은 아닐까?)가 많기 때문에 일반적인 개인의 행복은 하늘이 주지 않았으니 종교계 지도자로 진출하라는 계시가 있었던 것이다.

즉, 천상세계를 증명하고 알려주라는 큰 명령을 받음으로써 불교의 사상으로 보면 관세음보살과 같은 대자大慈 대비를 행하라는 특수한 임무를 받은 사람이요, 기독교 사상으로 보면 천사로 임명받은 사람이기 때문이다.

직업으로는 남녀 모두 교육자, 종교가, 특종의 기술자 등에 적합하다.

16. 일간 + 천간: 비겁 + 지지: 관성

(실예: 庚일이나 辛일에 출생한 사람이 년주나 월주에서 庚午나 辛巳를 만난 것)

일간(생일천간)	년주(생년천간 지지) 또는 월주(생월천간 지지)	
甲이나 乙	甲申	乙酉
丙이나 丁	丙子	丁亥
戊 또는 己	戊寅	己卯
庚이나 辛	庚午	辛巳
壬이나 癸	壬辰, 壬戌	癸丑, 癸未

특기가 있는 사주 명으로 친정형제 중에 불행하게 살게 되는 사람이 있게 되거나 아니면 단명하게 되는 형제가 있게 된다.

친정형제는 적거나 많아도 막내로 태어나지만, 제일 윗형제 노릇을 하는 사람이 많이 있는 사주팔자다.

본인은 사람들과 교제하는데, 탁월한 능력이 있고 인기가 좋다. 특히, 이 사주는 특수한 기능을 갖게 된다. 이러한 특기를 잘 살리게 되면, 크게 성공한 사람이 된다.

어려서부터 주변 사람들에게 귀여움과 칭찬을 받고 산다.

예를 들면 운동이나 노래, 무용, 공부 등 예체능계에 소질을 타고나서 많은 사람들에게 사랑과 칭찬을 한 몸에 받으면서 성장하고, 성년이 되어서는 문예계나 예체능계 방면으로 진출하면 그 특기로 인하여 인기를 많이 받게 되고 큰 성공을 하게 된다.

또는, 특수한 재주와 기술을 익혀서 활동하면 부귀공명 할 수가 있다.

대부분 연애결혼을 하게 되는 사람이 많은 편인데, 부모님이 정해주는 중매결혼을 하게 되면 매우 행복하게 살아갈 수가 있다.

그러나 만일 연애로 결혼을 하게 되면 고생을 많이 하게 되고 더욱 심한 사람은 실패로 끝나게 된다.

예를 들면 자기가 두 번째 여자가 되든지 아니면, 한 남편을 두 여자가 서로 불편하게 갈등을 느끼면서 모시고 살게 되는 경우가 허다하다.

적극적으로 사회활동을 하면 행복할 것이지만, 가정에서 전업주부가 되면 정신과 육체적(우울증 등으로 자살할 생각)으로 고통이 따르게 되니 명심하시라.

평소에 재미있고 신명나게 말을 코믹하게 잘하지만, 가끔 해서는 안 될 말까지 하는 관계로 상대방의 간을 뒤집어 놓는다.

평소에 이 단점을 잘 보완(언어학 전공하면 大成)하도록 노력해야 행복이 보장된다. 말 한번 실수로 이해 관계없이 상대방의 기분을 상하게 하여 평생을 이웃들과 등지고 살 필요가 있을까?

직업으로서는 남녀 모두 예체능계 인기업, 신문 방송계, 건축업, 운송, 운수업 종사자나 여행가이드, 특수 기술자 등이 적합하다.

17. 일간 + 천간: 식상 + 지지: 인성

(실예: 庚일이나 辛일에 출생한 사람이 년주나 월주에서 壬辰이나 壬戌 또는 癸丑이나 癸未를 만난 것)

일간(생일천간)	년주(생년천간 지지) 또는 월주(생월천간 지지)	
甲이나 乙	丙子	丁亥
丙이나 丁	戊寅	己卯
戊 또는 己	庚午	辛巳
庚이나 辛	壬辰, 壬戌	癸未, 癸丑
壬이나 癸	甲申	乙酉

이러한 사주는 영리하기가 천재적이라고 할 수 있다. 총명하여 어떠한 어려운 문제도 잘 풀어 나아갈 수 있다.

소녀 시절에 성장하면서 계모가 있든지, 아니면 아버지가 외도를 하여 어머니가 고생을 많이 하게 된다든가, 아니면 가정생활의 환경 그 자체가 불편하고 마음에 들지 않는가 하게 된다.

또, 결혼하여 살아가는 데는 시집살이에 한恨이 많다. 시부모를 모시느라고 마음의 안정을 못 찾고 안절부절하면서 온갖 고생을 하면서 사는 사람들이 있다.

또 어떤 사람은 친정 부모님들이 해야 할 일들을 본인 자신이 대신해서 형제들을 공부시키고 결혼까지 시키지 않으면 안 될 환경에 놓이게 된다.

사주팔자에 식신 및 상관이 인성과 동주同住하고 있다는 뜻은 인성인 부모님이 당연히 해야 할 임무 + 식신 및 상관 즉, 자손을 올바른 사람이 되도록 관리하는 일을 해야만 된다는 하늘의 계시가 있는 것이다.

여하튼 군더더기 식구가 항상 곁에 있어서 노심초사, 속을 많이 썩게 되고 불편한 환경 속에 있게 된다.

그러나 중년 이후 대부분 경제적으로는 괜찮으며 잘 사는 사람이 많다.

자녀는 하나, 둘 낳아 착하고 옳은 사람이 되도록 양육을 잘 시켜서 크게 성공시키려고 어떠한 고생이라도 물불을 가리지 않으므로 지성이면 감천이라 하였듯이 자식들은 훌륭하게 된다.

직업으로는 남녀 모두 음식을 먹이거나 옷을 입히거나, 또는 잠을 재우는 일이 많으며, 전문직으로는 소아과의사, 치과의사, 교육자, 복지사업가 등이다. 간혹 아들을 못 낳아 고통받는 사람들도 많으며 또는, 아들이 있기는 하나 환경적으로 부모와 자식 간에 왕래하기가 어렵다든가 아니면, 그 자녀가 정신적인 결함이나 육체적인 질병으로 고통 속에 사는 四柱(남녀: 공통)의 주인공들도 있는 편이다.

18. 일간 + 천간: 재성 + 지지: 비겁

(실예: 庚일이나 辛일에 출생한 사람이 년주나 월주에서 甲申이나 乙酉를 만난 것)

일간(생일천간)	년주(생년천간 지지) 또는 월주(생월천간 지지)	
甲이나 乙	戊寅	己卯
丙이나 丁	庚午	辛巳
戊나 己	壬戌, 壬辰	癸未, 癸丑
庚이나 辛	甲申	乙酉
壬이나 癸	丙子	丁亥

이 四柱의 명命은 금전에 대한 관리도 잘하고 금전에 대한 활용도 잘

한다. 작은 돈이라도 잘 활용함으로써 아껴서 저축할 때는 인색하다는 말을 들을 만큼 구두쇠처럼 행동하다가 꼭 써야 할 때는 아낌없이 멋있게 잘 쓴다.(☞이런 일을 일반적으로 아무나 못 한다는 것을 깨달았을 때는, 어찌할 수 없는, 격국 〈품격과 그릇〉에 엄청난 차이가 있다는 것을 표현함)

하늘로부터 재물에 대한 별(星) 에너지를 타고난 명命이라 돈의 흐름을 볼 수 있는 안목을 갖고 있다. 그러므로 아주 적은 돈이라도 잘 운영함으로써 큰 뭉치의 돈으로 만드는 재주가 있다.

단, 이 사주의 특성은 남의 도움은 받지 못하지만 제 스스로가 근검절약하여 큰돈을 모으는 특성을 갖고 있다. 시집을 가서는 남편 단독의 힘만으로는 자녀의 양육은 물론이요 집 한 칸도 제대로 갖지 못하나, 여성인 본인이 스스로 활동함으로써 주택도 사고 자녀의 교육도 훌륭하게 시킬 수가 있다.

그러므로 이왕이면 부유하게 살고 싶으면, 본인이 꼭 활동하라는 하늘의 암시이니 근면성실하게 노력하면 큰돈을 벌고 부자 소리를 듣게 된다.

만일 전업주부로서 가정에만 있게 된다면, 경제적인 고통을 크게 받게 된다. 그러나 돈을 모으기 위해 사체놀이는 반드시 불행을 예고한다. 가능하다면 국가기관이 인정하는 금융권과 연관된 일을 하면서 주택이나 토지와 연관된 것들에 투자하면 좋을 것이다.

생활용신처방으로는 시부모를 하늘처럼 받들어 모시면 더욱더 행복하게 살아가게 된다.

재물을 비견겁재(활동하라)로 잘 관리하면 행복할 수 있다는 계시가 있는 것이다.

직업으로는 남녀 모두 금융업계, 회사 경리부, 여자가 많은 학교, 여자가 많은 기업체 등에 근무하거나 그러한 업종에 종사자가 많다.

19. 일간 + 천간: 관성 + 지지: 식상

(실예: 庚일이나 辛일에 출생한 사람이 년주나 월주에서 丙子나 丁亥를 만난 것)

일간(생일천간)	년주(생년천간 지지) 또는 월주(생월천간 지지)	
甲이나 乙	庚午	辛巳
丙이나 丁	壬辰, 壬戌	癸未, 癸丑
戊나 己	甲申	乙酉
庚이나 辛	丙子	丁亥
壬이나 癸	戊寅	己卯

이 사주는 사랑을 받기보다는 자기가 사랑할 수 있는 사람을 택하고, 인물이 출중하다든가 아니면 존경할 수 있는 사람을 택한다. 비교적 많은 남성들로부터 인기를 많이 받는다.

그래서 남성들이 많이 따른다. 어디를 가나 남자들이 말이라도 붙여보려고 한다. 그러나 남자가 신중하지 못하고 가볍게 행동하는 사람들은 자기의 마음에 차지 않는다.

그런 중에 언젠가는 마음에 드는 남자가 나타나면 물불을 가리지 않고 정열적으로 그 남자를 존경하고 사랑하고 만다.

그렇게 되면 있는 것, 없는 것, 심지어는 자기의 살이라도 베어서 주고 싶을 정도로 정열적이며 열녀 중에 열녀라고 할 수 있다.

그러나 모든 것을 아낌없이 다 바쳐 사랑했건만 어찌된 일인지 오래가지 못하고는 살아서 이별이든지, 아니면 죽어서 사별이든지 양단간 떠나보내는 일을 면할 길이 없으니 고통스럽다.

어떤 사람은 그의 남편이 하는 일마다 재수가 없어서 직장에 근무하던 사람은 직장에서 물러나게 되고, 상업이나 사업을 하던 사람은 부도가 나게 되어 실패하게 된다.

또는 몸에 불치의 병이 깃들거나 갑자기 급변사고로 식물인간이 되어서 본인이 모든 수발을 다하게 되니 고통스럽지만 불편한 내색은 하나도 하지 않으려고 무척이나 노력한다.

그러나 생활용신처방법으로는 항상 떨어져 사는 방법을 택하면 이와 같은 불행은 예방할 수도 있게 된다.

직업은 남녀 모두 공무원이면 좋고, 종교계에서 근무하는 모든 직종이거나, 원양어선 종사자, 해외로 항상 출입하는 직종의 근무자, 군인, 경찰 등이면 평생을 해로하고 살 수도 있게 된다.

또는 여성 본인이 하는 일이 부부가 떨어져 살아야만 하는 직업을 갖고 있으면 평생 행복할 수 있다.

만일 지금까지 아무런 일 없이 지나간 사람들은 지금당장 떨어져서 사는 생활방식을 택하는 것이 현명하겠다.

조상대에 불행하게 돌아가셨다거나 또는 산소를 찾지 못한다던가, 여하튼 선조를 모시기를 등한시하였거나, 제사를 성실하게 모시지 못했든가 하는 사람들이 많이 있는 편이다. 윗대 조상이 불편하시므로 본인도 유전인자에서 흐르는 전자파가 조상님과 동조同調되기 때문에 스스로가 불편한 것임을 명심하시라.

그러므로 행복한 인생을 살고자 한다면 조상님들을 하늘처럼 받들어 모시기 바라는 바이다. 이 말의 뜻을 깊이 음미하시면 대길하다.

20. 일간 + 천간: 인성 + 지지: 재성

(실예: 庚일이나 辛일에 출생한 사람이 년주나 월주에서 戊寅이나 己卯를 만난 것)

일간(생일천간)	년주(생년천간 지지) 또는 월주(생월천간 지지)	
甲이나 乙	壬辰, 壬戌	癸未, 癸丑
丙이나 丁	甲申	乙酉
戊나 己	丙子	丁亥
庚이나 辛	戊寅	己卯
壬이나 癸	庚午	辛巳

마음이 착하고 성실하며 노력가다. 한 번 마음을 먹으면 꼭 하고야 마는 특성이 있다.

부모에 대한 효성이 지극하여서 딸인데도 불구하고 아들보다 더 잘하고 효도를 잘한다. 집념이 강하여 무엇인가 한 가지 문제를 생각하면 잠도 자지 않고 생각하고 번민하므로 머리가 몹시 아플 때가 많다.

참을 때는 한없이 잘 참고 인내하나 한 번 화가 폭발하면 그 성품이 앞뒤를 가리지 않고 미친 사람처럼 행동한다.

공부를 잘하고 필적이 남보다 뛰어나지만 부모에게 받을 복이 약하여 부모님의 덕으로 공부를 많이 하는 사람이 드물고, 자기 스스로 노력으로서 공부를 하게 되든가, 아니면 타인의 도움으로 공부를 하는 사람들이 종종 있다.

결혼하면서부터 불행하게 되는 사람들도 있다. 부부간에 화목하지 못하든가, 아니면 아들을 출산하지 못하다든가, 아니면 본인 스스로가 난치의 병이 있다든가 하게 된다.

여하튼 부모에게 걱정 근심을 끼치게 된다. 대부분 물질적으로는 효도를 하나 정신적으로는 불효막심한 경우가 많다.

또 자식에 대한 복이 부족하니 노후 즉, 늙어서는 반드시 돈이 있어야 행복할 수 있다는 사주팔자이니 중년부터 노후대책을 세우면서 살아야 할 것이다. 저축한 돈이 없다면 특수한 기술을 습득하여 다른 사람의 도움이 없이도 늙어서까지도 잘살 수 있는 터전을 마련하면서 살아야 대길하게 된다.

직업은 남녀 모두 특수한 문서를 취급하는 전문가 또는 특수한 전문기술자, 종교가, 운명철학가 등이 많이 있다.

21. 일간 + 천간: 비겁 + 지지: 식상

(실예: 壬일이나 癸일에 출생한 사람이 년주나 월주에서 壬寅이나 癸卯를 만난 것)

일간(생일천간)	년주(생년천간 지지) 또는 월주(생월천간 지지)	
甲이나 乙	甲午	乙巳
丙이나 丁	丙辰, 丙戌	丁丑, 丁未
戊나 己	戊申	己酉
庚이나 辛	庚子	辛亥
壬이나 癸	壬寅	癸卯

형제에게 불행이 따르고 평소에 말을 조심해야 평생 평안하다. 또한, 관재구설과 급변사고 및 교통사고에 항상 조심해야 한다.

사람과 사람 사이에 교제성이 좋고 언어言語에 소질을 타고나서 많은 사람들에게 인기가 있게 된다. 그러나 너무 바른말을 하는 것이 크나 큰 단점이 된다. 일반적으로 바른말은 높이 평가되지만 환경에 따라서는 상대방이 듣고 싶지 않을 때에는 그 말이 무참하게 죽이는 칼보다 더 큰 상처를 주게 되기 때문이다.

형제간이나 이웃 간에도 경우가 바르게 상대하는 것 같으나 어떤 때에는 그것이 상대방에게 불편함을 주게 되는 결과가 된다.

본인은 타인에게 잘한다고는 하나, 상대편인 그 사람들이 불편한 말을 듣게 되거나 상처받는 일을 당하면 적의敵意를 가지고 있기 때문이다.

이러한 특성 때문에 형제나 일가의 친척들과 멀어지고 오고 가지 않게 되니 이러한 단점을 보완하시라.(3번 생각하고, 3번 입에서 음미해본 후에 상대에게 말해야 한다.)

직업은 남녀 모두 교육계 종사자, 신문방송 종사자, 문예 평론가, 야당 정치인, 의학계 종사자, 스포츠 종사자, 위험한 기술직 종사자, 군인, 경찰, 법조계 종사자 등 다양하게 분포되어 크게 성공한 사람들이 많은 편이다.

22. 일간 + 천간: 식상 + 지지: 재성

(실예; 壬일이나 癸일에 출생한 사람이 년주나 월주에서 甲午나 乙巳를 만난 것)

일간(생일천간)	년주(생년천간 지지) 또는 월주(생월천간 지지)	
甲이나 乙	丙辰, 丙戌	丁未, 丁丑
丙이나 丁	戊申	己酉
戊나 己	庚子	辛亥
庚이나 辛	壬寅	癸卯
壬이나 癸	甲午	乙巳

자녀에 대한 애정이 누구보다도 강하다. 자녀의 앞날을 위해서 최선을 다한다.

자녀는 대개 똑똑하고 총명하여 공부를 잘하고 좋은 학교에서 우수한 성적으로 졸업한다.

이 사주는 눈썰미가 좋고 판단력이 빠르며 손재주가 좋아서 손으로 하는 일은 모두 잘한다. 음식솜씨도 역시 손끝에서 비롯되는 것이라서 남달리 맛있게 하며 보기도 좋게 만든다.

직업은 남녀 모두 교육자, 소아과의사, 치과의사, 약사 등이 많으며 어린 아이들과 연관 업종에 종사하는 사람들이 많이 있다. 또, 어떤 사람들은 불행하게 된 타인들의 자녀를 앞세워 사업이나 장사를 하는 사람들도 있다.

늙어서는 자식이 출세하여 안락하게 사는 사람들이 많은 편이다.

23. 일간 + 천간: 재성 + 지지: 관성

(실예: 壬일이나 癸일에 출생한 사람이 년주나 월주에서 丙辰이나 丙戌 또는 丁丑이나 丁未를 만난 것)

일간(생일천간)	년주(생년천간 지지) 또는 월주(생월천간 지지)	
甲이나 乙	戊申	己酉
丙이나 丁	庚子	辛亥
戊 또는 己	壬寅	癸卯
庚이나 辛	甲午	乙巳
壬이나 癸	丙辰, 丙戌	丁丑, 丁未

대부분 남편을 잘 만나 부귀할 수 있는 사주의 명이다.

판단력이 좋고 매사를 분명히 하려고 하는 성품이다. 특히, 결혼할 때 쯤에는 남자를 고르고 또 골라서 좀처럼 선택하기가 힘이 든다.

그러나 일단 결정하고 선택하면 틀림없이 장차 행복할 수 있는 남편 감과 짝을 이룬다.

결혼하고 난 이후부터는 재물의 복이 있는 까닭으로 그 남편이 비록 재물이 없이 가난하거나, 아무리 볼품이 없는 남자라고 하더라도 그가 하는 일마다 성사가 잘되어 날이 가면 갈수록 재산이 늘고 수년 내에 주택과 부동산을 장만하게 된다.

그러므로 현실적인 입장에서 볼 때는 복을 많이 타고난 사주의 명이 라고 할 수 있겠다.

24. 일간 + 천간: 인성+지지: 비겁

(실예: 壬이나 癸일에 출생한 사람이 년주나 월주에서 庚子나 辛亥를 만난 것)

일간(생일천간)	년주(생년천간 지지) 또는 월주(생월천간 지지)	
甲이나 乙	壬寅	癸卯
丙이나 丁	甲午	乙巳
戊 또는 己	丙辰, 丙戌	丁丑, 丁未
庚이나 辛	戊申	己酉
壬이나 癸	庚子	辛亥

부모와의 사이가 좋고, 부모님이 역시 귀여워하며 무척이나 사랑해준 다. 물론 자기 스스로도 부모와 형제들에게 잘하려고 노력을 한다. 학교 다닐 때는 공부도 남달리 잘하고 글과 그림, 그리고 도안 및 설계 디자인

등의 솜씨가 독특하여 주위 사람들에게 칭찬을 많이 받는다.

부모님은 돈보다는 마음으로 자신에게 잘해 줄 뿐만 아니라 서로가 친구처럼 지내기 때문에 밖에 외출할 때에는 손을 꼭 잡고 다니며 어떤 일을 하든지 귀여워하고 사랑하는 고로 평생토록 부모님의 사랑을 잊지 못한다.

그러므로 자기 자신도 어떻게 해서라도 부모님의 은혜를 갚으려고 무던히 노력하고 애를 쓴다.

25. 일간 + 천간: 관성 + 지지: 인성

(실예: 壬이나 癸일에 출생한 사람이 년주나 월주에서 戊申이나 己酉를 만난 것)

일간(생일천간)	년주(생년천간 지지) 또는 월주(생월천간 지지)	
甲이나 乙	庚子	辛亥
丙이나 丁	壬寅	癸卯
戊 또는 己	甲午	乙巳
庚이나 辛	丙辰, 丙戌	丁丑, 丁未
壬이나 癸	戊申	己酉

이 사주는 용모가 좋고 마음씨가 예쁘다. 인내와 양보하는 마음이 누구보다도 많아서 어떠한 고통이나 근심걱정도 이겨 낼 수가 있다.

마음이 비단결 같아서 타인을 조금도 속이지 못하는 특성이 있다. 그러나 다른 사람들도 자기의 마음과 같을 것이라고 믿어 버리는 관계로 가끔 사기를 당하고 잘 속아 넘어간다.

대개는 종교가가 많고 그렇지가 않다고 하여도 종교가들처럼 착한 마음씨를 갖고 있다.

성년이 되어 남자와 결혼을 하게 되면서부터 불만족스러운 환경에 처하게 된다.

남편은 인정이 많은 사람으로서 자기를 사랑해 주기는 하나 경제적인 활동력은 부족하여 돈벌이가 적어서, 생활이 윤택하지 못하여 항상 제자리걸음으로 살다 보니 부득이 자기 자신도 사회에 나아가 경제활동을 하지 않으면 안 되는 입장이 된다.

그러나 모든 것을 참고 견디면서 성실근면하게 살아가는 가운데 기쁨과 행복이 있는 사주의 명이므로, 가정을 잘 보살피면서 능력껏 경제활동을 하면 중년 이후부터 행복하게 살게 된다.

3장 사주팔자를 수평적으로 보는 방법

출생일 천간에서 수평적으로 생월천간과 생년천간을 수평적으로 비교 분석한 통변 설명.

1절 남자편

1. 일간 + 월간: 비겁 + 년간: 비겁

(실예: 甲일이나 乙일에 출생한 사람이 생월천간에서 甲이나 乙을 만나고, 또다시 생년천간에서 甲이나 乙을 만난 것)

생일천간; 甲, 乙. 木	생월천간; 甲, 乙. 木	생년천간; 甲, 乙. 木
생일천간; 丙, 丁. 火	생월천간; 丙, 丁. 火	생년천간; 丙, 丁. 火
생일천간; 戊, 己. 土	생월천간; 戊, 己. 土	생년천간; 戊, 己. 土
생일천간; 庚, 辛. 金	생월천간; 庚, 辛. 金	생년천간; 庚, 辛. 金
생일천간; 壬, 癸. 水	생월천간; 壬, 癸. 水	생년천간; 壬, 癸. 水

위와 같은 사주는 사람들과 사교하는 능력이 있고 인기가 있다. 다른 사람들에게 호감을 잘 사고, 인상이 좋아 보이며, 자기가 가지고 있는 것들이 있기만 하면 이웃에게 나누어 주기 때문에 많은 사람이 잘 따른다.

항상 형제들과 화목하게 지내려고 노력을 하며, 사람들에게 신의로 대한다. 대부분 언변이 좋아 타인보다 월등한 특기를 살리든가 또는, 그와 같은 인기 직업을 가지면 단골이 많아지고 빠른 시일時日 내에 크게 성공할 수 있게 되는 장점이 있다.

2. 일간 + 월간: 식상 + 년간: 비겁

(실예: 甲일이나 乙일에 출생한 사람이 생월천간에서 丙이나 丁을 만나고, 생년 천간에서 甲이나 乙을 만난 것)

생일천간; 甲, 乙. 木	생월천간; 丙, 丁. 火	생년천간; 甲, 乙. 木
생일천간; 丙, 丁. 火	생월천간; 戊, 己. 土	생년천간; 丙, 丁. 火
생일천간; 戊, 己. 土	생월천간; 庚, 辛. 金	생년천간; 戊, 己. 土
생일천간; 庚, 辛. 金	생월천간; 壬, 癸. 水	생년천간; 庚, 辛. 金
생일천간; 壬, 癸. 水	생월천간; 甲, 乙. 木	생년천간; 壬, 癸. 水

위와 같은 사주 명은 군인, 경찰, 항공사, 선원 등에서 많이 볼 수 있

는 사주팔자다. 어려서부터 장난이 심하여 몸에 큰 흉터를 가지게 되는 사람도 있다. 만약 그렇지 않으면 언젠가 그렇게 될 수밖에 없으니, (운명: 수억만 년 동안의 세월을 지내면서 얻어진 부정할 수 없는 통계보다도 더 높고, 더 많은 결과일 수도 있음) 꼭! 항상 조심해야 한다.

직업은 대부분 위험한 기술직이 많다. 예를 들면 운전기사, 비행사, 항공사 근무요원, 엘리베이터 기술자, 항공모함, 잠수함 등을 다루는 요원 및 선원, 기타 위험성이 높은 극한 직업의 특수기술자들, 특별한 기계를 다루는 기술자 또는 군인, 경찰 등이 있다.

정치가 중에는 야당의 정치가에 속한다. 위와 같은 직종에 있을 때가 최고의 전성기이다. 형제간에 우애가 있다가도, 어쩔 수 없는 환경에 처하게 되어, 결국에는 사이가 벌어져 서로 화목하지 못하여 왕래가 없는 형편이 조성된다.

3. 일간 + 월간: 재성 + 년간: 비겁

(실예: 甲일이나 乙일에 출생한 사람이 생월천간에서 戊나 己를 만나고, 생년천간에서 甲이나 乙을 만난 것)

생일천간; 甲, 乙. 木	생월천간; 戊, 己. 土	생년천간; 甲, 乙. 木
생일천간; 丙, 丁. 火	생월천간; 庚, 辛. 金	생년천간; 丙, 丁. 火
생일천간; 戊, 己. 土	생월천간; 壬, 癸. 水	생년천간; 戊, 己. 土
생일천간; 庚, 辛. 金	생월천간; 甲, 乙. 木	생년천간; 庚, 辛. 金
생일천간; 壬, 癸. 水	생월천간; 丙, 丁. 火	생년천간; 壬, 癸. 水

위와 같은 사람은 호남형이나 미남형에 속한다. 언어에 재간이 있고

활동적이기 때문에 인기가 사방에 떨친다. 남녀교제가 많아 직업적으로 여자들과 많이 만나는 운명이다. 상, 사업을 하면 잘된다. 정치계로 나아가는 사람도 많이 있고, 출판업계에 종사하는 사람도 많이 있으며, 연예계 종사자, 아나운서, 기자 등 인기 직업에 종사하는 사람도 많다. 여자와의 교제가 쉽게 성립되며, 또한 쉽게 이별하기도 할 수 있으니, 항상 조심해야 가정이 편안하다.

이러한 데이터 자료는 10년 대운, 또는 1년 운 및 12개월 운에서도 응용할 수도 있다.

4. 일간 + 월간: 관성 + 년간: 비겁

(실예: 甲일이나 乙일에 출생한 사람이 생월천간에서 庚이나 辛을 만나고, 생년천간에서 甲이나 乙을 만난 것)

생일천간; 甲, 乙. 木	생월천간; 庚, 辛. 金	생년천간; 甲, 乙. 木
생일천간; 丙, 丁. 火	생월천간; 壬, 癸. 水	생년천간; 丙, 丁. 火
생일천간; 戊, 己. 土	생월천간; 甲, 乙. 木	생년천간; 戊, 己. 土
생일천간; 庚, 辛. 金	생월천간; 丙, 丁. 火	생년천간; 庚, 辛. 金
생일천간; 壬, 癸. 水	생월천간; 戊, 己. 土	생년천간; 壬, 癸. 水

위와 같은 사람은 언어에 재간이 있으나 비교적 입이 무겁다. 꼭, 할 말만 하는 신중한 사람이다. 음악가, 성악가, 대중가수처럼 연예계에 종사하면 명성을 사방에 떨친다. 여하튼 인기에 연관된 직업은 잘 맞는다. 형제들이 잘사는 사람들이 있고 또는, 자신이 남들에게 잘하고 도와주어서, 그 사람들이 형제나 친구와 같이 친하게 살기를 원하나, 자신은

별로 도움을 받지 못한다. 직장생활을 하는 사람은 다른 사람보다 인기가 있고 승진도 빨리 이루어진다.

5. 일간 + 월간: 인성 + 년간: 비겁

(실예: 甲일이나 乙일에 출생한 사람이 생월천간에서 壬이나 癸를 만나고, 생년천간에서 甲이나 乙을 만난 것)

생일천간; 甲, 乙. 木	생월천간; 壬, 癸. 水	생년천간; 甲, 乙. 木
생일천간; 丙, 丁. 火	생월천간; 甲, 乙. 木	생년천간; 丙, 丁. 火
생일천간; 戊, 己. 土	생월천간; 丙, 丁. 火	생년천간; 戊, 己. 土
생일천간; 庚, 辛. 金	생월천간; 戊, 己. 土	생년천간; 庚, 辛. 金
생일천간; 壬, 癸. 水	생월천간; 庚, 辛. 金	생년천간; 壬, 癸. 水

교육계, 종교계, 공무원 직종 등에 적합한 사람이다. 위와 같은 사람은 인기가 있고 교제도 잘한다. 언변에 재주가 있어서 말을 하게 되면, 주변에 있는 사람들이 모두 감탄을 한다. 부모님은 다른 형제에게도 잘하시지만, 특히, 자신에게 더욱 많은 사랑을 주시고 앞날을 기대한다. 그림, 글, 영상 등에 소질이 있고 문장에 특히 능하다. 공무원이라면 그 직장에서 이러한 직무를 맡아보면 더욱 인기가 있게 되고 출세하기 쉽다.

친구를 사귀어도 진실한 사람하고만 사귀려고 하기 때문에 많은 친구를 사귀기 어렵다. 그 이유는 자기 자신 스스로가 너무 진실하기 때문이다.

6. 일간 + 월간: 비겁 + 년간: 식상

(실예: 丙일이나 丁일에 출생한 사람이 생월천간에서 丙이나 丁을 만나고, 생년
천간에서 戊나 己을 만난 것)

생일천간; 甲, 乙. 木	생월천간; 甲, 乙. 木	생년천간; 丙, 丁. 火
생일천간; 丙, 丁. 火	생월천간; 丙, 丁. 火	생년천간; 戊, 己. 土
생일천간; 戊, 己. 土	생월천간; 戊, 己. 土	생년천간; 庚, 辛. 金
생일천간; 庚, 辛. 金	생월천간; 庚, 辛. 金	생년천간; 壬, 癸. 水
생일천간; 壬, 癸. 水	생월천간; 壬, 癸. 水	생년천간; 甲, 乙. 木

위와 같은 사주는 사람이 영리하기에 어려서 공부할 때는 남과 달리
우수한 성적으로 귀여움과 칭찬을 받는다. 모험과 투쟁을 좋아하고 기
예技藝 및 예체능, 운동에 능하고, 권투, 레슬링, 축구, 야구, 태권도, 유
도, 검도 등에 특기를 가진다. 이 방면으로 특기를 살리면 사회에서 인기
를 얻어 출세하기가 쉽다. 눈썰미가 좋고 추리력과 사고력이 좋기에 기
술 중에서도 특별하고 특수한 기술을 가지면 남달리 인기를 얻고 재산
도 모을 수 있다. 특수한 운전기술인 항공, 엘리베이터, 선박, 잠수함, 오
토바이 등으로도 성공하는 사람들이 많이 있다.

7. 일간 + 월간: 식상 + 년간: 식상

(실예: 丙일이나 丁일에 출생한 사람이 생월천간에서 戊나 己을 만나고, 생년천
간에서 또 戊나 己를 만난 것)

생일천간; 甲, 乙. 木	생월천간; 丙, 丁. 火	생년천간; 丙, 丁. 火

생일천간; 丙, 丁. 火	생월천간; 戊, 己. 土	생년천간; 戊, 己. 土
생일천간; 戊, 己. 土	생월천간; 庚, 辛. 金	생년천간; 庚, 辛. 金
생일천간; 庚, 辛. 金	생월천간; 壬, 癸. 水	생년천간; 壬, 癸. 水
생일천간; 壬, 癸. 水	생월천간; 甲, 乙. 木	생년천간; 甲, 乙. 木

이 사주팔자는 생모 외에 계모(이와 유사한)가 있게 된다. 본인도 첩 또는, 후처가 있게 되고(식상이 2개 이상이니까, 처부모가 두 분 이상이 되는 것 포함). 자녀도 이복자식이 있는 사람들도 있다. 위와 같은 사주는 대개 불우한 가운데서 투쟁하며 앞날을 개척하기 위해 엄청난 노력을 한다. 그러한 결과 때문에 의학계, 교육계 등으로 진출한다. 다른 쪽으로는 이공계에 진출하는 사람도 많고 세밀한 공업에 능하면서 보통을 뛰어넘는 특수한 것을 연구하여 사회에 기여하고 그로 인해 인기를 얻고 성공한다. 그 외에는 불쌍한 사람들이나, 그런 아이들과 연관된 모든 일에 관한 큰일을 한다. 또, 다른 분야로는 문방구, 서점, 스포츠 운동구점 등의 업종에 많이 있다.

8. 일간 + 월간: 재성 + 년간: 식상

(실예: 丙일이나 丁일에 출생한 사람이 생월천간에서 庚이나 辛을 만나고, 생년천간에서 戊나 己를 만난 것)

생일천간; 甲, 乙. 木	생월천간; 戊, 己. 土	생년천간; 丙, 丁. 火
생일천간; 丙, 丁. 火	생월천간; 庚, 辛. 金	생년천간; 戊, 己. 土
생일천간; 戊, 己. 土	생월천간; 壬, 癸. 水	생년천간; 庚, 辛. 金
생일천간; 庚, 辛. 金	생월천간; 甲, 乙. 木	생년천간; 壬, 癸. 水
생일천간; 壬, 癸. 水	생월천간; 丙, 丁. 火	생년천간; 甲, 乙. 木

이와 같은 사람은 어떠한 일이든지 연구하고 발명을 하면 크게 성공할 수 있다. 눈치가 빠르고 판단력이 좋다. 무에서 유를 창조하는 사고력이 있어서 남달리 재주가 특출하며 다른 사람들이 상상도 할 수 없는 것을 계획해서 그대로 밀고 나가면, 성공하게 되고 부귀하게 된다. 목숨을 다 바쳐서 노력한다면 되지 않는 일이 없이 잘되고 잘살아가게 된다. 정당한 투쟁을 하여 노력하면 크게 성공한다. 늘 항상 관청에 감독을 받는 그런 직업은 아주 좋다. 또한 아이들을 상대로 하는 직업도 좋고, 불행한 어린아이, 청소년 및 일정한 거처가 없이 떠돌아다니는 불쌍한 사람들을 앞에 세워서 하는 일이나 상, 사업 및 이와 유사한 것들을 업으로 돈을 벌고 있는 사람들도 있다.

9. 일간 + 월간: 관성 + 년간: 식상

(실예: 丙일이나 丁일에 출생한 사람이 생월천간에서 壬이나 癸를 만나고, 생년천간에서 戊나 己를 만난 것)

생일천간; 甲, 乙. 木	생월천간; 庚, 辛. 金	생년천간; 丙, 丁. 火
생일천간; 丙, 丁. 火	생월천간; 壬, 癸. 水	생년천간; 戊, 己. 土
생일천간; 戊, 己. 土	생월천간; 甲, 乙. 木	생년천간; 庚, 辛. 金
생일천간; 庚, 辛. 金	생월천간; 丙, 丁. 火	생년천간; 壬, 癸. 水
생일천간; 壬, 癸. 水	생월천간; 戊, 己. 土	생년천간; 甲, 乙. 木

위와 같은 사람은 정당한 투쟁을 위하여 명예를 얻게 된다. 영리하고 창안력이 있어서 이 점을 잘 살리면 부귀는 물론 명예와 행복을 누릴 수 있다. 모험과 투쟁을 하면 어떤 것이든 성취할 수 있다. 어렸을 때는 운

동에 재간이 있고, 그래서 이 방면으로 입신하면 유명해진다. 군인, 경찰이 되거나 검찰, 변호사 등 법조계로 입신하여도 큰 성공을 하게 된다. 사법시험에 여덟 번을 응시하여 낙방하였으나 아홉 번째 응시하여 합격의 영광을 얻은 사람도 있다.

10. 일간 + 월간: 인성 + 년간: 식상

(실예: 丙일이나 丁일에 출생한 사람이 생월천간에서 甲이나 乙을 만나고, 생년천간에서 戊나, 己를 만난 것)

생일천간; 甲, 乙. 木	생월천간; 壬, 癸. 水	생년천간; 丙, 丁. 火
생일천간; 丙, 丁. 火	생월천간; 甲, 乙. 木	생년천간; 戊, 己. 土
생일천간; 戊, 己. 土	생월천간; 丙, 丁. 火	생년천간; 庚, 辛. 金
생일천간; 庚, 辛. 金	생월천간; 戊, 己. 土	생년천간; 壬, 癸. 水
생일천간; 壬, 癸. 水	생월천간; 庚, 辛. 金	생년천간; 甲, 乙. 木

교육 또는 기술 계통으로 진출하면 성공할 수 있다. 영리하고 천재적이며, 일견—見하면 백百. 즉, 하나를 보면 100을 알고 창안해내는 추리력이 탁월하다. 무엇이든지 연구하고 발명하면 크게 성공할 수 있다. 성년이 되면서부터 투지鬪志가 적당히 타협하면서 양보하는 마음의 성격으로 바뀌게 되는데 이렇게 되면 큰 성공은 기대하기 어렵게 된다.

그러므로 초지일관初志—貫의 자세로 처음부터 끝까지 불굴의 투쟁정신으로 생활하여야만 출세하고 성공할 수가 있다. 이렇게 살아가는 것이 생활용신 처방법이다.

교육계, 과학계, 의료계, 사회복지 사업 등에 많이 있는 편이다.

11. 일간 + 월간: 비겁 + 년간 재성

(실예: 戊일이나 己일에 출생한 사람이 생월천간에서 戊나 己를 만나고, 생년천간에서 壬이나 癸를 만난 것)

생일천간; 甲, 乙. 木	생월천간; 甲, 乙. 木	생년천간; 戊, 己. 土
생일천간; 丙, 丁. 火	생월천간; 丙, 丁. 火	생년천간; 庚, 辛. 金
생일천간; 戊, 己. 土	생월천간; 戊, 己. 土	생년천간; 壬, 癸. 水
생일천간; 庚, 辛. 金	생월천간; 庚, 辛. 金	생년천간; 甲, 乙. 木
생일천간; 壬, 癸. 水	생월천간; 壬, 癸. 水	생년천간; 丙, 丁. 火

위 사주는 여자들이 많이 따른다. 여자들이 좋아하는 특성을 가지고 있다. 자신도 여자들에게 잘한다. 돈도 잘 벌지만, 쓰기도 잘한다. 친구를 좋아하고 주색을 좋아하여 낭비가 많다. 직업으론 여자를 많이 상대하는 직업이 제일 좋다. 의사(산부인과, 가정의학과, 내과), 약사, 미용사, 디자이너, 연예인 등이나 제과점 등의 먹는 장사 또는 현대감각이 있는 음식 장사 등을 하는 사람들이나 부모 형제의 도움이 없이 빈손으로 시작하는 사람들은 대부분 크게 성공하게 된다. 〈부모 형제의 도움으로 상, 사업을 하는 사람은 10 중 8, 9는 계속 실패하게 된다. 돈을 벌기보다는 돈을 모두 탕진하게 되는 기나긴 과정이 더욱더 고통스럽다.〉

12. 일간 + 월간: 식상 + 년간: 재성

(실예: 戊일이나 己일에 출생한 사람이 생월천간에서 庚이나 辛을 만나고, 생년천간에서 壬이나 癸를 만난 것)

생일천간: 甲, 乙. 木	생월천간; 丙, 丁. 火	생년천간; 戊, 己. 土
생일천간; 丙, 丁. 火	생월천간; 戊, 己. 土	생년천간; 庚, 辛. 金
생일천간; 戊, 己. 土	생월천간; 庚, 辛. 金	생년천간; 壬, 癸. 水
생일천간: 庚, 辛. 金	생월천간; 壬, 癸. 水	생년천간; 甲, 乙. 木
생일천간: 壬, 癸. 水	생월천간; 甲, 乙. 木	생년천간; 丙, 丁. 火

위와 같은 사주는 영리하고 판단력이 있고 사고력이 좋다. 무엇을 하든 가부를 예측을 잘하는 특성의 소유자다. 하나를 배우면 열을 알 수 있는 천재적인 두뇌로 지능 지수가 높다. 그 누구도 따라갈 수가 없다. 돈이 늘 항상 잘 따라서 사업을 하면 남보다 빠르게 성공하고 잘 된다. 특히 특수한 기술을 익히면 아주 크게 성공할 수 있다. 또 다른 쪽으론 여자나 아이들을 상대로 하는 업종은 무엇이든지 잘 된다. 자선사업을 하는 사람도 있다. 의사라면 산부인과 소아과의사, 치과의사의 운명들이 많은 편이다.

13. 일간 + 월간: 재성 + 년간: 재성

(실예: 戊일이나 己일에 출생한 사람이 생월천간에서 壬이나 癸를 만나고, 생년천간에서 또, 壬이나, 癸를 만난 것).

생일천간: 甲, 乙. 木	생월천간: 戊, 己. 土	생년천간: 戊, 己. 土
생일천간; 丙, 丁. 火	생월천간; 庚, 辛. 金	생년천간; 庚, 辛. 金
생일천간; 戊, 己. 土	생월천간; 壬, 癸. 水	생년천간; 壬, 癸. 水
생일천간; 庚, 辛. 金	생월천간; 甲, 乙. 木	생년천간; 甲, 乙. 木
생일천간; 壬, 癸. 水	생월천간; 丙, 丁. 火	생년천간; 丙, 丁. 火

이와 같은 四柱는 재주가 있고 부자가 될 수 있는 명命이다. 판단력이 좋고 경우와 이론이 밝다. 여자들이 많이 따르는 형이나 경제력이 강하여 돈을 아끼고 잘 쓰지 않는다. 재물 운이 좋아서 평생 돈 걱정하지 않는다. 판단력이 있어서 한번 생각했으면 그대로 행동에 옮기고 재물도 잘 따르는 고로 재산을 많이 모을 수 있다. 금융계에 종사하는 사람이 많이 있고 상공업을 경영하는 사람도 많이 있다. 일평생 동안 자기 자신이 많은 돈을 벌든가 아니면, 다른 사람의 돈이라도 많이 만지고 산다.

14. 일간 + 월간: 관성 + 년간: 재성

(실예: 戊일이나 기일에 출생한 사람아 생월천간에서 甲이나 乙을 만나고, 생년천간에서 壬이나 癸를 만난 것)

생일천간; 甲, 乙. 木	생월천간; 庚, 辛. 金	생년천간; 戊, 己. 土
생일천간; 丙, 丁. 火	생월천간; 壬, 癸. 水	생년천간; 庚, 辛. 金
생일천간; 戊, 己. 土	생월천간; 甲, 乙. 木	생년천간; 壬, 癸. 水
생일천간; 庚, 辛. 金	생월천간; 丙, 丁. 火	생년천간; 甲, 乙. 木
생일천간; 壬, 癸. 水	생월천간; 戊, 己. 土	생년천간; 丙, 丁. 火

처덕이 많은 사주다. 미남형의 사람이다. 여자로부터 호감을 많이 받는다. 결혼 전에도 여자로부터 인기가 많게 되며 본인도 그렇게 행동한다. 단, 경우에 어긋나는 행위는 절대로 하지 않는다. 재물복이 좋아 평생 돈 걱정 없이 평안히 잘 지낸다. 대체로 부모가 경제적으로 넉넉하게 잘 살아 어려서부터도 부유하게 잘 지내는 사람도 있고, 결혼 후엔 부인

이 돈을 잘 벌어 가만히 놀고먹어도 사장, 회장 소리를 듣게 된다. 늙어서도 자손이 출세하든가 잘 살아서 역시 걱정 없이 잘 지낸다. 직장 생활하면 일평생이 좋으나, 상공업자는 부인이 앞장서서 일을 해야만 더 잘된다.

15. 일간 + 월간: 인성 + 년간: 재성

(실예: 戊일이나 己일에 출생한 사람이 생월천간에서 丙이나 丁을 만나고, 생년천간에서 壬이나 癸를 만난 것)

생일천간; 甲, 乙. 木	생월천간: 壬, 癸. 水	생년천간; 戊, 己. 土
생일천간; 丙, 丁. 火	생월천간: 甲, 乙. 木	생년천간; 庚, 辛. 金
생일천간; 戊, 己. 土	생월천간: 丙, 丁. 火	생년천간; 壬, 癸. 水
생일천간; 庚, 辛. 金	생월천간: 戊, 己. 土	생년천간; 甲, 乙. 木
생일천간; 壬, 癸. 水	생월천간: 庚, 辛. 金	생년천간; 丙, 丁. 火

이 사주는 판단력이 있고 결단력이 있어 자신이 마음먹은 대로 실천에 옮겨 출세하고 성공할 수 있다. 대개는 부모덕이 있는 사람이 적고 공부도 부모덕으로 할 수 없고 장애가 많다. 그러나 자기가 스스로 고학을 하면서 공부를 하려고 노력한다면 할 수가 있다. 목표를 세웠으면 끝내는 관철하고 마는 성격이므로 "하면 된다"는 옛말과 같이 그 어떠한 고충도 극복하고 추진해 나아가면 성공과 영광을 얻게 된다.

사법계에서 성공하는 사람도 많이 있으며, 상공업에 종사하는 사람들도 크게 성공할 수 있는 사주팔자의 명이다.

16. 일간 + 월간: 비견 + 년간: 관성

(실예: 庚일이나 辛일에 출생한 사람이 생월천간에서 庚이나 辛을 만나고, 생년 천간에서 丙이나 丁을 만난 것)

생일천간; 甲, 乙. 木	생월천간; 甲, 乙. 木	생년천간; 庚, 辛. 金
생일천간; 丙, 丁. 火	생월천간; 丙, 丁. 火	생년천간; 壬, 癸. 水
생일천간; 戊, 己. 土	생월천간; 戊, 己. 土	생년천간; 甲, 乙. 木
생일천간; 庚, 辛. 金	생월천간; 庚, 辛. 金	생년천간; 丙, 丁. 火
생일천간; 壬, 癸. 水	생월천간; 壬, 癸. 水	생년천간; 戊, 己. 土

이 사주의 사주명은 공무원, 군인, 정치인 등이 많고, 일반 직장에 종사하는 사람은 상관의 총애를 받아 불과 수년 내에 승진 영전이 빠르게 된다. 일반적으로 볼 때 동료 직원보다 빨리 출세하여 상위에 속하는 활동을 하게 된다. 부모님이 경영하시는 가업家業을 승계받는 경우도 이 사주 명에 해당된다. 형제가 있으면 그 형제도 잘되나, 대개는 형제가 드물다.

가능한 관계官界로 진출해야 행복하게 잘 살아갈 수 있다.

17. 일간 + 월간: 식상 + 년간: 관성

(실예: 庚일이나 辛일에 출생한 사람이 생월천간에서 壬이나 癸를 만나고, 생년 천간에서 丙이나 丁을 만난 것)

생일천간; 甲, 乙. 木	생월천간; 丙, 丁. 火	생년천간; 庚, 辛. 金
생일천간; 丙, 丁. 火	생월천간; 戊, 己. 土	생년천간; 壬, 癸. 水
생일천간; 戊, 己. 土	생월천간; 庚, 辛. 金	생년천간; 甲, 乙. 木

생일천간; 庚, 辛. 金	생월천간; 壬, 癸. 水	생년천간; 丙, 丁. 火
생일천간; 壬, 癸. 水	생월천간; 甲, 乙. 木	생년천간; 戊, 己. 土

위와 같은 사주는 젊잖아 보이고 예의도 있어 보인다. 불굴의 투쟁적인 성격을 타고났다. 자존심이 강하고 정의를 주장하며 결코 아부하지를 못한다. 고로 남의 밑에서 일하기 싫어하고 독립적인 일을 하려고 노력한다. 대체로 사업을 하되. 정의를 위하여 목숨을 바쳐서 하는 일로써 모험성을 갖고 투쟁하면 명예를 얻고 성공하게 된다.

이 사주팔자에 많이 있는 직종들은 의사, 약사, 소아과의사, 치과의사, 변호사 등이며, 불굴의 용기와 정신도 좋고 정의심도 강한 것이 장점이다.

그러나 개인적인 명예와 이익을 위한 일방적인 과욕은 남의 빈축을 사게 되니, 조심하는 것이 좋겠다. 또한, 체육관, 찜질방, 마사지 업종이나 군인 경찰, 사법계 종사자 등의 직종에도 많이 있다.

18. 일간 + 월간: 재성 + 년간: 관성

(실예: 庚일이나 辛일에 출생한 사람이 생월천간에서 甲이나 乙을 만나고, 생년천간에서 丙이나 丁을 만난 것)

생일천간; 甲, 乙. 木	생월천간; 戊, 己. 土	생년천간; 庚, 辛. 金
생일천간; 丙, 丁. 火	생월천간; 庚, 辛. 金	생년천간; 壬, 癸. 水
생일천간; 戊, 己. 土	생월천간; 壬, 癸. 水	생년천간; 甲, 乙. 木
생일천간; 庚, 辛. 金	생월천간; 甲, 乙. 木	생년천간; 丙, 丁. 火
생일천간; 壬, 癸. 水	생월천간; 丙, 丁. 火	생년천간; 戊, 己. 土

위 사주의 사람은 부귀공명을 할 수 있다. 점잖고 원만하여 입이 무거

운 편으로 말 한마디를 하여도 신중하게 말하기에 실수하는 일이 적다. 공무원으로 가면 고관대작으로 승진하고 사업을 하면 회장, 사장 소리를 들을 만큼 크게 성공한다. 일반적인 환경에서 생활한다고 하더라도 상류 사회에 속하는 지위를 얻고 아무리 없어도 부자라고 칭할 수 있는 위용을 갖추고 살게 된다. 사주팔자 중에 상위에 속한다.

19. 일간 + 월간: 관성 + 년간: 관성

(실예: 庚일이나 辛일에 출생한 사람이 생월천간에서 丙이나 丁을 만나고, 또, 생년천간에서 丙이나 丁을 만난 것)

생일천간; 甲, 乙. 木	생월천간; 庚, 辛. 金	생년천간; 庚, 辛. 金
생일천간; 丙, 丁. 火	생월천간; 壬, 癸. 水	생년천간; 壬, 癸. 水
생일천간; 戊, 己. 土	생월천간; 甲, 乙. 木	생년천간; 甲, 乙. 木
생일천간; 庚, 辛. 金	생월천간; 丙, 丁. 火	생년천간; 丙, 丁. 火
생일천간; 壬, 癸. 水	생월천간; 戊, 己. 土	생년천간; 戊, 己. 土

원만하고 점잖다. 무엇을 하든지 자제를 많이 한다. 직장생활을 하면 인기가 있어서 상관의 총애를 받고, 급진적으로 승진하게 되어 많은 사람에게 존경을 받게 되고 추앙을 받게 된다. 국가기관이 좋다. 또 일반기업체로 가면 회장, 사장의 위치에 오를 수 있다. 판단하고 결정하는 시간이 너무나 많이 걸리고 자신을 자제하는 특성이 있어서 어떤 일을 착수하려면 시간도 많이 걸리고 고심도 많이 한다. 그러나 한번 결정하면 절대로 실수하지 않는다. 이러한 특성 대문에 평생 동안에 좋은 기회를 몇 번이고 놓치게 되어 후회할 때도 있다. 국가나 고용주가 이런 사주의 사람을

고용하면 하는 일마다 잘되어 목적하는 모든 일에 함께 성공하기 쉽다.

20. 일간 + 월간: 인성 + 년간: 관성

(실예: 庚일이나 辛일에 출생한 사람이 생월천간에서 戊나 己를 만나고, 생년천간에서 丙이나 丁을 만난 것)

생일천간; 甲, 乙. 木	생월천간; 壬, 癸. 水	생년천간; 庚, 辛. 金
생일천간; 丙, 丁. 火	생월천간; 甲, 乙. 木	생년천간; 壬, 癸. 水
생일천간; 戊, 己. 土	생월천간; 丙, 丁. 火	생년천간; 甲, 乙. 木
생일천간; 庚, 辛. 金	생월천간; 戊, 己. 土	생년천간; 丙, 丁. 火
생일천간; 壬, 癸. 水	생월천간; 庚, 辛. 金	생년천간; 戊, 己. 土

이 사주의 명命은 특히 종교가로 크게 성공할 수 있는 사람이다. 점잖고 원만하고 입이 무겁다. 겸손하고 예의 바르고 조리 정연한 어법은 누구보다 뛰어나다. 조직력이 좋아 어떤 일을 맡겨도 빈틈없이 잘 이끌어 나간다. 대개는 부모가 잘살아 최고의 교육을 받게 된다. 혹 공부를 많이 못 한 사람은 기술계로 나가면 명예와 기쁨을 얻고, 직장생활을 하면 남달리 대우를 받고 행복할 수 있다. 大종교가 중에는 세계에 알려진 사람들도 있다.

21. 일간 + 월간: 비겁 + 년간: 인성

(실예: 壬일이나 癸일에 출생한 사람이 생월천간에서 壬이나 癸를 만나고, 생년천간에서 庚이나 辛을 만난 것)

생일천간; 甲, 乙. 木	생월천간; 甲, 乙. 木	생년천간; 壬, 癸. 水

생일천간; 丙, 丁. 火	생월천간; 丙, 丁. 火	생년천간; 甲, 乙. 木
생일천간; 戊, 己. 土	생월천간; 戊, 己. 土	생년천간; 丙, 丁. 火
생일천간; 庚, 辛. 金	생월천간; 庚, 辛. 金	생년천간; 戊, 己. 土
생일천간; 壬, 癸. 水	생월천간; 壬, 癸. 水	생년천간; 庚, 辛. 金

종교가, 교육가 등에 적합한 사람으로 성실하고 근면하기에 부모가 기르는 동안 무척 사랑을 받기도 하거니와 또, 본인도 부모에게 정성으로 효도하려고 노력한다. 글, 그림, 영상, 디자인 등에 소질이 있고 문장에도 남달리 특출하고 공부할 때는 우등생 장학생으로 졸업한다. 종교에 투신하면 종교지도자에 적합(신부님, 목사, 전도사, 스님, 전법사, 포교사)하며 교육계 공무원이 좋고 만약, 환경적인 요인 때문에 공부를 하지 못했으면 기술을 익히면 大기술자로 크게 성공한다.

22. 일간 + 월간: 식상 + 년간: 인성

(실예: 壬일이나 癸일에 출생한 사람이 생월천간에서 甲이나 乙을 만나고, 생년천간에서 庚이나 辛을 만난 것)

생일천간; 甲, 乙. 木	생월천간; 丙, 丁. 火	생년천간; 壬, 癸. 水
생일천간; 丙, 丁. 火	생월천간; 戊, 己. 土	생년천간; 甲, 乙. 木
생일천간; 戊, 己. 土	생월천간; 庚, 辛. 金	생년천간; 丙, 丁. 火
생일천간; 庚, 辛. 金	생월천간; 壬, 癸. 水	생년천간; 戊, 己. 土
생일천간; 壬, 癸. 水	생월천간; 甲, 乙. 木	생년천간; 庚, 辛. 金

성실하고 온순한 듯하지만 자존심이 그 어떤 사람보다 높고 강하다.

머리가 총명하고 영리하다. 그러나 남에게 지지 않고 머리를 속이기 싫어하는 고로 불평불만이 많아 매사에 신경질이 많고 항상 자신에게 주어진 모든 것이 만족해하지 않는다. 문서와 관계있는 일이든가 전문적인 기술 즉, 발명가, 연구가, 예술가, 역술가, 의사, 약사, 교육가, 사회복지가 등 그러한 일을 해야만 장래가 행복할 수 있다. 고로 참을성 있게 한 가지 일에만 집중해서 꿋꿋하게 노력하면 나중에는 행복하게 살아갈 수 있다. 두 손 모아 기원하노니 젊은 시절부터 한 가지 일에 꾸준히 노력하면 크게 성공하여 행복하게 살아갈 수 있다.

그러나 젊은 시절에는 꾸준하게 노력하는 직업은 마음에 들지 않고 모든 일에 불만을 갖고 있다 보니, 자기 스스로가 고생할 우려가 많이 있다. 가능한 한 장기적으로 할 수 있는 직업을 택함이 좋겠다.

23. 일간 + 월간: 재성 + 년간: 인성

(실예: 壬일이나 癸일에 출생한 사람이 생월천간에서 丙이나 丁을 만나고, 생년 천간에서 庚신이나 辛을 만난 것)

생일천간; 甲, 乙. 木	생월천간; 戊, 己. 土	생년천간; 壬, 癸. 水
생일천간; 丙, 丁. 火	생월천간; 庚, 辛. 金	생년천간; 甲, 乙. 木
생일천간; 戊, 己. 土	생월천간; 壬, 癸. 水	생년천간; 丙, 丁. 火
생일천간; 庚, 辛. 金	생월천간; 甲, 乙. 木	생년천간; 戊, 己. 土
생일천간; 壬, 癸. 水	생월천간; 丙, 丁. 火	생년천간; 庚, 辛. 金

이 사주는 성격이 온순한 것 같으면서 매우 급한 성격을 갖고 있다. 부모에게 효성이 지극하여 물심양면으로 효도하려고 노력한다. 부모님

은 부유하게 사는 사람이 많지 않고, 사주팔자의 운이 좋지 못한 사람이 많다. 공부를 하는 데 있어서 자기 자신이 공부하려고 마음을 먹으면 침식을 잊을 정도로 열심히 하는 고로 우등생, 장학생이 되어 어려서는 부모에게 기쁨을 주는 사람도 많이 있으며, 기술을 습득하여서 경제적으로 넉넉하여 물질적으로 효도하게 된다. 대체적으로 결혼한 후부터 잘살게 되고 부모에게 물심양면으로 효도하게 된다.

24. 일간 + 월간: 관성 + 년간: 인성

(실예: 壬일이나 癸일에 출생한 사람이 생월천간에서 戊나 己를 만나고, 생년천간에서 庚이나 辛을 만난 것)

생일천간; 甲, 乙. 木	생월천간; 庚, 辛. 金	생년천간; 壬, 癸. 水
생일천간; 丙, 丁. 火	생월천간; 壬, 癸. 水	생년천간; 甲, 乙. 木
생일천간; 戊, 己. 土	생월천간; 甲, 乙. 木	생년천간; 丙, 丁. 火
생일천간; 庚, 辛. 金	생월천간; 丙, 丁. 火	생년천간; 戊, 己. 土
생일천간; 壬, 癸. 水	생월천간; 戊, 己. 土	생년천간; 庚, 辛. 金

위와 같은 사람은 성실하고 인내력이 강하고 근면하다. 공부를 잘하여 부모의 사랑을 다른 형제들보다 많이 받는다. 즉, 부모의 덕이 많다. 공부는 제가 하고 싶은 만큼 하게 되고 외국 유학도 할 수 있다. 또한 부모의 덕으로 명예도 얻을 수 있다. 예를 들어 부모가 하시는 사업을 승계받아 모두 물려받아 회장, 사장 등의 위치에 올라가는 사람이 많이 있고, 대개는 부모의 재산을 모두 물려받는 사람이 많고 부모의 재산이 없다고 하여도 부모의 덕이 많아서 장차 행복하게 살아가게 된다. 그리고 부모가

살아 있는 동안이 일평생 중 가장 좋은 운명이 되는 사람이 많은 편이다.

그러므로 부모가 오래 살도록 최선을 다해 노력하고 부모님과 의논을 하면서 생활하는 것이 가장 좋겠다. 종교가로 대성하는 사람들도 많이 있다.

25. 일간 + 월간: 인성 + 년간: 인성

(실예: 壬일이나 癸일에 출생한 사람이 생월천간에서 庚이나 辛을 만나고, 또, 생년천간에서 庚이나 辛을 만난 것)

생일천간; 甲, 乙. 木	생월천간; 壬, 癸. 水	생년천간; 壬, 癸. 水
생일천간; 丙, 丁. 火	생월천간; 甲, 乙. 木	생년천간; 甲, 乙. 木
생일천간; 戊, 己. 土	생월천간; 丙, 丁. 火	생년천간; 丙, 丁. 火
생일천간; 庚, 辛. 金	생월천간; 戊, 己. 土	생년천간; 戊, 己. 土
생일천간; 壬, 癸. 水	생월천간; 庚, 辛. 金	생년천간; 庚, 辛. 金

위와 같은 사주는 성실하고 근면하기가 지나칠 만큼 순박한 사람이다. 남을 속일 줄 모르고 마음이 착하기가 비단결과 같다. 종교가이면, 참다운 최상의 종교가이다.

일반적인 일을 하여도 어떤 인격자보다 더욱 진실하다. 대체로 사회생활에 어둡고 시대 감각으로 보는 눈이 깜깜하다. 자신의 마음이 착하기에 다른 사람들도 제 마음 같으려니 믿는 고로 종종 남에게 속기를 잘한다. 인정이 많아 매사에 손해를 볼 수 있다. 공부를 많이 하면 종교계나 교육계 또는, 공무원 직종으로 나아가면 좋고, 만약에 공부가 짧다면 특수한 기술을 익혀서 꾸준히 그 일을 끝까지 하게 되면 크게 성공할 수 있다. 현금인 동산을 움직이는 일은 大凶하다.

그러나 부동산인 주택을 이용하거나 여타 부동산을 이용하든가 아니면, 문방구나 서점을 운영하거나, 농업에 종사하든가 쌀를 판매하든가, 가구 등을 만들어 판매한다면, 형편에 따라 크게 성공할 수 있다.

2절 여자편

　出生日 天干에서 수평적으로 본다. 생일 천간에서 생년 천간과 생월 천간의 상호관계를 풀어본 설명

1. 일간 + 월간: 비겁 + 년간: 비겁

　(실예: 甲일이나 乙일에 출생한 사람이 생월천간에서 甲이나 乙을 만나고, 또다시 생년천간에서 甲이나 乙을 만난 것)

생일천간; 甲, 乙. 木	생월천간; 甲, 乙. 木	생년천간; 甲, 乙. 木
생일천간; 丙, 丁. 火	생월천간; 丙, 丁. 火	생년천간; 丙, 丁. 火
생일천간; 戊, 己. 土	생월천간; 戊, 己. 土	생년천간; 戊, 己. 土
생일천간; 庚, 辛. 金	생월천간; 庚, 辛. 金	생년천간; 庚, 辛. 金
생일천간; 壬, 癸. 水	생월천간; 壬, 癸. 水	생년천간; 壬, 癸. 水

　인기가 있고 활동력이 있는 사람이다. 형제나 친구들 간에 우애가 있고 귀엽게 생긴 얼굴 모습으로 성격이 활달하다. 말을 잘하든가, 노래, 무용, 운동 등 남달리 특출한 재능으로 인기를 가진다. 교제하는 능력이 좋아서 타인들이 잘 따르고 또한, 붙임성이 매우 좋다. 그러므로 어릴 때부터 특기를 잘 살려주면 반드시 크게 성공할 수 있고 명예를 얻을 수 있다. 공부를 잘하는 사람으로서 우등생 장학생도 있고 금메달리스트도 있고 예체능계에 전반적인 능력을 타고났다. 결혼하고 나서는 집에서 가정 살림하는 것보다 사회로 나가 무엇을 하든 단골이 많아지고 인기가

많다. 결혼은 중매보다 연애 결혼이 많고 연애를 할 때 외모에 치중하였다가 얼마쯤 살다 보니 후회를 할 수도 있게 된다. 사람 선택에 신중을 요하고 언행에도 신중해야 크게 성공하고 행복할 수가 있다.

2. 일간 + 월간: 식상 + 년간: 비겁

(실예: 甲일이나 乙일에 출생한 사람이 생월천간에서 丙이나 丁을 만나고, 생년천간에서 甲이나 乙을 만난 것)

생일천간; 甲, 乙. 木	생월천간; 丙, 丁. 火	생년천간; 甲, 乙. 木
생일천간; 丙, 丁. 火	생월천간; 戊, 己. 土	생년천간; 丙, 丁. 火
생일천간; 戊, 己. 土	생월천간; 庚, 辛. 金	생년천간; 戊, 己. 土
생일천간; 庚, 辛. 金	생월천간; 壬, 癸. 水	생년천간; 庚, 辛. 金
생일천간; 壬, 癸. 水	생월천간; 甲, 乙. 木	생년천간; 壬, 癸. 水

위 사람은 명랑하고 화통하고 귀여움이 있다. 어릴 때는 부모에게 귀여움을 받고 친구들 간에도 인기가 좋고 무엇을 가르쳐도 잘 받아들이기 때문에 많은 사람들에게 귀여움을 받는다. 그러나 성년 후에는 결혼 상대를 만나기는 하나 소극적이고 발전성이 없는 배우자를 만나게 된다. 그러므로 본인이 내조를 잘하여 뒤에서 잘 받들어 주어야 한다. 남편 된 사람은 처를 잘 만나나, 여성인 본인은 남편의 덕이 부족하다. 그러나 성실하고 근면하기 때문에 고생 끝에 낙이 있어서 늙어서는 자손의 덕으로 평안하고 행복하게 된다.

3. 일간 + 월간: 재성 + 년간: 비겁

(실예: 甲일이나 乙일에 출생한 사람이 생월천간에서 戊 또는 己를 만나고, 생년천간에서 甲이나 乙을 만난 것)

생일천간; 甲, 乙. 木	생월천간; 戊, 己. 土	생년천간; 甲, 乙. 木
생일천간; 丙, 丁. 火	생월천간; 庚, 辛. 金	생년천간; 丙, 丁. 火
생일천간; 戊, 己. 土	생월천간; 壬, 癸. 水	생년천간; 戊, 己. 土
생일천간; 庚, 辛. 金	생월천간; 甲, 乙. 木	생년천간; 庚, 辛. 金
생일천간; 壬, 癸. 水	생월천간; 丙, 丁. 火	생년천간; 壬, 癸. 水

말재주가 뛰어나고 특기가 있는 사람이다. 명랑하고 화통한 성품이다. 노래, 무용 등 예체능계藝體能系의 방면에 재주가 있다. 그래서 남들에게 귀여움을 받을 수 있는 특수한 재간을 지니고 있다. 그러므로 그 재주를 잘 살려서 사회생활을 하면 인기와 명예를 얻게 된다. 예체능 종사자, 연예인, 아나운서, 언론계 및 방송국 기자 등에 적합하다.

결혼하여서는 본인이 경제권을 쥐고 활동하면 가산이 늘어나고 부유한 생애를 살게 된다. 그러나 가정에서 전업주부로 살림하고 있는 사람은 경제적으로 넉넉하지 못하다. 그러므로 이왕이면 자기 자신이 사회활동을 하면 할수록 평안하고 재물복도 많아지게 된다. 늙어서는 자녀가 출세하고 성공한다.

4. 일간 + 월간: 관성 + 년간: 비겁

(실예: 甲일이나 乙일에 출생한 사람이 생월천간에서 庚이나 辛을 만나고, 생년천간에서 甲이나 乙을 만난 것)

생일천간; 甲, 乙. 木	생월천간; 庚, 辛. 金	생년천간; 甲, 乙. 木
생일천간; 丙, 丁. 火	생월천간; 壬, 癸. 水	생년천간; 丙, 丁. 火
생일천간; 戊, 己. 土	생월천간; 甲, 乙. 木	생년천간; 戊, 己. 土
생일천간; 庚, 辛. 金	생월천간; 丙, 丁. 火	생년천간; 庚, 辛. 金
생일천간; 壬, 癸. 水	생월천간; 戊, 己. 土	생년천간; 壬, 癸. 水

위 사주는 명랑하고 화통하여 말재주가 있고 노래, 무용 등에 소질이 있어 예능 방면으로 나아가면 남들보다 더욱 행복하고 화려한 인생을 살아갈 수가 있다. 대중을 즐겁게 하여 줄 수 있는 재주가 있다. 또, 결혼에 있어서는 비교적 미남형의 배우자를 만난다. 결혼 전에 이미 다른 여자와 동거하였다던가 또는 여자를 사별하였다던가, 그러한 과거에 허물이 있는 남자와 결혼하면 아주 좋겠지만, 그렇지 않고 초혼인 총각, 처녀로 결혼하면 나중에 복잡다단한 삼각관계가 있을 운명이고 보니 잘 처신하여 선택할 일이다. 남편이 된 사람이 다른 여자를 가까이하지 않고 가정생활에 충실할 수만 있도록 편안하게 잘 환경을 조성한다면 크게 행복할 수 있다. 이 점을 노력하고, 연구하고 최선을 다해보시라.

5. 일간 + 월간: 인성 + 년간: 비겁

(실예: 甲일이나 乙일에 출생한 사람이 生月天干에서 壬이나 癸를 만나고, 生年天干에서 甲이나 乙을 만난 것)

생일천간; 甲, 乙. 木	생월천간; 壬, 癸. 水	생년천간; 甲, 乙. 木
생일천간; 丙, 丁. 火	생월천간; 甲, 乙. 木	생년천간; 丙, 丁. 火
생일천간; 戊, 己. 土	생월천간; 丙, 丁. 火	생년천간; 戊, 己. 土
생일천간; 庚, 辛. 金	생월천간; 戊, 己. 土	생년천간; 庚, 辛. 金

생일천간; 壬, 癸. 水	생월천간; 庚, 辛. 金	생년천간; 壬, 癸. 水

명랑하고 화통하며 근면하다. 부모에게 효성심이 강하고 부모님의 마음을 즐겁게 해 볼라고 매사에 신경을 쓴다. 글, 그림, 영상 등에 소질이 있으며, 글을 남달리 잘 쓰고 잘 구상하고 잘 그린다. 또한 형제, 친구에게 가급적 잘하려고 노력하고 인정으로 대한다.

활동력이 있어서 생계를 도우려고 노력한다. 또한 불평불만도 하지 않고 모든 것에 있어서 이해하고 인내한다. 인정이 많아서 남을 잘 도와주나, 본인이 꼭 타인들의 도움이 필요할 땐 별로 남의 도움을 받지 못하는 특성이 있다.

6. 일간 + 월간: 비겁 + 년간: 식상

(실예; 丙일이나 丁일에 출생한 사람이 생월천간에서 丙이나 丁을 만나고, 생년천간에서 戊나 己를 만난 것)

생일천간; 甲, 乙. 木	생월천간; 甲, 乙. 木	생년천간; 丙, 丁. 火
생일천간; 丙, 丁. 火	생월천간; 丙, 丁. 火	생년천간; 戊, 己. 土
생일천간; 戊, 己. 土	생월천간; 戊, 己. 土	생년천간; 庚, 辛. 金
생일천간; 庚, 辛. 金	생월천간; 庚, 辛. 金	생년천간; 壬, 癸. 水
생일천간; 壬, 癸. 水	생월천간; 壬, 癸. 水	생년천간; 甲, 乙. 木

위 사주는 영리하기가 천재라고 하여도 과언이 아니다. 눈썰미가 좋아서 한번 보면 무엇이든지 알아차리고 잘 만들어 낼 수 있다. 이상이 높고 깨끗하여 웬만해서는 자기 마음에 차지 않고 부족하게만 보이게 된다. 자신의 마음에 꼭 들지 않으면 아무리 부귀가 보장된다고 하여도 눈

에 차지 않아 무시해 버린다. 결혼에 있어서는 반드시 공직에 있다든가 직장에 근무하는 사람과 배필이 되어 살면 행복할 수 있다. 대체적으로 자기 살을 베어주고도 아까워하지 않는 특성을 갖고 물심양면으로 배우자를 잘 보살펴 주고 사랑한다. 또한 활동력이 강하여 돈도 잘 벌어서 남편한테 잘하고 사랑을 받으려고 무척 노력한다.

7. 일간 + 월간: 식상 + 년간: 식상

(실예: 丙일이나 丁일에 출생한 사람이 생월천간에서 戊나 己을 만나고, 생년천간에서 또다시, 戊나 己를 만난 것)

생일천간; 甲, 乙. 木	생월천간; 丙, 丁. 火	생년천간; 丙, 丁. 火
생일천간; 丙, 丁. 火	생월천간; 戊, 己. 土	생년천간; 戊, 己. 土
생일천간; 戊, 己. 土	생월천간; 庚, 辛. 金	생년천간; 庚, 辛. 金
생일천간; 庚, 辛. 金	생월천간; 壬, 癸. 水	생년천간; 壬, 계. 水
생일천간; 壬, 癸. 水	생월천간; 甲, 乙. 木	생년천간; 甲, 乙. 木

위 사주는 영리하기가 천재적이며 어려 보이고 상냥하다. 자존심이 강하여 상대방과 경쟁할 때는 정정당당하게 행동한다. 애정적이고 정열적이다. 한번 사랑하면 물심양면으로 혼신을 다 바쳐 사랑한다. 그러나 일단 싫어지면 두 번 다시 보지 않고 급히 냉정하게 된다. 배우자는 직장에 종사하면 가정이 원만하고 행복할 수 있으나, 남편이 상공업을 경영하는 기업가라면, 운영하고 있는 일들이 하나같이 잘되는 일이 없고, 실패하고 자신감을 잃어 재기할 수 없는 처지에 이른다. 그렇게 되면 부득이 자신이 활동하지 않으면 안 된다. 그러한 입장이 될 때

는 본인이 학문, 교육, 종교, 의학, 운동, 생명과 연관된 연구 방면 등으로 활동함으로써 고생을 이겨내면 성년이 된 자녀가 출세하여 행복함을 맞보게 된다.

8. 일간 + 월간: 재성 + 년간: 식상

(실예: 丙일이나 丁일에 출생한 사람이 생월천간에서 庚이나 辛을 만나고 생년천간에서 戊나 己를 만난 것)

생일천간; 甲, 乙. 木	생월천간; 戊, 己. 土	생년천간; 丙, 丁. 火
생일천간; 丙, 丁. 火	생월천간; 庚, 辛. 金	생년천간; 戊, 己. 土
생일천간; 戊, 己. 土	생월천간; 壬, 癸. 水	생년천간; 庚, 辛. 金
생일천간; 庚, 辛. 金	생월천간; 甲, 乙. 木	생년천간; 壬, 癸. 水
생일천간; 壬, 癸. 水	생월천간; 丙, 丁. 火	생년천간; 甲, 乙. 木

눈썰미가 좋아서 성공할 수 있는 사람으로서 영리하면서 판단력과 결단력이 타인을 앞선다. 무엇이든지 가부可否를 예측하는 두뇌가 천재적이다. 대개는 부모의 운이 약한 사람이 많고 공부도 많이 하는 사람이 적다. 그러나, 특수한 기술을 배우고 익히면 손재주와 눈썰미가 빨라서 타인보다 특출하다. 젊어서는 고생을 하다가도 중년 이후부터는 점차로 좋아져서 시집을 가면 시부모에게 사랑을 많이 받는다. 시부모를 잘 모시기 때문이다. 대체적으로 장남에게 시집을 가고 살림이 전혀 없던 사람도 세월이 가면서 점차로 부유하게 산다.

9. 일간 + 월간: 관성 + 년간: 식상

(실예: 丙일이나 丁일에 출생한 사람이 생월천간에서 壬이나 癸를 만나고, 생년 천간에서 戊나 己를 만난 것)

생일천간; 甲, 乙. 木	생월천간; 庚, 辛. 金	생년천간; 丙, 丁. 火
생일천간; 丙, 丁. 火	생월천간; 壬, 癸. 水	생년천간; 戊, 己. 土
생일천간; 戊, 己. 土	생월천간; 甲, 乙. 木	생년천간; 庚, 辛. 金
생일천간; 庚, 辛. 金	생월천간; 丙, 丁. 火	생년천간; 壬, 癸. 水
생일천간; 壬, 癸. 水	생월천간; 戊, 己. 土	생년천간; 甲, 乙. 木

위와 같은 사람은 영리하고 총명하여 남달리 희망이 높다. 이상이 높아서 남보다 월등하고 행복하게 잘 살기를 바란다. 현시점에서 볼 때 다른 사람보다 잘살고 있어도 그 환경에 만족하지 못하고 더욱더 추구하는 바가 끝이 없어서 계속 높은 꿈을 갖고 있다. 그러다 보면 그 만족하지 못하는 상태 즉, 현실을 직시하지 못하는 결점 때문에 엉뚱한 행동을 해서 가정을 지키지 못하거나, 아니면 자기 자신을 스스로 망치거나 더 나아가서 주변의 사람까지도 불행을 안겨주는 결과를 초래한다. 또한 어떤 경우에는 자기의 마음에 들면 남의 남편이라도 가로채려고 하는 사람도 있으며, 또는 반대로 다른 여자들이 나의 남편을 그렇게 가로채려고 한다는 강박관념에 눌려 마음고생을 많이 하는 사람도 있다.

또, 금전관계로 인하여 가까운 주변의 많은 사람들에게 피해를 주는 사람도 있다.

10. 일간 + 월간: 인성 + 년간: 식상

(실예: 丙일이나 丁일에 출생한 사람이 생월천간에서 甲이나 乙을 만나고, 생년
천간에서 戊나 己를 만난 것)

생일천간; 甲, 乙. 木	생월천간; 壬, 癸. 水	생년천간; 丙, 丁. 火
생일천간; 丙, 丁. 火	생월천간; 甲, 乙. 木	생년천간; 戊, 己 土
생일천간; 戊, 己. 土	생월천간; 丙, 丁. 火	생년천간; 庚, 辛. 金
생일천간; 庚, 辛. 金	생월천간; 戊, 己. 土	생년천간; 壬, 癸. 水
생일천간; 壬, 癸. 水	생월천간; 庚, 辛. 金	생년천간; 甲, 乙. 木

위 사주는 시집살이에 한이 많게 된다. 영리하고 총명하여 사고력이
높고 무엇이든지 곧잘 알아차리고 연구하고 발전해 간다. 또한 부모님의
사랑을 무척 많이 받고 공부도 잘하고 우수한 성적으로 학교를 졸업하
고 난 뒤에는 결혼을 하게 되면 온통 주변 환경이 불만스럽고 불편함이
잠시도 떠나지 않는다. 예를 들면 성격이 유별난 시부모님을 모시게 되
든가 시누이 시동생 등의 뒷바라지를 힘겹게 하든가, 그렇지 않으면 남
편이 된 사람이 여러모로 속을 태우든가 하게 된다.

여하튼 시집살이에 속이 썩을 일이 많게 된다. 그러므로 학교를 다
닐 때까지의 총명함도 점차 사라지고 어리석게 되고 항상 불만스런 환
경 속에 청춘을 바치게 된다. 그러나, 늙어서는 자녀가 성공해서 잘사
는 사람이 많다.

11. 일간 + 월간: 비겁 + 년간: 재성

(실예: 戊일이나 己일에 출생한 사람이 생월천간에서 戊나 己를 만나고, 생년천

간에서 壬이나 癸를 만난 것)

생일천간; 甲, 乙. 木	생월천간; 甲, 乙. 木	생년천간; 戊, 己. 土
생일천간; 丙, 丁. 火	생월천간; 丙, 丁. 火	생년천간; 庚, 辛. 金
생일천간; 戊, 己. 土	생월천간; 戊, 己. 土	생년천간; 壬, 癸. 水
생일천간; 庚, 辛. 金	생월천간; 庚, 辛. 金	생년천간; 甲, 乙. 木
생일천간; 壬, 癸. 水	생월천간; 壬, 癸. 水	생년천간; 丙, 丁. 火

위와 같은 사주는 경우가 밝고 판단력이 있어서 자신의 계획성 있게 처세하며 산다. 대개는 30~40세 전에 기초를 닦아 놓든가 큰돈을 버는 사람도 있다. 가정 살림을 하고 있으면 모든 재정권을 맡아서 처리해야 하고 그렇지 않으면 상, 사업을 하게 된다. 또 어떤 사람은 예체능계로 나가서 인기도 있고 이름도 빨리 나서 행복할 수 있다. 다른 쪽으론 크게 남을 먹이는 사업이나 유통업을 하면 단골이 많이 생겨서 큰돈을 번다. 대가족의 며느리처럼 어떤 사람에게든 잘한다.

12. 일간 + 월간: 식상 + 년간: 재성

(실예: 戊일이나 己일에 출생한 사람이 생월천간에서 庚이나 辛을 만나고, 생년천간에서 壬이나 癸를 만난 것)

생일천간; 甲, 乙. 木	생월천간; 丙, 丁. 火	생년천간; 戊, 己. 土
생일천간; 丙, 丁. 火	생월천간; 戊, 己. 土	생년천간; 庚, 辛. 金
생일천간; 戊, 己. 土	생월천간; 庚, 辛. 金	생년천간; 壬, 癸. 水
생일천간; 庚, 辛. 金	생월천간; 壬, 癸. 水	생년천간; 甲, 乙. 木
생일천간; 壬, 癸. 水	생월천간; 甲, 乙. 木	생년천간; 丙, 丁. 火

이와 같은 사주는 재물이 잘 따르고 자녀를 잘 기른다. 판단력이 있고 경우가 밝으며 눈썰미가 좋다. 또, 어떤 일이든지 가부를 예측하는 좋은 장점이 있다. 재물복을 타고나서 평생토록 재물에 관한 고통은 받지 않고 살아간다.

부모에게 사랑받고 자라서 결혼을 하면 시부모와 남편의 사랑을 많이 받는다. 늙어서는 자식이 성공해서 물질의 구애됨이 없이 평안한 일생을 보내게 된다. 특히 살림살이를 알뜰하고 깨끗하게 하면서 물 한 방울이라도 낭비하지 않으면서 절약하고 아낀다. 음식을 만드는 솜씨가 좋아서 어떠한 사람이든지 그 사람 입맛에 맞게 잘한다.

경우가 밝아서 경우에 어긋나는 행동은 본인 스스로도 하지 않지만 다른 사람이 하는 것도 용납하지 못한다. 의학계나 법조계 또는 교육계, 금융계, 상경商經계로 진출하는 것이 좋다.

13. 일간 + 월간: 재성 + 년간: 재성

(실예: 戊일이나 己일에 출생한 사람이 생월천간에서 壬이나 癸를 만나고, 또다시, 생년천간에서 壬이나 癸를 만난 것)

생일천간; 甲, 乙. 木	생월천간; 戊, 己. 土	생년천간; 戊, 己. 土
생일천간; 丙, 丁. 火	생월천간; 庚, 辛. 金	생년천간; 庚, 辛. 金
생일천간; 戊, 己. 土	생월천간; 壬, 癸. 水	생년천간; 壬, 癸. 水
생일천간; 庚, 辛. 金	생월천간; 甲, 乙. 木	생년천간; 甲, 乙. 木
생일천간; 壬, 癸. 水	생월천간; 丙, 丁. 火	생년천간; 丙, 丁. 火

이 사주는 재물이 잘 따르고 판단력이 좋다. 맺기도 잘하고 끈기도 잘

한다. 한번 생각을 하였다 하면 어떠한 일이 있어도 결행을 하고 만다. 깨끗하고 단정하며 감히 농담을 할 수 없다. 이론과 경우가 밝아 아무리 무식하여도 그 논리에는 당할 수가 없다. 돈이 잘 따라 어떤 일을 하든 돈벌이가 잘되고 대단한 구두쇠로 평소에 낭비하지 않으나, 반드시 써야 할 때는 단연코 과감하고, 화끈하게 잘 쓴다. 돈도 많이 벌 수 있고 또, 없어도 누가 보아도 돈 많은 사람으로 보인다. 그러므로 금전 융통이 잘되고 신용이 칼 같아 빚을 지지 않으려고 애를 쓴다. 머리를 비상하게 잘 써서 상, 사업을 하면 부자라는 소리 듣고 중년에 크게 성공한다.

14. 일간 + 월간: 관성 + 년간: 재성

(실예: 戊일이나 己일에 출생한 사람이 생월천간에서 甲이나 乙을 만나고, 생년천간에서 壬이나 癸를 만난 것)

생일천간; 甲, 乙. 木	생월천간; 庚, 辛. 金	생년천간; 戊, 己. 土
생일천간; 丙, 丁. 火	생월천간; 壬, 癸. 水	생년천간; 庚, 辛. 金
생일천간; 戊, 己. 土	생월천간; 甲, 乙. 木	생년천간; 壬, 癸. 水
생일천간; 庚, 辛. 金	생월천간; 丙, 丁. 火	생년천간; 甲, 乙. 木
생일천간; 壬, 癸. 水	생월천간; 戊, 己. 土	생년천간; 丙, 丁. 火

이와 같은 사주는 판단력이 좋고 경우가 밝다. 대체적으로 부모를 잘 만나고 남편 또한 잘 만난다. 깨끗하고 단정하며 제 할 일만 하지 남을 거들떠보지 않는 고로 쌀쌀하다고 평을 듣는다.

믿음직스럽고 신용이 좋으며 대체로 행복한 운명을 타고나는 사람이 많다. 부모의 사랑을 유독 많이 받는다. 결혼할 때는 까다롭게 많이 따지고 고르는 경향이 있지만 일단 결혼하게 되면 남편이 된 사람이 돈이 한 푼도 없는 사람일지라도 점차로 살림이 늘고 돈도 많이 벌게 된다. 다시 말해 받을 복이 많은 사람이다. 운명상으론 가장 좋은 사주팔자 명이다. 이런 여성과 결혼하는 남편은 복덩어리를 만났으니 공주마마를 대하듯 잘 대해 줘야 할 것이다.

공직, 일반기업체, 금융계, 토지나 주택과 연관된 업종이 가장 좋으나, 대체적으로 다른 그 어떤 업종도 좋은 결과에 도달하게 되는 사람이 많다.

15. 일간 + 월간: 인성 + 년간: 재성

(실예: 戊일이나 己일에 출생한 사람이 생월천간에서 丙이나 丁을 만나고, 생년천간에서 壬이나 癸를 만난 것)

생일천간; 甲, 乙. 木	생월천간; 壬, 癸. 水	생년천간; 戊, 己. 土
생일천간; 丙, 丁. 火	생월천간; 甲, 乙. 木	생년천간; 庚, 辛. 金
생일천간; 戊, 己. 土	생월천간; 丙, 丁. 火	생년천간; 壬, 癸. 水
생일천간; 庚, 辛. 金	생월천간; 戊, 己. 土	생년천간; 甲, 乙. 木
생일천간; 壬, 癸. 水	생월천간; 庚, 辛. 金	생년천간; 丙, 丁. 火

위 사주는 아들보다 딸이 좋더라 하는 소리를 듣는 사주다. 이 사주는 결단력이 있고 사리 판단력이 아주 좋다. 보수적이면서도 시대에 적응하여 생활하려고 최선의 노력을 한다. 현실을 보는 눈이 좋기에 어떻게 하면은 앞날이 행복할 것인가에 신경을 쓰며 행동하여 행복하게 살려고 개척하여 나가고 부모의 복은 많지 않으나, 부모님에게 효성이 지극하다. 특히 친정을 많이 생각하고 그 친정을 행복하고 평안하게 살게

해주려고 노력을 많이 한다. 동생들이 있다면 공부를 시키고 시집이나 장가를 보내며 앞날을 스스로가 개척하게 살도록 하여 주는 고로 비록, 딸이지만 아들보다 월등하게 효성스럽고 자신도 남들이 부러워하게끔 행복하게 살게 된다.

16. 일간 + 월간: 비겁 + 년간: 관성

(실예: 庚일이나 辛일에 출생한 사람이 생월천간에서 庚이나 辛을 만나고, 생년 천간에서 丙이나 丁을 만난 것)

생일천간; 甲, 乙. 木	생월천간; 甲, 乙. 木	생년천간; 庚, 辛. 金
생일천간; 丙, 丁. 火	생월천간; 丙, 丁. 火	생년천간; 壬, 癸. 水
생일천간; 戊, 己. 土	생월천간; 戊, 己. 土	생년천간; 甲, 乙. 木
생일천간; 庚, 辛. 金	생월천간; 庚, 辛. 金	생년천간; 丙, 丁. 火
생일천간; 壬, 癸. 水	생월천간; 壬, 癸. 水	생년천간; 戊, 己. 土

위와 같은 사주는 예절이 바르고 정숙하고 대부분 예쁘다. 입이 무겁고 경솔한 언동을 삼간다. 대체로 남성들이 좋아하는 특성이 있어서 남성들의 유혹이 많다. 젊어서는 남성들에게 인기가 많다. 그런 연유로 연애 결혼하는 사람이 많은데, 그러할 때 제대로 알아볼 것을 알아보지 않고 결혼하였다가 실망하거나 실패하는 수가 많다. 때문에 반드시 부모님들이 중매해주는 곳과 결혼하여 출가하면 행복할 수 있다. 대체적으로 삼각관계로 애정의 고충이 많다.

10 중 8, 9는 생리사별을 면할 수 없는 운명이다.

독신으로 살게 된 여성은 남자를 상대하는 물장사와 연관된 것 등을 경영하든지 또는 그런 곳에 근무하는 여자가 많다.

물장사를 직접 경영하는 여성들도 많으나, 제대로 잘되지 않고 주인이 경영하는 곳에서 종사하면서 연봉으로 월급을 받으면서 근속하게 되면 사장과 고객 모두에게 인기도 있고 돈도 잘 벌린다.

결코 독립해서 자영하지 말라. 9번을 또, 해도 실패하는 사람들을 많이 보았다.

17. 일간 + 월간: 식상 + 년간: 관성

(실예: 庚일이나 辛일에 출생한 사람이 생월천간에서 壬이나 癸를 만나고, 생년천간에서 丙이나 丁을 만난 것)

생일천간; 甲, 乙. 木	생월천간; 丙, 丁. 火	생년천간; 庚, 辛. 金
생일천간: 丙, 丁. 火	생월천간: 戊, 己. 土	생년천간: 壬, 癸. 水
생일천간; 戊, 己. 土	생월천간; 庚, 辛. 金	생년천간; 甲, 乙. 木
생일천간; 庚, 辛. 金	생월천간; 壬, 癸. 水	생년천간; 丙, 丁. 火
생일천간; 壬, 癸. 水	생월천간; 甲, 乙. 木	생년천간; 戊, 己. 土

이와 같은 사주는 미려하고 예뻐 보이고 애정적이며 열정적이다. 사랑을 받기보다는 사랑을 줄 수 있는 상대를 골라 자기 마음에 들면 물심양면으로 혼신을 다해 사랑하고 정성을 다 바친다. 그러나 대체적으로 기쁨과 행복함은 적고 불행과 슬픔으로 운명이 인도되어 간다. 부모님을 잘 만나 유독 사랑을 많이 받고 장성하였다고는 하였더라도 결혼할 때쯤부터는 예뻐 보이는 특성 때문에(여자끼리 보거나, 객관적으로 보아도 예쁘지 않은데도 불구하고 남성이 볼 때는 유혹하고 싶은 에너지가 몸에서 흐

르고 있으니 답답할 일이지만) 남성으로부터 애정표현 및 감언이설로 유혹하는 남자를 많이 만나게 된다.

그러나 팔자가 좋고 출세할 남자는 떠나고 자기에게 불행을 줄 사람만 가까이 오니 항상 고독하고 많은 눈물을 흘리며 살게 된다. 이런 사주는 차라리 홀로 살며 돈을 벌어 자유롭게 인생을 사는 대책을 세우는 편이 좋겠다. 여승, 수녀, 무속인 등이 이와 비슷한 사람이 많이 있었다.

18. 일간 + 월간: 재성 + 년간: 관성

(실예: 庚일이나 辛일에 출생한 사람이 생월천간에서 甲이나 乙을 만나고, 생년천간에서 丙이나 丁을 만난 것)

생일천간; 甲, 乙. 木	생월천간; 戊, 己. 土	생년천간; 庚, 辛. 金
생일천간; 丙, 丁. 火	생월천간; 庚, 辛. 金	생년천간; 壬, 癸. 水
생일천간; 戊, 己. 土	생월천간; 壬, 癸. 水	생년천간; 甲, 乙. 木
생일천간; 庚, 辛. 金	생월천간; 甲, 乙. 木	생년천간; 丙, 丁. 火
생일천간; 壬, 癸. 水	생월천간; 丙, 丁. 火	생년천간; 戊, 己. 土

위와 같은 사주는 원만하고 예절이 바르고 경우가 뚜렷하다. 인물이 예쁘고 잘 생겼으며 똑똑하여 귀 부인급으로 앞에서 언급한 재성財星과 관성官星이 함께 조화를 이루어 운명학적으로 가장 행복할 수 있다. 어려서는 보모의 덕이 많아 결혼하면 남편이 성실하고 근면하며 아무것도 없는 배우자를 만나도 평생을 부유하게 지낼 수 있다.

결혼할 때는 남편감을 요모조모 고르고 따지는 점이 있기는 하나 일단 배우자를 정하면 살림을 잘하고 경우가 좋으며 경제적으로 알뜰하게 함으로써 가장 최상으로 대접을 받는 부인감이 된다.

19. 일간 + 월간: 관성 + 년간: 관성

(실예: 庚일이나 辛일에 출생한 사람이 생월천간에서 丙이나 丁을 만나고, 또다시, 생년천간에서 丙이나 丁을 만난 것)

생일천간; 甲, 乙. 木	생월천간; 庚, 辛. 金	생년천간; 庚, 辛. 金
생일천간; 丙, 丁. 火	생월천간; 壬, 癸. 水	생년천간; 壬, 癸. 水
생일천간; 戊, 己. 土	생월천간; 甲, 乙. 木	생년천간; 甲, 乙. 木
생일천간; 庚, 辛. 金	생월천간; 丙, 丁. 火	생년천간; 丙, 丁. 火
생일천간; 壬, 癸. 水	생월천간; 戊, 己. 土	생년천간; 戊, 己. 土

이와 같은 사주는 미려하고 예쁜 고로 남성들로부터 호감을 얻는다. 화장을 많이 하는 사람도 있고, 화장을 하지 않아도 예쁘게 보인다. 혹시 얼굴이 예쁘지 않더라도 남자들이 좋아하는 그러한 행위(짙은 화장, 노출이 심한 옷차림 등)와 사치를 하는 특성이 있다. 대체적으로 어릴 때 부모덕이 있는 사람보다 없는 사람이 많고 자기 자신이 출생하고 난 후 얼마 되지 않은 상태에서 양친 가운데 한쪽 부모하고만 함께 살거나, 아니면 두 분 사이가 좋지 않아서 이별하든가, 또는 돌아가시거나 하여 불행한 운명으로 시작되는 사람이 많다.

인물이 예뻐서 여러 뭇 남성들의 유혹에 빠지고 또, 빠져서 생리사별하기가 쉽다. 대부분 연애결혼을 많이 하게 된다. 미래에 대책이 없는 남성들이 좋아하는 특성 때문에 결혼생활은 대부분 불행한 사람이 많다. 이러한 사주팔자의 운명은 부모와 같은 어른들이 중매를 해서 결혼하는 것이 가장 행복할 수 있는 생활 처방이 된다.

20. 일간 + 월간: 인성 + 년간: 관성

(실예: 庚일이나 辛일에 출생한 사람이 생원천간에서 戊나 己를 만나고, 생년천간에서 丙이나 丁을 만난 것)

생일천간; 甲, 乙. 木	생월천간; 壬, 癸. 水	생년천간; 庚, 辛. 金
생일천간; 丙, 丁. 火	생월천간; 甲, 乙. 木	생년천간; 壬, 癸. 水
생일천간; 戊, 己. 土	생월천간; 丙, 丁. 火	생년천간; 甲, 乙. 木
생일천간; 庚, 辛. 金	생월천간; 戊, 己. 土	생년천간; 丙, 丁. 火
생일천간; 壬, 癸. 水	생월천간; 庚, 辛. 金	생년천간; 戊, 己. 土

이와 같은 사주는 마음이 착하기가 비단결 같아 어느 누구에게도 원만하게 이해하고 양보를 하면서 상대하여 준다. 자신의 마음이 착하기 때문에 다른 사람들도 자기 마음과 같이 착할 것이라고. 믿게 되고 그러다가 기만을 당하여 재물을 손재를 당하는 수가 많다. 성실하고 근면한 부모에게서 사랑을 독점 받고, 성장하여서는 공부도 많이 하는 운명이다. 그러나 결혼 후에는 인생의 장애가 많고 한이 많아진다. 그러나 참고 인내하면서 살아가면, 노년이 되어 말년에는 자손들과 함께 행복하고 기뻐할 일이 많게 될 것이니, 꼭 인내하고 살아야만 행복하게 되니, 생활용신 처방법으로서 실천하시라.

21. 일간 + 월간: 비겁 + 년간: 인성

(실예: 壬일이나 癸에 출생한 사람이 생월천간에서 壬이나 癸를 만나고, 생년 천간에서 庚이나 辛을 만난 것)

생일천간; 甲, 乙. 木	생월천간; 甲, 乙. 木	생년천간; 壬, 癸. 水
생일천간; 丙, 丁. 火	생월천간; 丙, 丁. 火	생년천간; 甲, 乙. 木
생일천간; 戊, 己. 土	생월천간; 戊, 己. 土	생년천간; 丙, 丁. 火
생일천간; 庚, 辛. 金	생월천간; 庚, 辛. 金	생년천간; 戊, 己. 土
생일천간; 壬, 癸. 水	생월천간; 壬, 癸. 水	생년천간; 庚, 辛. 金

위와 같은 사람은 친절하고 성실하며 근면하면서 인내력이 있다. 글, 그림, 영상, 예능계 등에 소질이 있으며, 손재주가 탁월하다. 마음이 비단 결 같아 진실하고 올바르게 살라고 하는 부모님한테서 교육을 받았고, 본인도 효심이 있어서 어떻게 하면 즐겁게 하여 드리나 하고 항상 고심을 하고, 형제, 친구, 이웃 사람에게도 인정을 베풀고 진정으로 상부상조하면서 살아가려고 노력하기 때문에 남들에게 칭찬을 듣는다. 종교를 믿지 않더라도 마음이 착하고 아름다워서 종교지도자들이 하듯 착한 일을 많이 한다. 활동력이 있기에 부지런히 노력하면서 인심을 얻으며, 노년을 행복하게 살아가게 된다. 종교가가 많이 있는 편이다.

22. 일간 + 월간: 식상 + 년간: 인성

(실예: 壬일이나 癸일에 출생한 사람이 생월천간에서 甲이나 乙을 만나고, 생년 천간에서는 庚이나 辛을 만난 것)

생일천간; 甲, 乙. 木	생월천간; 丙, 丁. 火	생년천간; 壬, 癸. 水
생일천간; 丙, 丁. 火	생월천간; 戊, 己. 土	생년천간; 甲, 乙. 木
생일천간; 戊, 己. 土	생월천간; 庚, 辛. 金	생년천간; 丙, 丁. 火
생일천간; 庚, 辛. 金	생월천간; 壬, 癸. 水	생년천간; 戊, 己. 土
생일천간; 壬, 癸. 水	생월천간; 甲, 乙. 木	생년천간; 庚, 辛. 金

자녀 때문에 고통이 많은 사주로서 성실하고 착하며 인내력이 있고 변함없이 한결같은 마음을 쓴다. 영리하고 총명은 하지만, 잘난 척을 하지 않고 양보하고 이해하면서 산다. 부모 밑에서는 괜찮게 사나, 결혼 후부터는 불행으로 삶이 시작되기 쉽다.

결혼하면 자식에 관한 고통이 있어서 자식을 낳은 후부터 불행으로 살아간다. 어떤 사람은 아무런 걱정은 없으나, 병으로 고통을 받든가 또, 어떤 사람은 결혼식도 하지 않고 자식을 낳아 이러지도 저러지도 못하면서 고통의 나날로 살아가든가 여하튼, 자식 때문에 고통이 많게 된다.

그러나 자식이 별 탈 없이 성장하게 되면, 장성하여서 크게 성공할 수 있으니, 자식을 낳고 양육을 하는 데 조상과 하늘에 정성을 올려야 될 것이다.

또, 자식을 못 낳거나 남편이 다른 여자에게서 자식을 얻거나 아니면, 내가 낳은 자식이 정신건강이 미약(형무소에서 자주 가는 것도 포함)하거나, 신체가 불편하게 되는 사람도 있으니, 항상 신불님께 엎드려 감사의 기도하는 것과 봉사하는 일을 생활화하면서 살아간다면 노후에는 행복한 생활을 할 수 있게 된다.

23. 일간 + 월간: 재성 + 년간: 인성

(실예: 壬일이나 癸일에 출생한 사람이 생월천간에서 丙이나 丁을 만나고, 생년 천간에서 庚이나 辛을 만난 것)

생일천간; 甲, 乙. 木	생월천간; 戊, 己. 土	생년천간; 壬, 癸. 水
생일천간; 丙, 丁. 火	생월천간; 庚, 辛. 金	생년천간; 甲, 乙. 木
생일천간; 戊, 己. 土	생월천간; 壬, 癸. 水	생년천간; 丙, 丁. 火
생일천간; 庚, 辛. 金	생월천간; 甲, 乙. 木	생년천간; 戊, 己. 土
생일천간; 壬, 癸. 水	생월천간; 丙, 丁. 火	생년천간; 庚, 辛. 金

이 사주는 성실하고 진실하며 인내력이 있는 듯하면서도 급한 성격이 나타날 때도 있다. 머리가 좋아서 문서 기술 등에 있어서 남과 달리 잘 처리해서 문서 등을 취급하는 업종으로 출세하든가 또는, 특수한 기술을 가지고 성공을 하게 된다.

재주는 좋으나 부모님 운이 좋지 못하여 양친 중에 한 분을 일찍이 여의든가 그렇지 않으면, 부모의 운이 좋지 못하여 부모님 덕으론 공부하기가 어렵다. 비교적 고상한 인물로서 결혼할 때는 결혼 상대를 많이 따지고 고르는 편이다. 그러나, 결혼을 하게 되면 상대를 잘 만나 그때부터 부모에게 효도를 잘하게 된다. 결혼은 너무 늦게 하지 말고 성년이 되면 가능한 한 일찍이 결혼하는 것이 좋겠다. 그렇지 못하면 혼기를 놓쳐 자녀를 출산하는 문제까지도 부모님에게 정신적으로 불효하고 본인 스스로도 고통을 느끼는 경우가 많다.

24. 일간 + 월간: 관성 + 년간: 인성

(실예: 壬일이나 癸일에 출생한 사람이 생월천간에서 戊나 己를 만나고, 생년천

간에서 庚이나 辛를 만난 것)

생일천간; 甲, 乙. 木	생월천간; 庚, 辛. 金	생년천간; 壬, 癸. 水
생일천간; 丙, 丁. 火	생월천간; 壬, 癸. 水	생년천간; 甲, 乙. 木
생일천간; 戊, 己. 土	생월천간; 甲, 乙. 木	생년천간; 丙, 丁. 火
생일천간; 庚, 辛. 金	생월천간; 丙, 丁. 火	생년천간; 戊, 己. 土
생일천간; 壬, 癸. 水	생월천간; 戊, 己. 土	생년천간; 庚, 辛. 金

위 사주는 온순하고 정숙하고 인내력이 있다. 예절이 바르고 도리와 체면을 지킨다. 마음이 착하기가 비단결 같아서 타인을 조금도 속이지 못하고 희생심이 강하여 인정으로 대하는 까닭에 다른 사람으로 인하여 속임수에 걸려서 손재損財(재물의 손해) 당할 때가 많다. 대체로 부모님을 잘 만나서 장래를 걱정해 주고, 유산을 남겨주려고 애를 쓴다. 그러나 부모가 자식을 생각하는 것은 자식이 똑똑하여서 출세를 시키려는 마음에서 비롯되기도 하지만, 반대로 자식이 병이 있든가 불구가 되었든가 아니면, 심약하여 도저히 혼자 힘으로는 기나긴 인생행로를 스스로가 개척하면서 살아갈 수가 없을 것 같은 근심 때문에 부모님이 걱정하게 되는 수도 많이 있으니 이런 사주는 어릴 때부터 심신心身이 건강하도록 잘 양육할 수 있다면 훗날 행복할 수 있겠다.

25. 일간 + 월간: 인성 + 년간: 인성

(실예: 壬일이나 癸일에 출생한 사람이 생월천간에서 庚이나 辛을 만나고, 또다시 생년천간에서 庚이나 辛을 만난 것)

생일천간; 甲, 乙. 木	생월천간; 壬, 癸. 水	생년천간; 壬, 癸. 水
생일천간; 丙, 丁. 火	생월천간; 甲, 乙. 木	생년천간; 甲, 乙. 木
생일천간; 戊, 己. 土	생월천간; 丙, 丁. 火	생년천간; 丙, 丁. 火
생일천간; 庚, 辛. 金	생월천간; 戊, 己. 土	생년천간; 戊, 己. 土
생일천간; 壬, 癸. 水	생월천간; 庚, 辛. 金	생년천간; 庚, 辛. 金

위 사주는 온순하고 정숙하며 인내력이 있고 인정이 많으나 단, 사리 판단이 어둡다. 시대 감각이 무척이나 둔하다. 보수적으로 옛것을 찾고, 옛 풍습이 옳다고 보고 그러한 행동을 한다. 나이가 어릴 때부터 자기보다 나이가 많은 어른 같은 언사와 행동하며 나이가 많은 사람들과 친밀하게 지내는 특성이 있다.

참고문헌

강진원. 동양천문이야기. 정신세계사. 2006.

강진원. 알기 쉬운 역의 원리. 정신세계사. 2003.

김승호. 주역원론 1-6권. 도서출판 섬영. 1999.

김신철. 별자리 이야기. 삼덕미디어. 1996.

김우제. 홍연진결정해. 명문당. 1976.

김일권. 박사학위 논문. 고대 중국과 한국의 천문사상 연구. 서울대학교. 1999.2.

김종록. 장영실은 하늘을 보았다. 1-2권. 랜덤하우스중앙. 2005.

김현식. 동아 한한 중사전. (주)동아출판사. 1987.

단건업 번역, 유정식. 명리진보. 중국철학문화협진회 계미년.

라계성. 당송음양오행론집. 전성각 대서국. 민국77년 10월.

라규성 편저. 당송음양오행론집. 대만문원서국유한공사. 민국77.

류래웅. 기문둔갑 신수결. 대유학당. 2005.

림 준. 좋은 땅, 좋은 집. 한국자료정보사. 1991.

박창범. 하늘에 새긴 우리 역사. 김영사. 2002.

백윤기 역. 황제내경 운기해석. 고문사. 1974.

소강절. 황극비결. 한국생활철학회. 감수 백운학, 양학성, 변만리.

손 빈. 육임신과 금구결. 춘추전국시대. 미상.

신목원. 개천. 보국출판사. 1998.

안경정. 개벽 실제상황. 대원출판시. 2005.

유태우. 운기체질해설집. 음양맥진출판사. 1980.

이기문. 동아 새국어사전. 1990.

이문학. 점성술비법(한국천문역학원장). 명문당. 1979.

이우영 편저. 고사성어. 함께 사는 좋은 세상. 2005.

이윤영 감수, 오택진 편저. 기문둔갑 비경. 명문당. 1992.

이준범. 기상(사철의 변화를 가져오는). 삼안출판사. 1978.

임응승 신부. 수맥과 풍수. 도서출판 새남. 1986.

정재원. 새천년 작명 컨설팅. 가림출판사. 2000.

정현구. 생활 역학 1. 도서출판 계백. 1994.

조헌영. 통속 한의학 원론. 의문사. 1972.

주백곤 주편. 易學 與 天文學. 2003. 중국서점.

진열 스님. 사주핵심강의. 우리출판사. 1989.

채수암 편저. 국한자원오행 수암대사전. 역리대학사. 1968.

최봉수. 심명철학 1-3권. 보경문화사. 1984.

하양수중룡 저. 민국 75, 광업서국유한공사.

한국역리학회. 대영문화사. 1979.

〈천문학과 연관된 참고문헌〉

나일성. 17-18세기 이조학자들이 이해한 세차운동.

　　　　동방학지-22.67(1979) / 그 외에 다수 연구논문들.

나일성. 17-18세기 한국의 천문관. 동방학지-21.1(1979).

나일성. 나일성 회갑기념논문집. 연세대학교 출판부. 1992.

나일성. 한국천문학사. 서울대학교 출판부. 2000.

박동현. 음력을 양력으로 환산하는 간편한 방법-고려 조선

　　　　천문연구. 한국천문학회지.1. 19쪽. 명문당. 1968.

박성래. 한국과학사상사-시험적 고찰. 범양사. 3.13. 1992-1995.

　　　　우리나라 전통시대의 천문기록을 정리하고 해석한 기획연재논문

박창범. 천상열차분야지도의 별그림 분석. 한국과학사학회지

제20권 2호. 113-150쪽. 그 외에 다수의 연구논문들.

박창범. 하늘에 새긴 우리 역사. 김영사. 2002.

양흥진, 박창범, 박명구. 고려시대의 흑점과 오로라 기록에 보이는 태양활동주기. 천문학
논총.13. 181-208쪽. 1998.

유경로. (서울대 교수. 1985.11) 천문류초. 보천가. 성경.
신법보천가(한국과학기술사 사료대계 6. 천문학 편.

유경로. 한국천문학사 연구. 녹두. 1999.

이은성. 12지지의 천문학적 의의와 역일의 장기적인 배당방법에 관하여.
한국천문학회지. 11. 47쪽(1978): 12지지와 큰곰 별자리의 운동과의 관계를 연구.

전상윤. 한국과학 기술사. 정음사. 1976.

전상윤. 한국과학사. 사이언스북스. 2000.
조선왕조실록에 있는 케플러 초신서(1604) 관측기록131.
1604년 10월 13일-1605년 7월 14일까지 밝기 변화를 설명한 기록 등외
다수 연구논문들.

진준규. 중국천문학사 1권-6권. 명문서관. 민국87.

홍이섭. 연세대학교 출판부. 1993.

홍이섭. 조선과학사. 1994.

〈문헌 및 그 외의 기타 참고문헌〉

김신철. 별자리 이야기. 삼덕미디어. 1996.

김종현. 통역 제1권 명리. 개인미래정보. 1992.

노승우, 관상학. 도서출판 무심. 1996.

루돌프 키펜한, 신혜원 옮김. 내 서랍 속의 우주. 1987 도서출판 들녘.

양철암. 대역학총서. 동방문화사. 1981.

양학붕. 음양오행. 사학출판사. 1998.

용담각장. 부주전서. 문림출판사. 민국78년.

위정동. 중국철학사전. 대림출판사. 민국67년.

이병록 감수, 편저자 명인 역학 연구소. 무자년 명인택일력. 도서출판 자료원. 2007.

이숭녕 감수. 새국어대사전. 한국도서출판중앙회. 1997.

이옥선. 유배온의 명리학에 관한 연구. 공주대학교 대학원. 2008.

이우람, 이대영 공저. 누가 이름을 함부로 짓는가. 뉴월드코리아 출판부.

이우람. 이름이 운명을 좌우한다. 1987.

이우람. 후천운명. 대한성명학회. 1988.

이중재. 새사주 신법. 도서출판 천산. 1999.

이중재. 오성공론. 명문당. 1992.

이필석. 이름으로 성격을 변화시킬 수 있다(음명론). 본학사. 2008.

장삼식. 대한 한사전. 교육서관. 민국67년.

허민역. 동의보감. 동양종합통신대학. 1964.

박정윤. 음양오행의 성립과 그 이론적 배경. 고려대학교 대학원 2001.12.

조규문. 十干 十二支地의 명리적 이해. 원광대학교 동양학 대학원. 2001.

박효순. 교통사고 일진의 명리학작 이해. 원광대학교 동양학 대학원. 2002.4.

신상춘. 사주가 운명과 심리에 미치는 영향과 교육에 미치는 영향. 세종대학교 대학원. 1991.1.

안성재. 사주와 학습시간과의 상관관계 연구. 국제문화 대학원 대학교. 2006.

곽 위. 음양 오행가의 사상. 김홍경 편역

문제곤. 음양오행론의 전개에 관한 연구. 철학연구14집. 1990.

박왕용. 오행학설에 대한 연구. 경희대학교 박사학위 논문. 1997.

송영배. 十月太陽曆과 陰陽五行說의 새로운 해석. 과학과 철학. 1995.

이문규. 고대중국인의 하늘에 대한 천문학적 이해. 서울대 박사학위 논문. 1997.

사송령. 陰陽五行學說史. 김홍경 편역. 음양오행설 연구.

윤창열. 十干과 十二支에 관한 고찰. 대전대 한의학연구소 논문집. 1996.2

이목영. 인생역전 역술세상. 이목영 법사편. 굿데이 스포츠신문사 발행. 2004.

이목영. 역학칼럼. 인천신문사. 2008~2011.

林紹周. 譯詳 參贊비전 新增 天機大要. 大韓曆法연구소. 1977.

삼명통회 만육오. 적천수 천미. 임철초.

자평진전 심효첨. 연해자평. 서 승.

李純之. 天文類秒 : 奎章閣本. 조선조. 세종.

궁통보감 서 승. 궁통보감과 적천수 보주 서락오.

적천수집요 진소암. 자평수언. 서락오.

신봉통고. 장남. 천리명고. 위천리.

명리존험. 림경백. 명리탐원과 명보. 원수산.

성평회해 무당산월. 금산인. 중국고대 산명술, 강옥진.

황극경세서. 소강절. 적천수 집요 평주. 이철필.

명리신론. 산민서국: 발행인 겸 저자. 민국 89년. 오준민.